10|18

12, avenue d'Italie — Paris, XIIIe

Sur l'auteur

Nik Cohn, né en 1946, a passé son enfance en Irlande du Nord. Durant ses années d'adolescence à Londres, il collabore au *Sunday Times* et à d'autres journaux, inventant ce qu'on a appelé la *rock critic*. En 1968, il signe ses adieux au *Swinging London* avec *A Wop Bop A Loo Bop A Lop Bam Boom, L'Âge d'or du rock*, qui devient rapidement un livre culte. Il s'installe en 1975 à New York où il écrit *Broadway, la Grande Voie Blanche, Rock Dreams, Rêves du XXe siècle* en collaboration avec Guy Peellaert. De retour à Londres, il publie *Anarchie au Royaume-Uni*, un document sur l'Angleterre marginale, celle des exclus.

BROADWAY, LA GRANDE VOIE BLANCHE

PAR

NIK COHN

Traduit de l'américain
par Élisabeth PEELLAERT

10|18

« Domaine étranger »
dirigé par Jean-Claude Zylberstein

JULLIARD

Si vous désirez être régulièrement tenu au courant
de nos publications, écrivez-nous :

Éditions 10/18
c/o 10 Mailing (titre n° 3232)
35, rue du Sergent Bauchat
75012 Paris

Titre original :
The Heart of the World

ISBN 2-264-03025-9

Ce livre retrace en partie le chemin que j'ai parcouru sur Broadway, au départ de Battery en direction du Bronx. A l'origine, je voulais faire le tour du monde, mais mon ami Jon Bradshaw m'en a dissuadé. Il m'a montré la Grande Voie Blanche : « Voici le monde au cœur du monde. » Alors j'ai commencé à marcher. Et puis Bradshaw est mort. Mais j'ai poursuivi ma route, son esprit dormant sur mon épaule.

UN

Un

Au coin de Broadway et de Canal un papier égaré s'est accroché à la jambe de mon pantalon sans vouloir lâcher prise. Sur la feuille, soigneusement dactylographiée en simple interligne, j'ai lu l'histoire d'une vie : « Alors voilà, c'est l'histoire d'une fille, elle s'appelle Carmen Venus Colón, huit ans, très jolie, qui habite avec sa mère, son nom c'est Felicidad, son frère son nom c'est Hector et il y a Charlie l'ami de sa mère.

« C'est l'année 1981, cette fille elle a un tas d'embêtements. Cette vie, c'est une histoire vraie, c'est très poignant, ça aurait pu être votre histoire à vous, mais quel calvaire pour une fille qui rêve de réussir et qui a dû se battre contre tous les empêchements qui lui ont barré le chemin.

« Alors je vous en souhaite bonne lecture. »

C'était le début du mois de janvier, par une matinée ensoleillée. Il faisait un froid de gueux, trop froid pour lire l'histoire d'une vie, debout au coin d'une rue de Broadway. J'ai donc fourré la page dans la poche de mon manteau et, me réfugiant à l'intérieur du Fleur de Prunier, j'ai commandé une soupe au canard.

En attendant, je me suis verrouillé dans les toilettes, j'ai sorti l'histoire de Carmen et je l'ai étalée à plat sur mes genoux. « Tout a commencé dans le Bronx, N.Y. Bon, je travaillais plutôt bien à l'école, mais quand on m'a séparée de mon grand frère Hector, je me suis renfermée. Bon, tout le monde vous dira que tous les gosses font pareil, mais moi c'était différent, je suis devenue assez bizarre. J'adorais ma mère et aussi son ami Charlie, le meilleur ami et amant du monde, mais je recevais des coups tout le temps. On ne me disait pas ce que je faisais de mal, je crois que ça n'avait aucune importance. Seulement à l'âge de neuf ans, j'ai aussi subi les violences sexuelles de Charlie. Là, ça m'a vraiment flanqué le bourdon. Mais après, j'ai pris l'habitude. Vous comprenez, l'amour se présente sous toutes les formes et toutes les tailles, il faut le prendre comme il vient. »

Là s'achevait le manuscrit.

Quand j'ai regagné la salle, ma soupe m'attendait sur la table, mais quelqu'un d'autre était en train de la boire. C'était Sasha Zim.

Il venait de la part d'Alexei Alexandrovitch. Si je voulais vraiment remonter tout Broadway à pied et rester vivant afin d'en témoigner, il me faudrait un guide et un ange gardien : Sasha Zim était mon homme. Chauffeur de taxi le jour, il jouait de la batterie la nuit et c'était un amoureux des rues, de toutes les rues, des rues de Broadway par-dessus toutes les autres.

– Et où est-ce que je vais le trouver? lui avais-je demandé.

– Dans ma salle de bains. Avec sa batterie. Ils couchent là depuis des semaines.

Sasha avait dans les vingt ans. Plongé dans ma soupe jusqu'au cou, il ressemblait à un pantin désarticulé. Il avait des pommettes saillantes et des cheveux blond-roux dont quelques mèches enchevêtrées jaillissaient de sous une casquette.

– Excusez ma liberté à l'égard de votre canard, mais j'ai grande fatigue, ventre très creux. Dans mon taxi, le cinglé devient fou, déclare qu'il est Trebitsh Lincoln, abbé de Shanghai, maître espion, réincarnation de Jean-Baptiste et il faut que je le conduise aux bains turcs pour noyer dans la vapeur les péchés de l'humanité. Oh, mon frère ! Les bains turcs sont fermés pendant le sida, alors, maintenant, il faut que je le conduise à un bar, pour noyer dans l'alcool les péchés de l'humanité. Le bar, il est à Passaic, New Jersey.

Il s'est essuyé les lèvres, s'est ébroué :

– Alors quand est-ce qu'on Broadway ?

– Quand vous serez prêt.

– Oh ! a dit Sasha Zim, ce qu'elle est bonne cette soupe au canard !

Au-dessus de la pommette droite, il avait une petite tache de naissance lie-de-vin, semblable à un tatouage, en forme de cimeterre. Au repos, on la devinait à peine, on aurait dit un léger bleu. Mais à mesure que le feu de la soupe inondait son corps et lui échauffait le sang, la tache s'enflammait. A présent, elle luisait comme un fer rouge.

– *Broadway*, commença-t-il à réciter d'un ton incantatoire, *est la mère de tous les Broadway de par le monde, mère des lumières de Piccadilly Circus, de la place Pigalle et de Teatralny Ploschtchad. Grande Voie Blanche est la plus grande voie blanche.*

– Vous êtes là depuis longtemps ?

– Six ans, dix mois.

– Et avant ça ?

– Moscou. Novokuznetskaya, dit Sasha comme si cela expliquait tout. Avant, j'avais dix-sept ans, maintenant j'ai vingt-quatre.

J'ai commandé de la soupe au canard pour moi et pendant un moment nous nous sommes enfoncés dans le silence. Chaque bol contenait l'équivalent d'un demi-lavabo de bouillon gras débordant d'os et de nouilles, si bien que toute la journée nous aurions la bouche tapissée d'une couche de graisse, d'un onguent, d'un brouet de sorcière efficace contre tous les maux.

– Alors, vous habitez chez Alexei Alexandrovitch, marmonnai-je.

– Ma batterie. Zim, il peut dormir dans taxi, avec femme dans rue, avec femme dans taxi, avec femme dans taxi dans rue, tout ce que tu voudras, mais les tambours ont besoin de repos.

Le Bâtard de Dieu, c'est ainsi que l'avait surnommé Alexei Alexandrovitch. Vêtu d'un blouson de pilote, d'une chemise hawaïenne et d'un pantalon de jogging, avec ses bottes de bûcheron, son ceinturon de cow-boy à tête de bison et son petit crucifix d'argent, c'était un marché aux puces ambulant. Mais son visage, comme neuf, semblait n'avoir jamais servi.

– Tu vois, m'expliqua-t-il, je suis soviéricain.

Il avait appris l'anglais en regardant la T.V. pendant la journée : *General Hospital, As The World Turns, The Young and The Restless, Hawaï 5-0* et *Fantasy Island*, les publicités pour des lessives ou des serviettes en papier, des rediffusions de *I Love Lucy*. A présent, pendant la journée, il travaillait, sans cesser pour autant de s'instruire.

– Je me nourris dans rue, comme charognard. Dans taxi, c'est université de l'homme, ce qu'on ne sait pas ne vous fait pas de mal, ce qu'on fait vous tue mort.

Le Fleur de Prunier offrait un abri sûr. Autrefois l'endroit s'appelait Dave's Corner, célèbre pour ses crèmes aux œufs. Puis il avait été envahi par les loubards venus calmer leurs nerfs cocaïnés. A présent, on y servait des chauffeurs de taxi, Monsieur-Tout-le-Monde, et quelques Chinois. Des alignements de canards laqués, luisants, pourpres ou ambrés, occupaient toute la largeur des vitrines. Dans la salle, les murs tapissés de miroirs cernaient les tables en formica et la chaleur de l'étuve formait une cloison épaisse derrière laquelle s'estompaient la saleté, la furie et le trafic à outrance de Canal Street.

– Monde entier a cent queues dix têtes, dit Sasha. Et Zim boit sa soupe.

Un premier bol océanique à peine expédié, il en commanda un second.

– C'est nymphomanie de canard, plus je me remplis, plus je suis vide, dit-il, béat. *On ne vit qu'une fois*.

En sondant les profondeurs du bol, il en repêcha un corps étranger, quelque chose de gluant, à mi-chemin entre un bout de ruban correcteur et un morceau de sparadrap décomposé.

– C'est quoi ce bordel ? marmonna-t-il.

Mais, avec une expression ravie, il glissa la relique dans sa poche comme un trophée.

– Mon passe-temps, expliqua-t-il. Je collectionne les tours de malice.

Il était plus de dix heures, les clients avaient déserté le Fleur de Prunier. Agréablement somnolents, nous étions penchés au-dessus des derniers os de notre brouet, tels deux sorciers au chômage.

– Broadway, lui rappelai-je.

– Ne mène nulle part, répondit Sasha Zim.

Venu du froid entra un Africain ambulant, un colporteur enfoui sous un assortiment de tapis et de couvertures, une serviette bleue nouée autour du crâne et un grand panier ethnique sous le bras. Dedans s'étalait un vaste choix de camelote, écharpes, bijoux de verroterie, piles, bâtons d'encens, piles-boutons, casquettes des Mets et des Giants. Mais le dentifrice Darkie constituait son commerce principal.

Le logo de Darkie représentait un nègre au sourire en tranche de pastèque, avec un chapeau haut de forme et un nœud papillon, le visage mangé par une denture étincelante. L'Africain, qui avait perdu la sienne, était grand et d'une insondable gravité. Son visage à la peau noir bleuté n'avait pas d'âge. Ses longs pieds bandés écartés comme les palmes d'un homme-grenouille, il nous présenta cinq tubes de Darkie disposés en éventail.

– C'est quoi ce bordel de merde ? s'écria Sasha, scandalisé.

– Je viens de Sénégal, dit l'Africain. Je m'appelle Ousmane.

– Où t'as trouvé ça ? *D'où vient le Darkie* * ?

* En français dans le texte.

– Mon frère s'appelle Ismaïla. Il vole au Pearl River.

Le Pearl River était un supermarché chinois, situé juste de l'autre côté de Canal Street. De ma table, je voyais la baraque en parpaing déguisée en temple, festonnée de guirlandes et de dragons de papier.

– Tout. Mon frère vole tout, dit Ousmane. Mon frère s'appelle Ismaïla, il vole la terre entière.

Deux

Toute la journée et toute la soirée, Sasha et moi avons sillonné la ville dans son taxi, après quoi, passé minuit, nous sommes allés boire. Tout en bas, au pied de Broadway, dans les rues situées derrière Bowling Green, le Killarney Rose restait ouvert jusqu'à quatre heures. C'était un établissement agréable et propre, avec un bar extravagant. Un vieil homme ivre, assis tout au bout, dans l'ombre, nous expliqua que c'était le bar le plus long de Manhattan. L'équipe olympique irlandaise de natation s'entraînait dans une piscine aux dimensions exactement identiques.

L'ivrogne s'appelait Barney. C'était un vieux bonhomme édenté, sec et ridé, un sac d'os entouré de parchemin. Au temps de sa splendeur, affirmait-il, il avait été l'as des porteurs de Wall Street. Pendant quarante ans, nul n'avait été plus rapide ni plus respecté que lui.

– Toujours exact, ça oui ! dit-il. Mais j'ai perdu mes dents.

– Vous ne pouviez pas mettre un dentier ?

– Ça, je pouvais, bien sûr. Mais je voulais pas me souiller la bouche.

Au temps des vaches grasses, il avait été le roi du Killarney Rose. Dès qu'il entrait, il était aussitôt assailli par untel ou untel. Ici, on ne voulait pas de son argent.

– J'étais un chié porteur, ça oui ! Un chié porteur !

Et puis ses dents sont parties, et avec elles tous ses amis. Du jour au lendemain, c'était comme si plus personne ne le connaissait.

– Fumiers. Raclures. Fumiers de salopards de la jaquette !

Et les nouveaux barmen ne valaient pas mieux.

– Branleurs, putains d'Irlandais, juste descendus de leurs saloperies de rafiots !

Maintenant, il était obligé de payer ses consommations.

A l'heure de la fermeture, je suivis Sasha jusqu'à Battery Park. Nos pas résonnaient dans les rues noyées d'ombre et de silence, où passaient quelques silhouettes isolées, formes anonymes surgissant de nulle part.

Ici, autrefois, s'étendait un cimetière. A la nuit tombée, on disait qu'on pouvait vider une arme automatique sans toucher quelqu'un qu'on n'aurait pas visé. C'était avant l'âge de l'Immobilier. A présent, les tours de luxe masquaient les ciels nocturnes et leurs fenêtres allumées inventaient de nouvelles galaxies. Même Lower Broadway souffrait d'insomnie.

– Toujours exact, marmonna Barney qui nous avait emboîté le pas. Les fumiers m'ont pris mes dents !

La nuit suintait. L'humidité gluante adhérait à ma chair comme une grappe de sangsues, un baiser de vampire. Mais Sasha ne sentait rien. Emmitouflé dans son pardessus gris acheté un dollar aux puces, trois tailles trop grand pour lui, il évoquait l'enfant-soldat des scènes d'ouverture du *Napoléon* d'Abel Gance, impatient de lancer ses premières boules de neige.

A South Ferry, nous avons commandé du café et des beignets à une échoppe italienne où officiait un serveur coiffé d'une toque de cuisinier d'une blancheur aveuglante dans l'obscurité. Il accueillit Sasha en habitué. Les clients en faisaient autant : employés du ferry, éboueurs, oiseaux de nuit les plus divers.

– Tout le monde me connaît, dit Sasha. A New York, à Broadway, partout. Évidemment, c'est pas que leur faute.

Un grand Noir, vêtu d'un long manteau de cuir et la tête couverte d'une chapka, se tenait sur le côté. Il avait un visage bâti comme une forteresse, aussi farouche que le mont Rushmore, et louchait de l'œil droit dont l'orbe tout entier était passé au blanc laiteux. Mais Sasha fonça droit sur lui et lui assena cinq revers de la main.

– O Rickey O ! s'écria-t-il. Qu'est-ce qu'il y a ?

– Le bateau coule, répondit Rickey O, impassible.

– Ça va chier, dit Sasha. Normal.

Rickey O ne cilla pas, comme si Sasha faisait partie du paysage, comme s'il avait grandi au milieu de Soviéricains parlant argot et lui collant des pains.

– Comment dit-on enculé de ta mère en russe ? demanda-t-il ?

– *Yob tvoyu mat,* nique ta mère, lui répondit Sasha. En soviétique, c'est mot gentil, bonne façon de dire : Salut ! Comme dire : Bonne journée !

– Yo Tofyoumit.

– *Yob. Tvoyu. Mat.*

Rickey O éclata de rire. Un bref instant, abandonnant sa figure de martyr, il poussa un piaillement aigu semblable à un rire de petite fille.

– *Yob tvoyu mat,* articula-t-il, détachant chaque syllabe doucement et distinctement.

– Toi-même ! lança Sasha.

Nous nous sommes enfoncés dans le parc.

Tout le long du quai, à l'abri du mur qui protégeait le port, des clochards dormaient sur des bancs ou couchaient à l'intérieur d'emballages en carton. La pluie tombait toujours avec la même odeur fétide. Au loin, en face du port, les projecteurs brouillés braqués sur la Statue de la Liberté luisaient faiblement.

De cette statue, Sasha avait fait l'une de ses icônes. En 1986, l'année du Centenaire, il avait travaillé pour elle, dans ce parc, vendant des hamburgers et des saucisses italiennes, nature ou épicées, sous le slogan : CÉLÉBREZ MISS LIBERTÉ AVEC HAMBURGER-MINUTE, et c'est lui qui avait insisté pour commencer notre pèlerinage à son pied afin de toucher terre à Broadway, *ballottés par la tempête*, pauvres rebuts des rivages étrangers.

Le premier ferry partait à neuf heures du matin. La majorité des passagers était constituée de Japonais, avec parmi eux une poignée d'Allemands, de Scandinaves et de Texans. Mais la vedette principale était un groupe de lycéennes de l'État de New York, élèves de seconde, revêtues de l'uniforme complet : chaussettes blanches, jupes grises et blazers lie-de-vin.

Et il y avait Rickey O. Nous avions aperçu sa silhouette sur le pont inférieur, non loin du buffet. Mais à notre approche, il fit comme si, pour lui, nous n'avions jamais existé et qu'il nous voyait pour la première fois.

– Travail. Pas déranger, expliqua Sasha.

– Quel travail ?

– Voleur de la Liberté.

Il m'entraîna en haut, dans le soleil et le froid glacial. Il portait sur l'épaule une sacoche pleine de guides, de récits et de brochures, soigneusement annotés.

– C'est comme illustration en couleurs. Petite touche de classe, expliqua-t-il.

Le vaste port, autrefois grouillant de remorqueurs, cargos, navires marchands et paquebots, était aujourd'hui presque désert. Il ne restait que quelques péniches et, posé sur la ligne d'horizon, un yacht solitaire aux voiles blanches étincelantes presque couché sur les flots.

Sous le fouettement du vent je titubais, je tournais sur moi-même, mais Sasha, enveloppé dans son manteau, m'interdisait de me mettre à l'abri. Il me plaqua contre le garde-fou et me força à lever la tête. Et alors je la vis, muraille gigantesque dressée au-dessus de nous : *La Liberté éclairant les Nations.*

De près, elle faisait moins l'effet d'une inspiratrice que d'un repoussoir.

– Cette impressionnante silhouette féminine, commença Sasha, le nez enfoui dans sa gazette, a le nez long de cent quarante-quatre centimètres. Son ongle mesure trente-neuf centimètres sur trente et son tour de taille dix mètres soixante-six – plus que premier quart d'un terrain de football.

Inutile. Vue par en dessous, la Liberté, cette ménagère en chemise de nuit, immensément enceinte, brandissant son bougeoir, n'exprimait rien d'autre qu'un vague mépris. Ses lèvres épaisses esquissaient une moue boudeuse : le portrait craché d'Elvis jeune.

Derrière nous, les lycéennes envahirent le pont. Leur professeur, enfouie dans son anorak, les fit se ranger comme pour une photo de classe. Elles prirent la pose, le regard droit, le dos raide et les pieds joints, les genoux rougis et les joues inondées de larmes de froid. Puis elles entamèrent *America The Beautiful*, tandis que les Japonais prenaient des photos.

Au milieu du chant, un petit incident se produisit. Un des Japonais, à la recherche d'un angle plus large, se dirigea vers l'escalier. Devant lui, barrant son chemin, un jeune homme en tenue militaire, de race hybride, paupières lourdes, semblait à demi endormi. Comme le Japonais passait devant lui, l'hybride se retourna et leurs visages se retrouvèrent séparés par quelques centimètres à peine. Un court instant, comme pétrifiés, ils se mesurèrent du regard. Le Japonais parut alors perdre pied. Cherchant à retrouver l'équilibre, il vacilla, puis, lancé comme une boule de billard, il roula en cognant tout sur son passage. Heureusement, Rickey O se trouvait là pour le rattraper.

A présent, le bateau ayant fait demi-tour, nous faisions face aux gratte-ciel de Manhattan. Au premier abord, rien ne semblait distinguer celui-ci du Manhattan de cinéma. Mais la muraille de pierre commença à s'écarter, à dessiner des plans, des courbes et des spirales, chaque rangée se dressant l'une derrière l'autre comme dans une cité de cartes à jouer. Les rayons du soleil frappèrent le verre et l'acier, les carrés s'allongèrent en rectangles, les courbes se muèrent en angles et enfin, comme nous arrivions à ses pieds, la prodigieuse structure sembla tout entière se gonfler puis voler en éclats, kaléidoscope aux myriades de tessons de verre, d'éclats de pierre, de réverbérations, de miroitements et de vides. En son cœur s'ouvrit alors une gorge sans fond :

– Broadway, murmura Sasha.

Écarlate, sa tache de naissance flamboya. Il se signa :

– *Yob tvoyu mat.*

Ainsi étions-nous parvenus devant la Grande Voie Blanche.

En bas, Rickey O avait disparu, mais l'hybride engloutissait un hot dog à la moutarde avec choucroute et double ration de ketchup. Il semblait toujours à demi endormi.

Lorsque le ferry accosta à Manhattan, nous le suivîmes à la trace vers l'intérieur des terres, dans Battery Park. Il se dirigea au hasard, tranquillement, comme s'il était raide et, arrivé au pied de Broadway, il entra chez Roy Rodgers, ou plutôt il s'y insinua, s'infiltrant à l'intérieur d'un petit pas de côté.

Ils étaient quatre à l'attendre, trois Hispaniques de nuances variées et un Noir à la peau claire. Sasha Zim les connaissait tous.

– Refugio, Willie, Indio, Sinbad. Lui, là-bas, c'est Stoney, tu l'as déjà vu sur le ferry.

Il avait récité leurs noms d'une seule traite avant de me présenter à mon tour :

– Nicolai Normanovitch. Il est avec moi.

– Il est cool ? demanda Stoney.

– Sourd et muet. Fais-moi confiance.

C'étaient les Voleurs de la Liberté. Une fois par semaine le matin, ils se retrouvaient *downtown,* sur Broadway, au Roy Rogers ou dans n'importe quel autre fast-food, si possible le plus impersonnel.

Ensuite deux d'entre eux, après tirage au sort dans un chapeau, allaient opérer sur le ferry.

Les Voleurs se présentaient sous deux aspects distincts : Indio et Sinbad arboraient des survêtements molletonnés à capuche, des Nike et des regards meurtriers, piliers de mêlée pour les bagarres de rues; mais Stoney, Refugio et Willie s'habillaient en marron, en gris ou en beige et passaient aussi inaperçus que n'importe quel honnête citoyen. A voir le contraste qu'ils formaient, on eût dit deux équipes adverses, Saints contre Pécheurs, dans quelque jeu télévisé.

Stoney était leur chef, leur porte-parole autodésigné. Rien, physiquement, ne permettait de l'étiqueter, il aurait pu être n'importe quoi, un Noir à la peau claire ou un Méditerranéen à la peau foncée, un Syrien par exemple, ou un insulaire grec. Son regard demeurait immobile et son expression plus encore. Mais dès qu'il ouvrait la bouche, il exerçait une autorité sans réplique.

Les Voleurs de la Liberté, expliqua-t-il, ne volaient pas : ils mettaient simplement en application le programme de la statue. A la lettre.

– Écoute les paroles, le message est dans la chanson. Liberté signifie que tout est permis. La liberté ou la mort. Donc tout homme est libre. Donc toute *chose* est libre.

Avec force moulinets de la main, il cabotinait comme un illusionniste cherchant à faire apparaître des lapins.

– Logique.

– Liberté : chacun pour soi, dit Willie.

– C'est moteur de l'Amérique, dit Sasha Zim.

Le père de Stoney avait été prêcheur près de Rocky Mount, en Caroline du Nord. Révérend Abraham Lincoln Bisonette. Et Stoney était bien le fils de son père.

– Dans le quartier où j'ai grandi, au bout du boulevard, il y avait un libre-service. Tous les soirs, quand j'étais petit, j'y allais avec ma mère et je l'aidais à faire les courses pour le dîner de toute la famille. J'étais le dernier de neuf enfants, deux sœurs et six frères, trois vivants, alors j'étais comme son petit chien, elle voulait me garder en sûreté près d'elle. Enfin. Dans le libre-service, juste à l'entrée, ils avaient mis une grande pancarte peinte, ça représentait les trois petits cochons et ils posaient devant un grand bol de pâtée, prêts à plonger dedans tête la première, et ces trois petits cochons ils avaient un sourire faux jeton et frimeur, fallait voir ça : *transporté*, comme s'ils venaient juste de mourir et d'arriver au paradis en *première classe*. Et sur cette pancarte, le mec du libre-service, il avait écrit deux mots.

– Quels mots ?

– « SERVEZ-VOUS. » Alors je me suis servi. Et je continue.

De toute évidence, les autres Voleurs de la Liberté avaient déjà entendu la fable de nombreuses fois. Au cours de l'exposé, ils avaient tué le temps en se faisant des grimaces et en versant du sel dans leurs Coca.

– On est exactement comme un groupe de rock, sauf qu'on fait pas de musique, expliqua Stoney.

Ils étaient ensemble depuis plus d'un an. Avant de former les Voleurs de la Liberté, ils s'étaient connus dans le quartier hispanique de Harlem, jouant dans les mêmes rues, appartenant aux mêmes bandes, parqués dans les mêmes taudis. Mais surtout, surtout, ils avaient un défaut commun : aucun d'entre eux ne touchait au crack.

Aux yeux de leur génération, c'était une faute grave. A l'intérieur du Barrio, tout comme dans les autres ghettos, la loi du crack régnait d'une main de fer. Elle exerçait une tyrannie si impitoyable que quiconque refusait de s'y soumettre se voyait écarté sur-le-champ comme un élément étranger. Et dans ces communautés, les étrangers ne faisaient pas de vieux os. Le petit frère de Refugio avait été tué à coups de revolver devant un débit de boissons pour trois dollars cinquante. Une cousine d'Indio, Conchita Concepción, avait eu le visage brûlé au vitriol. Des meurtres ensanglantaient chaque pâté de maisons, alimentaient toutes les conversations. Alors les Voleurs avaient déménagé, étaient partis s'installer à Loisaida, dans le Lower East Side, où ne pas être accro ne constituait qu'un délit mineur, pas encore un crime capital.

Le nombre exact des membres ainsi que leur identité dépendaient, m'expliqua Stoney, des disponibilités de chacun.

– Il veut dire de qui est en tôle, précisa Refugio.

– Hébergement correctionnel, déclara gravement Stoney, comme s'il se fût agi d'un privilège.

Hébergement ou emprisonnement, ils n'en faisaient pas une affaire d'État. En moyenne, un Voleur se faisait arrêter une fois par mois. Neuf fois sur dix, il était relâché le lendemain.

– C'est le système, tu vois, dit Stoney. On ne tue personne, on se mêle de nos oignons, on n'est donc pas condamnés. Chaque fois qu'on prend cinq dollars, on en met un de côté, pour les frais. Considère ça comme une sorte de péage. Le reste est pur bénef.

Au bout d'une demi-heure, Rickey O arriva, plus lugubre que jamais. Il avait retiré sa chapka, révélant un crâne rasé, et ses yeux blancs luisaient, aveugles, meurtriers. Le Japonais lui avait réservé une sale surprise. Rickey O, bien évidemment, lui avait subtilisé son portefeuille, mais celui-ci ne contenait ni argent ni cartes de crédit; rien qu'une mèche de cheveux épais et un cliché représentant un homme âgé qui buvait sa soupe en souriant derrière des lunettes cerclées de métal.

Il ne restait plus qu'à tout recommencer. Refugio et Sinbad partirent prendre le ferry suivant, les autres se dispersèrent. Sasha Zim regagna son taxi à carreaux.

– Faut que je me fasse quelqu'un, dit Rickey O.

Il sortit à son tour, tête baissée contre le vent, sa chapka rabattue sur le front, la bouche couverte d'un mouchoir rouge, tel un vengeur masqué.

Il restait Stoney. Il était onze heures dix.

– Le bar doit être ouvert.

Je le suivis sur Broadway. Au détour d'une ruelle, nous nous retrouvâmes au Killarney Rose. Le jour avait métamorphosé l'établissement en une vaste et bruyante colonie de dactylos, de jeunes agents de change et d'hommes d'affaires en goguette. Stoney buvait du Grand Marnier arrosé de 7Up. Il prit un air solennel.

– Alors dis-moi. Est-ce que je dois me faire ordonner ?

Il avait ça dans le sang. Les Bisonette prêchaient depuis des générations, son père, le père de son père, son grand-oncle Hubert. Et tous étaient des derniers-nés, comme Stoney.

Pour les dévots de Caroline, ils représentaient une institution.

– Pas célèbres, tu vois, mais connus.

De fait, ils n'avaient jamais prêché à Rocky Mount même, mais on les connaissait dans tout l'arrière-pays, les chemins de terre et les bois de pins. Depuis cinquante ans et plus, les Bisonette prêchaient sous la tente, dans des baraques consacrées, autour de mares boueuses destinées aux baptêmes minutes ou aux carrefours. Et pour cela, ils forçaient le respect. Les femmes sauvées les honoraient, les enfants de l'amour leur vouaient une affection particulière. Pourtant, il leur manquait quelque chose.

– Toutes ces longues et rudes années de foi, dit Stoney. Et ils n'ont jamais su en *quoi* ils avaient la foi.

Il avait hérité de cette malédiction. Aussi loin qu'il pût se souvenir, quelque chose l'avait toujours poussé à témoigner. Pas une simple obligation morale, mais une soif inextinguible qui le forçait à se dresser et à dire ce qu'il savait. Mais que savait-il ? Il ne savait pas.

C'était la confusion : sa brève histoire n'était qu'une succession de confusions. Son père, homme de Dieu patenté, avait été tué en dévalisant un magasin d'alcools. Stoney, son septième fils, Martin Luther Bisonette, avait alors sept ans, mais déjà sa mère ne pouvait plus le nourrir. Elle l'avait donc envoyé dans le Nord, à New York, chez sa tante Clara, dans l'Upper West Side, sur la Quatre-Vingt-Dix-Huitième Rue, un pâté de maisons au-dessus de Broadway.

Aujourd'hui, l'adresse ferait chic, avec sa colonie de cadres dynamiques. Mais l'époque était différente. Au début des années soixante-dix, le quartier ne valait pas mieux qu'un autre. L'immeuble de tante Clara ne se composait que d'Appartements pour Célibataires, jolie façon de désigner la Ville Poubelle.

Quant à Clara, c'était une junkie qui se prostituait pour se procurer de la drogue. Elle n'était pas mauvaise, elle l'avait toujours traité gentiment. Mais il n'y avait pas de place pour lui. Quand elle ne recevait pas de clients, elle recevait ses amis. Dans un cas comme dans l'autre, Stoney attendait dans le couloir.

Parfois, elle quittait la maison et restait absente plusieurs jours de suite. Alors Stoney s'installait dans la chambre et allumait la T.V., une vieille Panasonic noir et blanc. Le reste du mobilier se composait d'un canapé-lit, d'un réfrigérateur plein de lait tourné et de barres d'Hershey entamées dont il restait les amandes, et d'un autel confectionné par le dernier amant de tante Clara, Humberto. Il représentait un Christ en relief couronné d'épines. Les gouttes de sang étaient si grosses et si réalistes que Stoney essayait toujours de les saisir et de les écraser comme des tiques, entre le pouce et l'index. Il y avait aussi des bougies, des verres remplis de liquides de toutes les couleurs, un collier en dents d'animal, des boucles de cheveux, un crucifix pailleté et une balle de revolver, le tout encadré d'un feston de petites lampes.

A la nuit tombée, sans éteindre le poste, Stoney les allumait avant de dévisser l'ampoule nue qui pendait au-dessus de la Panasonic ; et dans cette pénombre mouvante, sa bouche articulait des sons.

A cette époque, déjà, il ne délivrait aucun message. Il se contentait d'imiter, de répéter comme une caisse de résonance, les sons qui se formaient dans la bouche de son père et qu'aujourd'hui il entendait sur Télé-Gospel le dimanche matin. Le plus souvent, il jouait seulement, pour tromper l'ennui. Mais quelquefois, la tempête de l'esprit se déchaînait en lui pour de bon et le soulevait, après quoi il retombait à terre, séparé de son corps et de son propre moi.

C'était un phénomène inexplicable. Il ne faisait rien d'autre que prononcer des paroles incohérentes, émettre des sons inarticulés. Mais, parfois, les mots isolés formaient d'eux-mêmes un peloton, semblaient, très brièvement, vouloir dire quelque chose. Cependant, il n'était jamais parvenu à les saisir, à les retenir. Quand la transe le quittait, les mots en faisaient autant.

Après avoir témoigné, il tombait à même le sol, plongé dans un sommeil cataleptique qui se prolongeait jusqu'au lendemain matin ou jusqu'au retour de tante Clara. Le jour où elle ne rentra plus, il sortit dans les rues et apprit à voler.

Dès la première fois, il aima le vol. Tous ses aspects : le rituel autant que le butin. D'abord le contact visuel, le zoom sur la proie dont vous savez qu'elle vous est destinée ; ensuite les manœuvres d'approche, d'encerclement et d'enveloppement, menées avec tant de naturel et de calme qu'on ne perçoit pas vos mouvements ; et soudain vous y êtes : la proie semble lever la tête et, suppliante, vous dire : *Maintenant, tout de suite !* Il ne vous reste plus alors qu'à tendre le bras pour qu'elle vous tombe dans la main, et elle est à vous.

– Comme avec un fruit mûr, ou une femme, dit Stoney. Mais mieux. Ça fait moins de dégâts.

C'était un don de Dieu. Stoney appelait cela le *charme*. Les vrais voleurs – *encanneurs, leveurs, roustisseurs* – n'étaient pas avides, ils ne chassaient pas. Ils savaient seulement se rendre disponibles. Il suffisait d'attendre, la proie se présentait d'elle-même.

Toute leur habileté consistait à saisir les bonnes occasions et à éviter les mauvaises.

– *Patience et discernement, discernement et patience*, répétait-il, à la manière d'un mantra. Voler, en soi, c'est à la portée du premier imbécile. La prestesse, voilà le secret. Le vol, c'est dépassé.

Sous la pression, il avoua que les mots savants ne venaient pas de lui. Il les devait à un génie nommé Aaron Harris qui traînait dans les tribunaux pour enfants et qui devint plus tard son tuteur, son professeur particulier de vol à la tire.

Aaron était plus âgé ; il avait peut-être vingt-cinq ans à l'époque où Stoney en avait dix. C'était un Juif pieux et maigre de Mount Vernon, lui-même ancien voleur, et très calé (il s'était fait appeler Sol le Requin), jusqu'au jour où, ayant été surpris sur l'herbe du voisin, le voisin en question lui avait brisé les mains. A présent, il devait se contenter de regarder.

Pour ça, il regardait. Chaque fois que Stoney passait au tribunal, on pouvait être sûr de trouver Aaron Harris à trois rangs du fond, au bord de l'allée, toujours assis sur le même banc. A la fin, il était venu se présenter.

– A quoi ça sert de te faire arrêter ?

Bonne question. Stoney ne savait même pas lire son propre nom et suçait encore son pouce qu'il était déjà tombé trois fois. Muni de papiers en règle, il aurait été bouclé. Mais tante Clara avait veillé à tout. Dès sa première nuit sur la Quatre-Vingt-Dix-Huitième Rue, elle lui avait donné son plus précieux conseil, le seul :

– Ne dis jamais comment tu t'appelles.

Et elle l'avait aidé à brûler tous ses papiers à la flamme des cierges. Elle lui avait aspergé le front d'une eau noire qui sentait l'animal crevé, en lui faisant tenir un morceau de gomme, symbole de son effacement. Puis elle lui avait montré la porte.

Officiellement, cela signifiait qu'il n'existait pas. Une fois présenté au tribunal, il passait d'un service municipal à l'autre, mais aucun ne voulait le garder. A la fin, il ne restait plus qu'à le renvoyer dans les rues, comme s'il ne s'était jamais trouvé là.

Ainsi retrouvait-il la liberté. Mais il ne tardait pas à se faire reprendre. Pourquoi ? Par obstination. Par pure vanité perverse. Au lieu de s'emparer de son butin et de disparaître, il restait là pour frimer. Tant qu'il n'avait pas fait son numéro ou tiré la langue, il ne s'estimait pas satisfait.

– Tu déconnes complètement ! lui avait dit Aaron. Un talent comme ça ! Tu devrais avoir honte !

Un homme adulte et un garçon de dix ans : pareille association pouvait sembler suspecte. Mais voilà, c'étaient deux artistes.

– Un seul modèle, deux tailles.

Tel un croisement entre Fagin et un de ces maîtres zen infiniment sages des films de kung-fu, Aaron avait pris Stoney en main et lui avait appris la rue. Il l'avait perfectionné, lui avait appris à lire, à se tenir, à se retirer en soi-même et à aimer cela.

– Écoute bien ça, dit Stoney. Ce mec était un seigneur. Il arrêtait pas de parler, il parlait pour dix. Mais, tu vois ce que je veux dire, quand il baisait la loi, il la baisait bien.

Aaron Harris vivait dans une cave sur la Cent Onzième Rue Est, en plein cœur du Barrio. Dès qu'il eut réussi à y entraîner Stoney, il se mit à parler et à parler encore. Sans arrêt. Puis il en vint au vol. Et au zen. Le vol, l'escamotage, comme l'appelait Aaron, ce vocable ancien dont il aimait se gargariser, était pour lui une source de fierté, un art, une discipline. Et il l'habillait de rhétorique, de toutes sortes de dictons de biscuits porte-bonheur.

– Escamoter n'est pas s'approprier, mais consentir à recevoir, répétait-il.

Ou encore, son favori entre tous :

– Pour prendre un voleur, il faut d'abord comprendre le volé.

Sa passion du larcin ne laissait à Stoney ni le temps ni l'envie de s'intéresser à ses transes. Il lui arrivait cependant, sans prévenir, de se dresser et de parler, d'articuler les sons qui lui sortaient de la tête. Pendant qu'il marchait dans la rue, ou qu'il avalait le vin casher maison qu'Aaron lui faisait boire en plein milieu de la nuit, les paroles mystiques le saisissaient à la gorge et le jetaient par terre, prostré, mordant la poussière.

Dieu faisait alors entendre sa voix, en direct.

Stoney chalutait sur la Marqueta, aux abords du Barrio, sa zone favorite. C'était une longue rue marchande, où se retrouvait la totalité des couleurs, des sons et des odeurs de la création et où les étals offraient toutes sortes de marchandises : saints en porcelaine, plantains, gris-gris d'herboriste, Reebok défoncées, disques de salsa, *bacalaitos* et *rellenos de papa*, housses de sièges en plastique ou patates douces. Stoney aimait flâner dans les allées par les après-midi chauds.

– Pas pour voler vraiment, tu vois, rien que pour m'exercer les doigts, garder la forme. Bon. Il y avait un étalage qui me plaisait particulièrement, spécialisé en robes de cortège pour petites filles, je te jure, je pourrais pas te dire pourquoi. Bien à l'abri, dans l'ombre, juste à côté du marchand de disques, avec Tito Puente et toutes ces merveilleuses saletés sud-américaines qui gueulaient dans les haut-parleurs, et ces jolies petites filles en robes de dentelle blanche, crème et bleu pastel ou rose comme des barbes à papa, ces nœuds et ces volants, ces jupons amidonnés, ces broderies et tous ces gens écrasés par la chaleur, sauf moi, au frais, dans mon coin. Et alors, un jour, sans savoir pourquoi, j'ai tendu la main. Pour toucher, effleurer un bout de cette dentelle fraîche et cassante, et en finir. Une robe de cortège ! C'était bien la dernière chose dont j'avais envie ! Mais tu comprends c'était un besoin. Bon. Alors mon bras se déplie, comme de sa propre volonté. Je referme la main dessus. Et alors le Seigneur se met à parler.

Fin de l'histoire. Assis au Killarney Rose, en sirotant son verre et en reconsidérant les années passées, Stoney n'essayait même pas de trouver la chute. L'histoire restait en suspens, et moi avec.

– Et qu'est-ce qu'Il a dit ?

– Je ne sais pas. Je n'ai pas compris.

– Alors comment peux-tu être sûr que c'était Lui ?

– C'était Sa voix.

La question semblait le vexer, comme si j'avais douté de lui.

– Je La reconnaîtrais n'importe où. Mais il devait y avoir un mauvais contact. Ou bien les fils étaient emmêlés. Alors j'ai entendu Son appel, mais je n'ai pas compris Son message.

Il a commandé la même chose.

– Voilà. C'était la transe.

Ensuite, il ne pouvait pas expliquer pourquoi, il a commencé à s'éloigner d'Aaron Harris. Le numéro avait dû vieillir, trop de théorie zen, trop de théorie en général. Mais Stoney n'avait pas oublié tout ce qu'il lui devait.

– Ce mec était un gentleman et un acteur.

L'acteur avait surgi tout habillé de la dépouille du voleur. Après avoir eu les mains brisées, il s'était engagé dans une troupe de théâtre municipal où il avait appris le mime et la danse de jazz. Puis il avait joué dans la rue. Nu jusqu'à la ceinture, vêtu d'un sarouel et d'une calotte, il crachait du feu devant l'entrée des théâtres de Broadway. Il se faisait appeler « Le Grand Méphisto ».

– Il était connu, célèbre. Je te jure, une *vedette* !

Sa spécialité était la métamorphose. Il avait le don de se transformer en qui bon lui semblait. D'abord, il étudiait son modèle pendant quelques secondes, puis il le surprenait, sans crier gare, nez à nez. Alors il devenait l'autre. Ou plutôt son image tordue. Les attitudes, les expressions et les gestes avaient une précision photographique. Mais sous l'épiderme se cachait quelque chose qui faisait reculer le modèle avec un cri d'horreur.

– Comme s'il avait touché un fil électrique, dit Stoney. Ou regardé dans un miroir déformant et vu son pire cauchemar : son propre moi.

Aaron croyait qu'à cet instant précis, l'autre lui appartenait, qu'il le tenait à sa merci. Eût-il aimé le mal, il aurait tué et violé sans frein. Mais il avait été à une école plus douce. Il se contentait d'escamoter.

L'édifice tout entier reposait sur une seule clef : l'anonymat. Un visage d'ardoise magique sur laquelle l'acteur pouvait dessiner n'importe quels traits puis les effacer sans laisser de traces. Et Stoney avait révélé les dons d'ardoise. Il était donc devenu le disciple d'Aaron et, très vite, son maître. A quinze ans il travaillait seul, et solitaire, il l'était toujours resté. Jusqu'à ce que sa route croise celle des Voleurs de la Liberté.

Et Aaron Harris ?

– On dit que quelqu'un l'a descendu. Un défaut de communication, je crois, et on lui a pété la gueule.

A cette pensée, il prit un air songeur et avala une longue gorgée.

– Je ne jurerais pas qu'il est mort. Mais je suis sûr et certain qu'il n'est pas vivant.

En termes d'années de rue, Stoney était à présent un vétéran. Ces derniers mois, depuis qu'il faisait équipe avec les Voleurs de la Liberté, il avait une chambre à lui sur l'Avenue A, mais il passait ses nuits sur Broadway, couché ou assis dans des cafétérias ouvertes vingt-quatre heures sur vingt-quatre, à écouter vieillir son âme. Il travaillait encore deux fois par semaine, et le reste du temps, il se tenait coi. Mille cinq cents dollars représentaient une bonne semaine, cinq cents une mauvaise, mais l'excitation fournie par l'argent ne lui suffisait plus, il restait dépendant de l'acte lui-même, du geste. En ce moment, il préférait faire les poches, c'était plus créatif. Il avait vingt-trois ans.

Sur le bar du Killarney Rose, cinq Grand Marnier vides s'alignaient aux côtés de cinq 7Up. Stoney en commanda un sixième et leva son verre pour porter un toast, le visage aussi indéchiffrable que la face cachée de la Lune. Juste avant de boire, il fit flotter sur ses lèvres le plus impalpable des sourires :

– Alors, demanda-t-il, je t'ai brisé le cœur ?

Midi était déjà loin. Quand nous sommes sortis, la gelée du matin avait cédé la place à un petit crachin aussi mélancolique qu'un brouillard irlandais. Ensemble, nous avons quitté les ruelles perpendiculaires pour rejoindre Battery.

– Et la transe ? demandai-je.

– Je l'ai encore, répondit Stoney d'un ton incertain. Tu peux me croire, elle est là. Sûr, elle a rouillé. Toutes ces années sur l'étagère, c'est bien normal, il faut la nettoyer, lui redonner un coup de peinture fraîche, l'accorder. La transe, c'est comme une voiture de course, de temps en temps, elle a besoin d'un graissage. Mais ça ne veut pas dire qu'elle peut plus courir. Elle peut toujours. A fond la caisse !

En traversant Battery Park, nous passâmes devant Refugio et Sinbad. Ils avaient l'air sombre, mais ne daignèrent pas nous accorder un regard. A l'entrée de la station de métro de South Ferry, Indio mordillait dans un bretzel avec une moue d'ennui étudiée. Il était venu du Nicaragua, ayant quitté ses montagnes, pommettes hautes et chevelure de jais, avec des yeux si noirs et si meurtriers que Stoney l'avait rebaptisé Cholo, comme Roberto Duran.

Sur le quai, une autre vague de sans-abri avait commencé à déferler en traînant les pieds. En plein jour, la police les obligeait à circuler afin d'épargner la sensibilité des touristes. Mais l'après-midi touchait à sa fin, déjà on allumait les lampadaires. Avec le retour de l'obscurité, les prédateurs nocturnes allaient pouvoir, en rampant, venir reprendre possession de leurs emballages en carton.

– On prétend qu'à New York il est impossible de faire la différence entre les clochards et les rats. C'est faux, dit Stoney. Rien de plus facile : les rats sont gras.

Le dernier ferry pour l'île de la Liberté faisait le plein. Sa décision fut rapide. Normalement, sa règle lui interdisait de travailler au même endroit plus d'une fois en l'espace d'un mois.

– C'est quand on se laisse aller qu'on se fait arrêter.

Tel était son credo. Mais aujourd'hui, rendu intrépide par la confession, il allait faire une exception.

Dans le crépuscule, une fois encore, nous nous éloignâmes de l'embarcadère. Sous les projecteurs, plus que jamais, la Liberté cessait d'être une muse pour apparaître comme un logo aux dimensions monstrueuses : HAMBURGER-MINUTE, écrit en lettres de feu. Sur le pont, entassés pour se protéger de la pluie, les touristes avaient perdu toute leur fraîcheur matinale. Les Accablés et les Affamés, l'estomac saturé de visites, se serraient comme des bestiaux. Instantanément, Stoney devint l'un d'eux.

Difficile de décrire sa métamorphose. Ce n'était pas affaire de déguisement, elle n'affectait ni ses vêtements ni ses traits ; il continuait même à se mouvoir comme avant. Et cependant, ayant effacé Stoney, il était devenu Martin Luther Bisonette.

Tout se concentrait dans les yeux. Cessant brusquement leurs mouvements fureteurs à l'affût des dangers de la rue, ils n'exprimaient plus qu'innocence et naïveté totales. Au premier regard on voyait que ce garçon venait de sa province et n'en sortirait jamais. Telle la jeune Caroline bombardée dans la Grosse Pomme, il était déplacé, écrasé. Il contemplait donc la Liberté avec des yeux d'étranger, de rustaud trouvant la dame très grande et drôlement impressionnante, dommage qu'il n'eût pas d'appareil, mais en même temps il avait mal aux pieds, la pluie lui coulait dans la nuque et une seule pensée le hantait : il aurait tué père et mère pour un Dr Pepper glacé.

Pour le retour vers Manhattan, Indio s'était posté près de la dernière marche de l'escalier, ses yeux noirs baissés, faisant semblant de dormir. A côté de lui, un congressiste vêtu d'un costume en seersucker arborait un badge marqué : MAYNARD BAINES et au-dessous, en lettres plus petites : ORDRE DES CHEVALIERS DU SAINT SÉPULCRE DE JÉRUSALEM.

Il était chauve comme un œuf, avec des joues écarlates, des barbillons de dindon et une face congestionnée d'hypertendu alcoolique. Il aurait suffi de le piquer avec une épingle à chapeau pour le voir rétrécir et disparaître comme un ballon crevé.

Comme le ferry approchait de sa destination, Stoney se planta devant lui, le dos tourné, de sorte que Baines ne pouvait voir que sa nuque. Et, lentement, il commença à gonfler. Comme une chambre à air que l'on remplit, il s'enfla et s'arrondit. Sa peau prit une teinte plus foncée, sa chair se mit à luire sous l'effet de la tension. Au bout d'une minute, on eût dit que sa tête, tout entière engorgée tel un caillot de sang, était sur le point d'éclater.

Pivotant sur ses talons, il fit face au chevalier : Maynard Baines alors rencontra son jumeau.

Baines fit un bond, recula, trébucha, se prit les pieds et faillit tomber dans l'escalier. Heureusement, Indio se trouvait là pour le rattraper.

Au coin de Broadway et de la Cinquante-Quatrième Rue, il y avait un pub irlandais, le McGee, décoré de splendides fresques murales représentant les jeux érotiques de dieux et de déesses. Puriste, le barman refusa de servir du Grand Marnier avec du 7Up. Stoney dut se contenter de Pernod et de liqueur de cassis. Il n'avait pas vidé son deuxième verre, quand Indio se profila dans la glace du bar, encadré de Pan et d'une guirlande de nymphes, le visage aussi expressif qu'une pierre tombale.

Ensemble, ils partirent faire le tour du bloc. Quand il revint, seul, Stoney s'efforça de rester impénétrable. Il ne pouvait cependant se retenir de sourire et ses joues, creusées de fossettes, lui donnaient l'air d'un Liberace bronzé. Il ne voulut pas révéler la valeur du butin, mais une ombre rêveuse passa dans son regard.

Il laissa planer un long silence, puis il s'ébroua comme un chien remontant d'une eau sans fond.

– Alors, dis-moi, est-ce que je dois me faire ordonner ?

Trois

– *HEUREUX celui qui pour la première fois contemple Broadway à sa source*, entonna Sasha de sa voix égale et blanche. *O frémissement, quand pour la première fois il aperçoit la grande artère qui se coude dans sa course vers le nord, bobsleigh lancé entre les flèches d'acier et de béton, sensation d'une vie.*

Broadway commence véritablement à Bowling Green. Par une matinée tiède et pluvieuse, Sasha et moi partagions le même banc. Une sorte de brouillard écumeux coupait les immeubles à la hauteur des genoux, recouvrant toute chose d'une matière visqueuse. J'avais hâte de me mettre en route, mais Sasha Zim ne voulait rien savoir, pas avant d'avoir fini de psalmodier le texte de ses guides :

– *Perspectives spectaculaires*, lisait-il.

Docile, je regardai dans la direction indiquée et, en effet, elles étaient bien ainsi. Si d'autres paysages urbains dégageaient plus de poésie, la pierre, dans Lower Broadway, était, en termes de poids et de puissance, proprement écrasante. Derrière nous s'élevait Custom House, le monument de la Douane, un mammouth dans le style Renaissance française. Devant nous un Stonehenge urbain de mégalithes Art déco gothiques, odyssée de l'espace et faux baroque. Et, à nos pieds, ce jardin, pas plus grand qu'un mouchoir de poche : *La grandeur qui nous surplombe rendue plus majestueuse encore par le carré de Bowling Green, comme, au partage des eaux, un lac d'altitude de la grosseur d'une larme dominé par des colonnades de pierre dressées vers le ciel, et qui donne naissance à un fleuve impétueux.*

L'histoire resserrait sur nous son étreinte de béton. L'épopée de New York, semblait-il, se déroulait pour moitié sous nos yeux. En 1626, Peter Minuit avait acheté aux Algonquins ce Manhattan où nous étions assis, au prix de vingt dollars. Vingt ans après, Peter Stuyvesant jouait aux quilles sur ce même terrain. George Washington avait habité sur Broadway même, McComb House, au numéro 39. Et Adriaen Block, le capitaine hollandais, avait construit les quatre premières huttes de l'île au numéro 45. Devant Cape's Tavern, l'armée révolutionnaire triomphante avait achevé sa parade victorieuse. C'est à quelques mètres de là qu'Alexander Hamilton et Thomas Jefferson avaient pris la décision de déménager la capitale plus au sud parce que le climat de Broadway ne leur convenait plus. Lord Cornbury, le gouverneur anglais, s'était affiché ici même vêtu en femme. Ici, le capitaine Kidd, le pirate, avait enrôlé de force ses volontaires. Nathan Hale et Benedict Arnold, Washington Irving et Benjamin Franklin, John Jacob Astor, DeWitt Clinton, Commodore Vanderbilt... Bowling Green les avait tous connus. A présent, assise sur le banc voisin, une femme disparaissait sous une nuée de pigeons.

Elle les nourrissait des reliefs d'un gâteau de mariage rassis tandis qu'ils se bousculaient sur ses épaules, ses pieds et ses genoux, allant même jusqu'à se percher sur sa tête couverte d'un foulard. Elle s'appelait Ellen Fogarty. Elle pesait quarante-cinq kilos et avait soixante-trois ans.

– Moitié aristocrate par ma mère, dit-elle. Mais le Père était du comté de Mayo.

Elle venait ici deux, trois fois par semaine et passait le reste de sa vie seule dans une maison de neuf pièces, quatre salles de bains et un jardin d'hiver, à Tottenville, sur Staten Island. Là-bas, elle s'appelait Ellen Parisi et était veuve. Mais Parisi n'était pas son vrai nom, ni Staten Island son lieu d'origine.

Son lieu d'origine, c'était Broadway. Là se trouvaient ses racines, tout ce qu'elle comprenait et tout ce dont elle voulait bien se souvenir. Pas seulement Broadway, mais tout Lower Manhattan à son époque glorieuse, Wall Street, Trinity Place, l'Aquarium, le Marché au Poisson de Fulton. Mais surtout, surtout, Bowling Green.

Son père avait travaillé là. Christopher Cornelius Fogarty. Durant toute l'enfance et l'adolescence de sa fille, son bureau s'était trouvé juste en face, au 25, Broadway, aujourd'hui simple bureau de poste, autrefois le Cunard Building, au temps où New York était le plus grand port du monde et la Cunard l'orgueil de ses lignes transatlantiques. Le *Queen Mary* appartenait à la Cunard, et son père montait à bord quand bon lui semblait. C'était là tout ce qu'il avait à faire : accueillir le paquebot quand il entrait au port, lui faire ses adieux quand il le quittait. Ainsi gagnait-il sa vie. Il portait même un uniforme.

Deux uniformes, pour être exacte. Le premier, blanc, illuminé de boutons de cuivre, qu'il ne portait qu'en des occasions particulières, celles où elle n'était pas autorisée à l'accompagner, ni même à le toucher ; le second, celui de tous les jours, en serge bleu foncé, si sombre qu'il lui semblait noir, épais comme de la tourbe et rêche au contact de sa joue. Et les odeurs ! Celle du Paddy qu'il buvait, de l'eau de toilette dont il s'aspergeait le visage, du tabac fort qu'il fumait et des bonbons à l'anis qu'il suçait continuellement : il se résumait à ces odeurs, aussi ces odeurs le résumaient-elles.

Le décrire ?

– Le Père ? Un gros homme rouge avec une grosse figure rouge, répondit Ellen.

Gras, non. Porcin, jamais. Plutôt comme une tranche de viande crue.

– Ce que c'était, c'était un homme.

Cette femme était la discrétion même, tout en elle respirait la retenue, trop d'années à se taire et à se ronger les ongles. Son foulard de laine était d'un beige décoloré, son manteau d'une teinte de bruyère pâle aussi délavée que ses yeux. Elle parlait d'une voix monotone et blanche.

Seules ses jambes exprimaient un peu de vie : au-dessus d'une voûte plantaire joliment arquée, elle exhibait des chevilles fines dans des chaussettes en fil soigneusement roulées qui lui donnaient un air de petite fille. L'impression ne trompait pas : le temps s'était arrêté à son enfance et elle ne vivait que dans ce monde-là.

– Mon école, Les Anges de la Miséricorde, se trouvait tout près de Broadway. Ma mère était par trop à moitié aristocrate pour marcher. C'était donc mon père qui m'accompagnait partout. Les matins d'hiver froids et sombres, il me déposait à l'école et quand on nous relâchait, l'après-midi, il faisait sombre à nouveau, mais jamais aussi froid. Et il attendait en face, devant l'entrée de la pâtisserie Bertoni. Mme Angelo Bertoni & Cinq Fils, ainsi s'appelait le magasin. Toutes les mères et tous les pères attendaient ensemble, en groupe, mais le Père se tenait à l'écart, tout seul. Évidemment, il portait un uniforme.

Ils habitaient Washington Street, près de Rector Street, à deux minutes de marche d'ici. Dans les années vingt et trente, et même après la guerre contre Hitler, le quartier avait été une sorte de casbah grouillante de Syriens, d'Arméniens et de Turcs. Perdues entre les gratte-ciel, il y avait des baraques basses, en bois, bâties à l'orientale avec des cours et des escaliers extérieurs, des balcons sculptés, des portes peintes et partout flottaient des parfums d'encens. A deux numéros de la maison d'Ellen se trouvait un magasin pareil à une caverne d'Ali Baba, regorgeant de halva, de loukoums, de narguilés, de grands coupons de soie luisante, de tapis persans, de cuivres, de cimeterres ciselés, de chaussons brodés de sequins, de perles. A la fenêtre, il y avait même un chat borgne.

– Si vous ne me croyez pas, vous pouvez vérifier, dit Ellen. Il ne manquait que *Les Mille et Une Nuits*.

Les Fogarty étaient la seule famille irlandaise de tout le pâté de maisons, si étrangère aux autres que leurs voisins ne pouvaient les comprendre assez pour les haïr. Le père d'Ellen avait choisi de vivre là parce c'était près de son travail et aussi à cause de sa passion pour la magie.

– Il aurait voulu être prestidigitateur, mais il avait de grosses mains rouges et des doigts comme des saucisses. Pourtant, il exécutait des tours. Il ne les réussissait jamais, mais il s'obstinait.

Un jour, Manhattan tout entier avait ressemblé à cela : une terre magique. On l'appelait la Cité des Merveilles et elle méritait son nom. Aujourd'hui, quand elle essayait de leur expliquer, les gens la regardaient de haut. Dans sa rue, à Tottenville, les rideaux de dentelle s'agitaient puis s'écartaient sur son passage.

– Ils pensent que j'ai perdu l'esprit. Ce n'est pas vrai.

Comme pour le prouver, elle se leva et me remorqua derrière elle jusqu'au 25, Broadway.

– Regardez, regardez seulement, commanda-t-elle.

J'obéis : au-dessus de moi se dressait une rotonde haute de vingt mètres où l'or et l'argent se mêlaient au bleu d'une mer profonde, décorée de fresques éclatantes représentant les grandes traversées transatlantiques à travers les âges. Dieux et déesses marins montaient la garde au-dessus des portes, d'anciens navires voguaient, sculptés dans la pierre des murs.

– Un Taj Mahal, dit Ellen. A présent, ça sert à perdre le courrier.

Le Cunard Building n'était qu'un exemple parmi d'autres. Au temps de sa splendeur, le port de New York avait été son royaume et Lower Broadway une succession de palaces. Custom House, d'une grandeur aujourd'hui démesurée, déplacée, avait constitué un Sénat maritime, le centre d'un univers. Au numéro 1, Broadway, aujourd'hui une succursale de la Citybank, s'élevait autrefois le siège des Lignes maritimes des États-Unis ; le 9-11, aujourd'hui magasin de hi-fi, abritait les Lignes maritimes françaises.

– La puissance des empires, dit Ellen.

Elle était transfigurée. La forme qui habitait le présent, cette vieille femme délaissée, jetée sur un banc de parc, avait disparu. Ramenés à Xanadu, la chair et le sang d'Ellen avaient ressuscité.

– Pour parcourir Broadway tel qu'il est, il faut d'abord que vous sachiez ce qu'il a été. Pas toujours ce cloaque où tombent les damnés de l'enfer. Autrefois, ceux qui empruntaient cette voie étaient des héros. Les Maîtres de Sept Mers. Les grands hommes. Les plus grands de la terre.

Ce qu'elle avait connu de plus beau, c'étaient les parades. Celles-ci étaient réservées aux authentiques légendes vivantes, pas aux groupes de rock ou aux équipes de football du New Jersey, et encore moins aux Noirs. Le Père faisait monter Ellen dans son bureau, puis ouvrait la fenêtre et la tenait suspendue dans les airs à trente mètres au-dessus de l'arène, des spectateurs hurlants, des fanfares, au milieu des confettis qui tournoyaient autour d'elle comme des flocons de neige, lui entraient dans les yeux, se collaient à sa peau, et au-dessus du héros lui-même, un général, un grand explorateur, parfois un président, raide à l'arrière de sa voiture découverte, comme une silhouette découpée dans du carton, un sourire fixe accroché à son visage. Et elle hurlait, naturellement, comme on hurle sur la vague, effroi et excitation mêlés, tandis que la foule en délire l'acclamait d'en haut et d'en bas et qu'il la balançait, le Père.

– Je n'avais pas peur, alors.

En face du parc, devant une cafétéria, un ivrogne mendiait debout. C'était une figure grotesque, scrofuleuse, à la bouche écumante, aussi collante que de la glu. Le moindre passant qui se hasardait à portée de main n'était pas seulement accosté, mais instantanément happé dans un corps à corps, agrippé et étroitement attaché à lui comme à un poulpe, avec une telle ténacité qu'en s'acquittant d'une rançon de vingt-cinq cents, sa proie estimait s'en tirer à bon compte.

Mais il y eut un esclandre. Un C.C.A.T. (costume, cravate et attaché-case) imprudent, émergeant de son petit déjeuner, se retrouva d'abord acculé, puis passionnément enlacé. Comme il tentait de se dégager, l'étreinte se transforma en combat singulier. Le mendiant lui mit son visage sous le nez : la bouche édentée souffla une haleine de dragon, puis, inspirant à nouveau, parut l'engloutir tout entier.

Un court instant, le C.C.A.T. sembla perdu. Puis, les entrailles saisies d'une peur panique, il réussit en luttant à se libérer à demi et s'élança, tête baissée, sur le trottoir. Sur une distance de deux ou trois mètres, il tira le mendiant de toutes ses forces, comme un boulet humain au bout de sa chaîne. Puis, pivotant sur ses talons, son attaché-case à bout de bras pour faire contrepoids, il lui assena dans l'aine un coup de son pied droit chaussé d'un mocassin à glands.

Chez Gucci, on ne fabrique pas de souliers destinés à passer son prochain à tabac. Les glands eurent beau danser comme de petites bannières, l'impact rendit un son mou sans mettre l'ivrogne hors de combat. Au contraire, le coup eut pour effet de recharger ses batteries. Il pivota, toupie aveugle et exultante, et se jeta sur un autre passant.

C'était un flic.

Depuis l'enclos du Green, Ellen Fogarty avait assisté à ce spectacle de pantomime avec ravissement, voire un petit air satisfait, comme si on l'avait donné pour son seul bénéfice. Maintenant qu'on avait emmené le mendiant récalcitrant, elle se léchait les babines.

– Lindbergh. Grover Whalen. Général MacArthur, fit-elle, songeuse. Ça, c'étaient des hommes.

– Et de fameux salauds ! ajouta Sasha.

C'était la réplique indiquant qu'il voulait décamper. Il lui fallait se faire une bonne journée en taxi, un bénéfice suffisant pour rembourser l'argent emprunté à Alexei Alexandrovitch et libérer ainsi sa batterie de la baignoire où il la retenait en otage depuis trop longtemps.

– C'est farce. Stupidité totale absolue. Je ne peux pas jouer, Alexei ne peut pas se laver et partout enfants meurent de faim.

Déjà, nous avions pris des habitudes : chaque jour, il me lançait comme un esquif sur un lac différent où il m'abandonnait, libre de flotter ou de sombrer. Si je rentrais au port sain et sauf, tant mieux. Sinon, nulle clause au contrat ne l'obligeait à me surveiller et à venir me repêcher.

En le regardant partir avec ses guides et toute sa paperasse, Ellen aspira fortement sa salive, faisant cliqueter ses fausses dents avec un bruit de castagnettes.

– Est-ce le genre de personne qu'on appelle un émigré ou bien a-t-il simplement été jeté là par la marée ?

– Un peu des deux, j'imagine.

– Pas le Père.

– Qu'est-ce qu'il était ?

– Indispensable, répondit Ellen.

Nécessaire. Toute la semaine, il s'échinait, toujours à bord de tous les grands bateaux dès qu'ils se dockaient, le premier à serrer la main du capitaine, à lever son verre en signe de bienvenue. Le week-end venu, il se reposait et se consacrait à sa fille.

Le plus souvent, ils ne faisaient que marcher. Dans ces années-là, Lower Manhattan était encore un lieu clos, la Ville Haute, un autre pays. Au sud de City Hall, du vendredi soir au lundi matin, il n'y avait ni bar ni restaurant ouverts sur Broadway, pas une ombre ne se dessinait dans les rues latérales. Le père et la fille jouissaient librement de tout le quartier, leur ville privée et secrète.

– Une cathédrale, disait Ellen. On pouvait parcourir un kilomètre sans entendre d'autre bruit que l'écho de ses pas. Et dans les rues si étroites et si sombres, entre les gratte-ciel s'élevant dans l'air pur, on avait l'impression de marcher dans des fosses sous-marines. Tout au fond d'un abîme sans fond. Alors, quand enfin on émergeait à ciel ouvert, on était aveuglé par la lumière, assommé. Ébloui.

Ce qui l'enchantait chaque fois c'était l'instant où, sortant de ces abysses et pénétrant dans Battery Park, ils voyaient soudain la mer, le vaste port, des myriades de bateaux différents, de toutes les tailles et de toutes les formes, des remorqueurs, des bateaux de plaisance, des péniches, des cargos, des vapeurs, des bateaux à moteur galopant sur les vagues comme des chevaux sauvages, d'anciens ferry-boats aux cuivres rouillés dont les petites cheminées trapues crachaient une fumée noire, des paquebots blancs si hauts qu'ils semblaient des gratte-ciel en marche et, enfin, des yachts, toutes voiles dehors, étincelants, voguant vers l'horizon comme vers l'infini. Par temps d'orage, la couleur de l'eau virait au vert bouteille presque noir, et le bruit du vent, semblable au rugissement d'un lion, la faisait chercher refuge dans les replis du manteau de son père, noyer sa frayeur dans le parfum tiède de l'anis, de l'eau de toilette et du tabac. Mais les jours calmes, les jours bleus, la caresse et le baiser des vagues contre la digue du port lui étaient la plus douce des musiques.

A South Ferry, elle ne l'oublierait jamais, un panneau vantait les vertus d'une espèce de tonique ou de remontant vitaminé dont le nom à présent lui échappait. Mais l'affiche était d'un jaune éclatant. Tout en bas, en lettres rouge flamme, le slogan disait : PRENEZ DES FORCES, PAS DES ANNÉES.

Sur Broadway même, de l'endroit où nous étions assis à présent, on pouvait regarder directement la Ville Haute, au-delà de Trinity Church, jusqu'au Woolworth Building. Et s'il venait à passer une âme humaine, elle donnait l'impression de transgresser un interdit, de commettre un sacrilège.

– Parce que, voyez-vous, la ville nous appartenait. Avant qu'on la viole.

– Qui l'a violée ?

– Robert Moses. Qui voulez-vous que ce soit ? Il a détruit New York.

– Détruit ?

– Il a démoli l'Aquarium.

Celui-ci se trouvait alors dans Battery Park, juste à gauche, derrière nous, enfoui dans les donjons d'une forteresse médiévale d'opérette. Dans le passé, Fort Clinton avait été une véritable place forte construite par les Insurgés américains pour repousser les Habits Rouges ; les soldats avaient pris les armes et s'étaient préparés à mourir pour la défendre. Mais elle n'avait pas l'air vrai. Fardée et rebaptisée Château Clinton pour faire plus forte impression, cette petite folie de stuc blanc, surchargée de tourelles et de faux créneaux, avec ses rangées de drapeaux flottant au vent, semblait sortir tout droit d'un livre d'aventures.

Avant de pénétrer dans l'Aquarium proprement dit, il fallait d'abord franchir un sévère portique de pierre, haut de six mètres, tout piqué de boulons de fer. Alors seulement on s'enfonçait sous les eaux pour émerger dans une Atlantide aux reflets verts.

Plus de cinquante ans après, Ellen était encore capable d'égrener le nom de tous ses habitants : mérous, baudroies, murènes tachetées, phoques, ciprins japonais à queue de voile, télescopes ; silures de verre, aussi translucides que du vitrail, gymnotes ; guppys pas plus gros que le petit doigt, et les jewfish, les poissons juifs, si hideux avec leurs grosses narines, leurs lèvres grasses et ourlées et leurs yeux avides que les Israélites de Manhattan avaient exigé qu'on les rebaptise junefish, poissons de juin. Le tout baignait dans une pénombre mystérieuse, un épais brouillard verdâtre évoquant un train fantôme.

– Aujourd'hui encore, dit Ellen, quand je rêve que je suis morte et que je monte au ciel, la couleur du paradis garde cette même nuance de vert... Dieu poinçonne mon ticket et je m'en vais marcher au milieu des poissons étincelants.

Mais Robert Moses avait fait raser l'Aquarium. C'était un bâtisseur : il a conçu des voies express, des parcs fédéraux, des plans d'urbanisme et le Lincoln Center. A l'âge où l'automobile régnait sans partage sur l'Amérique, les routes constituaient alors le cœur de son empire. Et grâce à elles, il avait établi une telle domination que pendant plusieurs décennies il fut officieusement le patron de New York, son maître unique et incontesté. La Guardia, Lindsay, Wagner, Alfred Smith, les Rockefeller, tous passèrent. Moses défiait l'éternité.

C'était une créature des plus hargneuses, assoiffée de gloire, mégalomane, le genre d'homme qui faisait la fortune d'un sous-fifre parce que celui-ci l'avait appelé Maître Bâtisseur ou Empereur Terrassier. Et ses vengeances étaient épouvantables. Son ambition, seul héritage qu'il voulait léguer aux siècles futurs, était que New York pût s'enorgueillir de posséder les autoroutes les plus nombreuses et les plus larges de toutes les villes du monde. New York n'en avait pas besoin, ne pouvait même pas les contenir, mais elles étaient nécessaires à la gloire de Robert Moses et la ville devait coûte que coûte s'incliner.

Pour parvenir à ses fins, il fit table rase de quartiers entiers, expulsant des centaines de milliers de locataires, transformant définitivement des communautés de Noirs et d'Hispaniques en parias. Ellen avait dit la pure vérité : c'est bien lui qui avait détruit son New York. Et personne, ou presque, n'avait osé se dresser contre lui. Il était trop riche et trop puissant, il ne manquait jamais ni de ressources ni de détermination. D'un revers de la main, il faisait tomber les maires, les conseils municipaux, les bureaux d'études, les banques et les administrations. Trente années durant, il avait tenu la totalité de la ville en otage. Pour le remercier, l'université de Fordham le fit docteur *honoris causa* en progrès de l'humanité.

Mais tout cela était encore à venir. En 1941, au moment du sac de l'Aquarium, ni sa hargne ni son avidité n'étaient encore de notoriété publique. Ce fut là son premier acte de vandalisme, la première fois qu'il levait le masque. Dès lors, il avança à visage découvert : « Gengis Khan en complet blanc. »

Il n'avait agi que par dépit. Depuis longtemps, Moses prévoyait de faire passer une gigantesque voie express directement au-dessus de Battery. La réalisation de ce projet eût condamné le port et les jardins à la ruine, la totalité de Lower Manhattan à l'empoisonnement. Belle démonstration de puissance, en effet. Mais le Maître Bâtisseur avait sorti son jeu trop tôt et de façon trop brutale. Son diktat n'était pas encore automatique et, pour une fois, il rencontra une résistance. Eleanor Roosevelt et d'autres s'associèrent pour le battre en brèche. Les projets de Moses furent rejetés.

La destruction de l'Aquarium lui fournit l'occasion de se venger. Au cours d'une opération nocturne, quand nul conseil municipal ne pouvait s'y opposer, il fit déménager les poissons et les installa loin, dans le Bronx, hors d'atteinte d'Ellen Fogarty. A la place de la verte Atlantide, il ne laissa qu'un trou béant, quelques tas de boue noire, des gravats et des tessons de verre.

Un demi-siècle plus tard, cette affaire semblait dérisoire. Pourtant Ellen était profondément convaincue qu'avec la confiscation de ces précieux poissons, quelque chose de New York avait radicalement changé, quelque chose s'était irrémédiablement perdu.

– Les gens. Depuis ce jour, ils ont cessé de compter. Ce qu'ils pensent, ce qu'ils ressentent ne vaut plus une clopinette.

Elle parlait sans colère apparente. Sa voix conservait sa tonalité retenue, son rythme de métronome, comme si elle eût seulement entonné des répons.

– Je ne sais pas crier. Jamais su. Parfois, je le regrette.

Elle retombait dans de longues minutes de silence, la bouche ouverte, les yeux fixés sur le morceau de béton éclaté, entre ses pieds. Si dans ces fissures elle voyait des flammes ou des ruisseaux de lave, elle n'en disait rien. Elle fumait des Camel, elle portait la main à ses cheveux. Parfois, elle semblait s'endormir. Puis, brusquement, elle redressait les épaules, son foulard retombait en arrière et la vague murmurante reprenait, inchangée.

– 1938. Et en 43, j'ai rencontré Dom, mon mari. En 45, nous nous sommes mariés, en 46, nous avons déménagé à Staten Island.

– Et le Père ?

– Il est parti avant.

– Où ?

– Il s'est noyé.

Quand son père a quitté Broadway, elle en a fait autant. Les Fogarty avaient déjà été arrachés de la casbah, chassés par le Turc aux cent cinquante kilos qui habitait à l'autre bout du palier et qui aimait les petits garçons.

– Moi, ça m'était égal, dit Ellen. Mais le Père, il n'y croyait pas.

– En quoi croyait-il ?

– Il croyait au Père.

C'était simple comme bonjour. Alors que sa mère traînait son corps malade à la messe tous les matins, tous les soirs et trois fois le dimanche, son père n'avait jamais montré pour la religion qu'indifférence, une certaine condescendance légère dont elle-même avait hérité. Et lorsqu'on le lui avait enlevé, elle n'avait pu se tourner vers la Vierge Marie. Seulement vers la danse.

A seize ans, elle en paraissait vingt et elle aimait la danse à la folie. Sa mère l'avait installée dans l'East Village, où elles avaient appris à se haïr, toutes deux crachant des serpents d'un bout à l'autre d'une pièce unique, au coin de la Quatorzième Rue et de l'Avenue A. En bas, au drugstore, Ellen embrassait les garçons derrière les magazines. Sa mère l'ayant appris, elle fut chassée de la maison et alla habiter plus au nord où elle respira un air plus frais. Sur la Quarante-Cinquième Rue Ouest, elle trouva refuge dans une pension pour acteurs, pleine de musiciens, de magiciens, d'auteurs de chansons, d'acrobates et de phénomènes de foire.

Une femme à barbe occupait l'appartement du dessus. Ensemble, elles prenaient le thé, tandis que la dame lui lisait les lignes de la main. Comme son avenir paraissait incertain et qu'elle n'avait pas de quoi payer le loyer, elle s'engagea dans un salon de danse de Times Square, le Carioca, le Casablanca, ou quelque chose d'approchant.

– Juste à côté de Broadway, ajouta-t-elle, moqueuse, sûre que ce détail me plairait.

C'était une taxi-girl, deux pieds à louer, dix cents la danse et c'est là qu'elle rencontra Dom Parisi.

Un de ces vendredis soir languissants, il est entré, ivre mort, après minuit. Trop soûl pour tenir debout mais, chose étrange, pas assez pour ne pas danser. A la table, il s'écroulait, en état de stupeur, sur son verre. Mais sur la piste, ses mouvements étaient libres et magnifiques. Jamais elle n'avait vu pareil danseur, si souple, si léger.

– Un oiseau. C'était un oiseau en plein vol.

Ils se sont mariés.

Ils ne se parlaient pas. Jamais. Même quand ils s'étaient rencontrés, ils n'avaient pas parlé. Ils s'étreignaient. Aux yeux d'Ellen, il ne pouvait en aller autrement : parler, elle l'avait fait avec son père ; avec son amant, elle dansait.

Dom était dans le bâtiment. Il travaillait avec son frère Carmine, qui possédait une entreprise à Brooklyn, à Canarsie. L'ironie du sort (on pouvait pleurer si on oubliait de rire) voulait qu'il fît affaire avec Robert Moses et qu'il se fût enrichi grâce à lui. Le soir de ses noces, avec l'aimable concours de l'Empereur Terrassier, Carmine organisa une réception gigantesque pour trois cents invités au Club des Fils de l'Italie, à Flatbush. L'orchestre de Fuzzy Campese All Stars joua tout ce qu'on lui demandait et Dom dansa avec Ellen toute la nuit, tous les morceaux. C'est sur cette piste qu'ils s'épousèrent et s'unirent pour de bon. Puis ils partirent en voyage de noces, à Atlantic City. Et plus jamais ils ne dansèrent.

Au lieu de cela, ils s'installèrent à Staten Island, où ils vécurent ensemble trente-neuf ans et quatre mois. A la fin de l'année numéro 32, Dom acheta un terrain à Tottenville, au sommet d'une colline, au bout d'une allée bordée de chênes. Là, il construisit la maison de ses rêves.

Durant toute sa vie active, il avait été un mauvais bâtisseur, mais bien introduit. Grâce à quoi il avait gagné fortune et respect, mais pas le bonheur. Cela, par la faute d'Ellen, car elle n'avait pu lui donner un fils.

Elle avait tout gâché. Sans fils, la vie de labeur de Dom Parisi, les contrats, les dessous-de-table, les guerres civiles, les grosses voitures et les cigares plus gros encore avaient perdu leur sens. C'était un gros bonnet, *capo forte*, mais il n'avait pas d'héritier, nul monument vivant à sa gloire. Et donc il n'était rien.

Il devint maussade; il se nourrit de haine; il mourut.

Son sang, le premier, s'empoisonna. Puis ce fut son cœur. Avant de mourir, il fignola pourtant sa villa dans ses moindres détails, depuis la piscine et la salle de billard jusqu'au sauna et au solarium. Il lui adjoignit quatre pièces supplémentaires, pour les quatre fils qu'il avait désirés et qu'Ellen n'avait pas mis au monde.

Le jour où le dernier clou fut enfoncé, il brisa une bouteille de champagne français contre la porte d'entrée. Trois semaines après, il s'écroula, étouffé par son propre sang, laissant Ellen errer seule dans la grande maison.

Cela aussi, elle le racontait sans effet dramatique, comme une histoire connue qui, de ce fait même, la dispensait de toute fioriture.

– C'était un homme complexe et fier, un homme qui ne laissait rien au hasard et qu'il ne fallait pas contrarier. Moi, je l'avais contrarié.

Au bout de trente-neuf ans et quatre mois, son analyse se résumait à ces mots, à cette seule formule. A présent, Dom était mort et il ne restait que sa maison. Pendant des semaines, des mois après son enterrement, Ellen était demeurée à l'intérieur, emmurée, sans cesser de trembler. Et puis un mercredi de novembre, allez savoir pourquoi, elle s'est levée à l'aube, a traversé l'île en voiture jusqu'au ferry et est revenue ici, à Bowling Green.

– Pour guérir.

Quatre ans avaient passé. Quatre ans et deux mois.

– La première fois, j'ai vomi. Je me suis arrêtée devant le 25, Broadway et j'ai vidé mes entrailles dans le caniveau. Je suis revenue quatre jours après.

Depuis, elle n'avait jamais manqué son rendez-vous hebdomadaire. Un de ses voisins, qui travaillait dans une pâtisserie, lui fournissait les sacs de gâteaux de mariage rassis et les pigeons se chargeaient du reste.

Alors elle pensait au Père. Et elle pensait à Dom Parisi. Ce qu'il haïssait le plus, après le fait d'être privé d'héritier, c'était de voir ses bâtiments s'écrouler. Cela provoquait des scènes et des insultes, des procès, toutes sortes de raisons de s'énerver. Des hommes noirs en costume noir venaient chez lui, la nuit, parlaient avec Dom derrière des portes fermées et quand ils repartaient, il était si furieux qu'il donnait l'impression d'être capable de tuer.

Une nuit en particulier, elle ne l'oublierait jamais, il l'avait réveillée à trois heures du matin en insistant pour l'emmener en voiture. Ils avaient roulé en silence dans l'obscurité et s'étaient arrêtés devant son dernier chantier. Il venait à peine de poser les fondations que déjà les ennuis commençaient. Arrivé sur place, il avait descendu la vitre et regardé longtemps, très longtemps. On ne voyait que de la boue et du ciment, et le ciment était encore frais, il luisait dans la lumière des phares. La nuit noire, la vase et la fange, le ciment. Et voici ce que Dom avait dit : « *Le ciment frais est une bien triste chose. Plus triste encore pour qui est enterré dessous.* »

Sur le moment, interdite, elle était restée sans voix. Plus tard, rien ne méritait plus, semblait-il, la peine de parler.

– C'était loin de ce que j'avais connu. Loin de ce que j'avais connu autrefois.

C'est tout ce qu'elle murmurait à présent. Et elle se remit à nourrir les pigeons.

Quatre

Il me manquait une base. Je m'installai donc dans un hôtel dépourvu d'ascenseur, situé dans les Quarantièmes Rues Ouest, à proximité de Times Square. Dans la chambre voisine logeait une fille à la beauté déchirante. Lush Life était le nom qu'elle avait pris, mais sur les chèques de l'aide sociale elle s'appelait Geraldo Cruz.

C'est Sasha qui la vit le premier. Ou bien elle qui le vit lui. Nous venions de garer le taxi à carreaux. Assise sur le perron de l'hôtel, Lush Life peignait ses ongles en rose passion. Elle portait une robe de soie jaune, brodée de dragons rampants, moulante comme une seconde peau et fendue jusqu'au haut de la cuisse, une allure piratée chez Suzie Wong. Mais son visage (de hautes pommettes à l'espagnole, des yeux noirs dévorants, des cheveux tourbillonnants d'un noir bleuté aussi luisants que l'aile du corbeau) était exactement celui d'Ava Gardner. Et ses jambes, celles de Cyd Charisse.

Sasha fut perdu dès le premier regard. Avant même qu'il soit descendu du taxi, Lush Life avait posé son flacon et traversé la rue en ondulant des hanches comme une danseuse de hula-hoop. Les lèvres rouges encadrées dans sa vitre ouverte elle souffla sur lui, une seule fois, un parfum de cannelle et de clou de girofle.

– Un petit dévergondage ?

Au bout de dix minutes, Sasha revint seul. Sur sa joue, la tache en forme de cimeterre était si incandescente qu'elle semblait prête à prendre feu en une combustion spontanée.

– Joli carton ? demandai-je.

– *Yob Tvoyu Mat !* Révisionniste ! siffla-t-il.

Et, déchargeant toutes mes affaires, il les abandonna en tas sur le trottoir et s'éloigna sans dire au revoir.

L'hôtel était tenu par deux frères grecs, Mike et Petros Kassimatis, tous deux trapus, larges et chauves, des bouches d'incendie sur pieds, dans le style Tony Galento Deux-Tonnes. Tous les poils qui leur manquaient au sommet du crâne poussaient ailleurs en quantité incroyable, comme pour se faire pardonner. D'impénétrables jungles noires jaillissaient de leurs poignets et de leur cou, s'échappaient à la taille de sous leurs sweat-shirts et, comme les vrilles de la vigne, remontaient même sur les jambes de leur pantalon. Mike portait des lunettes et un tas de chaînes en or, Petros avait une verrue sur le nez. Autrement, ils ressemblaient à deux travailleurs à la chaîne.

– Deux pisses dans un même pot, comme disait Sasha.

En remplissant ma fiche, Mike m'examina des pieds à la tête puis de la tête aux pieds et cracha par terre. Mais quand il vit ma machine à écrire, une vieille Adler portative, il recula comme le comte Dracula devant un crucifix.

– Vous êtes écrivain ? gronda-t-il. Vous allez écrire des choses sur l'hôtel ?

Je répondis par un grognement prudent.

– Je vous préviens, ne dites pas de mal de l'hôtel, parce que si vous dites du mal de l'hôtel, vous écrirez les mains cassées.

– Non, corrigea Petros. Il écrira pas les mains cassées, il aura plus de mains du tout.

Comparée au voisinage, ils tenaient une maison impeccable : il y avait un évier et des couvertures dans toutes les chambres, on changeait les serviettes chaque semaine, fumer du crack était laissé à la discrétion de chacun et tout client pris en train de dessiner des graffitis dans les couloirs sortait aussitôt les pieds devant. Cinq étages, vingt-sept chambres, un seul téléphone. CHAMBRES INTIMES POUR LES CONNAISSEURS, disait la note effacée, ronéotée, punaisée contre ma porte.

La mienne, une cellule de deux mètres cinquante sur trois, ne manquait pas de charme. Sous l'ampoule nue, il y avait des fleurs, de petits bouquets bleus et roses s'épanouissaient sur le papier peint et des marguerites montraient timidement le bout de leurs pétales sous les taches du couvre-lit. Certes, ma fenêtre donnait sur une colonne d'aération, un mur de béton et des tuyauteries. Mais en avançant la tête assez loin et en tendant le cou, je parvenais, à force de contorsions, à apercevoir un morceau de ciel.

Dans la mythologie de Times Square, cet endroit était connu sous le nom d'hôtel Moose (Élan). Personne ne savait pourquoi, sinon qu'il y avait aussi un hôtel Elk (Cerf) sur la Huitième Avenue. « Et c'est pas ici. »

Ma première nuit solitaire, je la passai assis à lire *Struggles and Triumphs*, l'autobiographie de P.T. Barnum. C'était le père spirituel de Broadway et son histoire, rangée sur l'étagère à cinquante cents chez Isaac Mendoza, m'était apparue comme le vade-mecum idéal.

Ce fut une amère déception. En tant qu'écrivain, tout le génie de Barnum consistait à transmuter l'or en ordure. Mais je ne perdis pas courage. Vers minuit, j'en arrivai au passage où le général Tom Pouce est présenté à la reine Victoria. Il mesure soixante-trois centimètres, on le dit âgé de onze ans et pesant six kilos deux cent cinquante grammes. Barnum le conduit à Buckingham Palace dans un carrosse tiré par quatre chevaux blancs comme neige. Le général est habillé d'une redingote en velours de soie brune et d'une culotte assortie, et sa solennité et sa prestance lui valent un succès éclatant. Pendant une heure entière, il divertit la cour en chantant, en dansant et en imitant Napoléon. Puis il prend congé. Ainsi que l'exige l'étiquette, il se retire à reculons. Il est presque parvenu au bout de la longue galerie, à l'abri, lorsque le caniche de la reine se rue sur lui. Armé de sa canne en guise d'épée, le général se défend avec vigueur. Mais la bête est trop grosse, trop farouche et le voilà terrassé. Le caniche se dresse au-dessus de lui, et levant une patte énorme, lui masque la lumière : reine, courtisans, le palais tout entier disparaît. Le caniche rugit...

– Je te raconte pas, dit Lush Life. Je te raconte pas.

Elle était venue emprunter ma pince à épiler. Je n'en avais pas, mais elle ne manifesta aucune surprise. Un seul regard sur ma barbe, mon chapeau, mes bottes Buster Brown et mon Donegal de récupération lui avait suffi pour deviner que je ne voguais pas.

– C'est pas pour ça que tu es un mauvais type.

De près, elle était toute changée. Dehors, dans la rue, à la lumière du jour, elle faisait miroiter une sensualité et un éclat hollywoodien de pacotille. Mais dans cette pièce, sous cet éclairage cru, elle me donnait envie de pleurer.

C'était la nudité. De ma vie, je n'avais vu de chair au grain si fin. A contre-jour, elle semblait presque transparente, comme si on lui avait arraché une demi-épaisseur de peau. Elle portait un kimono de deux tailles trop grand pour elle, lâchement ceinturé par une cordelière et constellé d'accrocs et de brûlures de cigarettes. Un coup de patte avide avait déchiré une manche à la hauteur du coude, labouré le dos et la poitrine, laissant son corps privé de camouflage. Parvenue là où j'étais couché en travers des marguerites, elle s'immobilisa au-dessus de moi. J'eus l'impression que mon regard transperçait le kimono, la chair, tout, la dénudant jusqu'à l'os nettoyé de toute fibre musculaire ou nerveuse.

– Éteins donc la lumière ! dit Lush Life frissonnante. Tu veux que je me consume ?

Elle attendait son amie, Denise Denise. Mais son amie était en retard, ou bien peut-être ne viendrait-elle pas. Elle s'était acheté une bouteille de Night Train. Déjà, elle était légèrement grise, sa bouche s'empâtait doucement. La bouteille, ou ce qu'il en restait, se balançait au bout de son bras. De l'autre main, les doigts tremblants elle alluma une bougie.

– Le Night Train, c'est bon, dit-elle. Le Thunderbird, c'est pas aussi bon. Mais le Night Train, c'est meilleur.

Comme une offrande, elle me tendit le fond de la bouteille. Elle me fit signe d'approcher.

– Bois un coup, ça te fera du bien. Oh, et puis non.

Retirant sa main, elle vida la dernière goutte elle-même.

La bougie coulait, étouffant sous une couche de crasse noire qui dégageait une puanteur d'abattoir.

– Brûler des cadavres dans ta chambre. C'est pas bien. Pas *camelfaut*. Pas dès la première nuit.

En guise de compromis, nous nous assîmes dans le noir, en laissant la porte ouverte. Dehors, dans le couloir, les frères fumaient du crack en grommelant. « Lush Life, Lush Life », répétait quelqu'un d'une voix plaintive, à la manière d'un chant funèbre.

Dans la pénombre, sa joue, son épaule nue, le creux de sa gorge luisaient dans un halo comme à travers un vitrail.

– Femme à barbe, je suis à fleur de peau, dit-elle. *Encore de* * Night Train.

C'est moi qui payais, c'est elle qui buvait. Denise Denise ne venait toujours pas. Inlassable, la voix dans le couloir répétait : « Lush Life, Lush Life. »

* En français dans le texte.

– Je ne parlerai pas.

Et elle parla.

Geraldo Cruz était venu de Bayonne, New Jersey, une de ces villes du tonnerre. Son père emballait des poulets morts et sa mère assemblait des jupes dans un atelier de confection. L'après-midi, après l'école, Geraldo s'occupait de sa petite sœur, Paloma. Ensemble, ils jouaient au papa et à la maman, ils mettaient les robes de la mère, des vêtements pourtant informes, ternes et démodés.

Les chaussures étaient pires. Sa mère avait des pieds martyrs. Elle endurait un véritable calvaire à cause de ses oignons et depuis toujours ne supportait que les sandales ou les souliers plats. Évidemment, les robes n'avaient plus aucune allure, même les bas perdaient leur charme. Le mieux à faire consistait à prendre des mules chinoises en satin et à leur donner un peu de style en fabriquant de faux talons en papier mâché ou à l'aide de cylindres de verre. Exactement l'activité qui occupait Geraldo le jour où son père fut licencié, rentra à la maison de bonne heure dans l'intention de prendre une cuite et trouva son fils en porte-jarretelles.

Ce père était dominicain, et de la plus dure espèce. En permanence, tous les jours de sa vie, il se dressait sur ses ergots, jurait et faisait son numéro de macho. Mais ce jour-là, nez à nez avec Geraldo, il ne dit pas un traître mot. Il se contenta de traverser la pièce, de prendre son whisky et de se mettre au travail, tétant à même la bouteille. Puis il tomba sur le parquet en fixant les espaces entre les lames. Même alors il ne cria pas. Il parla très doucement :

– T'es malade. T'as besoin d'aide, commença-t-il.

– De l'aide, mon cul ! répondit Geraldo. J'ai besoin de talons !

Il sortit de la maison et n'y remit jamais plus les pieds.

Il avait quatorze ans, presque quinze, un unique dollar en poche, pris dans le porte-monnaie de sa mère. Grâce à quoi il était parvenu au centre-ville et à la gare des autocars. Là, il avait rencontré un adorable vieux monsieur à qui il avait raconté sa triste histoire; qu'il était venu de New York jusqu'à Bayonne pour rendre visite à son meilleur ami à l'hôpital, mais qu'il avait perdu tout son argent, qu'il était bloqué et qu'il ne savait plus comment rentrer chez lui. Alors tu vois. Le vieux monsieur lui fournit l'argent nécessaire à son voyage et, en échange, ne lui demanda rien, presque rien, seulement toucher. Pourquoi pas ? Geraldo le laissa faire. Mais après cela, il avait éclaté en sanglots, il était tout bouleversé. Il s'était mis à faire du raffut et le vieux monsieur avait pris peur, il avait commencé à trembler, à suer sang et eau et, pour finir, il lui avait donné cinquante dollars, ou même cent, pour qu'il ferme sa gueule. Il l'avait fermée. Il était monté dans le premier car pour Manhattan et dès qu'il eut posé le pied sur le trottoir de New York, son premier geste fut de se carapater jusqu'au magasin de fringues le plus proche. D'abord la jeune vendeuse le regarda de travers. Ensuite, elle vit le couteau. Alors tu vois. Alors elle a souri. Bientôt, les bras chargés de bas, de peignoirs en soie, de gaines, de culottes en satin, de mules, tout le tremblement, il pénétra dans la cabine. Du moins, une partie de lui : Geraldo Cruz y entra, Lush Life en ressortit. Alors tu vois.

Le récit s'arrêtait là. Ce qui arriva ensuite, elle ne voulait pas le raconter. Geraldo Cruz était quelqu'un d'autre, une personne connue autrefois. Et son histoire, de l'Histoire, justement. En la racontant, elle n'éprouvait rien de plus qu'en parlant d'un film ou d'un article de journal.

Mais elle, Lush Life, c'était différent. Elle avait son amour-propre, ses secrets. Elle pouvait baiser avec un inconnu, c'est pas pour ça qu'elle allait lui raconter des trucs.

Il était deux heures du matin. Dans le couloir, comme les trépidations d'une rame de métro, j'entendais le choc des têtes et des corps contre les murs. Les frères Kassimatis effectuaient leur tournée d'anges gardiens, chassant des démons. Je refermai la porte sur nous et tout s'effaça. Juste au-dessus de moi, je perçus un frisson, un chuchotement de soie, le papillotement du kimono. Lush Life tremblait encore. Je lui tins les mains dans le noir.

Cinq

L'espace d'un seul jour, le printemps fit une fausse entrée. Le vent et la grêle avaient fait rage toute la semaine précédente et les blizzards ne nous avaient guère encouragés à nous risquer hors de la Fleur de Prunier. Et puis, un beau matin, le thermomètre indiqua quinze degrés et ce fut comme un renouveau.

Lower Broadway était désert. Dans les premières lueurs de l'aube, l'avenue ressemblait à un décor de cinéma, un de ces Armaggedon 2000, mettant en images l'holocauste postnucléaire où les ordures seules subsistent, l'humanité ayant été réduite à l'état de petites flaques brunes.

En marchant vers le nord, on pouvait retracer la progression de New York, année par année, décennie par décennie. Car depuis la colonisation de Manhattan, Broadway a toujours été son artère vitale, sa grand-rue. Ayant pris naissance sur un sentier de guerre algonquin, elle s'étirait à présent sur trente-cinq kilomètres jusque dans le Bronx. *Histoire de Broadway*, récitait Sasha, *est cycle de splendeurs et de misères qui se reproduit de la mer aux collines. Jusqu'à nom se passe de commentaire : ni rue, ni avenue, ni boulevard, ni allée, ni chemin, ni terrasse, ni cours. C'est Broadway. Qui ne comprend pas ce que ça veut dire ?*

Il dilatait ses narines pour s'imprégner de soleil, adoptait une voix de basse pour mieux la rendre solennelle. *C'est épine dorsale de New York et chaque croisement avec une autre avenue allume une étincelle différente. Chaque étincelle engendre lumière propre, brève ou longue, qui peut s'éteindre doucement ou se rallumer encore. Broadway, en toute euphorie, est Route Pavée d'Or qui promet, sans garantie, Cité d'Émeraude au bout.*

Il se gratta la tête. Et la gratta derechef.

– Ça veut dire quoi ce bordel ?

Le frottement de ses talons cloutés produisait sur le trottoir un son creux, comme un écho dans un canyon mort qui vous fait lever la tête et chercher les corbeaux qui tournoient.

– Calme, dit-il. Trop calme.

Pas pour longtemps. Comme nous passions devant la station de métro de Wall Street, une silhouette solitaire apparut en haut de l'escalier. C'était celle d'un petit homme à l'allure d'érudit, vêtu d'un duffel-coat militaire de surplus et chaussé de tennis antédiluviens, dont tous les biens tenaient dans un sac de Big Mac. Maladif, le visage gris et ratatiné, il grimpa l'escalier au prix d'un effort douloureux en s'accrochant à la rampe. Quand il émergea dans la lumière, il baissa la tête, comme blessé par l'éclat du jour.

Arrivé en haut, suspendu entre Broadway et le puits de l'escalier, il marqua un temps de repos. A mi-distance du pâté de maisons, une grosse femme emmaillotée disposait un étalage de fruits. A la mode d'aujourd'hui, celui-ci présentait tout un éventail exotique. Pas seulement des pommes et des oranges, mais des mangues, des papayes, des fraises aussi grosses que des balles de golf, des pêches de Californie et des kiwis, beaucoup de kiwis.

L'homme à l'allure d'érudit posa dessus un regard vide comme s'il n'avait jamais rien vu de semblable.

– Alors ? lança la femme.

Mais il ne répondit pas. Il demeura là, bouche bée. Et c'est alors qu'il fut terrassé.

Sans avertissement. Il était seul et le moment d'après, submergé. Comme obéissant à un signal invisible, la première vague des travailleurs du matin, libérée de l'obscurité, monta à l'assaut de l'escalier, tel un raz de marée. L'homme au duffel-coat fut englouti sans laisser de trace. Puis la vague se retira et l'abandonna le bec dans l'eau.

– Alors ? répéta la marchande de fruits.

– Je prendrais bien un kumquat, répondit l'homme.

Entre la première et la deuxième vague, il y eut un léger temps mort, une minute, deux peut-être. Après quoi l'assaut reprit sans relâche. La houle nous balaya, nous entraîna dans Wall Street, nous plongeant dans un séjour de ténèbres éternelles. Le district financier se composait d'un labyrinthe de défilés étroits. Les sentiers de la Nouvelle Amsterdam, autrefois empruntés par les vaches, étaient aujourd'hui des gouffres dominés par l'envol des gratte-ciel.

Abîmes aux à-pics effrayants, lisses, aux fonds toujours fuyants... Je levai la tête : les perpendiculaires se pliaient en accordéon, les parallèles convergeaient, chute vertigineuse de pierre, de béton et de verre qui, entraînant tout leur poids avec elle, venait s'abattre à la base du cerveau, en plein point de compression. Voilà pourquoi, sans doute, tout le monde marchait, penché en avant, la tête baissée, le dos voûté, comme ployant sous des sacs de ciment.

Pris dans le tourbillon, nous nous laissâmes emporter par la foule au hasard dans le métro puis rejeter devant la Bourse de New York. C'était un temple romain néo-Renaissance à l'entrée encadrée par six colonnes massives de style corinthien. Sur le fronton, sculptées en bas relief, des figures allégoriques représentaient l'Agriculture, la Mine, l'Énergie et l'Architecture. Au centre, toute-puissante, se dressait une déesse d'une générosité infinie.

Cette déesse se nommait Intégrité.

Les hommes en complets-vestons qui pénétraient dans son sanctuaire passaient devant nous avec des visages oblitérés. Les aînés choisissaient la neutralité, l'expression impénétrable du joueur de poker. Les jeunes préféraient la rage froide.

Pour tous, la clef était la réserve, la fixité imperturbable de l'androïde. En termes de guerres financières, cela s'appelait la Figure de Jeu et rien ne nous y avait préparés : à en croire les récents reportages à la télévision ou dans la presse, nous devions nous attendre à un charnier jonché d'épaves humaines. « Lundi noir. Mort des Années Quatre-Vingt. Fini l'Age d'Or de l'Avidité. Adieu et bon débarras. Meilleurs vœux de la Récession », résuma Sasha. Mais on ne voyait pas de corps tomber par les fenêtres, on n'entendait aucun coup de feu. Au contraire, la Bourse de New York semblait exultante, *en fête*.

Depuis la galerie des visiteurs, nous dominions la scène d'une hauteur vertigineuse : la salle des transactions ressemblait à un stade de football vu des gradins. Récession ou pas, l'arène grouillait de corps en mouvement, courant de-ci, de-là au rythme accéléré et haché des détectives de Mack Sennett. On les voyait agiter les bras, on entendait leurs hurlements. Quel but poursuivaient-ils tous ? Le va-et-vient ne connaissait jamais aucun répit, le mystère, pourtant, demeurait entier.

– Amusant, dit Sasha. Mais comment on fait pour marquer les points ?

De retour sur le trottoir, nous fûmes assaillis par les visages haineux qui fonçaient droit sur nous, sans merci, chargés d'énergie, mais pas de vitalité, de faim, mais pas d'appétit. Écrasés, nous nous en retournâmes.

A l'église de la Trinité, où Wall Street était rendu à Broadway, nous nous assîmes parmi les vieilles tombes. C'était un domaine du XVIIe siècle, le plus ancien de la ville. Là reposaient Alexander Hamilton, Robert Fulton et le capitaine James Lawrence, mort en criant : « N'abandonnez pas le navire ! » Ce matin, les allées étaient souillées par des serpentins et des rouleaux de papier hygiénique, reliefs de quelque parade, et Barney, le Chié Porteur, s'était plongé dans le sommeil de l'oubli, sous le mur ouest.

C'était un endroit très apaisant. Quand New York a commencé à grandir, la Trinité a été son point d'ancrage, le seul élément de stabilité dans sa fièvre de croissance et d'extension. Depuis toujours, elle offrait le silence et la sérénité. Et sa fonction demeurait inchangée. L'église elle-même, reconstruite au XIXe siècle, pouvait bien n'être qu'une espèce de hérisson noirci, tout en flèches : un organiste y jouait la *Toccata* et *Fugue en ré mineur* et, dans le cimetière, le jour s'écoulait avec lenteur, onctueux et fondant comme du caramel.

– Ce soir, ce soir, j'aurai enfin ma batterie, dit Sasha en s'éloignant.

Très vite, je m'assoupis.

Quand je rouvris les yeux, un homme qui ressemblait à un jockey noir d'antiquaire me scrutait de près.

– Vous cherchez à vous faire voler ? demanda-t-il.

– Pas en ce moment.

– J'aurais cru.

Il s'appelait Lucius, il venait de La Nouvelle-Orléans. Pendant une quarantaine d'années, il avait ciré les chaussures d'associés, d'administrateurs, de grands nababs. « Et de quelques petites ordures aussi. »

Il appelait cela : « Faire reluire les anglaises. » Au temps où on connaissait la valeur du travail bien fait, il avait élevé le sien au rang d'un art. Il s'était même fait imprimer des cartes professionnelles : LUCIUS HAVENS – CIREUR AU SERVICE DE LA CRÈME DU SOULIER MASCULIN. Mais depuis quelque temps il avait réduit ses ambitions. Trop occupé à se remplir les poches, Wall Street négligeait le superflu. Les clients, aujourd'hui, ils ne savaient pas comment il s'appelait, ils ne le regardaient pas dans les yeux en payant. Et puis toutes ces importations françaises et italiennes, le soulier avait peut-être du style, mais on lui manquait de considération, on ne savait pas s'en servir.

– En tout cas, dit Lucius, j'ai appris au moins une chose : on ne juge pas un homme aux chaussures qui le portent.

Il avait un corps tout en os, un mètre cinquante-cinq de route cahotante, ponctuée de virages et de brusques lacets. Il souffrait d'arthrose, disait-il, et diminuait sa charge de travail. A soixante-quatorze ans, toutes les génuflexions et les accroupissements exigés par l'art du cireur se faisaient cruellement sentir. Mais il revenait toujours à Wall Street. Il ne connaissait pas d'autre endroit.

A Trinity Place, un bar à sandwiches l'employait à mi-temps.

– Parfois je sers, parfois je prépare seulement. Il arrive que je ne me sente pas bien et que je me mette à penser à ma femme. Ma petite femme Marie, je devrais dire. Elle reste à la maison, à Brooklyn, Crown Heights, une heure de métro, mais faut que j'aille la voir. Je durcis, voyez... Je durcis tellement que ça me donne des douleurs. Même si c'est que le matin, faut que je me soulage. Qu'est-ce que ça peut faire d'autre, un homme ? Quand il est si dur que ça lui donne des douleurs ?

Il prononçait : *si du' que ça lui donne des douleu'*, sa langue enrobant les mots comme des jujubes pour en tirer tout le suc. Quand il riait, ce qui était fréquent, il se tenait le ventre à deux mains, un ventre maigre de petit garçon, comme pour empêcher ses viscères de s'échapper. Ce rire, un sifflement plaintif de locomotive, me donnait le frisson. Mais ça le réconfortait, disait Lucius.

– Ça fait du bien là où ça fait mal. Je serais presque content de mourir.

A quatre heures tapantes, le marché fermait. A quatre heures une minute, la foule du matin refluait en sens inverse. Mais, cette fois, la charge se déroulait au ralenti, armée en débandade, pas tout à fait vaincue. Devant l'entrée du métro, il n'y avait plus ni raisins noirs ni grenades à l'étal de fruits. C'était bon signe, disait Lucius, signe que le Dow Jones remontait.

Il s'en alla vers l'est. Je m'en allai vers l'ouest. A l'autre bout du cimetière, après un pont étroit en fer forgé, il y avait un pub appelé le Michael I, un espace aussi neutre qu'une salle d'attente de médecin.

– Bonne journée ? interrogea le barman.

– Oh, mon Dieu ! répondit Liquor Jack.

Ses parents l'avaient baptisé Jack Young. Au temps de sa splendeur, il avait été financier, un frappeur de première. Aujourd'hui, il jouait les seconds rôles.

– Vente à court. Je frappe doucement.

A cinquante-sept ans, c'était un homme tout en chair, pétri de contes nombreux et intriqués ; ses joues, des fanons tombants ; ses yeux, des œufs au plat de la veille, retournés. On eût dit un vieux chien qui a perdu sa piste. Mais il avait conservé son pedigree, son panache.

Trente ans auparavant, c'était le gaillard le plus sémillant qui fût. Son nom, Jack l'Alcool, tel un sésame, ouvrait sur un monde impudique, inavouable, irrésistible. A lui seul, il définissait *le boulevardier*, l'homme du monde, ce mot magique. Et des générations de débutantes, presque toutes grand-mères à présent, couinaient et rougissaient à l'entendre.

Il gardait une élégance meurtrie. Malgré les aisselles auréolées de sueur, sa prestance désignait l'homme d'exception, l'*élu*. Au cours des dernières années, Wall Street avait été envahi par les barbares, frappé d'une plaie de porcs. Le style et les valeurs d'autrefois s'en étaient allés à jamais. Restait Jack Young.

Pour lui, tout avait commencé à Louisville. La famille de sa mère, les Seminon, était du Kentucky. Pure race. Depuis aussi longtemps que l'État lui-même. Et prospère. Vers les années trente, propriétaires d'une grande partie de Mockingbird Valley et des Indian Hills, les Seminon vivaient dans une copie conforme de Tara avec lustres de cristal, grand escalier et une vache. C'est alors qu'était arrivé Thatcher Young, le père de Jack, et il avait tout gâché.

Un fainéant magnifique, ainsi l'appelait son fils. Il occupait la 39e place nationale au tir au pigeon et portait ses jodhpurs comme un élu de Dieu, mais son idée de la rigolade consistait à s'asseoir seul à la table centrale du Quadrille des Célibataires au Country Club de Louisville devant une douzaine de hamburgers White Castle et de les lancer, un par un, sur le ventilateur. Et quand il alla traîner dans les bars du centre-ville, qu'il enleva une ouvrière d'une usine de conditionnement de viande et l'abandonna avec un enfant, il se fendit la pêche encore plus.

Seulement, les choses se compliquèrent. Il fallut payer la fille pour qu'elle s'en aille et l'enfant fut élevé par les grands-parents Seminon. Quant à Thatcher Young, on le fit passer pour son grand frère. Jack apprit à s'asseoir à table, à manger correctement. C'était un nanti. Quand il eut six ans, ses grands-parents étant en voyage quelque part et Thatcher introuvable nulle part, sa mère revint, arrêta simplement sa camionnette dans l'allée et repartit en emportant son fils avec elle.

C'était une femme des montagnes, une Appalachienne de la plus pure espèce, au visage décharné et exsangue, si émaciée qu'elle ressemblait à un cheval souffrant d'un éparvin. Elle vivait, entourée d'une tribu innombrable de parents, dans une baraque au toit de tôle, quelque part au fond des bois. Des gens tout à fait inconnus venaient sans cesse caresser Jack, l'étreindre et le couvrir de baisers humides. C'était une sensation étrange, pas vraiment déplaisante, mais insolite, une chose qui ne se faisait pas. Pour s'échapper, il passait ses journées à lancer une balle de caoutchouc dur contre le toit de tôle et à attendre qu'elle retombe. Sa mère restait assise, sur le seuil. Elle le regardait, sans rien dire. Quand les chiens s'enfuyaient avec la balle, elle lui en apportait une autre. C'était leur unique lien.

Le cinquième jour, les Seminon vinrent le reprendre et Jack ne revit plus sa mère. Cinquante ans après, il était incapable de se rappeler son visage, le nom de son village ni aucun détail la concernant. Il ne restait que le *floc!* gras de la balle contre le toit de tôle, comme une pierre qui s'enfonce dans une eau profonde, et l'attente qu'elle réapparaisse et lui roule dans la main.

– *Une chose est sûre,* dit-il. *Je n'ai pas de racines solides.*

Son éducation en avait fait un gentleman, mais un gentleman instable, versatile, toujours un peu en déséquilibre. A quinze ans, au lieu de fuguer, il s'était engagé dans la marine en trichant sur son âge. Il en sortit au bout de deux ans, mais Thatcher avait déjà englouti un gros morceau de son héritage. Il restait à peine 1 300 000 dollars.

Que faire ? *Une chose est sûre, j'étais inquiet.* Mais cela ne dura pas longtemps. Il convertit tout le magot en argent comptant et emporta les liasses de billets à New York.

Quel rapport tout cela avait-il avec Wall Street, avec Broadway ? A cette époque, un rapport très étroit. Au début des années cinquante, Manhattan était plein de ce genre d'histoires. C'était l'apogée de la Cafe Society, *Caff Sosh*, comme disait Liquor Jack, celle du Stork Club, du Copa, du El Morocco. Les gens s'appelaient Rollo, Beau ou Slim et avaient pour vocation de se conduire en voyous de grande classe, juste assez mal pour rester amusants sans devenir menaçants. Ils formaient une famille, ils étaient libres, ils avaient l'éternité devant eux et ils se foutaient pas mal du tiers comme du quart. Tous.

Pas facile, aujourd'hui, en se donnant campos au Michael I, de se rappeler exactement l'atmosphère d'alors. Il régnait une telle aisance, une si totale assurance. Dans toute l'histoire du monde occidental, avait-on jamais connu une époque ou une ville pénétrées d'une pareille foi en leur propre valeur ? A son avis, non. L'Amérique dominait le monde, New York était le centre de l'univers et il en serait toujours ainsi. Quant à vous, vous étiez préservé, à l'abri du temps, des accidents, des pertes, de toute douleur. Rien de mauvais ne pouvait vous arriver, rien de *vraiment* mauvais. Rien qui ne pût s'arranger.

Là-dedans, l'éthique ne jouait aucun rôle. Elle n'était pas déplaisante, seulement hors sujet. Il fallait être un foutu communiste pour oser suggérer que l'élitisme n'était pas un droit héréditaire ou que l'étalage des privilèges relevait du sacrilège. Dans la Caff Sosh, de telles questions n'étaient pas même taboues, elles ne se posaient pas.

Il fallait l'avoir vécue. Reconsidérée froidement, l'époque paraissait un tantinet absurde, parée d'un faux éclat. Peut-être en avait-il été ainsi. Mais quelle rigolade ! Dieu est témoin. Quelle rigolade ! En dix-huit mois exactement, Jack avait dilapidé toute sa fortune, 1 300 000 dollars, et il n'en regrettait pas le moindre cent.

Qu'avait-il payé avec ?

– Des choses. Rien que des choses. Des gens fascinants et leurs idées extravagantes. Et des notes de bar, naturellement. L'oubli.

Il descendit à Wall Street et trouva un travail à la City Bank. Il était épris d'aventures.

« D'action », disait-il à présent. Peu importait alors sous quelle forme ou à quel prix, du moment qu'elle se présentait. Et de l'action, le marché vous en garantissait. C'était du jeu, du jeu légal où les paris ne connaissaient aucune limite.

C'était aussi la plus extraordinaire fumisterie. Pour sauver les apparences, la morale, il fallait faire semblant de travailler pour de bon, d'être le petit rouage sérieux d'une économie puissante qui a trouvé grâce aux yeux du Seigneur. Alors que pendant tout ce temps régnait la loi de la jungle, que la vie ou la mort dépendait d'un sursaut du téléscripteur et que les enjeux étaient tout aussi féroces que pour n'importe quel lanceur de dés de tripot.

Mais au moins il y avait des bars spacieux. Le Wall Street de cette époque constituait une place forte, une immense confrérie aussi consolatrice qu'un bon feu de bois. Avec son quota de canailles et de plastronneurs, d'escrocs et de voyous, comme il en avait toujours été et comme il en serait toujours. Seulement on savait s'en jeter derrière la cravate.

Liquor Jack, sociable s'il en fut, se coula dans le moule.

– Mes références ? Je devais être un type marrant. A l'époque, un diplôme de la Harvard Business School n'était pas nécessairement perçu comme un plus. Plutôt comme une marque d'infamie qui vous faisait passer pour un arriviste, un frimeur. Le vrai plus consistait seulement à être l'homme du moment, connu des hommes du moment.

Deux gangs contrôlaient Wall Street, liés par un pacte obscur : Dusty Money, les grosses affaires W.A.S.P., Blanches, Anglo-Saxonnes et Protestantes, et Our Crowd, les Juifs allemands. A eux deux, ils avaient établi le code moral de la totalité du monde financier.

C'était une dictature bienveillante, régie par un ensemble de lois non écrites, immuables. Au premier chef dominait l'hypothèse, vraie ou fausse, que les affaires se traitaient entre gens du même monde : on tolérait le combat amical, mais pas la guérilla. Dans les salles où se réunissaient les grands, rien d'essentiel n'avait changé depuis le XIXe siècle, une poignée de main gardait toujours valeur de contrat et le téléscripteur représentait le nec plus ultra de la modernité. Mais surtout : « Une parole d'homme était une parole d'honneur. Du moment où il la prononçait devant témoins. » Tel était le dogme le plus sacré de tous.

Avec le recul, il comprenait qu'un fondement unique soutenait tout cet édifice byzantin : le respect inné de la tradition, le pouvoir de droit divin qui lui était dévolu. Mais, alors, nul homme digne de ce nom ne songeait à lui contester ce privilège. C'était bien simple : on jouait selon les règles, ou on ne jouait pas du tout.

Il avait trouvé un modèle, son mentor. Paul Shields, un vieil homme qui conduisait une Rolls jaune canari à habillage intérieur bleu nuit, sortait avec le mannequin Susy Parker et lui en faisait voir de toutes les couleurs.

– Un d'Artagnan armé d'un marteau à champagne, un authentique géant de Wall Street, digne du nom de *financier*. A l'âge de soixante-douze ans, il s'était fait pincer avec deux prostituées, une Blanche et une Noire, et le *Daily News* en avait fait sa manchette : « Deux filles dans le lit d'une antiquité. » Ce fut son plus grand moment de fierté.

Mais pas son plus bel exploit. Entre deux escapades, Shields & Co avait contribué à lancer la vogue des ventes de paquets d'actions, ces marchés flottants d'une valeur de plusieurs centaines de millions.

– Et le tout avec un miroir aux alouettes. Son propre capital s'élevait à quinze millions à peine, une goutte d'eau dans la mer. Et voilà qu'il multipliait ces marchés juteux, ces jeux de vie ou de mort, comme des bagatelles.

Rien ensuite n'avait pu rivaliser avec cette première ruée.

– Oh, nous nous prenions pour des dieux. Comme si nous possédions un savoir secret et que rien ni personne n'avait le pouvoir de nous faire redescendre sur terre. Nous étions, dit Jack, la crème des élus.

C'est là que je le quittai. Et que je le retrouvai le lendemain. Entre-temps, dans la rue, j'étais tombé sur Lucius Havens, les bras chargés de sacs de sandwiches, riant aux éclats. Quand j'ai cité Paul Shields, il a ri encore plus fort.

– Un gentleman et un beau joueur. J'ai fait reluire ses anglaises, oh, un nombre incalculable de fois. Il ne demandait jamais la monnaie de dix dollars et il avait toujours un mot gentil pour tout le monde. Un pécheur chrétien, M. Shields, et ce M. Jack Young...

– Oui ?
– Oh, là, là !
D'Artagnan armé d'un marteau à champagne, telle était la définition que Jack donnait de Paul Shields. Mais elle s'appliquait aussi bien à lui-même. D'abord il y avait eu le scandale dans le Village, devant le San Remo, où, ayant cassé la figure à un flic qui avait terminé son service, il avait reçu une balle dans la jambe et écopé de trois mois de prison à Bellevue. Ce fut ensuite la bataille rangée avec six garçons du Stork Club : « Un grizzly chez les oursons * », avaient imprimé les journaux.
– Situation grave, mais pas désespérée, dit Jack.
A cette époque, il avait beau commettre les pires atrocités, on le réinvitait toujours. Dans une propriété de North Shore où quelque Dusty Money l'avait prié de venir prendre le thé, il avait englouti une montagne de gâteaux et de petits fours, puis entrepris de pousser le piano à queue de la grand-mère dans la piscine. La semaine suivante, il recevait une invitation à dîner.
– Une chose est sûre, j'étais un vaurien, un enfant de putain, un chien fou. Mais un jeune chien fou, voyez-vous. Et de noble lignage.
Et puis, tout d'un coup, il avait cessé d'être jeune. Il n'avait jamais compris quand ni comment c'était arrivé, seulement c'était arrivé. Et ça lui avait gâché tout le plaisir. Sans qu'il sût comment, peut-être dans un moment d'absence, il avait perdu vingt ans. On l'avait violemment précipité dans les années quatre-vingt où toutes les règles avaient changé. D'étranges jeunes hommes parlaient avec l'accent de Brooklyn, regardaient avec des yeux de Nintendo et couraient en criant. Ils n'appartenaient ni à Dusty Money ni à Our Crowd, c'étaient de simples garnements, une bande de tueurs aux visages poupins.

* Allusion à la célèbre *Cub Room* du Stork Club. *Cub* = ourson. (*N.d.T.*)

Ici, la progression régulière, l'art de l'accumulation ne signifiaient rien. Ces hommes étaient des lanceurs de bombes, des terroristes de la finance qui pensaient en milliards, en milliards tout de suite, et à qui aucun obstacle ne paraissait infranchissable. « On ne joue plus la même musique », braillaient-ils. Il fallait s'incliner.

Il restait le lendemain de la veille, la gueule de bois pour les siècles des siècles. Vaguement étonné, Jack remarqua qu'il s'était marié, qu'il avait divorcé, acquis une deuxième épouse, une progéniture variée et des obligations, tous les pièges du monde réel, mais qu'il n'avait plus d'argent pour tout ça. Il changea donc de métier et gagna plus gros. Il en changea encore et gagna encore plus gros. Sans pour autant trouver l'équilibre. Ni rajeunir.

– Embarrassé ? On était mortifié !

Qu'était-il donc arrivé ? Jack n'avait aucun goût pour l'abstraction et l'analyse. Mais son ami Michael Thomas considérait les choses du point de vue du fossoyeur : tout simplement un monde était mort. Pourquoi ? Pour la bonne raison que tous les mondes meurent. L'ordre ancien était exténué. Wall Street avait été le microcosme de l'Amérique et l'Amérique avait fait son temps. L'Amérique avait cru indéfectible son autorité en matière de morale, de guerre et d'argent. Elle avait assis sa puissance, le sentiment inné de sa supériorité sur ces trois piliers. Mais les désastres des années soixante-dix, *ses trois cataclysmes hégémoniques*, leur avaient porté un coup fatal. Le Watergate avait anéanti ses certitudes morales, le Viêt-nam ses certitudes militaires et l'O.P.E.P. ses certitudes économiques. La religion avait déjà mordu la poussière. Tout comme le culte de la discipline.

Résultat : l'anarchie. Avant 1974, les O.P.A. hostiles n'existaient pas. Mais au sein de l'ordre nouveau, rien ne comptait que l'instant, l'appât du gain, autrement dit, en termes moins courtois, la soif de meurtre.

Ce n'était guère un climat idéal pour les kumquats. Où étaient-ils, tous les contemporains de Jack Young, ses pairs ? Ailleurs. Ceux qui avaient triomphé s'étaient retirés ou se dissimulaient, hors d'atteinte, à l'intérieur de leurs Oldsmobile conduites par leurs chauffeurs, dans leurs appartements de Park Avenue ou leurs propriétés des Hamptons. Ils présidaient des conseils d'administration ou des bals de charité, ils étaient partout sauf ici. Quant aux perdants, ceux-là étaient depuis longtemps morts d'une cirrhose ou, pire, au pré à Long Island.

De toute évidence, Jack avait raté un virage. Son aveuglement lui avait caché ce qui à Wall Street était pourtant flagrant : les gens venaient là pour s'enrichir.

Comment cela avait-il pu lui échapper ?

– Trop occupé à rigoler. Trop différent, trop amoureux du jeu pour le jeu. Et bien sûr à cause de mon ego de merde. J'ai dit : « Va te faire foutre » au sorcier et il m'a fait rétrécir.

Trop occupé à rigoler. C'était une épitaphe. En son temps, il aurait pu facilement faire son beurre, un seul mot aurait suffi à le couvrir. Mais le mot lui avait échappé et que lui restait-il à faire à présent ?

– A chercher des chiures de mouches dans les grains de poivre.

Les Figures de Jeu avaient reçu le monde en héritage. De l'autre côté de Broadway, à quelques pâtés de maisons plus bas, le Harry's, à Hanover Square, était l'endroit où les traders venaient échanger les nouvelles du front. Il fallait descendre au sous-sol de l'India House, une grande société financière fondée au XIXe siècle, solide et discrète. Mais on abandonnait toute discrétion dès l'entrée. Debout autour du bar rectangulaire, les courtiers buvaient, suants, écumants, la cravate défaite. Et ils hurlaient.

Il y avait aussi quelques jeunes femmes, attablées devant les fenêtres basses. Les hommes les appelaient des poules et elles étaient toutes aussi nettes et propres que des feuilles de romaine fraîchement lavées.

– Apres, me dit mon voisin Louis qui avait autrefois vendu des obligations pourries chez Drexel Burnham. Tellement âpres.

C'était, cette année, le mot d'ordre féminin, l'idéal. Apreté du corps, âpreté de l'esprit, âpreté du sourire et de l'âme.

– Et ça marche, dit Louis. Plus elles sont âpres, plus elles se croient intelligentes. Et plus elles se croient intelligentes, plus elles vous écrasent. Et plus elles vous écrasent, plus elles ont envie de vous écraser.

– Pour quoi faire ?

– Elles sont là pour quoi, mon vieux ?

A cet égard, ses propres statistiques s'étaient embourbées dans un profond marasme. Cinq ans auparavant, il mesurait un mètre soixante-cinq, pesait cent quarante kilos et onze millions de dollars. Pour fêter la barre des huit chiffres, il s'était acheté un voilier et était parti pour Martha's Vineyard. Le deuxième jour, il avait été terrassé par une crise cardiaque. Le docteur lui avait mis le marché en main : le régime ou la mort. A présent, il pesait quatre-vingt-deux kilos et ne valait que de la petite monnaie. Mais il mesurait un mètre soixante-dix.

– Ce qui prouve bien.

Les revers ne l'affectaient pas.

– Ce sont les mortes-eaux du destin.

Des sacs de peau vides formaient des plis autour de son corps et le faisaient ressembler à un vieux limier. Il tirait sur un Corona éteint qu'il lui était interdit d'allumer. Mais il se sentait fort, il se sentait bien.

– J'ai vu l'avenir, dit-il. C'est moi, très riche.

Harry's comptait parmi les derniers refuges du buveur qualifié. L'actuelle croisade contre l'alcool avait soufflé sur Wall Street une tempête dévastatrice et eu raison d'une tradition fière et centenaire. Au temps de Jack Young, l'alcool représentait l'espéranto du marché. Quand il était directeur général de Lehman Brothers, quelqu'un comme Joseph Thomas, le père de Michael, lançait ses ordres depuis son bain de vapeur étendu sur une table de massage, un cigare allumé dans une main, une vodka-Martini dans l'autre, le *Daily Racing Form* étalé sur sa panse et, à cause de son emphysème, les narines reliées à une bouteille d'oxygène par deux tubes de plastique transparent. Comme on disait alors, c'était culotté, mais pas scandaleux. Aujourd'hui la phobie de l'alcool s'était transformée en folie furieuse. A la moindre trace de réjouissance dans votre haleine après le déjeuner, vous deveniez un paria exilé dans une nuit d'opprobre.

Même au Harry's on avait mis la sourdine aux bacchanales. Pour chaque buveur de bourbon, il y avait deux joggers adonnés au vin blanc soda. Quant à Louis, s'il picolait du J.&.B, il participait aussi aux réunions des Alcooliques anonymes.

– Pour l'action.

C'était la dernière en date des confréries de Wall Street. En cette saison sèche, les Alcooliques anonymes remplaçaient rapidement les clubs masculins, le sanctuaire, le lieu rêvé pour brasser les affaires. Chaque matin, avant l'ouverture du marché, et chaque soir après la fermeture, les futés se retrouvaient dans un sous-sol de Trinity Place pour se refiler des tuyaux, monter des coups, échanger des confessions. Ça coûtait moins cher que de payer une tournée, disait Louis.

– Et pas de sexe à l'horizon.

Liquor Jack ne trouvait pas ça drôle. Plus que toutes les obsessions qui se liguaient pour lui rendre Wall Street odieux, le culte de la santé lui donnait des haut-le-cœur. Sa seconde femme, *ma duchesse titulaire*, avait un jour osé aborder le sujet devant lui. Elle n'avait plus recommencé.

– Me priver du vieux soutien du péché ? Je ne veux même pas y penser.

Aujourd'hui, il occupait un bureau chez Smith & Co. Les Smith étaient deux frères, John et James, venus de Brooklyn. Leur père était juif, leur mère irlandaise ; les frères, naturellement, réunissaient intelligence et combativité.

– Des bagarreurs de rue, disait Jack. Mais des bagarreurs qui savent *où* ils vont.

John Smith, le grand patron, assis au milieu d'une table aussi longue qu'une chaîne de fabrication et flanqué de ses mercenaires, présidait tel le Prince Jean dans la scène du banquet des *Aventures de Robin des Bois*, avec Errol Flynn, ses traders en guise de courtisans et des fax en guise d'os de volailles, distraitement éparpillés sur la table de fête. Mais point ici de Claude Rains, beau parleur et chattemite : il était tendu comme un arc. A peine âgé de quarante ans, mi-dandy, mi-tueur avec sa chemise rayée et ses bretelles jaunes, il avait le cheveu taillé court, il souriait rarement, mais ne cessait de faire craquer ses jointures. Ses gestes étaient précis, secs et son regard indifférent. Il donnait pourtant une impression d'énergie furieuse, de rage difficilement contenue.

L'image ne l'offensait pas. Oui, il se considérait comme une bombe à retardement humaine. Pour se désamorcer, il lui fallait courir douze kilomètres par jour et soulever des poids jusqu'à épuisement total. Autrement son système risquait la surchauffe. Ce qui serait contre-productif.

Ses satellites, eux, ne se dominaient pas aussi parfaitement. Ces jeunes gens en sueur assis le dos voûté, les yeux clignotants devant des écrans d'ordinateurs, hurlaient au téléphone dans un air raréfié. Ce qu'ils faisaient exactement était un mystère. Mais il semblait y avoir là un rapport étroit avec le sexe anal. Selon toute apparence, le monde était rempli d'enculés de merde, tous décidés à se foutre dans le cul, et la seule façon de survivre était de leur en foutre plein leur cul de merde avant qu'ils ne vous enculent. Merde, quoi.

Plaqué sur la table d'un bureau isolé, tel un tireur dans sa tranchée, Liquor Jack lançait des ordres d'achat et collectait des tuyaux en attendant quatre heures. Au téléphone, il avait des manières discrètes de conspirateur. Quelques cheveux épars formaient un brouillard sur son crâne rose. De temps à autre, inconsciemment, quand les négociations traversaient une impasse, il levait la main, hésitant, et passait les doigts dessus.

Ailleurs, invisible, vengeresse, une voix aiguë glapissait :

– Qu'il aille se faire foutre ! Il peut se foutre le doigt dans son cul de merde !

– Je prendrais bien un verre, dit Jack.

Au Micheal I, mitoyen au sous-sol des Alcooliques anonymes, il se sentait à l'abri. C'était un camp retranché où les renégats de son espèce pouvaient se réunir en secret, *en quête d'un sursis de peine*, et trouver la quiétude dans l'alcool. Comme il lui faisait penser à un bar d'aéroport, Jack l'appelait le Terminal.

– Et je le pense sincèrement.

Il buvait une vodka-tonic sans fruit, son meilleur souvenir de jeu. A mesure que la nuit approchait et que son mécontentement grandissait, il reprenait l'accent traînant de Louisville. Le phrasé rond et paresseux du Kentucky, si parfait pour exprimer le cynisme et l'indifférence, convenait nettement moins pour l'humilité.

– Une chose est sûre, ce n'est pas un crime de savoir qui on a été et qui on est maintenant.

Il parlait avec un murmure étudié. Depuis qu'il avait rejoint le club du Troisième Age, il avait abandonné le cri de guerre du soûlographe et opté pour la grimace forcée, le sourire au pied de l'échafaud.

Qu'est-ce qui aurait le pouvoir de le faire à nouveau pousser son cri de guerre ? Difficile à dire. Autrefois, il voulait ouvrir toutes les portes, maintenant il cherchait simplement à sortir. Si, par hasard, il touchait le jackpot, il irait en break jusqu'à la banque, en sortirait jusqu'à son dernier sou et se donnerait de l'air. Ou, plutôt, laisse tomber le jackpot. Il se contenterait parfaitement de la moitié, d'un 4×4 d'occasion et d'une route dans n'importe quelle direction.

Un billet de dix dollars dormait sur le bar. Le moment venu, Liquor Jack le prit et voulut partir. Le billet lui glissa des doigts et tomba entre ses pieds. Il se baissa pour le ramasser. Puis il se ravisa et le laissa par terre.

Six

Lush Life avait une amie nommée Velma qui autrefois s'appelait Joe Wojcik et qui travaillait dans un snack. Avant de faire cuire des hamburgers, elle avait été routier, docker, vigile et, auparavant, elle avait été morte.

Le chaudron graisseux qui l'employait se trouvait exactement sur mon chemin, à quelques pâtés de maisons au nord de Wall Street. Lush Life m'avait suggéré de m'y arrêter et de faire connaissance.

– Ladybeard, tu vas l'adorer, me promit-elle. C'est une vraie dame.

– Alors comment a-t-elle pu mourir ?

– C'est la faute de Crazy Eddie.

Elle voulait parler des publicités. Pendant plus de quinze ans, jusqu'à ce que la banqueroute mette fin à sa carrière, Crazy Eddie avait été une institution newyorkaise. Qui était le vrai Eddie, personne ne le savait ni ne se posait la question. Quelque Syrien solitaire qui avait gagné et perdu une fortune en vendant des chaînes stéréo, des vidéos et des jeux électroniques en discount. Mais partout apparaissait son alter ego télévisé, un acteur aux joues de chérubin et au crâne chauve, doté d'une bouche grande, vaste et d'une profondeur abyssale parfaite pour vendre des logiciels d'ordinateur, ce qu'il faisait en roulant frénétiquement des yeux et en hurlant comme une sirène de police. « Crazy Eddie, criait-il à tue-tête, ne peut pas être battu, ne pourra pas être battu, ne sera jamais battu ! Il a des prix *déééments* ! »

Quel était le rapport avec la mort de Joe Wojcik ?

– Je te raconte pas, dit Lush Life. Tu devrais pas demander.

Je ne discutai pas. L'interruption venait à point car Broadway traversait un secteur hyperbolique, farci de trop d'allégories. Depuis Bowling Green et sur six cents mètres, j'étais passé devant des statues romaines, des colonnades grecques et des bas-reliefs mythologiques en bronze suffisamment nombreux pour rivaliser avec le Caesar's Palace. Tant qu'ils décoraient les frontons de vénérables sociétés, ils témoignaient d'un faste encore majestueux. Mais, ici, ils montaient la garde devant des cages à lapins, des bureaux composés d'une seule pièce remplis de détectives privés, d'avocats spécialisés dans les divorces, de guérisseurs patentés et de chiropracteurs défroqués.

La frénésie régnait partout sur les trottoirs. Rien, à première vue, ne justifiait la course, mais tout le monde courait quand même. Peut-être par la seule force de l'habitude. Car le quartier a toujours été un terrain de lutte, « le grand champ de bataille de la ville », comme l'avait appelé Richard Harding Davis. Et James D. McCabe, dans *Lights and Shadows of New York Life* (Lumières et Ombres de la vie new-yorkaise), écrivait en 1879 : « Toutes les classes, toutes les nuances de nationalité et personnalité trouvent ici leur expression. »

McCabe fut le plus grand chroniqueur de Broadway. Confédéré de Virginie, correspondant de guerre, il n'est monté dans le Nord que peu avant sa mort. Mais il a passé ses dernières années à arpenter les trottoirs, dix heures par jour. Ce n'était pas un grand styliste, mais il possédait un regard acéré et une curiosité sans borne. Il ne voyait pas en New York et Broadway un terrain de spéculations, mais un lieu de pures merveilles, un bazar magique et inépuisable dans lequel il plongeait, ébloui, pénétré de respect et, surtout, fou d'amour.

Sa toile a tout saisi. Il a parlé de Wall Street, de la Cinquième Avenue, du Bowery, des Five Points et du port ; des crieurs de journaux et des prêteurs sur gages, des haussiers et des baissiers, des musiciens de rues, des détectives privés, des fleuristes, des graveurs sur bois et sur métal, des revendeurs de montres bon marché, des éditeurs de publications pornographiques, des batteurs d'or, des marchands de fruits, des paresseux, des évêques, de la dernière communauté de sœurs, des païens chinois et des représentants de la loi, bons et méchants.

Toujours, il revenait à Broadway. « C'est le monde dans le monde, écrivait-il, préfigurant Jon Bradshaw. Grands et petits, riches et pauvres, passent à cette vitesse caractéristique de New York et proprement stupéfiante aux yeux d'un étranger. Messieurs élégants en habits de drap, dames vêtues de soie et parées de bijoux se mêlent aux mendiants en un véritable pot-pourri républicain. La foule se déverse, depuis l'aube jusqu'à la nuit. »

Seules les marques avaient changé : à présent les Mercures prenaient leur envol au seuil des pizzerias, le Savoir et l'Expérience veillaient devant des paris mutuels. Je devais retrouver Lush Life dans le A.T.&T. Building, pièce montée constituée de neuf Parthénon superposés. Elle apparut en Audrey Hepburn dans *Diamants sur canapé*, pantalon corsaire rose et ballerines roses, chemisier blanc noué sur un ventre nu. Elle tira sur un fume-cigarette de la taille d'une sarbacane et me souffla la fumée au visage.

– *Quel rat * !* dit-elle.

Il tombait une neige grise qui fondait au contact du sol et couvrait le trottoir de boue jusqu'à la cheville. Mais Lush Life n'avait pas de quoi se payer un imperméable et tout autre manteau eût détruit son look.

* En français dans le texte.

Alors elle frissonnait et son maquillage de Cléopâtre lui coulait sur les joues, tandis qu'un homme-sandwich promenait sur l'asphalte une publicité pour le Club Hot-Stuff. Sans ses lunettes noires, on lui donnait quinze ans.

Joe Wojcik travaillait en face, dans une rue étroite non loin de Nassau Street. L'endroit appartenait à des Israéliens, des affiches de voyage pour Tel-Aviv et la mer Rouge décoraient les murs, le menu proposait de la carpe farcie, mais l'odeur disait « manger ». Derrière un comptoir en inox, Joe faisait frire des œufs, des galettes de pommes de terre. Il pouvait avoir entre trente et cinquante ans et se tenait solidement planté sur ses deux jambes. Une fine toison brune recouvrait ses bras et sa gorge nus, pareille à une chevelure de bébé. Sur son crâne, une épaisse cicatrice rose zigzaguait comme un éclair. Autour, il n'avait presque pas de cheveux.

Quand il aperçut Lush Life, il ne porta pas la main à la bouche en criant comme font les autres filles, mais tendit le bras au-dessus du comptoir et lui serra la main fermement. Il avait les doigts enflés, déformés et des sourcils torturés de cicatrices.

– Cette fille, c'était un boxeur professionnel, expliqua Lush Life.

Ça remontait à très loin. Quand elle avait mis le pied à New York pour la première fois, Lush Life ne connaissait rien ni personne, mais des filles qui travaillaient sur le port l'avaient envoyée au Sally's Hideway, sur la Quarante-Troisième Rue Ouest, baptisée Capitale mondiale des Travestis. C'est là que Velma lui avait sauvé la vie.

Nous étions liés par un accord tacite : je ne posais aucune question, elle me racontait des mensonges. La nuit, dans ma cellule de l'hôtel Moose, Lush Life venait s'asseoir, jambes croisées, sur le couvre-lit imprimé de marguerites, se faisait les ongles et déversait son cœur jusqu'au lever du jour. Mais c'est elle qui dictait ses conditions : je ne devais jamais lui arracher aucun secret, jamais tenter de la forcer. A la première question, elle se taisait aussitôt et tournait vers moi une tête de méduse.

– Je déteste les espions.

Alors, en attendant que Joe ait fini, nous prîmes place à une table isolée et je gardai les dents serrées tandis que Lush Life étudiait son horoscope.

– Je te raconte pas : une rencontre avec un étrange inconnu entraînera quelques complications amoureuses. Tout en restant prudente, suivez l'inclination de votre cœur.

Elle fronça les sourcils, réfléchit :

– Et si on a un cœur imprudent ?

Sally's Hideway était une longue pièce sombre derrière une toute petite fenêtre sombre. La première nuit, Lush Life avait mis une robe-chemisier blanche avec des chaussures blanches assorties. Ses cheveux coupés court comme un marine lui donnaient l'allure de garçon manqué de Jean Seberg dans *Sainte Jeanne*, seulement Jeanne d'Arc ne portait pas de culotte en satin rose incrusté d'un cœur pourpre. La salle, bondée comme un wagon de métro aux heures de pointe, était plongée dans l'obscurité, et dans le juke-box Grace Jones gueulait : « J'ai besoin d'un homme. » Et cette grande Noire, elle devait peser dans les cent kilos, en paillettes rouges avec une perruque à la Ann Margret, avait poussé Lush Life contre le mur et lui avait arraché sa robe. Sous les yeux de toutes les autres filles. Alors tu vois, Lush Life l'avait suppliée de la frapper, de lui faire mal mais, par pitié, de ne pas abîmer sa robe. Et la fille, tu parles d'une fille, si elle avait quarante ans, moi j'en avais dix, ses bras étaient aussi gros que la taille de Lush Life, tout tuméfiés et flasques, on aurait dit des jambons pourris ; enfin, la salope l'avait battue, elle lui avait fait mal et elle lui avait *aussi* abîmé sa robe. Elle lui avait tout enlevé, au fond, près des cabinets, là où tout le monde avait pu voir qu'elle ne s'était pas fait poser d'implants de silicone, qu'elle ne se faisait pas d'injections d'hormones, qu'elle ne se rasait même pas les jambes. Cette femme l'avait traitée de *poulet plumé*.

– J'ai cru mourir.

Et elle serait peut-être morte si une autre fille n'était pas venue à son secours. Toute trapue, les jambes arquées, vêtue d'une micro-jupe en stretch, elle arrivait à peine à la poitrine de la Noire, mais elle l'avait étendue, raide comme le sourire de Nancy Reagan. Cette fille, c'était Velma. Elle avait emmené Lush Life dans les cabinets et lui avait recollé ses vêtements avec du sparadrap et des épingles de sûreté, puis chez elle, où elle lui avait fait boire du chocolat chaud et l'avait mise au lit, en répétant tout le temps la même chose : *La ferme, salope*.

Au matin, plus de Velma. Il n'y avait que Joe, un type tout ce qu'il y a de plus normal en maillot de corps et en pantalon large, sifflant une bière devant la télé. Sans le rouge à lèvres et les ongles nacrés argent, il aurait pu aussi bien être quelqu'un d'autre.

C'était une rareté. La plupart des travestis, une fois qu'ils ont plongé à cette profondeur, demeurent *femme* nuit et jour. Mais Velma et Joe avaient établi une division du travail. Ils vivaient ensemble depuis vingt ans, depuis que Joe était entré dans la marine, et cette division était devenue leur seconde nature. Lush Life leur trouvait une allure de vieux couple : chacun son rôle, ses habitudes. Ils allaient même jusqu'à se ressembler.

Au cours de son récit, elle avait oublié son personnage. A présent, elle se rappelait Holly Golightly, *Première Banane au Prix des Trous du Cul* et, se cachant à nouveau derrière ses lunettes noires, elle s'entraînait à souffler des ronds de fumée.

– Qu'est-ce que tu penses des lavements ? demanda-t-elle.

Son travail fini, Joe s'approcha de notre table. Il semblait sorti tout droit des années quarante avec son costume croisé bleu à parements, ses chaussures assorties, son feutre plat au ruban piqué d'une plume. Cet uniforme accentuait sa silhouette trapue et carrée : un Danny De Vito aux ongles nacrés argent.

– Salut, Life !

Il parlait du nez, d'une voix monocorde, assourdie par l'enfoncement du cartilage.

– Tu me voulais ?

– Je te veux toujours, chérie.

– Combien ?

– Tu sais bien, il y a tant de choses à faire, de rôles à jouer, mourir pour *La Vie en rose*, et toutes ces choses si follement gaies, ça me rend malade, ça fait vieillir.

– Un Jackson ? Un Franklin ?

– Pas d'argent pour le flûtiste, pas d'argent pour le loyer, dit Lush Life. Mais, chérie, je te jure, ses prix sont dééééments !

De la poche arrière de son pantalon, Joe extirpa un paquet de billets épais comme ça et en tira cinq Hamilton. Mais quand il poussa l'argent vers Lush Life, celle-ci l'arrêta. Sa main enfantine se posa sur la sienne, ses ongles rongés presque noyés dans la toison brune et bouclée, et elle lui adressa un regard indéfinissable : tendresse, ironie et défi tout ensemble, le regard du miroir.

– Velma.

– La ferme, salope.

Lush Life lui donna un baiser sur la bouche et prit son argent. Ses vêtements mouillés lui collaient au corps et elle recommença à frissonner.

– *Quel prince* * *!* dit-elle.

Et elle disparut. A l'endroit où elle s'était assise, il restait une petite flaque.

Son chapeau sur la tête dissimulant la cicatrice rose, Joe était plus pince-sans-rire que jamais. Il avait le visage classique du boxeur : nez épaté, oreilles en feuilles de chou, yeux logés au fond d'arcades sourcilières en surplomb. Il allait même jusqu'à parler sur

* En français dans le texte.

des rythmes de combat, avec une succession de coups en rafales qui ne s'arrêtaient et ne recommençaient jamais au moment où on s'y attendait.

– Trois et onze. Mais, dit-il, on m'a volé.

Trois victoires et onze défaites, dont aucune ne s'était terminée par un K.-O.

– Beaucoup. De coups, beaucoup. De douleur. Mais je ne suis jamais allé au tapis.

La voix monocorde affrontait mes questions comme lui-même avait dû affronter ses adversaires, tête baissée, sans esbroufe, sans feintes.

– Ce que je savais le mieux, c'était comment encaisser. Les punitions.

Il avait une chambre sur Ann Street, juste au coin, tout en haut au cinquième étage. La rue était une survivance du Broadway ancien, de l'époque où sa population habitait encore des maisons. Il n'en restait qu'une rangée, en brique rouge, cernée par les monstres, sans ascenseurs, les fenêtres brisées et avec des escaliers de secours en fer... Là se blottissaient Isaac Mendoza Book Co, la plus vieille librairie de la ville, ainsi qu'un *Livres Pour Adultes et Peep Shows, XXX*.

Vers 1840, c'était l'endroit le plus prestigieux de Broadway. A cinquante mètres de là s'élevait l'Astor House, le premier des grands hôtels de New York, construit par John Jacob Astor au prix de un million de dollars, le studio de daguerréotype de Matthew Brady, où Abraham Lincoln, James Fenimore Cooper et Edgar Allan Poe avaient posé, raides, pour leurs portraits figés, les bureaux du *New York Tribune* d'Horace Greeley, et ceux du *New York Herald* de James Gordon Bennett; enfin, juste au coin de Broadway et Ann Street, le plus célèbre de tous, le premier musée américain de P.T. Barnum.

En 1841, celui-ci devait offrir un spectacle renversant. Selon Irving Wallace dans *The Fabulous Showman* : « Un matin c'était un imposant immeuble de marbre gris et, stupeur, le lendemain, c'était un arc-en-ciel éblouissant, un kaléidoscope coloré et merveilleux. » D'extravagantes peintures à l'huile représentant des espèces animales volantes, courantes ou rampantes couvraient tout le quatrième étage ; le soir, néons primitifs, des verres illuminés, bouillonnants et pétillants, ralentissaient la circulation. En son temps, tout comme la Statue de la Liberté ou, plus tard, l'Empire State Building, c'était le spectacle new-yorkais qu'aucun visiteur n'aurait voulu manquer.

Joe Wojcik vivait en face de la boutique d'un prêteur sur gages décédé, tout en haut, au cinquième étage.

La chambre elle-même n'était guère qu'un grenier percé d'une lucarne. Il y avait des géraniums en plastique dans une jardinière, des serviettes bleues et jaunes mises à sécher sur un fil, un lit métallique, une cuvette de toilette en porcelaine à fleurs et une douzaine de coffres empilés contre le mur ou disposés sur le sol à intervalles réguliers, comme les stations du Calvaire. En gommant la télévision, tout le décor aurait pu être celui de *La Bohème*.

Une faible odeur de moisi montait des livres de chez Isaac Mendoza. Sept chapeaux, demi-hauts-de-forme, feutres mous, certains à bord rigide, pendaient à un portemanteau en bois ouvragé. Au-dessus, encadrée, l'attestation de congé honorable de la marine.

– Quatorze ans. Que j'habite ici et j'ai pas encore. Défait mes bagages, dit-il en indiquant les malles. Mais qu'est-ce que. Ça peut faire ?

Sortant un pack de six bières d'un seau à charbon en cuivre, il se percha sur le lit et m'invita à m'accroupir sur un coffre. Ainsi installé au-dessus de moi, il parlait en maître, libre de choisir son sujet.

– Pour commencer, je sors. De Brooklyn, Troy Avenue. Crown Heights. Mon père était flic.

– Et Crazy Eddie ?

– Attends, dit Joe. Un peu.

Avant de mourir, il avait vécu. Pendant vingt-huit ans et quelques, il avait fait partie de la foule anonyme.

– Le travesti moyen. Enfant de chœur musclé fils de flic polack.

Enfant de chœur d'abord. Tout était parti de là. Un jour, aux alentours de son onzième anniversaire, le Père Cavanaugh l'avait appelé dans le noir et lui avait fait des attouchements. Père Theosophus Tone Cavanaugh. Il avait trouvé cela agréable, apaisant, pas étrange du tout. Le problème, c'est qu'alors il avait vu des trucs.

Quel genre de trucs? Justement, ce qu'il voyait n'avait pas de nom. Rien de défini, rien qu'il pût attraper en criant : « Chat ! », aux courbes nettes et précises, comme *j'ai vu un jardin, j'ai vu Dieu, j'ai vu de la crème glacée, j'ai vu mon cul.* Non, c'était un tourbillon de couleurs et de formes inconsistantes, instables, sans cesse renouvelées. Comme à l'intérieur d'un kaléidoscope, mais différent. C'était difficile à expliquer, il n'avait jamais su s'y prendre avec les mots, ils ne disaient jamais ce qu'il pensait leur faire dire. Mais, bon, ces couleurs et ces formes c'était beau. C'était ce qu'il avait jamais vu de plus beau, mais elles faisaient peur, elles étaient sacrilèges. Et il savait qu'il ne fallait pas leur céder, même si au fond on en avait envie. Et chaque fois qu'on croyait avoir mis la main dessus et qu'une image précise allait faire surface, toutes les cartes se mélangeaient à nouveau, tout redevenait glissant et on se retrouvait au point de départ, derrière la porte... Et, bien sûr, tout ça, dans la réalité, durait le temps d'un éclair, quelques secondes, tout au plus. Mais, à l'intérieur, ça n'arrêtait jamais.

Tout en parlant, il avalait de grandes lampées de bière. Il possédait une technique parfaitement au point : rejetant la tête en arrière, il ouvrait la bouche et versait dans sa gorge, d'un seul coup, le contenu entier d'une cannette. Une traînée de mousse coulait sur son menton et restait là, suspendue comme une goutte de pluie sur un fil.

– On appelle ça comment? demanda-t-il en éructant nonchalamment. Une vision? Un rêve? Moi, j'appelais ça perdre. La tête.

Quoi qu'il en soit, ça venait à son heure, jamais à celle de Joe. Après le Père Cavanaugh, toute une année se passa sans histoires, peut-être deux. Et puis, il était allé à un match de football, il se rappelait plus lequel, mais c'était presque la fin et son équipe allait gagner. C'était un match important. Il s'est levé. Et il a recommencé à voir des trucs.

Pour. Résumer. Au fil des ans, ces attaques, ces visions, peu importait leur nom, ont continué à se produire. Et quand il a commencé la boxe, elles sont devenues plus fréquentes. Il se sentait bien, il ne se connaissait aucun problème. Il rougissait, c'était son unique malédiction. Pour le reste, c'était un dur, un solitaire qui ne pouvait pas souffrir les efféminés. Des crimes contre nature, des *malades*, ça lui donnait envie de vomir. Mais, de temps en temps, à l'entraînement ou simplement dehors, au coin d'une rue, à l'intérieur de son crâne, ça se mettait à bourdonner et à s'engourdir, un peu comme les vibrations d'un diapason. Et brusquement, le flot de couleurs et de formes le submergeait, l'emportait. Comme un fétu. De paille.

Il en venait au fait : il ne parvenait jamais à fixer l'image, à isoler un seul détail, mais certains motifs se répétaient : des courbes et des vagues, des voiles ou des pièces de linge séchant dans la cour, brusquement gonflées par le vent, des descentes d'oiseaux, des lunes douces et rondes. Ce qu'il y avait de plus familier, c'était un trou noir qui s'ouvrait et se refermait toujours, se resserrait et aspirait comme une bouche, un anus, ou peut-être l'espace, le vide.

Et, un jour, il se reposait après l'entraînement en buvant quelques bières et en regardant les Mets à la télé. Ils passaient des publicités et brusquement, surgi de nulle part, apparut le même trou noir vendant des télés en discount. C'était la bouche de Crazy Eddie.

Velma était encore toute neuve à l'époque. Elle avait fait ses débuts pendant le service militaire de Joe. La première fois, pour le réveillon de Noël de l'équipage, elle avait présenté un numéro de strip-tease sur « Diamonds are a Girl's Best Friends ». Mais elle n'aimait pas vraiment la compagnie. Longtemps, elle était restée une petite souris timide, fuyant ses admirateurs, n'osant guère quitter sa cabine. Elle passait ses soirées à laver et à raccommoder ses vêtements, des tenues strictes achetées sur catalogue, du gris, du beige, du marron, des cols blancs et des souliers plats. Elle conservait les coupons, collectionnait les brochures de voyage. Nulle couleur, nulle forme ne venait la déranger, *elle*.

Mais Joe ne pouvait leur échapper. A l'époque où il avait arrêté la boxe, elles arrivaient à une telle vitesse et avec une telle violence qu'il s'en était presque fait une raison.

– Disons que nous nous étions mis. En ménage.

De l'endroit où j'étais accroupi, je voyais un tableau composé d'une cheville velue, d'un soulier pointu marron et blanc, d'un vieux bout de serviette jaune, d'un demi-géranium et d'un long morceau de ciel pourpre.

– C'est là qu'est arrivé le Grand. Égalisateur.

Lors de son dernier combat, six rounds contre un jeune Panaméen, Maurizio Méndez il s'appelait si ses souvenirs étaient bons, au vieux Sunnyside Gardens, il a pris sa première vraie raclée. Le gosse n'était pas entraîné, mais il était puissant, plein d'énergie et il cognait comme une mule. Joe n'était pas tombé mais l'autre l'avait tellement défoncé que l'arbitre avait mis fin au combat à la cinquième reprise. Ça s'est arrêté là. Il avait vingt-quatre ans. Il était vieux.

Bon. Alors, il retourne dans les vestiaires, le docteur le soigne, l'organisateur le paie, son entraîneur empoche son pourcentage et se tire, il se douche, il se change et le voilà parti. Pour rentrer chez lui. Il sort du Gardens, il marche sous le métro aérien. Le train passe en rugissant au-dessus de lui et s'en va. Mais le rugissement reste encore, à l'intérieur de son crâne. Et toutes les couleurs et les formes se soulèvent aussitôt, prennent possession de lui. Trop. Il ne peut pas les contenir, les retenir. La pression est trop forte. Un tour de plus et son crâne va exploser. Et là, brusquement, la bouche noire surgit du tourbillon. Elle aspire. Elle aspire. Et cette fois, elle s'empare de lui, il n'a pas le choix, il tombe. En plein. Dedans.

Quand il s'est réveillé, à l'hôpital, on lui a dit qu'il était mort, que son cœur avait cessé de battre, qu'il était parti pendant un peu moins de vingt minutes et qu'on avait réussi à le ramener.

Voilà comment il avait rencontré la mort sous son vrai nom.

Crazy Eddie.

Quant aux couleurs et aux formes, ce fut terminé. A sa sortie de l'hôpital, il avait loué cette chambre. Le propriétaire de l'immeuble était en procès, il l'était toujours, sinon il y a bien longtemps qu'on l'aurait démoli ou vendu. Il s'accrochait donc par forfait.

– Chaque jour est emprunté. Au temps.

Tout ça lui avait enseigné la tolérance. Rien ne lui donnait plus envie de vomir, ni les malades ni rien au monde, excepté la cruauté. Il restait là, perché, à boire sa bière.

– Joe Wojcik vit. Une vie sans intérêt. Mais quelle ? Importance ?

Et Velma ? Elle s'était épanouie. A mesure que Joe devenait plus mesuré, plus sage, elle ouvrait ses ailes. Elle avait commencé à sortir le soir, à se montrer au Sally's Hideway et son comportement avait totalement changé : disparue la petite fille timide et mal fagotée, elle était délivrée.

– Une vraie femme, disait Lush Life.

Une seule passion la dévorait, les vêtements. Elle ne flirtait pas, ne couchait pas, ne cherchait pas à tomber amoureuse. Elle ne faisait jamais d'histoires, jamais de caprice. Mais les vêtements, c'était autre chose. Il lui fallait une robe neuve chaque semaine, parfois deux. Sinon, ça pissait le sang.

– Qu'est-ce qu'on peut. Faire ? dit Joe.

A la vérité, pas grand-chose. Chaque minute de travail était consacrée à gagner assez d'argent pour la satisfaire. Il ne lui refusait rien. N'étaient-ils pas partenaires, après tout ? Son bonheur était le sien.

Dehors, il faisait nuit. La pluie crépitait sur la lucarne. Joe descendit du lit. Revenu à mon niveau, il rétrécit, redevenant un petit homme chauve aux ongles d'argent nacré. L'espace était réduit et, en quittant le coffre, je frôlai sa hanche de mon épaule. Il se rétracta, comme si je l'avais frappé.

Dissimulé derrière les serviettes, il y avait un placard. Il contenait la garde-robe de Velma.

– Est-ce que ? Ça vous dit ? demanda Joe en évitant mon regard.

– Nous n'avons pas la même taille.

– De regarder. Seulement de. Regarder.

Des plaques rouge garance lui marbraient le front et le cou. En détournant la tête, il me précéda jusqu'à un rideau en taffetas délavé. De l'autre côté, éclairée par une lanterne, s'ouvrait une caverne d'Ali Baba.

Pleine de couleurs et de formes.

Sept

Le cheval s'appelait Aube d'Un Nouveau Jour. Là-bas, au champ de courses de l'Aqueduc, il avait probablement déjà franchi la ligne d'arrivée. Au Pari mutuel, je déchirai mon talon en trois dans le sens de la longueur et dans le sens de la largeur avant de jeter les confettis. A ma gauche, un type baraqué au visage rouge et aux lunettes noires me regarda d'un air mauvais.

– Aube d'Un Nouveau Jour ! En voilà un âne !

Son estomac émit un gargouillement.

– Ce que c'est que de jouer un tocard !

Le type s'appelait Matthew Joseph Troy. Matty Troy. Dans les années soixante, il avait été conseiller municipal et conseiller général démocrate du Queens, « l'homme le plus menteur et le plus intègre de la municipalité de New York », avait écrit Richard Reeves dans un portrait publié dans le magazine *New York*. Peu après, Troy avait été condamné à la prison.

A son heure de gloire, nul autre élu ne défrayait autant la chronique. Pas un jour ne passait sans qu'on vît sa tête étalée en gros plan sur le *Daily News*. Il chargeait à travers la ville comme un éléphant blessé, entouré de ses sous-fifres et de ses zélateurs, poursuivi par une meute de cameramen et de photographes. Et dans l'exaltation du moment, quand il débitait ses phrases comme un moulinet en lançant des insultes et de la poudre aux yeux, il se contrefichait de ce qu'on pouvait penser ou même de savoir s'il offensait quelque vénérable institution, du moment que la presse imprimait son nom sans fautes.

Ses formules explosaient comme des bombes. « Dans cette ville, une carrière politique dépend à 99 % de la presse. Pour avoir les journaux, il faut entretenir la polémique. Il faut leur dire la vérité, mais ça aide de l'enjoliver un peu. » « L'action politique se fonde essentiellement sur le mensonge. » Tel était son credo.

Ce qui choquait, ce n'étaient pas ces vérités toutes faites. Ceux qui savent lire et écrire, et la plupart des autres, les connaissaient déjà. L'originalité de Troy tenait à ce qu'il disait ce que les autres pensaient. Ou, plutôt, il le gueulait. « En politique, il faut tout ramener à soi. Ils me font marrer ceux qui parlent de service public. Tout ça, ça se résume à des mecs qui vous lèchent le cul et à des filles qui couchent. »

Dans ce Pari mutuel, l'homme qui suait sur ses bulletins avait vingt ans de plus et perdu un rien de son enthousiasme. Il travaillait à présent pour l'Association des distributeurs d'essence de Long Island, où il s'occupait de la publicité et des lobbies politiques. Il travaillait surtout près de l'hippodrome de Roosevelt, mais ses activités le conduisaient également à Albany et à Washington, au World Trade Center et, parfois, le ramenaient à City Hall. Il y avait eu autrefois un bureau à lui ; maintenant, on ne le recevait que sur rendez-vous. Les premières années, la dégringolade l'avait plongé dans le désarroi, mais c'était fini. Il avait soixante ans, une hernie. Pour Matty Troy, terminées les déclarations fracassantes, finis les échecs.

– Ça me va parfaitement.

En toute franchise, il n'avait pas le choix. On ne vous restitue jamais le pouvoir que vous avez perdu. Il n'était plus dès lors que l'ombre énorme et cassée de celui qu'on appelait autrefois l'Irlandais noir. Dans cette minable agence hippique, c'était un inconnu qui n'attirait pas les regards. D'un côté un coursier, Juan Rosario, prenait son temps de pause, de l'autre Eula Mae Beales, une femme de ménage employée au Woolworth Building, avait terminé son service. Pour la quatrième course, les paris fermaient dans huit minutes.

– Alors, vous choisissez qui ? demanda Matty.

Tous hésitaient. Juan Rosario avait envie de prendre un sixté, Eula Mae penchait pour un tiercé, quant à moi, j'étais fauché. Matty marquait une préférence pour Buckshot Behave. Just Be Just ne lui déplaisait pas non plus, mais c'était purement sentimental.

– Il me rappelle mon père.

Et il misa sur Buckshot Behave.

Son père avait été juge de tribunaux spéciaux et auparavant l'avocat personnel de Fiorello La Guardia. Matthew Troy Sr, que personne, jamais, n'avait appelé Matty. On se souvenait encore de lui, de sa noblesse et de son élégance, de son esprit chevaleresque, de sa détermination inébranlable. C'était un Irlandais de Meath, installé à Bay Ridge, dans la paroisse de Notre-Dame de l'Espérance perpétuelle, et dont la passion dominante fut l'unification de l'Irlande. Quand Matty était enfant, la maison ne désemplissait pas de militants fenians préparant leurs campagnes, collectant des fonds. Paul O'Dwyer, doyen des nationalistes new-yorkais, faisait partie des meubles. Mais ensuite le mouvement avait été repris par le Sinn Fein et l'I.R.A., les actions terroristes avaient commencé, les assassinats de femmes et d'enfants, et le juge Troy ne reparla plus jamais de la réunification de l'Irlande.

A New York, les juges étaient élus. Dans chaque comté, le chef de la majorité gardait dans sa manche un certain nombre de bulletins. Certains s'achetaient au prix de pots-de-vin, d'autres avec des faveurs. Un petit nombre seulement se gagnaient au mérite. Matthew Troy fut parmi les derniers de ces hommes politiques indépendants, ni démocrates ni républicains : il se présenta aux élections municipales de Brooklyn et à la cour de justice de Brooklyn sur un programme de coalition et perdit facilement sur les deux tableaux. Après quoi il se retira de la politique et limita ses activités à l'Ordre Ancien des Hiberniens. Mais c'était trop tard : âgé de douze ans, Matty avait déjà contracté le virus mortel.

L'outrage lui valut sa première condamnation. A cette époque pré-informatique, on comptait encore les voix en poussant un levier. Rien n'empêchait un contrôleur à la patte bien graissée de le bloquer en collant, dessous, du chewing-gum ou de la cire, ou en utilisant un cure-dents. Ou encore, c'était le truc le plus courant, il lui suffisait de glisser un bout de plomb sous son pouce et de positionner les X là où l'argent le lui commandait. Quand Matty s'en aperçut, et que les X ne se positionnaient pas en face de Troy, il commença à cogner.

Première arrestation.

A ces mots, Eula Mae Beales roula des yeux pleins d'effroi :

– A peine encore bébé et déjà en prison ! Et votre pauvre mère, vous y pensez à son chagrin !

– Ma mère ! Elle me battait comme plâtre ! Jusqu'à son dernier jour mon père n'a jamais levé la main sur moi. Mais ma mère, que Dieu ait son âme, elle en a usé des martinets !

Matty secoua la tête, amusé par ses souvenirs.

– Elle en a usé des martinets !

Il ne lui en voulait pas. Recevoir des coups, c'était de l'action, se battre, c'était de l'action, et l'action, sous n'importe quelle forme, faisait rugir son moteur. C'était une grenade dégoupillée, un Irlandais braillard, grande gueule, avec des couilles en béton. En donnant de la voix et des poings, il était passé de Brooklyn au Queens, puis, après deux ans de service militaire, à l'école de droit de Georgetown et de Fordham. Lorsqu'il avait refait surface sur l'autre rive, miraculeusement sain et sauf, il s'était découvert une vocation pour la politique.

A l'armée, il avait fait ses classes avec Edward Kennedy. L'entraînement ne s'était pas limité au combat.

– Teddy est comme moi. Il joue la comédie. Il sait que tout ça, c'est des conneries. Son père a tout arrangé pour que nous soyons affectés au quartier général de l'O.T.A.N. à Paris. Mais à la visite médicale, j'ai été éliminé parce que je mesurais un mètre soixante-dix-huit au lieu d'un mètre quatre-vingts. Pendant toute une semaine, j'ai essayé de m'étirer avec des tendeurs et des espaliers, en me suspendant par les pieds, mais rien n'y a fait. Alors je suis parti pour la Corée et Teddy est allée au Crazy Horse.

En matière de politique de terrain, il n'avait pas besoin d'en savoir plus. Une fois démobilisé et rentré à New York, il s'inscrivit au Club démocrate de Queens Village, escalada les échelons jusqu'au grade de directeur de campagne et, en 1964, à l'âge de trente-cinq ans, il devint conseiller municipal du seizième district. Son meilleur ami et premier bras droit s'appelait Donald Manes. C'était lui, M. Gros Bonnet, qui, trente ans plus tard, serait accusé d'avoir touché d'énormes pots-de-vin pour étouffer certaines affaires et serait à l'origine de l'un des plus gros scandales dont la ville ait été éclaboussée depuis le maire William O'Dwyer à la fin des années quarante.

Buckshot Behave ne se plaça nulle part. Ayant dit adieu au Pari mutuel, nous traversâmes Broadway en direction du parc de City Hall. C'était l'heure du déjeuner. Les allées et les bancs étaient combles. Sous les arbres, un quatuor à cordes jouait du Schubert pour les mangeurs de sandwiches, mais le seul espace libre pour Matty et moi se trouvait plus loin, vers le pont de Brooklyn, au milieu des clochards. Matty s'assit lourdement, le regard morne. Deux hommes enveloppés dans du papier journal dormaient roulés en boule sous le banc. Derrière nous, le quatuor entama un morceau de Smetana.

Nos regards se fixèrent sur les automobiles captives qui, pare-chocs contre pare-chocs, quittaient Manhattan.

– Il faut que j'avale quelque chose, dit Matty.

Distraitement, il éructa.

– Les gaz. C'est tuant.

Rien ne laissait deviner le démagogue. En le croisant dans la rue, on l'aurait pris pour un flic irlandais à la retraite. Devant nous, Nassau Street grouillait de détectives privés apathiques et las, pansus et hypertendus, qui, ayant échangé leur plaque d'identification contre une licence, exerçaient leur talent à retrouver des personnes disparues, à en prendre d'autres en filature, garés devant des motels de passe. Matty Troy éructait et ne jurait pas avec le décor.

Il n'en avait pas toujours été ainsi. En regardant City Hall derrière lui, il se mit à rire d'un rire sonore et grave, profond et mûr comme un roulement de tonnerre.

– Les coups qu'on a montés ! Les couillonnades ! gronda-t-il.

Mais dans son grand visage, les petits yeux ne riaient pas.

– Vous ne croirez jamais les coups qu'on a montés !

On eût dit qu'il parlait d'une époque révolue. Et c'était le cas. A New York, dans les années soixante, la politique municipale était restée sensiblement la même que dans les années 1880. Ses acteurs étaient peut-être devenus plus polyglottes, ses chefs plus distingués et il avait fallu maîtriser quelques expressions nouvelles comme *droits civiques, société élargie, afro-américain, liberté*. En dehors de cela, le système avait survécu, intact.

Il possédait ses propres tables de la loi. En 1905, un chef de circonscription démocrate du West Side, George Washington Plunkitt, s'était assis à son bureau, là où on cirait les chaussures de Graziano dans le vieux palais de justice du comté, pour dicter ses *Réflexions sur la politique de terrain*. Ses conclusions ? L'efficacité ne compte pas, l'avenir ne compte pas. Ce qui compte, c'est la possibilité d'obtenir un travail plus intéressant, de faire monter les cours du blé et de créer un climat propice au profit.

La philosophie de Plunkitt se résumait à cette phrase immortelle : « J'ai jamais laissé passer une bonne occase. » De son point de vue, diriger une ville consistait avant tout à s'occuper de ceux qui s'occupent de vous. Pour cela, il fallait slalomer entre opportunisme et illégalité. « Corruption honnête et corruption malhonnête », écrivait-il. « Un homme digne de ce nom s'occupe de ses amis, sinon il ne sera jamais populaire. »

C'était une philosophie très irlandaise, mais pourquoi pas ? « Les Irlandais sont nés pour exercer le pouvoir et ce sont les hommes les plus honnêtes du monde. Trouvez-moi un Irlandais capable de voler le toit d'un hospice ! Impossible ! Évidemment, avec des relations politiques et si le toit est très abîmé, un Irlandais se débrouillera pour obtenir des autorités d'en faire construire un neuf, pour empocher le contrat et pour racheter le vieux à bas prix. Mais ça, c'est de la corruption honnête. C'est ce qui s'appelle traiter les affaires en gentleman. »

En 1964, Tammany Hall, il est vrai, était en état de mort clinique. Les dernières années, Juifs et Italiens avaient été invités à venir se frotter à la vieille garde irlandaise. Son dernier grand sachem fut Carmine DeSapio.

– Un gentleman, dit Matty Troy. Une gravure de mode. Et absolument létal. Le genre de chirurgien de la politique qui vous tranche la gorge avec le sourire. Et encore, vous ne vous en apercevez qu'au moment où, en voulant tourner la tête, celle-ci vous tombe sur les genoux.

Quand DeSapio a été emprisonné pour fraude, Tammany Hall est tombé avec lui. Mais l'organisation démocrate continua à distribuer à sa guise les parts du gâteau : contrats, faveurs, soutiens. Des mouvements de protestation naissaient, puis mouraient. « Des gloires du matin », comme les appelait George Washington Plunkitt. « Éclatantes à l'aube et presque aussitôt fanées, tandis que les appareils traditionnels continuent à croître comme les vieux chênes vénérables. »

Matty Troy aurait pu être la réincarnation de Plunkitt. En faisant irruption dans le club du Queens Village, il trouva une assemblée de vieillards, *les irréguliers du troisième âge*, satisfaits de jouer aux cartes et d'organiser des dîners dansants. Mais il y trouva aussi son tuteur, le leader démocrate de Glen Oaks, Lew Wallach.

– On peut dire qu'il a été mon sponsor. Ou ma nourrice.

Pour ce qui a trait au tempérament, Wallach était aux antipodes de Troy : joueur d'échecs-né, muet comme une huître, prévoyant toujours cinq coups à l'avance. « Un maître. » Sous sa tutelle, Matty avait appris à retourner une salle, à se constituer un électorat : au bout de quelques années, l'appareil de Queens Village tournait pour lui.

Donald Manes était déjà son ami et son allié le plus proche.

– Deux frères n'avaient jamais été si intimes, dit Matty.

C'était comme s'ils formaient les deux moitiés d'un cheval de carnaval, Matty la tête et les pattes avant, Donnie l'arrière-train. Le père de Donnie était un jour descendu à la cave et s'était suicidé d'une balle dans la bouche. Donnie était encore enfant et c'est lui qui l'avait trouvé mort en rentrant de l'école. Toute sa vie il n'avait plus jamais osé descendre un escalier dans le noir. Il fallait toujours que quelqu'un aille devant et lui éclaire le chemin.

– C'est moi sans doute qui tenais la putain de lampe.

A l'époque, Matty avait de l'électricité à revendre :

– Je ne prétends pas que j'étais un chevalier en armure. Non. Seulement je voyais plein de choses qui attendaient d'être faites et j'étais le seul à avoir assez de couilles pour les faire. En ce temps-là, j'avais des couilles.

Parmi les choses qui attendaient d'être faites, il n'y avait pas place pour les bouleversements sociaux. Les politiciens irlandais n'avaient jamais perdu de temps avec les idées générales. Ils ne s'intéressaient qu'aux problèmes particuliers. Et, avant tout, Matty Troy était un politicien irlandais.

– Ma ligne d'action : compromis et contrepartie. Je ne suis pas un homme d'opinions, je tourne avec le vent.

Mais les faux-fuyants, les subterfuges, la *corruption honnête*, il crachait dessus.

– Moi aussi, je mentais. Mais au moins je l'avouais. Les emmiellés, les enfarinés, les enfants de chœur, toute cette onctuosité, ça, c'était insupportable !

Sa plate-forme reposait alors sur une fausse ingénuité, *le droit des électeurs à l'information.* Au nom de ce droit, il déclara la guerre aux embrouilles et aux conspirations, aux affaires conclues en secret dans des alcôves d'arrière-salles. Matty aussi concluait des affaires, mais ouvertement. Effrontément, disaient ses ennemis. En 1971, par exemple, il avait échangé aux républicains trois juges à la Cour suprême contre deux juges, un district attorney, un conseiller d'administration et un délégué à nommer ultérieurement. Par-dessus le marché, il avait mis ça par écrit et exigé la signature de Nelson Rockefeller.

Tout cela avait provoqué beaucoup de peine, beaucoup d'inquiétude : « C'était une grenade ambulante. Le Bugsy Siegel de la municipalité new-yorkaise et, en tant que tel, il fallait qu'il disparaisse », écrivit Sydney Zion.

Dans les années soixante-dix, grenade ou pas, avec 85 % dans Notre-Dame de Lourdes, son district de Queens, il était devenu l'un des leaders populistes les plus en vue et on lui accordait toutes les chances de devenir maire. Lui-même se voyait sénateur, pour retrouver enfin Teddy Kennedy. C'est pourquoi, lors de ses débuts sur la scène fédérale, il avait fait campagne aux côtés de George McGovern.

– Un homme délicieux, délicieux. Mais sans aucun avenir.

Et sa ligne politique ? Quelle ligne politique ?

– Pour connaître ma position sur une question, il me suffisait de trouver celle de John Lindsay et d'adopter la position contraire. Mais je croyais quand même à certaines de mes positions.

Ce qu'il comprenait, au premier chef, c'était la formule destinée à transformer les hésitants en électeurs. « On n'est pas patriote avec un salaire qui permet à peine de joindre les deux bouts, disait George Washington Plunkitt. Celui qui prétend le contraire, faut le surveiller, attention à votre portefeuille ! Mais quand un homme reçoit un bon gros salaire, il se surprend à fredonner *Hail Columbia* sans s'en rendre compte et quand il prend le tram, il croit entendre les roues chanter *Yankee Doodle.* »

Fidèle à cette tradition, Matty Troy ne jugeait aucune démarche dégradante, aucune corvée insignifiante. Il tenait compte de chaque arrêté, faisait abattre les arbres dangereux, payait les amendes pour infraction au ramassage des ordures, faisait réparer les nids-de-poule. Il était intraitable sur les questions de subventions, de scolarité et de logements sociaux. Il avait même fait arrêter le portier de Lindsay parce qu'il promenait son chien sans laisse.

– Y a-t-il une limite à l'abjection ? lui avait demandé Lindsay.

– Aucune. Il n'y a rien que je ne sois pas prêt à faire.

– C'est une double négation.

– Eh bien, pour cette ville, vous êtes une double négation depuis vos entrées en fonctions, avait répliqué Matty.

Un roulement de tambour, un coup de clarinette de vaudeville et il était reparti pour une autre tournée dans la ville, président Matt, sept cérémonies officielles par soirée, sept soirs par semaine en compagnie de Charlie Gilvary, son chauffeur à moitié aveugle, le visage rouge ruisselant de sueur, le ventre tendu comme une voile au vent, Jimmy Breslin à sa gauche, Pete Hamill à sa droite et Donald Manes, toujours Donnie, une demi-longueur derrière lui.

Il s'était cru invulnérable. Ces hommes autour de lui, c'est lui qui les avait faits, c'est à lui qu'ils devaient tout.

– Oh, je la ramenais ! Je faisais comme si j'avais un full alors que je n'avais que deux paires, disait-il, secoué par une quinte de toux. Je parlais à tort et à travers.

En feuilletant son Plunkitt, il avait sauté un passage primordial : « Les hommes de pouvoir ont appris à la fermer, pas à l'ouvrir. Alors laissez tomber le numéro de l'orateur, sauf si la politique ne vous intéresse que pour jouer l'homme canon. » Étourderie fatale.

Sa chute fut aussi abrupte que soudaine. Aux élections municipales de 1973, Matty avait parié sur le mauvais cheval, son propre candidat l'occupa à des bricoles et, pour finir, il était entré en conflit avec Abe Beame, le nouvel élu. L'article de Richard Reeves qui parut dans *New York* au mois de mars fut l'argument massue. Il citait Matty : « Toute ma vie j'ai travaillé pour obtenir le pouvoir et je n'ai pas l'intention de m'arrêter. Il n'y a qu'une seule chose qui soit plus importante que le pouvoir, c'est la peur du pouvoir. Ce que j'obtiens, je l'obtiens parce que les gens ont peur de moi. Pendant des semaines j'ai vécu sur une photo parue en première page du *Daily News* où on me voyait en compagnie de McGovern et de Ted Kennedy à l'aéroport. Personne ne le savait, mais tout ce que je leur ai dit, c'est : “ La voiture vous attend de ce côté ”. »

Et : « Un des problèmes qui m'opposent aux autres conseillers municipaux (les quatre fossoyeurs), c'est qu'ils se prennent tellement au sérieux ! Une réunion, on dirait la cour d'assises tant ils chuchotent avec des airs de conspirateurs. Notre première décision est toujours de jurer que personne n'ira parler aux journalistes. Mais dès que c'est fini, chacun se jette sur le téléphone pour appeler les journaux et être le premier à imposer son point de vue. »

Et : « C'est parce que j'accorde des subventions que les gens m'aiment. »

Et : « Le rôle d'un leader politique, c'est de conclure des affaires. »

Et : « J'ai appris qu'on peut tout obtenir en jetant de la poudre aux yeux et en faisant beaucoup de bruit. »

Seulement, cette fois, on l'avait pris au mot. Chaque ligne, si douce à l'oreille, si savoureuse sur le papier, lui fut renvoyée avec une force redoublée. En quelques mois, Abe Beame avait réussi à l'évincer de son poste de conseiller du Queens et à mettre Donald Manes à sa place.

La trahison classique. Au cours de toutes ces années, Donnie était le seul dont il ne s'était jamais méfié.

– Bien sûr, tout était ma faute : en politique, on ne fait confiance à *personne*. Sinon il ne faut s'en prendre qu'à soi.

Pourtant, en voyant l'ascension de Donnie, il avait commencé à la trouver mauvaise : président du conseil municipal, roi du Queens, désigné par tous comme le futur maire.

– Moi, je ne faisais pas aussi bien.

D'un seul coup, privé de son électorat, il avait perdu toute influence. Il n'était plus qu'un effet sonore.

– Un ballon crevé qui pète. Je suis tombé si vite que j'en ai eu le vertige.

Les inculpations n'ont pas tardé à pleuvoir : détournement de fonds dans une succession réglée par son cabinet d'avocats, puis fraude fiscale et parjure. La première inculpation lui valut cinquante-six jours de prison et la deuxième vingt-six week-ends à Ricker's Island. Mais il fut reconnu innocent de l'accusation de parjure. Il déclara qu'il ne savait rien de ces affaires, que tout était arrivé en son absence. C'était probable. Il en était néanmoins responsable. Il purgea donc sa peine et fut radié du barreau.

– Quant à la politique, évidemment, j'étais mort.

Depuis sa remise en liberté, il vivait tranquillement avec sa femme et ses dix enfants, non loin du champ de courses de Belmont. Heureusement, son père avait succombé à une attaque peu de temps avant son arrestation et n'avait donc pas été témoin de la disgrâce de son fils. Un miracle, une bénédiction, dit Matty, d'une voix aussi blanche que celle de Johnny Ray.

Lui, il s'était depuis longtemps résigné. Ou alors il faisait semblant. Il se sentait mieux ainsi. La municipalité de New York n'avait nul besoin d'un vieil homme de plus.

Dans le jardin, derrière nous, le déjeuner était fini, le quatuor à cordes avait plié bagage. Lentement, lourdement, comme après un repas trop copieux, nous prîmes la direction de City Hall.

– Voilà toute l'histoire, dit Matty. Ou plutôt la fable.

City Hall était une pâtisserie de marbre construite en 1811. Dessinée conjointement par un Écossais et un Français, c'était un bâtiment bâtard, d'une agréable bizarrerie, un tiers géorgien, un tiers palladien et un tiers Renaissance française, élégant avec ostentation et totalement artificiel. Dans une ville où la politique municipale, toujours pieusement salie, se résumait à l'ordure et à la boue, la salle du conseil étalait ses boiseries d'acajou et ses lambris, et les élus du peuple siégeaient à des pupitres inclinés datant du XVIIIe siècle, disposés en arc de cercle devant une estrade décorée de drapeaux. Au-dessus, une fresque aux détails rehaussés d'or représentait *New York recevant l'hommage des nations.* En bas, sous les bureaux des membres du conseil, était incrustée la gomme mâchée et durcie du temps.

– Ce que j'ai pu me payer comme rigolade ici ! dit Matty.

Il avait eu son bureau dans le sous-sol de l'aile ouest. Là il jouait aux cartes avec les gars de Queens Boulevard, tandis qu'au-dessus le maire et ses adjoints suaient sang et eau pour équilibrer le budget. La journée finie, Matty traversait Broadway pour aller au Longchamps. C'était à l'époque le bar des conseillers municipaux. Après quelques verres, il ressortait au pas de course et reprenait ses tournées avec Charlie Gilvary, le pauvre Charlie aux yeux de taupe, sautant aux arrêts d'autobus, renversant les clôtures pour traverser les jardins, plus souvent sur le trottoir que sur la route, un dîner dansant à Flushing, un gala de charité à Minneola, une réception de mariage, une veillée funèbre, un bal de pompiers et tout le monde l'accueillait la main sur le cœur, lui donnant des claques dans le dos, tous de la même famille parce qu'on était encore entre hommes et qu'on riait, on riait beaucoup, on riait tellement.

A la place du Longchamps, il y avait maintenant un Plymouth Shop, une chaîne de prêt-à-porter féminin. Aujourd'hui, les hommes politiques ne buvaient pas d'alcool, pas là où on risquait de les voir. Ils fréquentaient donc l'Ellen's Coffee Shop, un établissement qui appartenait à Ellen Sturm. Autrefois élue Miss Metropolitan, elle avait tapissé les fenêtres de photos d'autres Miss Metropolitan. A l'intérieur, on servait des sodas sans sucre et beaucoup de fibres. Toute la différence se marquait là, ici même : au Longchamps, votre repas consistait en six doubles whiskies, chez Ellen c'était du lait écrémé.

La rigolade. Ce mot revenait sans cesse dans sa bouche. Il y en avait eu tellement et, aujourd'hui, on dirait qu'il n'y en avait plus.

– Quand je lis les journaux, que je regarde la télévision ou que je parle aux gens, tout ce que j'entends, du matin au soir, c'est : « Bon sang, qu'est-ce qui a bien pu se passer ? »

Un tas de choses, telle était la réponse, laconique. Le Watergate, pour commencer. Les écoutes téléphoniques ensuite. La télévision, parce qu'à l'antenne on pouvait voir votre sourire se figer et votre tête s'allonger quand on vous prenait en flagrant délit de mensonge, impossible de se voiler la face comme avec les journaux. Et puis, bien sûr, il y a eu 1975.

– Qu'est-ce qui est arrivé ?

New York a fait faillite, voilà ce qui est arrivé.

Certes, quelques signes avant-coureurs avaient annoncé le changement. Mais il avait beau chercher, Matty devait reconnaître que cette année avait marqué la fin de tout un monde. Tammany Hall, le Club démocrate, l'appareil tout entier reposait sur l'idée de base que la ville se développait, se développerait toujours et qu'on pouvait couper autant de tranches de gâteau qu'on voulait, il en resterait toujours plein.

Naturellement, il y avait déjà eu la Dépression : le bâtiment paralysé, la ville était restée couverte de gratte-ciel à moitié achevés, d'escaliers qui ne menaient nulle part, de fenêtres ouvertes sur des trous béants. Époque abominable que le père de Matty évoquait souvent. A Bay Ridge, les gens attendaient devant les dépôts d'ordures et dès qu'un chargement nouveau arrivait, ils plongeaient dedans, creusant à mains nues dans l'espoir de dénicher un peu de nourriture. Il y avait des soupes populaires jusque sur Broadway, aménagées à l'arrière de camions militaires, et la queue, *ce ver qui avance comme un homme.*

Mais c'était un cas particulier. Le pays tout entier nageait dans le même merdier, pas seulement New York. Et même alors, on ne voyait guère d'hommes politiques devant les soupes populaires, leur bol en fer-blanc à la main. La machine tournait toujours. Croyez-moi. En 1933, quand Fiorello La Guardia, la Petite Fleur, a été élu maire, il a grimpé en courant les marches de City Hall le jour de son intronisation, en donnant des coups de poing sur les murs de marbre et en hurlant : *E finita la cuccagna!* Finis les repas aux frais de la princesse! Mort à la corruption! C'était beau à entendre, c'était beau à voir à la une des journaux, mais ce n'était que du vent. La machine tournait toujours. Croyez-moi. Et puis son règne s'est achevé. Mais au club, on déjeunait toujours aux frais de la princesse et c'était plus délicieux et copieux que jamais.

Si bien que lorsque la ville a été déclarée en faillite, ce fut comme un coup de tonnerre.

– Les gens sont venus me voir en disant : « C'est impossible! C'est injuste! » *Injuste.* Ils saignaient la ville à blanc depuis vingt ou trente ans et brusquement on arrête tout et voilà tout ce qu'ils trouvent à dire : *C'est injuste!* Et la plupart exprimaient le fond de leur pensée.

Une histoire résumait tout. A l'époque où il était entré dans le Club démocrate du Queens Village, six jeunes gars commençaient à faire parler d'eux, intelligents, coriaces, ambitieux. Et cette Bande des Six (lui-même, Donald Manes, Nick Ferrara, Sy Thaler, Gene Mastropieri et Jack Bronson) avait formé une alliance. Dans l'immédiat, elle ne visait qu'à constituer un électorat. A plus long terme, ils rêvaient d'une organisation parfaite, d'un réseau si puissant qu'aucun politicard new-yorkais, pas même le maire, n'aurait la possibilité d'agir sans qu'il ait son mot à dire.

Ils avaient atteint leur premier objectif. Très vite, chacun d'eux était devenu président, sénateur, juge ou procureur. Et comment avaient-ils fini ? Lui-même en prison, Donald Manes inculpé puis suicidé, Nick Ferrara mort, Sy Thaler inculpé et mort, Gene Mastropieri inculpé, Jack Bronson inculpé.

– Il n'en reste pas un seul debout!

Du jour au lendemain, les gens ont cessé de parler à haute voix. Au cours des réunions, tout le monde serrait les dents et faisait passer des bouts de papier. Les téléphones étaient mis sur écoute ou alors on croyait qu'ils l'étaient, ce qui revenait au même. Des enquêteurs venaient fouiller dans vos poubelles, ne négligeant aucune saleté. Les machines à détruire les documents connurent subitement un succès énorme, ainsi que les réunions au coin de la rue. Et la tension devint féroce. Au conseil municipal, Dominick Corso, de Brooklyn, rendu fou par les incessantes tracasseries et la crainte que les réformateurs ne lui cassent ses coups, en oublia complètement la langue de bois du Parti : « Vous croyez qu'il faut en avoir dans le pantalon pour défendre la justice ? Faux. C'est pour défendre l'injustice, en connaissance de cause, tous les jours pendant des années, qu'il faut avoir des couilles ! »

La peur n'a pas mis fin au pillage, juste à la rigolade. La politique locale est devenue une succession interminable de sueurs froides et d'aigreurs d'estomac.

– Mais le plus drôle, dit Matty, c'est que plus on risquait de se faire pincer, moins on résistait à l'envie de faire danser l'anse du panier.

Laissant l'Ellen's derrière nous, nous reprîmes la direction du parc.

– J'ai un mot sur le bout de la langue, dit Matty. Quelque chose comme lémures...

– Lemmings ?

– C'est ça. C'était nous.

Derrière City Hall, plus de marbre, les murs étaient en brique rouge. Quand il fut construit, le bâtiment se trouvait à l'extrémité nord de Manhattan. Il semblait exclu qu'elle fût un jour repoussée et on n'avait pas jugé utile de dépenser de l'argent pour l'envers d'un décor qu'on ne verrait jamais. La politique municipale était donc restée, littéralement, une façade.

– Et c'est le mieux qu'on puisse en dire !

Il faut comprendre que New York n'était pas et n'avait jamais été gouvernée par ses élus. Penchez-vous sur son histoire : chaque mutation importante avait été dictée, non par les politiques, mais par les banquiers, les propriétaires fonciers et les hommes de Wall Street, ceux qu'on ne voyait jamais et dont souvent on ignorait jusqu'au nom. Les réformateurs les appelaient « la municipalité permanente ». Et ils gravitaient dans une sphère toute différente. Des armées de conseillers municipaux pouvaient passer leur vie entière à s'épuiser et à manigancer leurs combines, ils ne représentaient rien, une goutte d'eau dans la mer, comparés à ces galaxies.

Cela donnait matière à réflexion : dès qu'on avait saisi le nombre exact de milliards qu'il y avait dans le sac et combien vos scrupules faisaient peu de différence, il devenait difficile de ne pas mettre la main dedans.

– Comprenez bien, dit Matty, quoi que les gens pensent, je n'ai jamais rien pris. Simplement parce que l'argent ne m'intéressait pas à ce point-là. Et puis, comme je le disais à Dick Reeves : *La politique offre tant d'occasions de s'enrichir légalement, que je ne comprendrai jamais pourquoi il y en a qui volent.*

Il est vrai que Matty était un excentrique.

Nous étions revenus au point de départ, dans le jardin. Sur les carrés de terre autrefois gazonnée s'entassaient d'énormes piles de barrières de police, en prévision des manifestations. Des flics à l'arrière-train massif marchaient l'œil aux aguets sur les pavés, leurs poches gonflées par les matraques, les lampes électriques, les menottes, les codes des infractions, les talkie-walkies. Mais un vent glacé s'était levé. On n'était qu'en février, ce n'était pas la saison des manifestations. Matty devait regagner Long Island.

Quelques minutes encore, nous sommes restés assis près de Broadway, sous un dais de branches nues et une nuée de pigeons menaçants. A cette heure creuse, nous n'avions pour seuls compagnons que des dealers. Matthew était gros, il avait des bajoues épaisses; il remonta le col de son manteau et regarda droit devant lui.

– Ça ne vous manque vraiment pas ? lui fut-il demandé.

– C'était pas le même Broadway.

Il pensait encore à Donald Manes, au scandale qui l'avait fait tomber et qui l'avait tué.

– Pensez un peu. Au début, j'aurais fait confiance à Donnie avant de me faire confiance à moi. Dieu sait que ça ne veut pas dire grand-chose, mais enfin nous étions associés, nous formions une équipe. Il l'aurait juré sur la tête de sa mère, et moi aussi, qu'il n'accepterait jamais un pot-de-vin. Et même quand il m'a poignardé, car il m'a poignardé, Dieu ait son âme, je n'ai pas pu le haïr. J'étais égaré, je ne comprenais pas. Mais le haïr ? Au fond de mon cœur, c'était impossible.

Ils s'étaient revus à la mort de Lew Wallach. Matty et Donnie le connaissaient depuis très, très longtemps et lui devaient beaucoup.

– Alors je vais à l'enterrement, j'écoute son éloge funèbre et, soudain, je sens une main sur mon épaule, c'est Donnie, et il pleure, et il dit : *Je regrette, je regrette tellement ce qui s'est passé, je veux que tu saches que je t'aime.* Alors bien sûr, moi je me dis : *Si tu regrettes tellement, comment as-tu pu le faire ? Et est-ce que ça veut dire que tu ne le referais pas ? A l'instant ? Ici même ?* Mais c'est l'enterrement de Louie, Donnie est en train de pleurer, sa face grasse toute tordue et luisante de sueur, et je m'attendris facilement. J'aime jouer au dur, parler fort, me foutre en rogne, ce qui est la vérité, Dieu m'est témoin, je suis capable de devenir fou. Mais je peux être sentimental aussi. Enfin, il pleure, je pleure, sa femme pleure et il dit *je t'aime* et je dis *moi aussi* et l'huissier s'approche de nous et nous dit : *Vous vous donnez en spectacle, veuillez vous rendre dans l'autre pièce.* Nous y allons, nous prenons un verre, nous répétons *je t'aime* et puis nous nous quittons et nous rentrons nous coucher. Le lendemain, tout est dans le journal, Donnie leur a tout raconté, que nous avons pleuré et ainsi de suite, à l'enterrement de Louie Wallach et je me dis *bizarre*, c'est tout ce que je me dis, *très bizarre*.

Ils ne se sont plus jamais reparlé. De temps à autre, Matty apercevait Donald Manes à une cérémonie officielle ou à une réception, ou bien quand il venait défendre les intérêts des distributeurs d'essence, Manes passait devant lui en souriant, sa grosse main tendue. Il paraissait toujours très nerveux, il était baigné de sueur, il se mordillait les lèvres, il donnait l'impression d'être malade, mentalement et physiquement.

– Mais je ne disais rien, ça n'était pas mes oignons, je me contentais de hocher la tête. Et, soudain, tout éclate, le scandale, les pots-de-vin, tout. Donnie tente de se suicider, Donnie est hospitalisé, il va être inculpé, il *est* inculpé et alors il réussit à se tuer, il est mort.

Au crépuscule les employés de bureau se déversaient dans Broadway. Emmitouflé dans son manteau, Matty retomba dans le silence. Il reprit un comprimé pour l'estomac. Il éructa.

– Et ensuite ? lui soufflai-je.

– Quel choc ! J'en suis resté comme deux ronds de flan. Je ne comprenais rien, mais rien. Je suis devant la télé, je regarde et je pense en même temps, et tout ce que je me dis c'est : *Autrefois. C'était autrefois.*

Ce fut tout. Avant qu'une autre question ne l'arrête Matty Troy se leva et reboutonna son manteau. Son estomac gargouilla.

– Les gaz.

Huit

– Autrefois, autrefois. J'ai ras-le-bol d'autrefois, dit Sasha. Que des vieux avec leur passé, à faire vent sur l'eau, à pisser contre le vent.

A ses yeux, les histoires de Broadway convergeaient toutes vers un point culminant, le jour de la Saint-Patrick 1982 où il y avait mis les pieds pour la première fois.

– Ça pleuvait, le ciel nous tombait sur la tête, se rappelait-il. Je sors des noires profondeurs de la terre, au métro Times Square. C'était lundi soir, c'était au coin de Nathan's Famous et de la Quarante-Troisième Rue, mais je sais rien, tout ce que je vois c'est Broadway, Grande Voie Blanche. *Base-ball, Maman, Tarte aux pommes et Chevrolet. Jeans Levi's, Jeans Lee, Jeans Jordache, Jeans Wrangler. Réveillez-vous avec Pepsi.* Oh, mon Dieu. *Il n'y a rien entre moi et mon Calvin. Vous avez du temps Nous avons de la bière.* Pas la peine. *Un Whopper, ça se mange à deux mains. Fond dans la bouche pas dans la main.* Quoi dire ? Ça pisse de l'eau noire comme le cul du diable, des cinglés partout qui crient, qui hurlent, un qui veut sauver mon âme, un qui veut me voler mon portefeuille, un qui tient un plan, un qui tient un revolver. Des putes, des michetons, mauvaise cocaïne. *Coca-Cola c'est ça.* Lumières bleues, lumières rouges, argentées, dorées. *Qui a vu un homme pleurer ?* Et je cours au milieu de la rue, je lève la tête et tous les cinglés deviennent cinglés, klaxons, cris, insultes. « Tire-toi, connard de Popof. » *Raspizdyai srany*, sale type génital. Mais je m'en fous. Je pleure. On me fera pas bouger. *Tu as fait du chemin, baby*. Le plus beau spectacle de tout ce monde pourri.

Sept ans après, sa passion demeurait aveugle, brûlante. D'une façon générale, il n'était pas dupe des points faibles de New York. Park Avenue comme le South Bronx déclenchaient des cataractes furieuses de lamentations et d'obscénités, vomies en russe, la *langue Tampax*. A Broadway, et là seulement, il retrouvait l'Amérique de son imagination, *Le Dollar et le Rêve*.

Au cours de nos premières semaines de marche, il s'était contenté de suivre. Ces régions sombres que nous venions de traverser péniblement, Bowling Green, Wall Street, City Hall, appartenaient au Broadway des cartographes, pas au sien. Il attendait avec impatience de pouvoir se lancer sur son propre fief. TriBeCa lui en fournit l'occasion.

C'était un terrain vague devenu terrain de jeux. Pendant plusieurs décennies, cette zone d'entrepôts, de magasins de gros, de gargotes et de bars mal famés était restée pratiquement inhabitée. Mais les loyers astronomiques réclamés par les propriétaires vampires dans les quartiers chics lui avaient redonné une seconde vie. A partir de la fin des années soixante-dix, un flot ininterrompu de peintres et de musiciens, de graphistes punks, de dealers et toute leur troupe avait trouvé refuge dans ses caves et ses lofts. Le Mudd Club connut le succès; *downtown* redevint Downtown. Quand les propriétaires eurent enfin compris, TriBeCa (Triangle Below Canal) s'était converti en quartier à la mode. Les pionniers, éparpillés dans l'East Village, à Hoboken, Long Island City, ont été remplacés par une deuxième vague, moins fauchée : illustrateurs, photographes de mode, journalistes, restaurateurs français, et par des actrices, un tas d'actrices.

Certaines d'entre elles, quand elles ne servaient pas dans les restaurants, offraient le gîte à des Soviéricains égarés. Heureusement. Un soir, nous venions de traverser Maiden Lane, Sasha était rentré chez Alexei Alexandrovitch et avait trouvé sa batterie abandonnée dans le couloir. Depuis, elle avait dormi dans son taxi et dans une série de studios appartenant à des soubrettes.

Actuellement, elle reposait sous le grand lit de cuivre d'une ancienne reine de beauté du Tennessee, classée troisième au concours de Miss Pain de Mie 1980, devenue danseuse, peintre, artiste de performances. Son nom professionnel était S.M. Marie.

Nous l'avions approchée en fin d'après-midi, un vendredi doux et frais, en émergeant de Lower Broadway comme des pêcheurs de perles refaisant surface. Nous avions peiné si longtemps dans une obscurité si profonde que le premier éclat de soleil dans un espace ouvert nous avait paralysés.

Du jardin qui entourait St. Paul's Chapel, nous pouvions enfin voir des arbres, de l'herbe, du ciel, mais le spectacle qu'offrait le Woolworth Building, dressé au-dessus de nous comme un immense poing levé, était le plus éblouissant de tous.

La façade de ce château gothique, sorti tout droit de *Jack et le Haricot magique*, exaltait l'orgueil marchand, mais sa vraie splendeur se révélait à l'intérieur. Là, l'atmosphère devenait religieuse. A peine franchies les portes à tambour, on plongeait dans un clair-obscur de cathédrale. Dans l'ombre se dessinaient un extraordinaire escalier de marbre, des murs de granit épais comme des pierres tombales médiévales, des portes d'ascenseur en cuivre martelé et sculpté, des cartouches, des candélabres, des fresques enluminées, des lustres pareils à des encensoirs.

Dans la crypte, on servait les cocktails. Traversant un hall aux dimensions d'une nef, Liquor Jack Young s'approchait en évitant les écueils des piliers, toutes voiles dedans, comme un galion carré. Dès qu'il nous aperçut, il vira de bord, se mit à la cape.

– Auriez-vous vu une jeune dame, dans les vingt-cinq, vingt-six ans, un mètre soixante-dix, cinquante-neuf kilos, blonde, les yeux bleus, bien faite, avec une tête de mort et deux tibias tatoués sur la fesse ?

– Quelle fesse ? demanda Sasha.

En face se trouvait Park Row, autrefois le carré des imprimeurs où se fabriquait la moitié des journaux new-yorkais. Les bureaux avaient, pour la plupart, depuis longtemps disparu, mais le vieux Times Building survivait plus ou moins, englobé dans l'université de Pace.

– Quand j'arrive ici la première fois, j'ai une amie, je sais plus son nom, elle prend des leçons d'argent. Et moi, je l'attends dans ce parc tous les soirs, ici. C'est l'été, il fait très chaud, ça brûle partout et le cinglé joue sur la batterie de Max Roach. Ici, sur Broadway !

– Quel cinglé ?

Robert Blue. Une ficelle, ni homme ni chair, mais il frappe sur sa batterie comme un ange tombé du paradis, c'était l'émeute autour de lui.

Sa tache de naissance flamboya.

– C'est beau, voilà.

Blue jouait à l'heure du déjeuner en s'accompagnant de bandes enregistrées de John Coltrane, Pharoah Sanders, Sun Ra, et les conflits qui l'opposaient aux quatuors à cordes étaient épiques, une vraie guerre raciale sans effusion de sang. Sasha s'était fait son soldat d'infanterie. Il avait même eu l'honneur de passer le chapeau. Mais, l'été enfui, les flics étaient venus et avaient emmené Blue dans le panier à salade. Recel de marchandises volées, voilà de quoi on l'accusait. A savoir : un plat et des bougeoirs en argent, un collier de perles, un assortiment d'objets en jade.

– Le goût, superbe. La peine, dix-huit mois.

Et Sasha reçut la batterie de Max Roach.

C'est par ici que Broadway avait accumulé l'énergie nécessaire pour pousser vers le nord, que son destin avait commencé à s'accomplir. Dans son jeune âge, alors que sa population n'atteignait pas un millier d'habitants, New York s'achevait sur une palissade, à Wall Street. Seul Broadway avait franchi la limite. S'exposant aux dangers, comme une patrouille d'éclaireurs, il gagnait du terrain, installant sur l'île une succession de camps de base. A chaque étape, il marquait un temps d'arrêt, consolidait le terrain, juste assez longtemps pour que la ville puisse lui emboîter le pas. Puis, une fois de plus, il reprenait de l'avance.

Nous nous engageâmes dans Broadway en longeant City Hall. Après Chambers Street, la perspective se rétrécissait, redevenait intime. Dans les années 1850, c'était Upper Broadway, le cœur de la mode. Le grand magasin d'A.T. Stewart, le Bloomingdale de l'époque, s'élevait à l'emplacement qu'occupait l'Ellen's aujourd'hui et c'est là que la parade nocturne des attelages, cabriolets, coupés, tilburies et des promeneurs prenait sa source pour se déverser ensuite en un flot ininterrompu jusqu'à Union Square.

C'est ce rituel qui a d'abord rendu Broadway synonyme de la nuit. En feuilletant une anthologie du XIXe siècle, Sasha était tombé sur un article de 1878 publié dans le *Harper's New Monthly Magazine : Les attelages laissent entrevoir des robes de bal et des robes du soir, tandis que, sur le trottoir, les hommes flânent; presque tous ont à la bouche un cigare dont les petites incandescences rouges luisent dans la nuit comme autant de soleils couchants. Tels sont les hommes qui font le monde.*

Aujourd'hui, le ton était moins lyrique. Quand la mode était allée s'installer plus loin, le textile l'avait remplacée, les ateliers de confection et les grossistes avaient pullulé. Les bâtiments se composaient surtout de constructions métalliques aux fenêtres colorées de chintz, de coton et de lamé et la seule cavalcade nocturne était la course des galériens vers la station du métro. L'équation de base n'avait pourtant pas changé. *Si les élégants demeurent les plus nombreux, le courant apporte des ouvriers en futaine et des ouvrières frappées par la misère, voisinant avec des aventuriers loqueteux et d'abjects dévots du ruisseau.*

Ouvriers en futaine, aventuriers loqueteux, abjects dévots du ruisseau, nous en avions déjà rendu compte. Il nous manquait les ouvrières frappées par la misère et Sasha savait exactement où les trouver. Il quitta Broadway et, s'engouffrant dans les rues latérales, passa devant des galeries de sculptures en néon, des traiteurs, des marchands de glaces design, des salles de gymnastique. Dans un coin, derrière des fenêtres aveugles, se trouvait le Baby Doll Topless.

C'était plus le saloon du coin qu'un bar de strip-tease. Les employés des magasins de gros, les ouvriers, les commerçants de Canal Street, les routiers fraîchement débarqués du Holland Tunnel se retrouvaient au bar, le dos tourné à la scène. En jetant un coup d'œil dans le miroir de l'arrière-salle, ils auraient pu voir des femmes danser nues. Mais peu d'entre eux allaient jusque-là : la saison de base-ball venait de commencer et on ne parlait que prodiges, transferts, sélections.

S.M. Marie était une supporter des Chicago Soxers.

Silhouette sombre et musclée, elle était assise, pensive, devant un whisky et une bière, vêtue d'un blouson de cuir, ses épais cheveux noirs taillés comme un tampon de Scotch-Brite, le regard farouche et fixe. Sur son poignet droit était tatoué le mot *Pudge*, avec un cœur rouge transpercé d'un harpon.

– Il n'y a que trois choses qui soient éternelles, dit-elle. La mort, les impôts et Carlton Fisk.

La voix était surprenante : un doux accent du Tennessee, sans aucun rapport avec le cuir ni les yeux. Le corps non plus ne cadrait pas : avec ses courbes voluptueuses, il appartenait à une pin-up de Vargas. Mais tout accès était interdit par les clous et les chaînes.

La nuit, elle travaillait dans un topless *uptown*. Elle rentrait rarement chez elle avant l'aube et quand ça lui arrivait, elle ne parvenait pas à dormir. Parfois, elle se mettait à sa peinture, ou jouait au solitaire. Le plus souvent, elle allait dans les bars.

– Pour me fatiguer. Pour me reposer.

Elle avait vingt-huit ans et habitait New York depuis six ans. Avant cela, elle avait été mère au foyer à Knoxville, où son mari possédait des ateliers de carrosserie et de pose de pots d'échappement. Marie avait fait une fausse couche à sa troisième grossesse. Un signe du destin, croyait-elle. Elle était donc partie vers le Nord avec un orchestre de blue grass. Tout l'été et jusqu'à l'automne, elle était restée à la colle avec le joueur de mandoline et l'avait accompagné en tournée dans tous les coins du Nord-Est. Et puis il avait commencé à faire froid à Trenton, dans le New Jersey, et le joueur de mandoline avait eu le mal du pays. Le lendemain matin, Marie avait vendu son alliance pour acheter des tubes de couleurs et sauté dans un car en direction de Manhattan.

A Port Authority, elle avait demandé l'adresse du cabaret le plus proche. On lui avait indiqué le chemin du Show World, un supermarché du sexe, non loin de Times Square. Là, elle avait trouvé un job live qui consistait à s'asseoir devant une glace sans tain vêtue d'un peignoir ouvert et d'exécuter tous les actes solitaires qu'exigeaient les clients. Un téléphone reliait son aquarium à leur cabine et ils payaient vingt-cinq cents la minute. Le plus souvent, ce qui les intéressait, c'était de la voir bouger les doigts. Mais il y en avait qui aimaient parler et les mots qui sortaient de leur bouche l'avaient marquée au vitriol.

– On n'enlève pas ça comme des taches de sperme, dit S.M. Marie. Ça ne part pas, point.

Sasha était reparti dans son taxi. En son absence, Marie avait commandé d'autres verres et d'autres encore après. Entre six heures et minuit, quand l'équipe suivante prit le relais, nous nous repliâmes dans son atelier de Broadway, au-dessus d'une fabrique de boutons.

La pièce était aussi vaste, haute et impersonnelle qu'un gymnase de lycée. Il y avait des toiles contre les murs, toutes recouvertes de housses. Même son chevalet était dérobé à la vue. En dehors de la batterie de Sasha, qu'on entrevoyait derrière un amoncellement de cartons à chaussures et de sacs de voyage, les seules touches personnelles étaient le lit de cuivre qui avait appartenu à une grand-tante et une photo grand format de Carlton Fisk, avec sa signature.

– Il est champion. Champion, dit S.M. Marie.

Elle était amoureuse de lui depuis la classe de quatrième. Il était alors le nouveau catcher de l'équipe de Boston. A présent, c'était le plus vieux joueur de première division, un patriarche, l'incarnation du père doux et serein dont elle avait rêvé sans jamais l'avoir. Il se faisait toujours des blessures atroces, visage enfoncé, genoux déchiquetés, mais il revenait toujours, Pudge éternel et stoïque, un roc.

– On peut lui arracher le cœur, il garderait quand même une moyenne de 280 et 75.

Elle se versa un verre.

– Il est champion.

Affalée sur un Sacko trop rempli, elle s'était débarrassée du blouson. Il ne restait que les jeans et le T-shirt des ChiSox. Les formes ainsi révélées avaient l'opulence d'un corps de dessin animé. Mais les petits yeux de tortue, les cheveux noirs hérissés de piquants n'incitaient guère à prendre des libertés. Pas plus que son haleine chargée de whisky.

– Qu'est-ce que vous faites ici ?

– Vous m'avez invité.

– Taisez-vous, dit Marie. Je bois.

A l'autre bout de l'atelier, il y avait une petite pièce qu'elle appelait sa galerie. La porte était cadenassée, la clef pendait à son cou au bout d'une chaîne, étroitement serrée entre ses seins, comme un crucifix.

– Je ne vous montrerai pas. Ne vous mettez même pas ça dans la tête.

– Vous n'êtes pas obligée.

– Non.

Elle se releva, non sans mal, en s'aidant du lit en cuivre. Son parfum, de près, évoquait le pin et la tourbe humide.

– Pourquoi S.M. ? demandai-je.
– Suceuse masquée. Qu'est-ce que vous croyez ?
Sur une petite étagère près du lit de cuivre étaient rangés l'*Encyclopédie du base-ball*, une Bible de Gideon, des romans de Faulkner et de Dashiell Hammett, un recueil de nouvelles de Flannery O'Connor et *Elephant Man* d'Ashley Montagu.
Marie prit ce dernier et chercha un passage.
– Champion. Il est champion, bredouilla-t-elle.
Elle se mit à lire à voix haute.
– « Comme spécimen d'humanité, Merrick était ignoble et répugnant, mais, s'il avait pu prendre forme, son esprit aurait eu la stature d'un héros hors du commun, aux proportions parfaites, au front haut et au regard farouche et indomptable. »
En montant, nous avions apporté une bouteille de I.W. Harper, à présent aux trois quarts vide. Marie lança le livre contre le mur.
– Mon premier dessin. Elephant Man. J'ai lu ce passage, c'était au milieu de la nuit, évidemment je n'avais ni papier ni rien, j'ai juste arraché une page de l'annuaire, la première chose qui m'est tombée sous la main et je l'ai dessiné d'un seul trait.
Elle se servit le dernier verre, mais sans le boire, le fit tourner dans sa main comme pour en examiner les reflets.
– Tout ce que je voyais : un seul trait.
La galerie se révéla une petite boîte carrée de deux mètres cinquante de côté. Sur le mur du fond, il y avait un tableau lumineux au contenu invisible et, devant, une chaise pivotante sur laquelle j'étais maintenant assis. Marie éteignit la lampe du plafond, ferma la porte et me laissa seul dans le noir. Alors le tableau lumineux s'éclaira de l'intérieur et montra une succession de diapositives.
Elles présentaient des variations sur des tableaux célèbres. D'abord *L'Agonie au jardin* de Mantegna, puis *La Ronde de nuit* de Rembrandt, une scène d'atelier de Courbet, un cavalier de Van Dyck.

Ensuite, l'ordre exact m'échappa, mais il y eut des Matisse, des Manet, un Watteau, un Frans Hals. Leur seul dénominateur commun, à mon sens tout du moins, était la présence d'une figure masculine centrale.

C'était du DeMille réaliste. Marie avait pris les originaux, les avait copiés fidèlement, puis les avait passés au filtre d'un cauchemar en technicolor, de sorte qu'ils avaient emprunté les nuances de cartes de vœux ou de cartes postales. Il en résultait un monde de couchers de soleil bibliques, d'yeux rouges, de sang pourpre et de larmes dorées.

Ce n'était pas tout. A chaque scène Marie elle-même s'ajoutait, masquée de noir, nue, à genoux au pied des vedettes masculines. Délicatement, pudiquement, elle exécutait une fellation. Un blanc pur éclairait les organes mâles, l'extrémité du gland seule disparaissant dans sa bouche, tandis que son propriétaire était saisi les poings serrés, la tête rejetée en arrière, en une attitude de tourment et d'abandon, d'impuissance atroce. Quant à S.M. Marie, que pouvait-on dire ? Son masque occultait tout.

Elephant Man arriva en dernier. C'était un tableau plus petit que les autres et non pas le trait de crayon qu'elle avait décrit, mais un lavis. John Merrick se tenait dans l'ombre, sa silhouette à peine suggérée. Seules sa tête, énorme, et sa queue accrochaient la lumière. A l'annulaire droit, lui soutenant doucement les testicules, Marie avait un petit miroir rond.

Piégé dans le noir, immobile, je commençai à compter. A cinquante-six, la diapositive s'éteignit et au plafond, la lampe se ralluma. Quand je regagnai l'atelier, la bouteille de I.W. Harper était vide et Marie remontait la fermeture Éclair de son blouson. Elle se lissait les plumes pour aller travailler.

C'était une femme qui donnait l'impression d'être nue sous ses vêtements.

– Mon nom de jeune fille était Carbone. Anna Maria Carbone. Ma mère était une forte femme.

Un amateur de poids et haltères habitait à l'étage au-dessus. A sept heures pile, ce soir comme tous les autres soirs, il commençait ses épaulés-jetés. Après chaque levée manquée, les haltères s'écrasaient sur le sol en ébranlant l'immeuble comme une masse de démolisseur. S.M. Marie se maquillait devant un miroir encadré de raphia, qui bougeait tout le temps. A chaque coup son reflet sursautait, s'échappait. Mais elle ne montrait aucune irritation. Elle tenait simplement le miroir à sa place, bien à plat.

– Ma mère a eu cinq filles. Elle les a élevées toute seule. Elle était championne.

– Et votre père ?

– Sortez de chez moi.

Sa main ne tremblait pas, sa voix non plus. L'alcool, semblait-il, avait cessé de faire son effet.

– Partez d'ici. Partez d'ici.

Sur le seuil, S.M. Marie frotta le tatouage de Pudge Fisk dessiné sur son poignet. Ses cheveux noirs se dressaient tout hérissés de colère, mais ses yeux s'étaient simplement voilés, désynchronisés.

– Vous ne seriez pas un imbécile ?

– Évidemment.

- Oh, après tout. Faut bien gagner sa vie.

Neuf

Franklin Street : comme elle sortait du restaurant Peggy Doyle, une femme se heurta à deux jeunes Noirs. Le premier lui fit perdre l'équilibre, l'autre voulut lui arracher son sac. Malgré son âge, elle refusa de lâcher prise. C'était un petit bout de femme très élégante, impeccablement vêtue d'un tailleur gris tourterelle avec une capeline assortie et chaussée de bottes en peau de serpent qui lui montaient jusqu'au genou. Son sac, du même gris tourterelle et piqué de clous dorés, était muni d'une chaîne également dorée qu'elle avait enroulée autour de son poignet. Elle le fit tournoyer comme une fronde, assenant à ses jeunes assaillants des coups calmes et précis jusqu'à ce que ceux-ci eussent renoncé et déguerpi.

Dès qu'ils eurent disparu et que le danger fut passé, un policier en uniforme s'approcha et la soumit à un feu roulant de questions : Comment les jeunes étaient-ils habillés ? Pouvait-elle les décrire ? Serait-elle capable de les reconnaître ?

– N'importe où.

– Comment pouvez-vous dire ça ?

– Ce sont mes clients.

La femme s'appelait Enid Gerlin, elle était avocate et se rendait au palais de justice, 100, Center Street. Comme bon nombre de théâtres *uptown*, le palais faisait corps avec Broadway sans se trouver dessus. Ce mausolée Art déco, lourd et compact, s'élevait sur Foley Square, sombre et menaçant, l'image même de la peur et de la désespérance.

A son heure de gloire, en 1933, le bâtiment avait bénéficié d'un certain engouement. Construit sur l'emplacement du Collect, la décharge publique du XVIIIe siècle, par l'architecte Harvey Wiley Corbett, grand manitou du « Moderne » comme on désignait alors l'Art déco, 100, Center Street fut salué comme son chef-d'œuvre : pas seulement un palais de justice de plus, mais l'incarnation du nouvel âge, un hymne à la justice, *L'Effroyable Effroi de la Loi.* Mais une fois l'enthousiasme refroidi, il ne restait qu'une gare d'où ne partait aucun train.

Certes, il était monumental : d'un gris métallique d'arme à feu, avec des portes voûtées, des plafonds insondables, des piliers impavides, des cuivres sculptés. A l'âge du soulier, magnifiquement sonore, le sol en marbre avait dû composer une symphonie de pas graves et mesurés; à l'âge de la chaussure de sport, il ne faisait que crisser.

Au bout de la vaste steppe glacée du hall apparut une armée de jeunes Noirs esquissant des glissades, des bonds et des feintes, un catalogue animé de figures de basket.

– A les voir, ils sont comme sur un terrain de sport, dit Enid Gerlin. Eh bien, l'impression n'est pas fausse.

A la cafétéria, Shaquille Cleamons, dix-neuf ans, mordait dans un beignet au sucre. C'était l'un des clients d'Enid. Il mesurait un mètre quatre-vingt-dix, pesait quatre-vingt-cinq kilos : une mante religieuse en Nike bleu ciel et jaune, survêtement gris et bandana noir.

– On faisait rien, dit-il. C'est un accident.

– Depuis le début, répondit Enid Gerlin.

– Un accident, c'est tout.

– Vous ne faisiez rien ?

– On faisait des paniers sur le terrain. On se caillait. On faisait des paniers.

Il frétillait sur son siège, se balançait pour imiter une vrille, un dribble, un lancer.

– Le coup est parti tout seul.

Il venait d'East New York, Linden Houses, Stanley Avenue, juste en face du collège Gershwin. Tout de suite après le collège se trouvait une cour, « une sorte de jardin, mais sans pelouse ». Il y avait un demi-terrain de basket entouré d'un grillage avec un panier et deux projecteurs sur un poteau. Les soirs d'été, on y jouait jusque tard dans la nuit, une ou deux heures du matin, mais en hiver l'endroit était le plus souvent désert.

Hier soir, ils avaient fait exception. Leavell Robinson, un des Jacks de la cité, était arrivé en exhibant une paire de Jordan Air flambant neuves. Comment il les avait eues, faut pas demander. Mais, bien sûr, fallait qu'il les montre. Alors il est allé au parc, il devait être vers les minuit, dans le froid et la pluie, avec toute sa bande pour lui tenir compagnie : Tyrone, Kenny, K.Mart, Shaquille Cleamons.

Ce dernier avait un crâne asymétrique, résultat du travail d'un accoucheur ivre. Les cicatrices d'une brûlure lui remontaient la peau de la joue gauche, ce qui lui donnait un regard perpétuellement oblique.

– Alors vous étiez sur le terrain, dit Enid Gerlin. Et ensuite ?

– Mort à l'arrivée.

Les ennuis avaient commencé vers une heure. Leavell et sa bande, ils s'appelaient les L.H.C., Linden Houses Crew, et ils étaient comme les doigts de la main. Gershwin, c'était leur terrain, leur territoire. Et puis trois autres sont arrivés. Shaquille les connaissait, ils traînaient sur Van Siclen, pas loin du Key Food, mais pas assez pour leur parler. L'un d'entre eux, croyait-il, s'appelait Money, les autres, il ne savait pas. Bref, ils sont venus, ils ont vu les Jordan Air de Leavell et ils se sont fendu la gueule. Alors celui qui s'appelait Money est entré dans la cage et il a traversé le terrain, la main tendue, le médius bien droit pour le provoquer. Mais Leavell ne s'est pas laissé faire, il a son caractère, il est capable de sauter à la gueule de n'importe qui. Alors les deux se sont battus. Il n'y a pas eu d'échange de coups, d'après ce que Shaquille avait pu voir, juste quelques empoignades et un tas d'insultes. Et alors Money a sorti quelque chose de noir et de mat, ça pouvait être métallique. C'est parti au-dessus de la tête de Leavell avec un bruit mou comme quand on fait éclater un fruit mûr. Leavell a hésité, puis il a voulu s'enfuir, mais Money l'a rattrapé. Money avait un revolver. Il a saisi Leavell par le cou. Leavell a lutté pour se dégager mais Money était trop fort. Shaquille a fermé les yeux. Le coup est parti et tout le monde s'est mis à courir.

– Et ensuite ? demanda Enid Gerlin.

– J'ai couru et puis je me suis arrêté.

Il restait du sucre glace à l'intérieur de sa lèvre inférieure, blanc pur contrastant avec la chair rose.

– Je suis revenu voir.

– Combien de temps après le coup de feu ?

– Deux, trois minutes.

Sa paupière fripée lui donnait l'air d'un enfant au regard de vieillard.

– Tout le monde était revenu dans la cage.

– Leavell était mort ?

– Il avait plus ses chaussures.

La police est arrivée, puis l'ambulance. De l'autre bout du terrain, sous le panier éclairé par les projecteurs, Shaquille n'avait pas vu grand-chose, excepté les toubibs avec leurs torches électriques et les pieds de Leavell. Il portait des chaussettes de sport blanches.

– Et ensuite ?

– Ils ont fait venir la morgue.

Une foule s'était rassemblée, les gens se poussaient en criant pour essayer de voir quelque chose. La mère de Leavell est descendue et s'est mise à hurler. L'excitation était à son comble. Mais il n'y avait plus rien à voir. Shaquille était resté avec K.Mart et Tyrone, sous le panier. La balle était là. Tyrone l'a ramassée et l'a jetée en l'air. Puis il l'a lancée, il a mis un panier et K.Mart a repris la balle. Ensuite un autre a fait un panier et un autre encore.

– Et toi ? demanda Enid.

– J'ai pas joué. J'ai juste fait le mort, lui répondit Shaquille en léchant le sucre sur sa lèvre.

Le fourgon de la morgue est arrivé, on a emporté le corps de Leavell, la foule s'est dispersée.

– Et après ?

– On a commencé une partie.

Les flics l'ont interrompue. Des enquêteurs ont ratissé la cage, posant des questions, relevant des identités.

– Ils ont demandé où j'étais. Ils ont demandé ce que j'ai vu.

– Et qu'est-ce que tu leur as dit ?

– J'ai dit que j'étais pas là.

Shaquille baissa son œil ridé vers ses mains, immobiles sur ses genoux. Il avait des doigts longs et souples de violoncelliste, avec des cuticules bleu pâle presque argentées. C'était étrange, car les cuticules bleues sont généralement la marque d'une électrocution récente.

– J'ai rien vu, marmonna-t-il. De toute façon, c'était un accident.

– Mais tu as vu Money. Tu as vu qu'il avait une arme ?

– Je crois.

– Alors c'est pas un accident.

Il haussa les épaules.

– On faisait rien.

L'air de la cafétéria était chaud et vicié, aussi raréfié qu'à l'intérieur d'un dépôt de police. Impeccable dans son tailleur gris tourterelle avec son chapeau assorti, Enid sirotait un café grisâtre dans un gobelet en plastique, en s'éventant avec un exemplaire du *Daily News*.

– Alors qu'est-ce que tu fais ici ?

– Erreur DDTT.

Son frère Darnell comparaissait pour vol à main armée, une histoire de chaîne en or et de crack, et leur mère ne pouvait l'accompagner, elle travaillait à l'institut de beauté, alors elle avait envoyé Shaquille à sa place. Il n'y voyait pas d'inconvénient, il ferait son devoir familial. Mais ça ne l'amusait pas.

– Le beignet était pourri.

Quand il fut parti, Enid acheta une pomme rouge et commença à la peler en un ruban continu.

– Toujours la même histoire. Il n'y a que les noms et les marques de chaussures qui changent.

Tout autour de nous, la sueur perlait aux mentons, coulait dans les nuques. Petite et bien charpentée, Enid était de ces femmes qui ne disent pas leur âge et elle était affligée d'un tremblement qui l'obligeait à lutter pour contrôler ses gestes. Ses doigts couverts de bagues étaient gonflés, déformés, ce qui ne l'empêchait pas d'avoir l'air d'une dame.

A quelques mètres de là, se trouvait la chambre du juge Solomon, l'A.R.-1, où comparaissaient les inculpés et où Enid exerçait comme avocat d'office, pour quarante dollars de l'heure. C'était une vaste pièce, haute de plafond, une salle du trône aux lambris d'acajou avec toutes sortes de détails raffinés. En contrebas, des clercs ennuyés feuilletaient des dossiers, des gardiens mâchaient du chewing-gum, des avocats se grattaient, le juge Solomon s'armait de patience et les prisonniers attendaient, attendaient, rangés en file le long d'un mur. IN GOD WE TRUST, disait le panneau.

La procédure était simple : les prisonniers amenés des dépôts consultaient brièvement leur avocat avant de comparaître devant le juge Solomon, un homme encore jeune marqué par les traces d'une souffrance sans âge. Les accusations s'échelonnaient du vagabondage à l'homicide. Ils pouvaient plaider coupable et se voir signifier leur condamnation sur-le-champ ou choisir de passer en jugement. Cinq fois sur six, ils choisissaient la première solution. Ça faisait moins d'histoires.

J'avais entendu parler de cette chambre pour la première fois par Stoney Bisonette, pour qui l'A.R.-1 avait longtemps tenu lieu de résidence secondaire. Ce jour-là il n'y avait pas trace de lui ni des Voleurs de la Liberté. Mais même en leur absence, le nombre d'affaires à traiter atteignait la limite de saturation.

Tous ceux qui ne pouvaient payer un avocat se retrouvaient automatiquement ici. Le délit favori était le trafic de drogue. Mais Enid affirmait que ce n'était qu'un rideau de fumée.

– Ce sont de simples drogués. La nuit, ils errent dans la rue, trop défoncés pour faire attention, les flics les ramassent et font tout un ramdam en proclamant que ce sont de gros trafiquants. Comme ça, ils font grimper les statistiques et jouent les héros. Arrêter un drogué, c'est minable. Mais arrêtez un seigneur et vous êtes le roi de la ville.

Les cinq premiers appelés à comparaître s'appelaient Jesús Gutierrez, Robert Mandela Smith, Al Gross, Jamaal Chatman, Shinique Star Wilson. En moyenne leur procès durait deux minutes trois secondes.

Mercedes Purissima Vargas était assise au troisième rang à droite, ses cheveux longs, lisses et noirs, rayés de mèches orange, bleues et vertes. Elle était pliée en deux et sa chevelure retombait comme un rideau. De temps à autre, dans un effort convulsif, elle se redressait : le rideau alors s'écartait, révélant un visage de cire, un masque mortuaire jaunâtre et raviné.

Elle se trouvait là pour détention d'héroïne avec l'intention de la revendre. Et pour avoir tenté de vendre son bébé. A deux heures du matin, le bras étranglé par un élastique, elle avait été arrêtée à la porte d'un immeuble de la Huitième Rue, près de l'Avenue A, où elle essayait de vendre aux enchères sa fille âgée d'un an, Dynasty, couchée sans couvertures dans un landau. Au moment de son inculpation, elle avait déclaré : « J'arrivais pas à dormir. »

Elle n'y arrivait toujours pas. Dès qu'elle essayait, la gardienne la secouait et l'obligeait à se relever, le rideau de ses cheveux se déchirait, laissant apparaître le masque mortuaire dont les yeux fixaient la lumière crue sans la voir. C'était sa quarante-troisième arrestation.

Mercedes portait des Nike, comme Son Johnson, vingt-deux ans, dont le dossier avait été confié à Enid. Gardien à Food City, il était accusé du vol de cinq caisses d'oreillons de pêches au sirop, ce qu'il niait bien qu'il eût été pris en flagrant délit.

– Racisme ! Violence policière ! *Amandla !* criait-il hors de propos. Je n'ai pas le droit d'être ici.

– Moi non plus, dit Enid Gerlin.

Elle exerçait dans ce bâtiment depuis vingt-cinq ans. Elle était devenue avocate à une époque où, dans ce métier, les femmes étaient presque toutes considérées comme des monstres dénaturés. Elle avait défendu les homosexuels avant Stonewall et amadoué des assassins ; elle avait fait de la prison pour insolence à l'égard des juges et été mise au pilori parce qu'elle plaidait la tête couverte d'un chapeau à fleurs. A présent, elle embrassait du regard la rangée de chaises en fer, Mercedes Purissima Vargas et Son Johnson, Jesús Gutierrez, Shinique Star Wilson, Robert Mandela Smith, les Nike, les Converse, les Puma, les Pump Reebok et les Pro-Ked éculés :

– J'aimerais mieux être à Philadelphie.

Son père, un fabricant de jouets, avait inventé la poupée dormeuse et la poupée mannequin. Petite fille, elle avait été elle-même aussi gâtée qu'une poupée, si bien choyée et dorlotée que les dures réalités de New York ne l'avaient jamais atteinte. Quand elle eut grandi, et les réalités avec elle, elle n'aspira qu'à une chose : partir. Elle voyagea, fit des études de commerce dans l'Ohio, travailla comme contrôleuse aérienne. Quand elle se sentit assez mûre pour cela, elle revint et entra à l'école de droit de Brooklyn.

Elle aimait le changement, la difficulté, le risque.

– Je n'ai jamais eu peur, expliqua-t-elle. On m'a appris à me défendre toute seule. À rester une dame, sauf quand je ne l'étais pas.

Son goût pour la bagarre avait largement trouvé à se satisfaire. La première année au 100, Center, les hommes qui se sentaient menacés faisaient la queue pour trouver son point faible, pour la faire plier.

– J'ai reçu tellement de coups que j'ai cessé de compter. Pour me venger, j'achetais de nouveaux chapeaux.

C'étaient ses chapeaux qui l'avaient rendue célèbre. Un magistrat, un certain Irving Saypol, les avait jugés offensants et avait tenté de les faire interdire dans l'enceinte du tribunal. Dans une lettre ouverte, il stigmatisait « une coiffe grotesque, une espèce de turban voyant aussi chamarré que le manteau de Joseph, inadmissible dans une cour de justice », et dans une autre : « Une immense capeline, plus indiquée pour se rendre à une garden-party ou à quelque événement mondain, comme celui d'Elisa dans le second acte de *My Fair Lady* où on la voit aux courses d'Ascot. » Comme Enid refusait de courber l'échine, il l'assigna pour outrage à magistrat et le *Post* publia un article ainsi intitulé : « Avocate en chapeau : le juge lui cherche des poux. »

Ces attaques réitérées l'avaient aidée à se faire une clientèle. Au début des années soixante, l'homosexualité était encore considérée comme un délit, les homosexuels régulièrement arrêtés et jetés en prison. Les avocats établis fuyaient ce genre d'affaires, surtout les avocats homosexuels. Enid, qui n'avait rien à perdre et qui, de toute manière, n'aurait reculé devant rien, avait occupé la place vide.

Sa stratégie consistait simplement à noyer l'hypocrisie dans l'absurde. Les policiers assignés aux affaires de mœurs connus sous le nom de Chasseurs de Pédés procédaient de deux manières pour protéger le monde de la perversion : rafler les hommes dans les bars ou les surprendre à l'intérieur des toilettes publiques. Dans le premier cas, Enid les soumettait à un interrogatoire précis et minutieux portant sur des détails concrets : à qui appartenait la main, ce qu'elle touchait, de quelle grosseur était-ce, cela grossissait-il, de combien, l'agent pouvait-il en faire la démonstration devant la cour, jusqu'à ce que le policier soit pris de malaise ou demande grâce. Dans le deuxième cas, elle faisait construire une maquette de toilettes et transporter celle-ci dans la salle. Le malheureux homme de loi était alors forcé de se glisser à l'intérieur et d'essayer de surprendre ce qu'il déclarait avoir surpris. Houdini en personne n'aurait pu réussir les contorsions exigées.

– Je les obligeais à faire le poirier, à grimper sur la citerne, à plonger dans la cuvette jusqu'aux genoux et une fois lancée, je ne leur laissais aucun répit jusqu'à ce que le juge nous sépare et mette fin au combat.

C'étaient les années héroïques. Elle alignait les K.-O. techniques. Elle avait ouvert de grands bureaux juste en face du tribunal où un bataillon de secrétaires et d'assistants restait à l'écoute vingt-quatre heures sur vingt-quatre, trente clients nouveaux par semaine, les suppliants faisant la queue. Tous les ans, à Noël, elle envoyait quatre mille cartes de vœux.

– C'était un défilé permanent de juges et de policiers, d'homosexuels et de prostituées, de seigneurs et de canailles de toutes espèces. Mais je n'ai jamais graissé aucune patte. Bon nombre de juges manœuvraient pour empocher de l'argent en échange d'un non-lieu rapide, mais je n'y croyais pas. J'étais trop agressive, trop irascible, trop honnête, sans doute. J'avais trop de culot. Disons simplement que je rigolais trop.

Et puis elle est tombée amoureuse.

Les histoires d'amour n'avaient jamais été son fort.

– Ça déraillait toujours.

Cette femme était ainsi faite, elle méprisait les hommes qui l'adoraient et voulaient la séduire et ne désirait que ceux qui la faisaient souffrir.

– L'amour, c'est comme la nourriture : si c'est bon pour moi, je ne peux pas l'avaler.

L'homme qu'elle avait choisi d'aimer était un représentant en ameublement devenu chauffeur de limousine. Dès qu'elle le vit, sa mère lui déclara : « Il est formidable, mais il n'est pas fait pour toi. » Voilà comment Enid était devenue accro. Pendant quatorze ans, elle avait vécu avec lui, en lui, à travers lui, jusqu'à ce qu'il ait tout brûlé. Quand il l'a quittée, il ne restait rien pour rallumer le feu, « même pas de quoi faire craquer une allumette ».

Et puis, en 1975, on a fini par dépénaliser l'homosexualité entre adultes consentants.

– Le marché gay a sombré.

Il aurait fallu recommencer de zéro, mais elle n'avait pas pu. Elle en avait assez des mondanités, des bars, des cocktails, assez de courir et encore plus de danser. L'amour et Broadway l'avaient usée jusqu'à la corde.

– Ils ont détruit ma féminité. Ils m'ont vidée.

Elle s'est retrouvée avec des affaires de coups et blessures, d'homicides et de vols à main armée, des cas sordides, ignobles. De l'ordure. Des choses qu'auparavant elle n'aurait acceptées pour rien au monde.

– Le sexe est une chose, le mal en est une autre.

Mais avait-elle le choix ?

– Le sexe ne payait plus les factures.

Il restait donc le mal. Elle continuait à s'occuper de dossiers que lui amenaient ses relations gays. L'année dernière, elle avait défendu un garçon germano-irlandais, très mignon, cultivé, bien élevé, accusé d'avoir poignardé son ami hispanique. Ils marchaient en direction du métro à Jackson Heights dans le Queens, quand la querelle a éclaté. Avant que le problème soit résolu, l'ami avait été transpercé de dix-sept coups de couteau. Mais il avait pris de la cocaïne et la cocaïne provoque parfois des réactions violentes. Enid avait donc plaidé la légitime défense et le garçon germano-irlandais, si mignon, cultivé et bien élevé, avait été acquitté au bout de quatre-vingt-dix minutes.

– Les bonnes manières, une éducation libérale : il n'y a rien de tel !

Mais elle goûtait rarement à ces plaisirs-là. Les affaires qu'on lui confiait étaient pour la plupart répugnantes, la rétribution minime. Quand elle rendait visite à ses clients en prison, elle avait peur de pénétrer dans leur cellule. Enid Gerlin, qui n'avait peur de rien. Seulement le monde avait changé.

– Autrefois, il y avait une ville ici. Avant que ça ne devienne une décharge.

Autrefois, autrefois, toujours le même refrain.

– Nous avions un système. Nous avions la corruption, le parjure, les préjugés, la bêtise, mais nous avions des règles. Aujourd'hui, notre système c'est pas de système. Les juges, ils ne connaissent ni la loi ni la rue. Les procureurs n'ont qu'arrestations et condamnations à la bouche. Ne leur parlez pas de procédures, de droits du citoyen, ne leur parlez même pas de justice. Quant aux défenseurs, ils envoient plus de monde en prison que le ministère public. Des garçons et des filles diplômés s'amusent. Dans la police, comme chez le procureur, il n'y a que des menteurs cyniques et sans scrupules, dépourvus d'éthique. On compte un assassinat toutes les secondes, la ville entière est la proie des flammes et la police se contente de regarder en se réchauffant les mains et en remuant de temps en temps la cendre à coups de tisonnier. Et vous me demandez ce que je pense ? Parlons plutôt de ma santé.

Elle reprit son souffle ; sa bouche peinte esquissa une grimace.

– Une dame n'expectore pas. Mais elle peut cracher, laissez-moi vous le dire.

Dehors, dans les couloirs, la suspension d'audience de midi semblait n'avoir pour effet que de grossir le trafic. Les chairs fatiguées encombraient les grands espaces éthérés du hall. Seuls les jeunes Noirs plastronnaient, insouciants. Au 100, Center Street, apparemment, les accusés avançaient en terrain conquis tandis que les Blancs en complets-vestons, leurs accusateurs, marchaient sur des œufs.

Les Blancs en complets-vestons, mais pas Enid Gerlin. C'était un revolver à canon scié : elle tremblait mais ne fléchissait pas. Le menton en avant, elle fendait la foule comme une faux et le premier jeune Noir qui essayait de faire le malin avec elle était jeté à terre, empalé sur les pointes de ses bottes en serpent.

De retour dans la chambre d'accusation, elle se pencha au-dessus d'un corps agité de soubresauts, enveloppé dans des lambeaux de tissu. Son nom, sans mentir, était Justice, Lionel Ward Justice.

– Qu'est-ce qui s'est passé ? demanda Enid.

– Je suis tombé malade.

– Malade ? Comment ça ?

Les lambeaux de tissu se secouèrent mais au-dessus, le visage brun et parcheminé demeura parfaitement immobile. Il arborait une moustache en brosse, une maigre mèche de cheveux, trois dents

– Malade, c'est tout.

D'après le dossier d'accusation, Lionel Ward Justice, sous l'effet d'une substance illicite, s'était emparé d'une barre de fer et l'avait employée pour enfoncer une Lincoln Continental en stationnement, provoquant des dommages estimés à quinze mille dollars. Il avait ensuite résisté aux policiers qui voulaient l'arrêter et insulté l'un d'entre eux. En route vers la prison, il avait tenté de se blesser avec un métrage de corde.

– Pourquoi ? insista Enid.

– Je me sentais seul.

Il refusa d'en dire plus. Quand il fut appelé, les lambeaux de tissu se secouèrent encore, mais le corps resta inerte. Flasque et informe, porté par deux gardes, il fut traîné devant le juge Solomon comme un sac de charbon. A la lecture de son identité, des rires forcés fusèrent dans la salle. Mais Lionel Ward Justice semblait sourd. En vérité, la procédure tout entière lui échappait. Il fut renvoyé à une audience ultérieure. Une main lépreuse sortit alors d'une manche en grosse toile et tapota faiblement le bras d'Enid :

– Les Knicks ont gagné ? demanda Justice.

Dix

Le soir, le plus souvent, Sasha et moi revenions à notre point de départ, le Fleur de Prunier, pour nous gorger de soupe au canard. C'était un élixir qui nous laissait un sentiment de paix et de contentement. En dernier recours, nous nous plongions dans ses profondeurs douces-amères pour nous laver de nos lassitudes, de nos blessures, de nos découragements.

Canal Street était un égout. Depuis l'origine. Au XVIIIe siècle, quand le Collect était la poubelle de Manhattan, Canal lui avait tenu lieu de fossé d'écoulement. L'habitude s'était installée et aujourd'hui la rue ne charriait que souillures. Sur ses trottoirs se répandait un bazar tentaculaire et assourdissant : fausses Rolex, fausses Cartier, matériel électronique à prix sacrifiés, or plaqué, souvenirs et posters de New York, outillage, armes non répertoriées, munitions non déclarées, surplus militaires. Depuis des années, les Jobards disputaient le terrain aux Ritals, aux Boches et aux Youpins. Mais, cette année, c'était l'année du Serpent.

Les frontières de Chinatown, trois pâtés de maisons à l'ouest, avaient explosé de toutes parts. Ses déchets dispersés étaient retombés pêle-mêle avant de se déverser, suppurants, dans la tranchée de Broadway. En l'espace d'une nuit, semblait-il, les stands et les arcades avaient débordé de dragons en papier et d'éventails en taffetas de soie changeante. Au-dessus, derrière des portes blindées, s'étageaient les ateliers du bagne. Des pancartes annonçaient Wong Choy Modes, Sing Lei Sportswear, Kong Wing Kee Fast Food, Ken Chen Entrepreneur en bâtiment. Dans les gondoles du Pearl River, c'était une débauche de dentifrice Darkie.

L'agitation faisait rage toute la journée. A la nuit tombée, tout fermait.

– Comme couvre-feu dans Pesteville, dit Sasha.

Seul, le Fleur de Prunier ne fermait pas.

De minuit à l'aube, l'équipe de nuit prenait le relais. De temps en temps un autre chauffeur de taxi entrait avaler un café et un petit pain brioché, ou un ivrogne venait frapper à la vitrine, quémandant une aumône. Autrement, nous y étions les seuls clients. Son décor impersonnel, ses tables en formica et ses murs vides, son vieux relent de désinfectant me faisaient penser à un hôpital. Mais Sasha adorait cet endroit.

– C'est enfer. Mais enfer propre et astiqué.

Du poste que nous occupions près de la vitre, nous contrôlions tout le pâté de maisons compris entre Broadway et Lafayette, étalé devant nous comme un décor de théâtre. A ces heures glacées, rares étaient les organismes vivants osant s'aventurer sur les trottoirs. Mais quelques silhouettes se dessinaient dans l'ombre des portes du Pearl River. Elles appartenaient au Gum Lan, une bande de jeunes Vietnamiens dont le nom américain était B.T.K. – Born To Kill (Nés pour tuer).

Ils avaient tout récemment accédé à la célébrité. Un soir, à peine trois ans auparavant, à l'heure de pointe, ils avaient livré bataille sur ce même trottoir aux Flying Dragons (les Dragons volants). L'affaire n'avait duré que trente secondes, peut-être moins. Mais quand les tirs avaient cessé, deux Flying Dragons étaient morts et les autres volatilisés.

C'était une victoire digne d'une épopée. Les Flying Dragons représentaient le bras armé de Hip Sing, la tong la plus ancienne et la plus riche de toute l'Amérique chinoise. Aucun autre gang, ni les Tung On ni les Fu Ching, ni même les Ghost Shadows (les Esprits de l'Ombre), ne les avait battus. Et Gum Lan n'avait même pas rang de challenger : âgés de seize ans, parfois moins, c'étaient des avortons aux cheveux en bataille vêtus de blousons de cuir noir. Mais une passion aveugle et délirante les possédait. Tandis que les Dragons, ramollis par l'absence d'ennemi de taille, ne massacraient que par routine, les B.T.K. tuaient par goût du sang. A présent, ils contrôlaient Canal Street d'ici jusqu'à l'Hudson et quiconque empiétait sur leur domaine devait payer de sa vie. Traduite, leur devise proclamait : *Enculé ou poignardé.*

Ça ne pouvait pas durer. Une nuit, les Flying Dragons viendraient en rugissant reprendre possession de leur fief. Le droit du plus fort, la loi du nombre et des armes l'emporteraient, et Gum Lan serait exterminé. Aucune importance. Tout ce que demandait Sasha, c'était un fauteuil aux premières loges le jour de l'offensive.

– Novokuznetzkaya, dit-il.

Au cours du dernier hiver qu'il avait passé à Moscou, tous les soirs après l'école, il était allé s'asseoir au Baïkal, une cafétéria aux murs carrelés de blanc, sur Novokuz et Arbat, le nez collé à une vitrine identique à celle-ci, dans l'attente d'un massacre identique à celui-ci.

Seuls les noms avaient changé. A Moscou, les bandes de jeunes qui comptaient avaient emprunté leurs noms à des groupes pop des années soixante, le nec plus ultra étant d'en choisir un bien obscur. Les ploucs des banlieues choisissaient les Beatles ou les Rolling Stones, les stylistes intra-muros préféraient les Yardbirds ou Them. A Novokuz, où il fallait toujours être le plus hip, les images iconiques réunissaient John's Children, The Action, les Troggs.

Sasha, lui, avait fait partie des Fruit Eating Bears, mais ces petits saxes s'étaient brisés au premier contact avec les Pretty Things dont l'autorité s'étendait à tout le quartier. Aux Things les armes les plus mortelles, les vêtements dernier cri. Ils étaient les plus occidentalisés. Seuls les Hi-Numbers osaient se mesurer à eux.

Contrôler Novokuznetzkaya était une source de gloire incommensurable. C'était le cœur rebelle de la ville, le dernier quartier accroché à son identité, à son âme farouche, quand tous les autres districts, terres bétonnées et stériles, devenus interchangeables, alignaient à perte de vue leurs bâtiments-Lego. Mais ici on distinguait encore les maisons. Au détour de gros blocs on apercevait des ruelles, des cours, des jardins secrets. Des éventaires de rue vendaient du kvas à vingt-deux kopecks le verre, dans les cafétérias on pouvait suivre les matches de football à la télévision et se soûler à la vodka pour un rouble. On y tolérait les criminels, on y élevait les guerriers au rang d'idoles.

Tel était le terrain que se disputaient les Things et les Numbers, et pour rester les maîtres, les Things n'auraient pas hésité à tuer. D'autres gangs en restaient aux mains, aux battes et aux coups-de-poing américains. Sasha et les Fruit Eating Bears se satisfaisaient très bien des boules de neige. Mais les Things avaient dépassé l'âge : ils étaient mûrs pour le sang et le sang signifiait les couteaux.

On en trouvait sans difficulté : Novokuz était le paradis du marché noir, deux fois moins cher que la rue Gorki, deux fois plus authentique. En l'espace d'une heure vous pouviez faire main basse sur tout ce qui excitait votre convoitise. Boris Starkhov, Borka, le chef des Pretty Things, avait donc ramassé tout un lot de rasoirs Wilkinson, puis il avait trié son stock et jeté les lames les plus émoussées devant le club des Hi-Numbers, un bunker situé derrière une boulangerie.

Tout le quartier attendit les représailles. C'était un de ces hivers glacés, même aux normes de Moscou, et tout était paralysé. La nuit, les gangs cherchaient refuge dans la chaleur rance du Baïkal et mangeaient des oignons crus en regardant fixement, à travers la vitrine, la neige vierge qui aurait dû ruisseler de sang. Borka Starkhov et les Things se tenaient en faction au coin, tous vêtus du même gilet gonflable argenté, bourré de mousse de caoutchouc. Certains d'entre eux ressemblaient à des roues de tracteurs, d'autres à des préservatifs humains. Pour résister au froid, ils chantaient *Here comes the Night* en battant la mesure de leurs fausses Doc Martens et leurs Wilkinson étincelaient comme des dents de requin.

– Qu'est-ce qui s'est passé ? demandai-je.

– Les Numbers ne sont jamais venus.

– Alors comment ça s'est terminé ?

– La neige a fondu.

La dernière gorgée de soupe avalée, nous ressortîmes dans la rue. Un brouillard glacé et suffocant s'enroula autour de nous comme une porte à tambour. A l'est et à l'ouest, Chinatown et Tribeca ne dormaient toujours pas, tandis que Broadway était désert. Chaque recoin, nous semblait-il, recelait un Gum Lan ou un Born To Kill. Nous allâmes donc d'un pas très, très silencieux, comme deux jeunes filles de retour du lycée.

Deux rues plus bas, nous tournâmes à gauche. Les immeubles avaient rétréci, nous abordions Chinatown proprement dit. Entre un distributeur de billets de loto et un chenil, nous pénétrâmes dans une maison de brique rouge et, dans l'obscurité, grimpâmes un escalier raide.

Sam Wing habitait au dernier étage.

L'homme qui ouvrit la porte n'avait pas d'âge. Petite silhouette vive habillée d'un pantalon large et d'une veste blanche de garçon de café, il était coiffé d'une casquette brodée. Il avait le visage gonflé, comme s'il relevait des oreillons, et il lui manquait deux incisives. Malgré cela, il respirait l'insouciance, la gaieté d'un petit oiseau.

Près de la sonnette, une petite plaque gravée en caractères cantonais et en anglais indiquait : MAÎTRE

GUÉRISSEUR ORIENTAL, ACUPUNCTURE SHIATSU MÉDITATION + DISCIPLINES AU CHOIX. Mais le massage était sa véritable vocation.

Il ne le pratiquait que depuis fort peu de temps. Quand Sasha avait fait sa connaissance, à peine un mois auparavant, Wing travaillait comme serveur de nuit au Fleur de Prunier. A cette époque, il portait une longue moustache dont la croissance avait exigé une vie entière et qui, par la dignité qu'elle lui conférait, le distinguait nettement de ses collègues plus jeunes. Il ne se contentait pas d'aller chercher la nourriture et de l'apporter. Il la présentait solennellement, comme un bonze répandant ses bénédictions : « Que ces mets vous soient agréables et vous profitent », disait-il.

Quand il ne servait pas, il dormait. Cinq soirs par semaine, tandis que Sasha avalait sa soupe au canard, Wing somnolait près de la porte dans un fauteuil en bois, un journal chinois étalé sur ses genoux. Au dire des serveurs, il étudiait les pronostics des courses du lendemain. Si c'était le cas, cette activité spéculative lui apportait apparemment joie et sérénité. Mais un soir, en descendant de voiture, Sasha trouva le fauteuil brisé en mille morceaux répandus sur tout le trottoir de Canal Street et Wing lui-même dans une ruelle derrière Lafayette contre un collecteur d'ordures, où deux jeunes voyous lui administraient alternativement coups de boule et coups de pied.

Comme Sasha accourait, les voyous disparurent dans Lafayette Street. La moustache de Wing pendait, ensanglantée, il avait l'oreille à moitié arrachée et tout le flanc gauche en bouillie. Mais il ne voulut pas que Sasha appelle la police et refusa de dénoncer, ou même de condamner, ses assaillants.

– C'est leur droit, marmonna-t-il entre ses dents brisées. Je ne fais aucune doléance.

Sasha l'avait alors ramené chez lui, ici, dans cet immeuble de brique rouge où il occupait deux pièces en enfilade avec sa fille Jenny, Yung Ng, le mari de celle-ci, et leurs filles Elizabeth et Harriet. Lentement, il s'était remis de ses blessures et semblait maintenant parfaitement guéri. Mais, plutôt que de retourner au Fleur de Prunier, il avait apposé la plaque MAÎTRE GUÉRISSEUR ORIENTAL. Wing n'était signalé nulle part ailleurs et aucun client, semblait-il, ne venait jamais. Mais, là encore, il ne faisait aucune doléance.

– C'est mieux ainsi. Moins fatigant.

La première pièce de son appartement était une caverne d'Ali Baba encombrée de gadgets. Deux télévisions marchaient en même temps, l'une branchée sur un vieux film, l'autre sur M.T.V. Il y avait un magnétoscope, un lecteur de cassettes Toshiba Boombeat, un lecteur de vidéodisques Sony. Et il y avait Jenny, Elizabeth et Harriet. A notre arrivée, personne ne leva la tête.

Un rideau de perles dissimulait une petite cabine, vide à l'exception d'une table de massage et d'un crachoir. Tandis que Sasha attendait dehors, sur un canapé recouvert de plastique, en regardant *Comment assassiner votre femme* de l'œil gauche et *Like a Virgin* de l'œil droit, je m'étendis sous un kakémono qui promettait JOIE CHANCE LONGÉVITÉ et me soumis à un massage.

Wing n'était pas un virtuose : il avait un toucher rêche et raboteux, un rythme heurté et ses doigts, déformés par l'arthrose, se recroquevillaient comme des serres. Ma chair constamment déchirée, triturée et tordue me faisait l'effet de se débattre dans un piège de fils de fer barbelés.

– Discipline très ancienne. Une vie entière d'étude et d'expérience, disait Wing en décollant des os mes muscles et leurs tendons comme des berniques sur un rocher. Moi-même je suis plein de respect.

Il parlait avec gravité, d'une voix monocorde.

– Je viens de Toishan.

C'était une zone rurale proche de Canton. Comme son père et son grand-père, il y avait exercé le métier d'instituteur. Mais très tôt il s'était senti différent, étranger.

– En moi, il n'y eut jamais d'image à laquelle j'aurais voulu ressembler. Mon ombre refusait toujours d'aller là où le soleil pointait ses rayons. Vers l'inconnu seulement mes pas m'entraînaient.

Après la Révolution culturelle, il avait fui à Hong Kong.

– J'ai cherché. Je me suis *mis en quête.*

Il s'était éloigné du continent chinois à la nage, avec toute la bibliothèque familiale sur le dos, enveloppée dans des bandes de pneumatiques. Les livres étaient anciens, certains très rares. Et lourds. Wing avait failli se noyer. Tandis qu'il se débattait dans les eaux, le nombre trois lui était apparu écrit en lettres de feu. A cette vue, ses forces ressuscitèrent et il parvint sain et sauf sur l'autre rivage. Les livres aussi furent sauvés. Wing les porta chez le premier antiquaire et les lui vendit en vrac. Puis il prit l'argent, se rendit au champ de courses et paria sur le cheval numéro trois de chaque course. Ils ne gagnèrent pas.

Ayant trouvé refuge dans un monastère bouddhiste, il enseigna le toishan, un dialecte très prisé à Hong Kong où les bouches des novices étaient pour la plupart souillées par le cantonais des rues, et il fit la connaissance d'un vieil Écossais nommé Samuel Dree. Avant sa conversion au zen, Dree avait étudié au Fettes College et enseigné à Loretto. Maintenant, en échange d'une pincée de fuchow et d'un soupçon de mandarin, le professeur apprenait à Wing l'écossais des Basses-Terres.

Bientôt, Wing fut gratifié d'une autre vision : dans un anneau d'argent, il aperçut une carte, un huit de carreau ; à la place des marques habituelles, elle arborait les lettres de son propre nom. Il emprunta donc de l'argent à Samuel Dree, fit le mur et entra dans une salle de fantan *. Il ne gagna pas.

* Jeu de hasard chinois qui consiste à diviser une quantité d'objets (des haricots, par exemple) en tas de quatre. Les joueurs parient sur le nombre qui restera à la fin de l'opération. (*N.d.T.*)

Ce fut la fin du monastère, la fin de Samuel Dree. D'autres épisodes suivirent, mais il les sauta. Il n'avait pas de chance, tout simplement. Nulle Triade ne voulut le prendre sous son aile. N'importe qui donc pouvait le pourchasser et le tuer impunément. C'était épuisant. Pendant un moment, Wing faillit perdre confiance en son destin. Puis il fit l'acquisition d'une fausse carte verte. La servitude en était le prix. Mais elle lui ouvrit les portes de l'Amérique, *Gam San*, la Montagne d'Or.

En 1952, Chinatown était encore une enclave secrète, aussi tortueuse et grouillante qu'un ghetto médiéval. Ses ruelles étroites avaient été le théâtre de sanglantes batailles. Les rivalités entre tongs, les guerres entre les Hip Sing et les Ong Leong avaient engendré des hécatombes. Mais c'était une époque révolue. Tom Lee et Mock Duck, les grands seigneurs de la guerre, avaient depuis longtemps perdu la vie et les tongs leurs crocs. A présent, version chinoise de Tammany Hall, Chinatown était gouvernée par des associations et on ne se battait plus que pour le commerce touristique.

Wing travailla dans une blanchisserie de Pell Street pour quatre dollars par semaine, seize heures par jour, trois cent soixante-quatre jours par an, avec pour seul jour de congé le nouvel an chinois. Sur ces quatre dollars, deux venaient en paiement de sa carte verte. En tenant compte des intérêts et en supposant qu'il ne tomberait pas malade, sa dette serait épuisée au bout de trente-huit ans.

A Toishan et à Hong Kong, il s'appelait Hui Tang, mais ici il s'était baptisé Sam. Il se sentait plus à l'aise. Il dormait dans une poubelle, un grand collecteur d'ordures derrière Phoenix Gardens, enveloppé dans le chow-mein et dans les restes de boulettes de porc comme dans une matrice. Le jour de paie, il jouait.

Comme tout le monde. A Chinatown, dans les ateliers du bagne et dans les cuisines où mijotait la soupe au canard, on racontait la même histoire : celle d'hommes qui s'étaient vendus et ne pouvaient se racheter. Un miracle au fantan était leur unique lueur d'espoir. Alors ils ramassaient sou par sou et, le ventre creux, couraient aux tables. A la fin de la nuit, naturellement, ils repartaient à nouveau les poches vides.

– Mais ils avaient le jeu. La preuve qu'ils restaient au nombre des vivants.

Wing se montrait plus avisé. Même à quatre dollars, il demeurait un visionnaire. Au lieu du fantan, il croyait aux nombres. Et au bout de dix-sept mois, sa foi le paya de retour. En rêve, il vit un cochon paré de bijoux, le nez percé d'un anneau à l'intérieur duquel s'inscrivait le nombre 427. Il alla le jouer dès le lendemain. Mais il ne sortit pas. Alors la rage le saisit. Aussi loin qu'il s'en souvienne, il ne s'était jamais mis en colère et il en avait honte rien que d'y penser. Il était sorti comme un fou de la salle de jeu, un magasin de souvenirs sur Mott Street, et avait lancé une brique dans la vitrine. Revenu à lui, Wing prit ses jambes à son cou. Un poteau le heurta et l'étala par terre. Il tenta de se relever, mais il en fut incapable : au-dessus d'un ciel bleu cobalt, les grosses fesses lunaires d'un policier lui écrasaient la tête. Wing était cloué au pavé, paralysé.

Comme aurait dit Samuel Dree, il fut dans les affres. Et à juste titre. En un clin d'œil, deux flics irlandais le conduisirent au tribunal et comme il ne pouvait payer l'amende, il écopa de sept jours de prison au Tombs.

Vint alors le temps du remords, puis de la réflexion et de la méditation. A peine libéré, il se dirigea droit vers la salle de jeu. Humblement, il demanda pardon. Plus humblement encore, il supplia qu'on lui accorde une autre chance. Lorsque l'opérateur, un homme généreux, finit par acquiescer, Wing joua les trois premiers numéros de son casier judiciaire. Ils lui rapportèrent cinq mille dollars.

Tout en parlant, il n'avait pas cessé de tourmenter mes chairs. Plus ses souffrances étaient vives, plus ma punition était cruelle. Mais tout à coup, le martèlement céda la place à un tapotement lent et paisible, un clapotis d'eau fraîche.

– Ce revers m'a appris quelque chose, dit Wing. Nous sommes entourés de signes et de présages. N'en tenez aucun compte.

Son souffle humide, comme parfumé à l'extrait de vanille, caressait mon oreille, descendait le long de ma nuque.

– Pour que vos rêves se réalisent, commencez par ne pas rêver.

À partir de ce jour, il paria sur tout et n'importe quoi.

– Ne cherchez pas et vous trouverez, dit-il.

Au contraire de presque tous les Chinois, il ne voyait pas en chaque Américain un diable noir ou un diable blanc.

– Quelle que soit leur couleur, je ne les trouve pas assez intelligents pour être des diables.

Au lieu de les fuir ou de s'écarter à leur approche, il tira un malin plaisir à se servir d'eux. Il hanta leurs salles de paris, leurs champs de courses. Le jour du Suburban Handicap, il monta avec eux, tout joyeux, dans leur train pour Belmont et se plaça devant la clôture. Près de lui, une étrangère rose embaumait l'ananas et l'oignon. Elle s'appelait Edna Rosemary MacCracken.

« Une belle plante. » Elle venait de County Clare et pesait cent cinquante kilos. Elle était infirmière. Loose Lips rapporta vingt-deux dollars quatre-vingts dans la huitième course. Ils se marièrent le lendemain.

Leur union fut prolifique : en douze ans, elle engendra trois enfants, vingt-huit changements d'adresse et assez de tickets perdants pour tapisser tous les murs du club de Churchill Downs. A chaque date anniversaire de leur rencontre, ils retournaient à Belmont et reprenaient la même place devant la clôture.

– A tout prendre, c'étaient des jours heureux, dit Wing avec un lent effleurage.

En 1966, ils connurent une discorde passagère : dans la cinquième, son propre choix se portait sur Cash'n Carry tandis qu'Edna Rosemary prenait fait et cause pour Persnickety. Une querelle s'ensuivit.

– En tant que mari, je suis resté inébranlable.

Mais en tant qu'épouse, Edna eut le dernier mot. En proie à une agitation inhabituelle, elle paria deux dollars sur Persnickety gagnant.

– Le cheval a fait quarante-huit dollars cinquante. Et il a gagné de cinq longueurs, expliqua Wing dont le battement léger se mua en un martèlement violent et chaotique.

– Mon Edna a poussé un seul cri et elle est retournée à la poussière.

Peut-être avait-elle choisi le bon moment pour mourir. Ils vivaient sur Canal Street, exactement sur la ligne-frontière de Chinatown. Ils y avaient été heureux. Mais pour combien de temps encore ? L'année précédente, on avait relevé les quotas d'immigration. Brusquement, des hordes d'immigrants avaient fait irruption, pénétrant par vagues de dizaines de milliers à chaque saison nouvelle. La plupart d'entre eux issus de Hong Kong, cette île sans foi. Avec eux, ils apportaient des vêtements hideux, des dialectes hideux, des manières hideuses. Pire, ils apportaient des ambitions hideuses. Ils ne témoignaient aucun respect pour l'ordre ancien, pour la permanence et l'équilibre. Ils se moquaient de la tradition. Ils ne désiraient qu'une chose, *Gam San*, la Montagne d'Or.

Une fois encore, le rythme se modifia. A la place du martèlement vint une succession de petites secousses brèves, comme lorsqu'on descend une valise en la faisant rebondir sur une volée de marches.

– Prêtez-moi l'oreille, laissez-moi vous guider, dit Wing. Représentez-vous le tableau.

Pendant plusieurs décennies, Chinatown avait été gouvernée par un chef suprême, Benny Ong, Oncle Sept. C'est d'abord grâce à son génie que les Hip Sing avaient remporté la victoire sur les On Leong; dans les années trente, il avait participé aux grandes guerres des rues comme fantassin et fait de la prison pour assassinat au sein d'une organisation. En tant que président de tong, il avait exercé son contrôle sur les grandes industries locales : le tourisme, la drogue, le jeu, la protection. A présent, le vieil homme aspirait à la tranquillité. Parallèlement à l'opium et aux baguettes, il fournissait aux vieillards des repas gratuits et aux jeunes des centres d'accueil de jour. Les Flying Dragons, le bras armé des Hip Sing, s'encroûtaient. « Ils flottent au vent », disait Oncle Sept.

Pas pour longtemps. A la fin des années soixante-dix, ce qu'il avait mis toute une vie à construire s'était effondré. Non seulement les On Leong avaient ressuscité, ainsi que les Tung On et les Fu Ching, mais les Triades de Hong Kong s'étaient mises de la partie. Leurs guerriers portaient des noms tels que Tiger Boy Wang, Alligator Chan et, le plus redouté de tous, John Eng – Onion Head (Tête d'Oignon), Machine-gun Johnny (Johnny Mitraillette). L'objet de leur convoitise : la China White, l'héroïne pure en provenance du Triangle d'Or. Leur parrain : Eddie Chan, le Sixième Dragon.

– La guerre, je la connais et je l'estime, avait dit Oncle Sept, un vieux monsieur bienveillant. Mais l'anarchie n'est pas bonne pour les affaires.

On ne lui laissa pas le choix. En 1976, il fut condamné à huit ans de prison pour corruption, puis il prit sa retraite à Lewisburgh, en Pennsylvanie, où il cultiva la courge et le chou d'hiver dans le potager de la prison. Les Hip Sing sombrèrent. Eddie Chan prit le pouvoir. En un clin d'œil il avait annexé les On Leong. Fast Eddie (Eddie le Rapide), ainsi que le surnommèrent les flics. Il portait des costumes en soie taillés sur mesure, roulait en Rolls Royce avec chauffeur, déjeunait avec le maire Koch. Porté par des nuages de China White, il avait ouvert sa propre banque. Pendant ce temps, dans les rues, les Ghost

Shadows tiraient sur tout ce qui bougeait. Leur devise : PLUS DURS À CUIRE.

Wing était scandalisé : alors qu'il s'occupait tranquillement de ses affaires, on venait le bousculer, l'injurier. Des gosses efflanqués et rachitiques, encore un appareil aux dents, lui agitaient leurs couteaux sous le nez.

– Ce n'était pas bien.

Une torsion, une petite claque.

– C'était mal.

Depuis la mort d'Edna Rosemary, il vivait comme un paria. Parce qu'il avait mêlé son sang à celui des diables blancs, les Chinois ne lui faisaient plus confiance. Ses propres enfants se méfiaient de lui, eux dont la naissance avait été la joie de son existence. Soumis aux pressions et aux moqueries de leurs camarades d'école, ils avaient oublié leur anglais et repris les manières de Hong Kong. Son fils aîné était parti travailler pour l'United Orient Bank d'Eddie Chan, sa fille avait épousé un immigrant muni d'une carte verte. Quant à Robert, son fils cadet, il s'était enrôlé chez les Ghost Shadows.

Robert avait dix-sept ans. Deux semaines avant son dix-huitième anniversaire, il avait participé à une embuscade contre le club des Flying Dragons du Queens et s'était fait descendre par un de ses camarades.

– Ils ont ramené le corps à Pell Street et l'ont enterré le soir même, dit Wing. Son père n'en fut pas informé. Il apprit la chose le quatrième jour, dans la rue, grâce au bavardage d'une blanchisseuse. Il demanda que les vêtements et les objets personnels de son fils mort lui soient rendus, mais sa requête ne fut pas honorée. Au lieu de cela, on lui fit remettre un coffret en bois contenant trois mille dollars en liquide pour prix de sa vie.

Les mains de Wing s'étaient immobilisées sur mes reins. Ses doigts se plièrent, mais aucun coup ne tomba. Puis ils renoncèrent définitivement.

– Terminé, dit Wing. Fini.

Quand je fus rhabillé, il franchit le rideau et me précéda dans la pièce encombrée d'appareils électroniques. Elizabeth et Harriet dormaient dans un coin, tandis que Jenny achevait de repasser leur uniforme scolaire. Les Raidas, un groupe de disco de Hong Kong, beuglaient dans le lecteur de cassettes. Il était deux heures quarante-cinq.

Sous un kakémono promettant LONGUE VIE GRANDE FORTUNE se trouvait une petite commode incrustée couverte de dragons rouges et d'inscriptions dorées.

Wing s'accroupit. Ses joues gonflées présentaient des taches rouges et vertes comme de la viande moisie et, aux aisselles, sa veste blanche de garçon de café était auréolée de sueur.

– J'ai photo, dit-il. Pourquoi pas ?

De l'intérieur de la commode, il tira un annuaire de collège, le Seward Park High School. La photo de Robert, entouré de diables blancs aux sourires épanouis, montrait un adolescent au visage de lapin avec une pomme d'Adam proéminente, des cheveux coiffés en brosse haute et une expression de mépris glacé. Seule la rondeur des yeux évoquait Edna Rosemary.

– Il s'appelait Robert Eamonn. Il s'était baptisé Bobby 2 Bad.

A l'autre bout de la pièce, Jenny se raidit et poussa des cris d'oiseau de nuit outragé. La vie et la mort de son frère étaient une affaire de famille, non une histoire à exhumer pour le bénéfice des diables blancs étrangers. En signe de protestation, elle alluma les deux postes de télévision en poussant le son à fond. John Wayne et Aretha Franklin s'unirent aux Raidas pour glapir en chœur comme des porcs qu'on égorge, et nous battîmes en retraite derrière le rideau de perles dans une moiteur crépusculaire où le parfum des embrocations se mêlait aux odeurs rances de transpiration.

– Ma fille a des aigreurs d'estomac, dit Wing.

Six jours par semaine, de sept heures du matin à sept heures du soir, celle-ci cousait des ourlets dans un atelier de Bayard Street et rapportait cent quarante dollars.

– Pas assez pour le loyer et de quoi nourrir les enfants. Pas même assez pour les courses de chevaux.

Quant à Yung Ng, son mari, il était serveur sur Mulbridge Street. Tant qu'il n'avait pas remboursé sa carte verte, on retenait chaque cent de son salaire. Ce soir, il échouerait donc dans quelque sous-sol, en prière et au fantan.

– Dans le monde tout change. Chinatown n'est pas le monde.

Avec sa mâchoire édentée et son petit corps filiforme, la tête penchée de côté en une interrogation permanente, il ressemblait à un petit pensionnaire. Mais il avait soixante-sept ans, et mal aux doigts. Au-dessus de la table de massage, à côté de JOIE CHANCE LONGÉVITÉ, il y avait un calendrier chinois couvert de chiffres griffonnés à la main. Jour après jour, ils indiquaient l'âge qu'aurait Robert s'il avait vécu.

Assis côte à côte sur la planche de travail, nous faisions aller et venir nos pieds comme deux gamins.

– Je ne fais aucune doléance, dit Wing.

Quelques mois après les coups de feu, il avait eu une dernière vision. Dans un tourbillon de chiffres 6 apparut un mausolée. Sur l'autel était assis un dragon à la gueule ensanglantée. Au passage d'un nuage rouge, le mausolée devint noir, le dragon s'embrasa et fut réduit en cendres.

« Nous sommes entourés de signes et de présages, avait dit Wing. N'en tenez aucun compte. » Cette fois-là, pourtant, il n'avait pas obéi à son propre commandement. Levé en pleine nuit, habillé à la hâte, il s'était précipité jusqu'à la United Orient Bank pour la voir brûler et voir le Sixième Dragon brûler avec elle.

Comme toujours, il avait mal interprété les signes. A l'arrivée de Wing, la banque avait été encerclée par les hommes du F.B.I. et ses directeurs arrêtés. Mais il n'y avait pas de flammes et Eddie Chan avait pris la poudre d'escampette. Prévenu à temps, il s'était enfui à Singapour.

Le magnifique bûcher qui s'était enflammé dans l'imagination de Sam Wing se révéla n'être que les lanternes et les flambeaux allumés en l'honneur de Benny Ong. En l'absence du Sixième Dragon, l'Oncle Sept avait rétabli sa royauté perdue. Agé de quatre-vingts ans, lent mais majestueux, il apparaissait tous les jours à midi, traversait Pell Street pour se rendre au Hip Sing Credit Union où se réunissaient les cadres de la tong. Vêtu d'un costume rayé, l'œillet à la boutonnière et la cravate piquée d'un diamant, il parcourait les quelques mètres qui le séparaient de Sun Tong Gung où il savourait un dim sum entouré de sa femme et de ses avocats. Ensuite il faisait une sieste ou une partie de cartes.

Et Eddie Chan ? De Singapour il était passé à Taiwan, puis à Manille et à la Dominique. La rumeur disait qu'il préparait son retour. Pendant ce temps florissait l'United Orient, pagode étagée sur quatre niveaux au coin de Canal et de Mott. Idem pour les On Leong, les Ghost Shadows, les Flying Dragons, les Tung On, les Fu Ching, les Triades. Et les B.T.K.

Dans sa cabine, Wing frotta au Ben Gay ses mains déformées par l'arthrose.

– Ça ne fait aucun bien. Rien ne fait aucun bien. Ce n'est qu'une diversion, de quoi occuper les âmes paresseuses.

Il jouait toujours. Il n'avait jamais cessé. Avec les trois mille dollars des Ghost Shadows, il était allé à toutes les courses de l'Aqueduct, de Belmont et à presque toutes celles de Saratoga. Après cela, il avait repris les petits paris. Quand il était en fonds, il poussait jusqu'à Atlantic City. Autrement, il jouait aux cartes. Les pertes trop élevées lui attiraient des ennuis.

– Mes enfants n'honorent pas leur géniteur, expliqua-t-il sans rancœur.

A dire vrai, ils ne pouvaient pas se le permettre. En dernier recours, Jenny acceptait parfois de cracher un dollar ou deux. Sinon, Wing payait ses dettes selon la vieille tradition : coups de poing, coups de boule et coups de Doc Martens.

– Ça va plus vite.

Quant aux apparitions, il n'en avait plus.

– C'est une activité de jeune homme. Je suis vieux. Je n'ai plus la force.

Il avait abandonné sa quête.

– Ça vaut mieux comme ça.

Il était trois heures vingt. Dans l'autre pièce, derrière le rideau, les Raidas s'étaient tus et même Jenny dormait. Sasha, vautré sur le canapé recouvert de plastique, lisait *La Cage dorée : La vie et les amours des stars de la Télévision.* Les télés jumelles papillotaient toujours.

Dehors, sur les marches noyées d'ombre, je cherchai la main de Wing et refermai la mienne sur sa manche.

– Vous saurez écrire son nom sans faute ? Robert Eamonn. Il s'était baptisé Bobby 2 Bad.

En bas, dans les rues, le brouillard nous parut plus froid, plus impénétrable que jamais. Nous regagnâmes Broadway en tâtonnant le long des trottoirs et des murs fuyants et nous nous tournâmes vers le nord, vers S.M. Marie et le sommeil.

Quelque part, deux rues plus loin, apparut un grand corps. Il remontait le courant, chaussé de lourds souliers de marche, enveloppé d'un manteau aussi vaste qu'une tente. Arrivé devant nous, le corps sembla flotter, puis il replongea et fut englouti par la nuit. Mais il n'alla pas loin. Après quelques pas, le bruit de ses chaussures hésita puis s'arrêta.

En rebroussant chemin, je découvris les traits d'un masque d'Halloween, sculpté dans une gigantesque citrouille. Son propriétaire m'adressa un sourire craintif.

– Cher monsieur, dit-il, je cherche.

Allemand ? Silésien ? Slovène ? L'accent m'échappait. Ainsi que les mots qui suivirent, répandus en un flot indistinct.

– Qu'est-ce que vous voulez ? Vous cherchez quoi ?

Question inepte. L'homme haussa lourdement les épaules, puis les laissa retomber.

– Je cherche ce quoi je connais pas.

Entracte

En vérité, tout ça c'était la faute de Barnum. Avant lui, Broadway n'était qu'une grand-rue, le cœur de la ville où se nouaient les affaires et les rencontres. Son histoire ne résultait pas d'un quelconque attribut mystique, mais seulement de sa position centrale. *Der Hagh Wagh Way, La Grande Route Carrossable,* cette épaisse et solide colonne vertébrale assurait la cohésion de Manhattan. Les hommes influents s'y retrouvaient, les événements importants s'y déroulaient. Mais nulle abstraction n'entrait en jeu. Personne ne venait à Broadway à la poursuite d'un rêve.

Et puis Phineas T. Barnum est arrivé. Né en 1810, c'était un petit paysan de Bethel, dans le Connecticut, où son père avait successivement été fermier, épicier, tailleur, tavernier. Phineas était un nom issu de l'Ancien Testament qui signifiait « impudent ». Il connut pourtant une enfance tranquille et protégée, seulement illuminée par l'Ile au Lierre.

C'était une farce. Au cours de ses premières années, ses parents n'avaient cessé de lui parler d'une île prodigieuse que son grand-père lui avait léguée. D'après *Struggles and Triumphs,* ils la lui avaient dépeinte comme « une terre promise... une terre arrosée de lait et de miel... des cavernes regorgeant d'émeraudes, de diamants et de pierres précieuses, de mines d'argent et d'or... ».

Quand il eut atteint l'âge de dix ans, son père l'emmena prendre possession de ce Shangri-la. Au terme d'une marche interminable et pénible à travers des marais boueux et des buissons d'épines infestés de nids de guêpes, il découvrit enfin son domaine. C'était un mirage. « Je ne vis que quelques lierres rabougris et quelques arbres épars. La vérité me frappa de plein fouet : ma précieuse Ile au Lierre était un bout de terre inculte, presque inaccessible et sans aucune valeur... »

Cet épisode déteignit sur toute la suite. Il passerait le restant de ses jours à inventer ses propres Iles au Lierre. Ainsi, elles pourraient se jouer de la crédulité des hommes, mais jamais plus elles ne le tromperaient, lui.

A l'âge de seize ans, il s'installa à Brooklyn où il prit un emploi de bureau. Il était vif, ambitieux, plein d'énergie et d'assurance. Le dimanche après-midi, il se promenait sur Broadway. C'était une rue élégante bordée de peupliers. Mais il n'y avait pas grand-chose à faire. Un ou deux théâtres, une poignée d'hôtels et de restaurants de luxe. Au-dessus de Canal, en bordure de la ville, s'élevaient également les Vauxhall Gardens et le Niblo's Garden, un café-concert en plein air. Pour le reste, les plaisirs étaient vite expédiés.

Ce n'était pas le fruit du hasard. Ceux qui, à New York, tenaient les rênes du pouvoir considéraient généralement les divertissements populaires comme dangereux et sacrilèges. « Les lois étaient puritaines et l'existence uniformément grise », écrit Irving Wallace dans *The Fabulous Showman.* « Les théâtres et les cabinets de curiosités passaient le plus souvent pour des avant-postes du diable. L'exercice physique se limitait aux beuveries, aux échanges de coups et d'insultes et à une fornication discrète. »

Même ces plaisirs frustes étaient refusés à l'homme de Broadway. Si l'envie lui venait de prendre du bon temps, il lui fallait aller se rouler dans les souilles du

Bowery ou les assommoirs de Five Points. Mais, sur le boulevard, il devait se montrer digne et grandement sinistre.

Les occasions d'assouvir la curiosité, l'imagination et les sens manquaient cruellement. Pour un Barnum, même encore embryonnaire, la situation était inadmissible : « Dans ce monde, tout s'achète. Les hommes, les femmes et les enfants qui ne peuvent vivre que de choses sérieuses veulent aussi satisfaire des besoins plus gais et superficiels. Celui qui répond à cette demande réalise la volonté du Créateur. »

Près de dix années s'écouleront avant qu'il ne puisse y répondre concrètement. De retour à Bethel, il ouvrit un commerce en tout genre, fut comédien itinérant, toucha à la politique locale. Il publia un journal, le *Herald of Freedom,* et fit soixante jours de prison à Danbury pour diffamation. Il devint l'imprésario de Signor Vivalla qui tenait des fusils à baïonnette en équilibre sur le nez. Il faillit être lynché par erreur à la place du réverend Avery, un pasteur méthodiste convaincu d'assassinat. Et puis il rencontra Joice Heth.

Ce fut sa première grande mystification. Ce qu'on appelait alors un attrape-nigaud. Il présenta Joice Heth comme la nurse de George Washington, âgée à présent de cent soixante et un ans, mais toujours pleine d'allant. « Elle ne pèse que vingt-trois kilos mais elle est restée allègre et captivante. Elle a conservé ses facultés à un degré sans équivalent, elle parle à bâtons rompus, chante de nombreux hymnes et raconte quantité d'anecdotes passionnantes à propos du *petit* Washington et il lui arrive souvent de rire de bon cœur de ses propres remarques ou de celles du public. »

Le succès fut prodigieux. Les New-Yorkais de toute origine « amoureux de curiosité et de merveilleux » se pressaient pour la voir et l'interroger. Avec Barnum, elle partit ensuite en tournée. Les représentations durèrent huit mois au bout desquels elle mourut d'épuisement. L'autopsie révéla une femme de quatre-vingts ans bien conservée. Mais Barnum avait vu juste. En 1841, âgé d'à peine trente ans, il ouvrit son premier Musée américain.

D'après Irving Wallace, c'était à l'époque un « Yankee du Connecticut, haut d'un mètre quatre-vingt-trois, une pile électrique aux cheveux bouclés retombant sur de grands yeux bleus candides. Il avait un gros nez, une bouche pleine et moqueuse, une fossette au menton et une voix haut perchée ». Au fil des années, sa silhouette s'arrondirait au même rythme que la clairière au sommet de son crâne, et son gilet tendu à craquer, ses sourcils broussailleux et son crâne bombé le rapprocheraient de plus en plus de Mr Pickwick. Mais il resterait toujours un volcan. Loin d'être un modèle de vertu, il pouvait se montrer avide, pervers, profiteur, sentencieux, mesquin. Mais son dynamisme, son élan vital chassaient ses péchés devant lui, balayés par les bourrasques de son propre rire. Cet enfant trop vite poussé, qui s'était lui-même baptisé le Prince des Mystificateurs, savait reconnaître l'enfant chez les hommes et c'est cela, plus que tout le reste, qui fit de lui l'authentique créateur de Broadway.

« Il était parti en croisade, écrit Wallace, afin de faire de la vie un carnaval innocent, de mettre la joie et le divertissement au nombre des nécessités vitales. »

Le plaisir sans la culpabilité : voilà qui ne manquait pas d'audace. Avant lui, les cabinets de curiosités étaient des lieux furtifs, des mausolées ensevelis sous la poussière. Ils ne proposaient le plus souvent que quelques squelettes, un masque mortuaire ou deux, voire une conférence illustrée à la lanterne magique. Barnum, par contraste, offrait « des chiens savants, des puces industrieuses, des automates, des jongleurs, des ventriloques, des statues vivantes, des tableaux animés, des bohémiens, des albinos, de jeunes obèses, des géants, des nains, des danseurs de corde, des

Yankees en chair et en os, des pantomimes, des orchestres, des chants et des danses d'une grande variété ».

Ce n'était là qu'une entrée en matière. Après les puces et les chiens savants le meneur de jeu produisit le général Tom Pouce, *l'Attraction du siècle,* puis vinrent la Sirène des îles Fidji, Adams le Grizzly, Jumbo l'Éléphant, la Grande Baleine Blanche. Des forains rivaux se lancèrent dans la concurrence et Broadway se peupla de merveilles. Pas seulement de musées et de salles de spectacle, mais de vaudevilles, de cafés-concerts, de music-halls, de magasins gigantesques, de théâtres, grands et petits. A chaque coin de rue, semblait-il, on offrait le *dernier cri,* l'*unique*. Et quelque part, en chemin, la rue se mua en concept.

Ce concept tenait en un seul mot, le plus puissant de la langue. Ce mot, naturellement, c'était : l'*action*.

Faire céder le barrage, libérer toutes les énergies, bonnes et mauvaises, que les lois puritaines et l'existence uniformément grise avaient verrouillées, telle fut l'œuvre de Barnum. Incarnation de l'Ile au Lierre, Broadway devint synonyme de frénésie. On y venait à ses risques. Ayant réuni tout ce qu'on possédait d'esprit, d'audace, d'endurance, d'énergie et de chance, on s'empressait de le jeter sur les tables. Et on ne repartait pas avant d'avoir fait sauter la banque ou d'avoir tout perdu.

Tous les moyens étaient bons : la finance ou la politique, le spectacle, la loi ou le crime, la boxe, la magie, l'art ou le sexe. Mais un seul moteur entraînait les hommes et les femmes qui jouaient Broadway : la passion et la fièvre de l'aventure.

A une autre époque, dans un contexte différent, ce rêve-là aurait engendré des explorateurs, des mercenaires ou des chercheurs d'or. Mais c'était l'âge des villes, New York était la ville par excellence et Broadway son apothéose. En 1900, le théâtre de l'action se situait entre Battery et la Quarante-Deuxième Rue. Au sud, on jouait surtout pour l'argent et le pouvoir, au nord de la Quatorzième Rue, pour l'argent et le sexe. Les uns comme les autres jouaient à tout ou rien.

Le territoire progressait par bonds d'une dizaine de blocs. A mesure que Broadway piquait vers le nord, l'argent lui emboîtait le pas. A chaque croisement successif : City Hall, Union, Madison, Herald et enfin Times Square, il plantait ses miroirs aux alouettes, égrenait un nouveau chapelet de théâtres, de cafés, de tripots, de cabarets et de bordels, puis, satisfait, attendait dans un fauteuil le grondement des foules piétinantes.

Les chroniqueurs les appelaient des Rialtos. Le jour, c'était seulement une succession de vitrines : « Bijoux, soieries, satins, dentelles, rubans, bibelots, argenteries, jouets, tableaux ; en résumé, les objets les plus rares, les plus chers et les plus beaux accueillaient les chalands », écrivait James McCabe. Puis le soir tombait, la nuit allumait ses lumières et le feu d'artifice commençait. « Dans la rue, on circule surtout en calèches et en omnibus, chacun avec sa lampe de couleur différente. Ils parcourent la longue avenue en dansant comme des myriades de lucioles. Çà et là, des miroirs éclatants à l'entrée d'un théâtre jettent des rayons blancs éblouissants qui ruissellent sur les trottoirs. Portés par la nuit, des airs de musique ou des tonnerres d'applaudissements s'échappent d'établissements dont la réputation n'est pas toujours irréprochable. Des vitrines peintes aux couleurs criardes attirent les étourdis vers les cafés-concerts vulgaires installés dans des sous-sols. Ici et là, parfois seules, parfois à deux, on voit des femmes, jeunes pour la plupart, toutes habillées de vêtements bariolés, marcher vite, d'une allure suspecte, en lançant des regards rapides mais pénétrants aux hommes qu'elles croisent. Certaines sont à peine sorties de l'enfance. »

Les lumières naturellement étaient capitales. D'abord des lampes à gaz, puis l'électricité argentée qui valut à Broadway le nom de Grande Voie Blanche, et enfin le néon. Aujourd'hui c'était le Cloaque scintillant, le Caniveau magnifique, le Réservoir, l'Enfer au goût de paradis. « Chaque minute, il naît un pigeon », comme aurait dit, ou pas, Barnum. Et ils affluaient des coins les plus reculés de la planète. C'étaient des comédiens, c'étaient des chanteurs et des danseurs de claquettes, des chorus-girls, des protecteurs, des admirateurs, des gangsters avec leurs poules, des magiciens, des avaleurs de sabres et des cracheurs de feu, des escrocs, des racoleurs, des spéculateurs, des avocats marrons, d'honnêtes sorciers, des guérisseurs, des chamans, des politicards et des trafiquants, des ivrognes et des drogués, des cambrioleurs, des voleurs à la tire, des assassins et des victimes, des chansonniers, des rimailleurs, des demi-gros bonnets, des journalistes et des pleureuses, des gagnants et des perdants, des sirènes, des dandys, des nigauds, des bouseux, des truands et des gagneuses, des baronnes, des mistonnes, des gisquettes, des clients, des gigolos, de blanches colombes et de vilains messieurs. Peu d'entre eux décrochaient la timbale, la plupart ne la décrochaient pas et tous, aujourd'hui, étaient morts et enterrés. Mais peu importait. Ils avaient eu part à l'action.

Innombrables étaient les hymnes et les louanges : *Give My Regards to Broadway* et *Lullaby of Broadway, Forty-five Minutes From Broadway, Broadway Baby, The Man Who Owns Broadway.* L'un des moins inoubliables fut *Broadway, The Heart of the World* (Broadway, le Cœur du Monde).

Les générations suivantes auraient aussi leur jargon et leur liturgie propres. Mais la nature profonde de l'aventure ne change pas. A Broadway, on fait tourner la roue. Du moins c'est ce qu'on croit. En réalité, bien sûr, c'est la roue qui vous fait tourner.

DEUX

Onze

– Autant dire que c'est le printemps !

A l'hôtel Moose, Lush Life avait passé tout l'hiver dans le noir, sa fenêtre occultée par un store laqué interdisant le passage au moindre rayon de lumière, et sa chambre éclairée par des lanternes japonaises pareilles à des vers luisants. Puis ce fut le mois de mars. Un matin, le store claqua, un flot de soleil s'engouffra par les carreaux. Il la surprit nue.

Sa chambre était une cellule assez semblable à la mienne, aux murs tapissés de vêtements et de vieux magazines. Au centre, elle s'était fabriqué une couchette à même le sol, composée de manteaux, d'écharpes, de rideaux déchirés, de mousse et d'emballages divers, le tout enveloppé dans la Bannière étoilée. C'est là qu'elle déjeunait, dans une nuit américaine, et s'endormait dans les vapeurs du Night Train. Entre les deux, elle chantait *Madame Butterfly* en play-back.

C'était sa révélation du moment. L'opéra venait d'être mis en répétition et Lush Life avait assisté, en avant-première, à la présentation des costumes dans un supplément dominical. A présent, elle se déplaçait à petits pas entravés dans sa chambre noyée sous un raz de marée de fripes japonaises et d'albums de Maria Callas, tout en mimant ses airs favoris. Quand

Cio-Cio San expirait, elle expirait aussi. Mais elle ne restait pas morte très longtemps.

– Ça ne paie pas.

Pas à l'hôtel Moose. Ici, la mort était *service compris*. Un Jamaïcain languide et efflanqué, nommé Motion, avait pour tâche de laver les couloirs et d'inspecter les chambres. Le jour où il tombait sur un corps que son balai ne réveillait pas, il appelait les flics ou l'ambulance.

– Tout dépend de la cause du départ. Disparition ou décès.

Disparition signifiait mort naturelle, décès, non. L'hiver polaire avait transformé la ville entière en mouroir frappé d'épidémies. Les refuges débordaient, les hôtels financés par l'Aide sociale étaient convertis en fumeries de crack subventionnées, on se disputait jusqu'aux couloirs d'entrée des immeubles.

– Vous voulez vous geler à mort ? On vous a battu de vitesse, dit Motion. Vous voulez vous couper la gorge ? La mère a déjà volé le rasoir de son fils.

Ce n'était pas un homme pressé. D'où son nom.

– Il y en a qui bougent, moi je me déplace...

Onze ans auparavant, lui et Red, son partenaire, avaient quitté Negril, abandonnant femme et enfants, pour venir ici.

– Une valise en carton, deux pantalons.

L'hiver avait encore été rude. Ils avaient couché dans des sacs en papier, des cages d'ascenseurs, partout où un corps pouvait ramper. Mais ils n'avaient ni disparu ni n'étaient décédés : ils avaient rencontré un compatriote, Capitaine Livraison, il s'appelait, qui leur avait appris deux règles d'or pour rester en vie : *Souriez quand vous souriez* et *Souriez quand vous ne souriez pas*.

Au fil des années, les sourires avaient acquis la fixité d'un rictus. Quand elle les croisait dans l'escalier traînant un sac mortuaire, Lush Life poussait un cri et se plaquait contre le mur. Mais on ne les payait pas pour transporter des cadavres.

– Rien que la poussière, dit Motion.

Il y avait un jardin. Il commençait dans le hall d'entrée, sur le mur près de la sortie de secours. Les bouteilles et les crânes qu'on brisait pendant la nuit avaient laissé le plâtre aussi grêlé qu'après le passage d'un peloton d'exécution. Tout l'hiver, des canalisations éclataient sans être réparées, canalisations d'eau ou de vapeurs, qui faisaient sangloter les murs. L'humidité rampante se nourrissait des fissures, les élargissait en ravines. Un jour, un carré de mousse apparut. Puis des surgeons, puis des vrilles. Des volubilis envahirent les carreaux. A travers le lino pourri, autrefois orné d'un motif de canards, poussa un joli parterre de champignons.

Dans la chambre 15, un défunt avait laissé un *Guide des plantes* en édition de poche. Motion consultait l'index, choisissait les noms qui lui plaisaient et en baptisait la végétation.

– Herbe aux ânes, Herbe du chantre, Herbe à chat, chantait-il d'une voix mélodieuse et berçante. Pourpier. Espargoutte.

– Véronique. Marguerite, disait Red.

– Doigt de la Vierge. Oreille de souris. Pied-d'alouette.

– Chiendent.

– Chèvrefeuille.

Ensemble, ils protégeaient le jardin des frères Kassimatis. A une autre époque, Mike et Petros auraient pris cette intrusion comme une insulte personnelle. Mais l'hiver les avait engourdis eux aussi. Le Moose était condamné à mort. Dans quelques semaines ou quelques mois, deux ans tout au plus, il serait rasé pour céder la place à un autre gratte-ciel, à un immeuble en copropriété ou à un parking. Ils ne donnaient donc des coups de bâton que dans les champignons.

– Décoration florale, disait Petros avec une expression de dégoût.

D'un air triste, il contemplait l'enchevêtrement de poils qui poussaient sur le dos de ses mains, comme si quelque ombre mortelle allait surgir de cette forêt vierge.

– C'est la jungle ici !

Lush Life était allergique au parfum des fleurs. Elle consultait le seul livre en sa possession, *1 001 Affections*, et elle croyait les avoir toutes.

– Champignons, disait-elle. Chancre. Grippe.

– Char de Vénus. Larme de Job.

– Bubons. Syphilis. Candidose.

– Amourette.

– Vérole.

Elle s'était repliée sur sa couchette, frissonnante, vêtue d'un obi et d'un kimono fendu, les pieds joints. Denise Denise lui avait donné une chaîne stéréo, une antiquité qui transformait les voix masculines en cornes de brume et toutes les voix de femmes en mouettes criardes. La nuit, sa chambre se métamorphosait en port noyé dans le brouillard. Les sirènes lançaient leurs plaintes parmi les appels des drisses. Quelque part, là-haut, très loin, Cio-Cio San tournoyait, battait de l'aile, criait faiblement.

– Extinction de voix. Stigmates, disait Lush Life.

– Aconit, répondait Motion.

– Hémorragie.

Un pan de mur entier disparaissait derrière un rideau de robes d'été en attente. Puis le store avait claqué, la clarté avait inondé Lush Life. Nue, elle courut se protéger, cachant derrière ses bras sa poitrine et son sexe.

– Je ne suis pas présentable ! cria-t-elle.

Mais elle ne pouvait se retenir de sourire. Ses yeux se fermèrent, ses bras retombèrent le long de son corps. Les rayons du soleil la dévorèrent tout entière.

– Tant pis, tant pis.

Nous décidâmes d'aller nous promener sur Broadway.

C'était une journée magique. Il avait suffi d'un rayon de soleil pour que toutes les filles sortent en robes légères, les beaux parleurs aussi, et les flâneurs, les musiciens de rues, les diseuses de bonne aventure.

– Laissez-moi vous lire un bel avenir, dit Miss Sybil, une fille toute jaune aux cheveux orange. C'est que cinq dollars.

– J'en ai trois, dit Lush Life. Quel avenir ça me fait ?

– Court, répondit Miss Sybil. Mais doux.

A tous les coins, des marchands ambulants offraient hot-dogs et boissons fraîches. Suçant un bâton de sorbet, la bouche arrondie en un O parfait, Lush Life était une Tuesday Weld jeune, un rêve d'adolescent. Quand elle me prit la main, je me sentis comme Eddie Cochran faisant l'école buissonnière.

– Qui est Eddie Cochran ? demanda Lush Life.

Nous descendîmes *downtown*. Dans le taxi, le D.J. de la radio passait LL COOL J, Jazy Jeff, The Real Roxane. Tout l'hiver, me semblait-il, je m'étais englué dans le passé, cette terre noire et collante que Sasha appelait Autrefois. Aujourd'hui, Lush Life portait des faux cils roses pareils à des pattes d'araignées, les coursiers à vélo du stretch vert acidulé. Au coin de Broadway et de la Trente-Quatrième Rue, un mannequin blond en robe blanche vaporeuse posait sur la bouche d'aération du métro, les jambes largement écartées comme Marilyn Monroe et la tête rejetée en arrière. Le D.J. passait *You Be Illin'*. Lush Life chantait *Un Bel Di.*

Un pâté de maisons après Union Square, elle m'entraîna au Julian's Billiards. En tant que Geraldo Cruz, elle avait eu le coup de queue vicieux. A présent, son jeu s'était rouillé et le trac n'arrangeait rien. Mais elle pouvait encore nettoyer les tables, pool, huit ou neuf, en moins de temps qu'il m'en fallait pour mettre du bleu sur mon procédé.

Chez Julian's, le sanctuaire se trouvait au premier étage. A en croire l'employé qui pointait, cette salle de billard, la plus vieille des États-Unis, datait d'avant la Première Guerre mondiale. C'est là qu'on avait tourné *L'Arnaque* et que Willie Mosconi avait écrasé Minnesota Fats.

– Vous pouvez vérifier, dit l'homme.

A quoi bon ? Les longues rangées de tables, le lent ronronnement des ventilateurs et les tapis immaculés parlaient d'eux-mêmes.

– Jouer chez Julian's, c'est comme jouer avec l'ombre des géants.

Même à midi, la plupart des tables étaient prises. Parmi les vieux joueurs très concentrés, il y avait quelques jeunes Coréens bavards, garçons et filles. Deux marins disputaient une partie près des hautes fenêtres aux carreaux graisseux. L'un était grand, l'autre trapu. Excepté le choc des boules, le crissement de la craie ou les jurons étouffés par intervalles, ils ne faisaient aucun bruit. Mais quand il envoya la noire dans le trou, le grand tourna son visage vers la lumière, son sourire découvrit des dents étincelantes et Lush Life fut perdue.

– Pinkerton, murmura-t-elle.

Mais ce garçon maigre aux cheveux très blonds, doté de grandes mains et de pieds plus grands encore, ressemblait plutôt à Jerry Lee Lewis. Et si dans son regard quelque chose d'halluciné évoquait la croisée des chemins, la Bible et les rivières de whisky, il était timide et serrait la main en rougissant.

– Tommy Blalock, dit-il.

– Vida Lujuriante, dit Lush Life.

– Joli nom. Pour une jolie femme.

Il venait de New Iberia, en Louisiane, la capitale du piment qui entrait dans la composition de la sauce Mace et du Tabasco, et sa voix avait le roulis tortueux d'un accordéon. En compagnie de Hap Cowley, de Plaquemines Parish, ils parcouraient les rues depuis deux jours et une nuit. Ils étaient à présent fauchés, fatigués et écœurés parce que personne ne leur parlait, que nul ne voulait leur accorder un peu de temps.

– Sauf pour de l'argent, dit Tommy Blalock.

C'était la première fois qu'il venait à New York. Dans le train, depuis Norfolk en Virginie, il n'avait cessé de fredonner *On Broadway* des Drifters.

– Une vraie migraine, impossible de s'enlever ça de la tête, dit-il. *On dit que les néons brillent. On dit qu'il y a de la magie dans l'air.*

Hap Cowley préférait la suite :

– *On dit que les filles c'est autre chose.*

– *Mais comment tu vas faire...*

– *Si tu n'as pas...*

– *Le premier cent?*

– Bonne question, dit Lush Life.

– Le premier cent et une montre en diamants.

– Bonne réponse, dit Lush Life. Bonne réponse.

Un rayon de soleil indécis, où dansaient des grains de poussière, tombait sur sa perruque blonde, ses faux cils. Sous sa robe légère, ses salières saillaient comme un début d'ailes.

– Il fait clair ici, dit-elle. Dans un bar, il fait noir.

Elle frissonna à nouveau.

– Et au cinéma, il fait encore plus noir.

– Un noir d'encre, dit Tommy Blalock.

– Mais il fait chaud. Il fait chaud.

Dehors, sur Union Square, le marché des Fermiers s'installait. C'était une orgie de couleurs, d'odeurs, de végétation. Les étals débordaient d'asperges et de roquette, de radis, de primeurs. Une affiche annonçait *Salope Gouine Boudin Pouffe Pute*, une nouvelle performance de Penny Arcade. A l'entrée du métro, un peintre dessinait des orchidées noires sur le trottoir.

– Papa, achète-moi, dit Lush Life d'une voix chaude. Achète-moi des chaussures neuves.

Ils partirent de leur côté, moi du mien. Sur la Dix-Huitième, je passai devant l'Old Town Tavern, un bar aux alcôves d'acajou sombre. Sur le comptoir, un gros chat somnolait, son reflet piégé dans des miroirs biseautés.

Un ivrogne, couleur milk-shake au chocolat, passa en slalomant du soleil à l'ombre puis de l'ombre au soleil. Il s'arrêta dans mon alcôve, vacilla sous mon nez, soufflant une haleine d'amandes amères, pas très éloignée du cyanure. Il avait la bouche prophétique.

– Le printemps sera noir, dit l'ivrogne.

Moi-même assommé de soleil, je m'assoupis. Quand je m'éveillai, il faisait nuit.

A mon retour, au Moose, Motion arrachait les mauvaises herbes du parquet à l'aide d'une fourchette.

– Un peu de compost, il en faudrait pas plus pour faire pousser des légumes. Plantain. Papaye.

– Cassava. Callaloo. Calabaza, dit Reds.

– Ganja. Litchis au sirop.

– Rhum.

J'allai m'asseoir dans ma chambre et me perdis dans la lecture de *The Fabulous Showman*. J'en arrivai au passage où le musée de Barnum est détruit par le feu.

« Sur Broadway, de Maiden Lane à Chambers Street, quarante mille personnes étaient venues voir un incendie digne de Néron... D'énormes nuages de fumée envahissaient les étages supérieurs et les monstres périssaient en grand nombre. Heureusement un essaim de camions de pompiers parvint à temps devant le bâtiment. »

D'une pièce située dans l'immeuble d'en face, un journaliste, Nathan D. Urner, avait assisté au sauvetage d'Anna Swan, une géante de deux mètres trente, originaire de Nouvelle-Écosse, que l'on trouva sur le palier du troisième étage.

« Aucune porte ne permettait le passage de son grand corps et on craignait que les escaliers ne s'effondrent avant qu'elle ne réussisse à les atteindre. Son meilleur ami, le squelette vivant, la réconforta de sa présence tant qu'il l'osa mais finit par l'abandonner. Dans l'intensité croissante de la chaleur, de petits ruisseaux de sueur inondaient son visage et, comme des notes de musique, égrenaient leurs gouttes sur le sol. Pour finir, et en désespoir de cause, des ouvriers déplacèrent une tourelle métallique qui par chance se trouvait à proximité et l'installèrent contre la paroi du musée. On démolit un pan de mur de part et d'autre de la fenêtre et on mit en place la poulie. Dix-huit hommes réunirent leurs forces pour tenir l'autre extrémité de la corde. La grande femme, solidement harnachée au-dessus de la foule massée dans la rue, fut alors descendue du troisième étage, dans un tonnerre d'applaudissements. »

Pendant ce temps, un orang-outang s'était frayé un chemin jusqu'à l'immeuble voisin qui abritait le *New York Herald* et avait fait irruption dans le bureau du directeur : « La pauvre créature, tout juste libérée de captivité, et sûre de trouver une place dans l'équipe du journal en question, était descendue le long de la gouttière et, d'instinct, avait cherché refuge dans le saint des saints de l'établissement. »

Saisis de panique, le critique littéraire, le critique musical et tous les apprentis reporters se ruèrent sur la bête pour tenter de la cerner. Mais l'orang-outang les repoussa et, sautant par-dessus le bureau de Bennett, se précipita vers la fenêtre. La foule horrifiée le vit chanceler sur une étroite corniche, à vingt-quatre mètres au-dessus de Park Row. Ses yeux semblaient lancer des flammes. Un hurlement farouche lui tordit les lèvres...

– Je te raconte pas, dit Lush Life, je te raconte pas.

Penchée au-dessus des marguerites, elle m'embrassa sur les joues et le menton. Elle pleurait, les pieds chaussés de sandales neuves rouges, à talons hauts, deux tailles trop grandes pour elle et qui lui donnaient l'allure d'une fillette déguisée pour le carnaval.

– C'est bien l'amour, dit-elle.

– Comment ?

– Ça fait mal. Ça fait du bien.

Ses pieds aussi lui faisaient mal. Comme sa mère. Martyr des pieds plats. De toutes les parties de son corps, seuls ses pieds refusaient d'obtempérer, demeuraient virils, opiniâtrement. Grandes palmes recouvertes de cors et de callosités, c'étaient des appendices de flic.

D'habitude, elle les tenait enfermés, dérobés aux regards. Mais ce soir elle les agitait sous mes yeux.

– Tommy sait. Il les a vus. Je n'ai aucun secret pour lui.

Ce n'était pas l'effet d'une volonté de transparence, pas au moment d'entrer dans le magasin, le Paradise Bootery, célèbre pour ses talons aiguilles de vingt centimètres. C'est toujours là qu'elle achetait ses chaussures. Comme toutes les filles de Times Square. Mais cette fois elle avait hésité : les jeunes Tuesday Weld chaussaient du 38, Lush Life du 43. Alors elle avait demandé à Tommy de ne pas regarder. Mais il avait regardé bien sûr. Et il l'avait touchée. Au beau milieu du magasin, sous les yeux de la vendeuse et de tout le monde, il avait pris son pied nu dans sa main. Celle-ci était lisse, rose vif comme du chewing-gum frais, traversée d'épaisses veines bleues et son pied tenait tout entier dedans. Seul dépassait son orteil, gros et tordu, l'articulation ornée d'une ampoule. Tommy avait penché la tête et baisé l'ampoule. Tu vois. Il lui avait baisé le pied. Il lui avait acheté des chaussures rouges. Les chaussures rouges les plus grandes du magasin, du 44 1/2, beaucoup trop grandes, mais il lui avait dit qu'elles lui allaient parfaitement.

– Elles sont faites pour tes pieds : elles sont si petites.

Après cela, ils n'étaient pas allés au cinéma. Au lieu de se cacher dans l'obscurité tiède, ils avaient passé l'après-midi au coin de Broadway et de la Cinquantième Rue, collés au trou d'une palissade, à regarder le chantier d'une tour. Lush Life avait mal aux pieds. Les chaussures rouges avaient ouvert ses ampoules et l'obligeaient à marcher en boitant. Tommy l'avait prise en considération. *Un vrai gentleman.* Il l'avait soulevée dans ses bras, pour qu'elle voie mieux. Il lui avait acheté des glaces, un magazine. *Il m'a promis le monde et toutes ses merveilles.* Mais il ne pouvait pas se détacher des grues et des bétonnières, des machines qui faisaient glopitiglop, et de la boue.

– La mer, c'est pour manger, mais son premier amour c'est le bâtiment. Quand il sera libéré, il veut construire.

Avant lui, son oncle avait été maçon, mais son grand-père était prédicateur et son père tenait un bar. Près de New Iberia, sur Avery Island, Tommy cueillait des piments. Et puis, à cause de quelques ennuis, il avait dû aller courir le vaste monde. Il a *connu la peine, il a connu la honte. Mais il leur a tourné le dos.* Dans cinq semaines, ses pérégrinations terminées, il pourrait rentrer, libre, et s'installer. Entre-temps, il fréquentait des filles, mais rien de sérieux. *Il cherche toujours la femme de sa vie.*

Dehors, dans le couloir, les oiseaux nocturnes se rassemblaient. Motion avait investi dans du Baccardi. On entendait le choc de la bouteille contre le mur, des chansons d'amour à la radio. Otant ses chaussures rouges, Lush Life se mit à masser ses grands pieds.

– Vida Lujuriante, dit-elle. Me voilà bien !

Des larmes séchées lui striaient les joues. Avec la poudre et les fards, les pleurs avaient, semblait-il, enlevé de nouvelles épaisseurs de peau, de sorte qu'elle paraissait plus nue que jamais.

– Dormir, dit-elle, dormir, dormir.

Ses dents claquaient contre le goulot de sa bouteille de Night Train.

– C'est qu'un garçon.

Elle se sentait renaître. Le monde recommençait à tourner. Ce soir, en rentrant à l'hôtel, après avoir quitté Tommy Blalock, elle avait vu plein de cadavres en train de bavarder sur le trottoir, des morts qui refusaient de se coucher.

C'était du cinéma. On filmait un incendie. Sur l'emplacement d'un hôtel rasé, on avait construit un théâtre en planches que le scénario destinait aux flammes. Mais il y avait un problème avec les figurants. Ils étaient mécontents de leurs cachets ou peu confiants dans le dispositif de sécurité. Quoi qu'il en soit, ils refusaient de travailler. Les producteurs menaçaient, le réalisateur suppliait, mais ils restaient inflexibles. S'ils n'obtenaient pas satisfaction, ils quitteraient les lieux et laisseraient la scène en plan. Tu vois. Les sirènes des pompiers hurlaient, les spectateurs rouspétaient, la rue entière, sous les projecteurs, attendait. Mais les figurants buvaient tranquillement leur café.

Pour finir, les producteurs avaient posé un ultimatum : ou bien ils reprenaient le travail, ou bien ils allaient au diable.

– A ton avis, les morts, qu'est-ce qu'ils font ? demanda Lush Life.

– Sais pas.

– Ils se lèvent. Et ils marchent.

Douze

TOUT EST NEUF, proclamait la pancarte. Je venais de pénétrer dans un autre royaume. Lower Broadway était contrôlé par des hommes vieux et des hommes jeunes nés vieux. J'avais maintenant traversé Canal et le climat s'était inversé. Au nord, c'étaient les jeunes qui régnaient. Ceux qui ne l'étaient pas faisaient semblant.

Au coin de Grand, un jouvenceau aux cheveux roux vendait *L'Éveil de la Conscience*. Il ressemblait à une sculpture de Giacometti avec des jambes fuselées, des sandales, un short et des chaussettes de laine rouge, et offrait l'intelligence en discount, *Un autre vous* : « Des offres que vous ne pourrez pas, que vous n'oserez pas refuser. »

Pour cinquante cents, j'emportai un joli paquet bleu imprimé PRUDENCE. Mais l'avertissement venait trop tard. En ouvrant le paquet, j'y trouvai une brochure intitulée *Cafards*, éditée par AmYork, Laboratoires de lutte contre les parasites.

Son auteur s'appelait Mohammed U. Shadab, docteur d'État. Il travaillait, disait la notice, sur les insectes et les araignées depuis quatorze ans. Depuis toujours les cafards et la menace qu'ils représentaient se trouvaient au centre de ses préoccupations.

Au comptoir d'un snack cubain, je bus un *cafe con leche* en continuant à lire : « Les cafards, écrivait

Shadab, ne sont pas seulement dégoûtants, mais dangereux pour la santé. Ils boivent de l'eau, du lait et de la bière. Ils se nourrissent d'insectes morts, du résidu de leur propre mue, de cafards morts, de sang frais ou desséché, d'excréments, de crachats, d'ongles de mains et de pieds. Ils lèchent la salive des gens endormis ou comateux. Et à cause de leur activité nocturne, leurs sales habitudes passent ni vues ni connues. »

– Vampires. Enculés. Je les emmerde, déclara la voix de quelqu'un qui lisait par-dessus mon épaule. Ils me sucent le sang, je leur suce le sang.

C'était un Hell's Angel, une petite créature velue, bardée de cuir et de chaînes.

– Pire que ça, y a qu'un barbouilleur.

– Un barbouilleur ?

– Un peintre. Un enculé d'artiste, dit l'Ange.

La blessure était récente, encore ouverte. Cinq ans auparavant, c'était une zone épargnée par l'art. Aujourd'hui, on en trouvait partout.

– « *Pas seulement dégoûtant, mais dangereux pour la santé* », cita l'Ange.

Il se cura le nez, contempla ce qu'il avait ramené au bout de son doigt.

– Dé-gueu-lasse.

En me précédant dehors, il respira d'un air soupçonneux, tendant le cou comme un setter enchaîné. Mais je ne détectais nulle odeur de création. Au contraire, Broadway avait le parfum vivifiant de Cape Cod.

Cela se produisait toujours au mois de mars. Tout l'hiver, terre dévastée et toxique, New York empestait. Et puis brusquement, comme bombardée à l'ozone, la ville se réveillait propre, toute neuve. Pendant une semaine, deux, peut-être, l'air conservait quelque chose de piquant et de tonique, un éclat qui faisait chanter les Anges.

– Barbouille de mes couilles.

Broadway ici était splendide. Sur toute sa longueur, trente et un kilomètres à travers Manhattan et le

Bronx, il n'y avait pas plus beau tronçon que ces quelques pâtés de maisons situés entre Canal Street et Houston.

Dans les années 1840 et 1850, au cours de la première poussée barnumiste, le cœur de NuitVille battait là. Les Cent Acres de l'Enfer, comme on appelait SoHo à l'époque, étaient un obscur marécage de bordels et de tavernes louches. Mais sur Broadway éclatait le tumulte. Tout au long de l'avenue se succédaient des théâtres et des cafés éclairés au gaz, des parcs d'attractions comme les Vauxhall Gardens et les plus grands hôtels, le St. Nicholas, le Carlton House, le Metropolitan.

Charles Dickens venait s'asseoir au balcon du Carlton House pour rédiger ses *Notes américaines*. L'œil morne, il regardait passer le cortège des calèches avec leur cocher, des dames vêtues de soie, des messieurs frisant leurs moustaches et, surtout, de la valetaille :

« Ce sont d'immondes brutes. Ils ont pour la plupart le dos maigre et pelé comme le couvercle de ces vieilles malles en poulain, couvertes de mauvaises taches. A l'heure où le soir descend, on les voit par centaines se presser vers leur lit, dévorant tout sur leur passage. De temps à autre, un homme plus jeune que les autres, qui a trop mangé ou que les chiens ont trop longtemps harcelé, bat en retraite vers son logis, tel un fils prodigue. Mais c'est rare : car une assurance et une confiance en soi absolues, un sang-froid immuable constituent leurs principaux attributs. »

Se frayant un chemin parmi ces animaux prédateurs, les foules de Broadway se pressaient dans le Wood's Minstrel Hall, dans l'Olympic qui abritait le West Amazing Circus et dans les Chinese Rooms. Après l'incendie qui détruisit le premier, celles-ci abritèrent le deuxième Musée américain de Barnum qui, à son tour, fut réduit en cendres.

Il ne restait aucune trace de ces bacchanales. Seuls avaient survécu les immeubles commerciaux bâtis après la guerre de Sécession, dont un grand nombre étaient de pures merveilles. Constitués d'éléments préfabriqués en fonte, ils avaient été d'abord conçus comme des lieux de travail, fabriques, salles d'exposition et grands magasins, sans le faux luxe qui alourdissait Lower Broadway. La fonction avait été le premier souci des architectes, l'ornement venait en prime. Ainsi le Haughwout ou le Little Singer devaient leur grâce à leurs proportions parfaites, à leurs détails sublimes, mais celle-ci s'exprimait sans esbroufe, sans effort inutile.

La destinée du Haughwout est édifiante : bâti en 1857, ce qui fut le plus huppé des magasins de voitures à chevaux, dont l'architecture s'inspirait de la bibliothèque Sansovino de Saint-Marc à Venise, avec sa façade couleur chocolat, sa magnifique horloge et le premier ascenseur Otis de New York, abritait à présent une fabrique de soutiens-gorge et de culottes. L'horloge n'offrait plus qu'un cadran vide, sans aiguilles.

La barbouille commençait à Spring.

D'abord, elle avait débordé de SoHo qui bouillonnait vers l'ouest, inondée par les galeries et incapable d'en accueillir davantage. Auparavant la fuite avait atteint TriBeCa, au sud, puis Alphabet City, à l'est. A présent, la contamination gagnait Broadway.

Victime d'une ruée vers l'or enragée, SoHo avait cédé la place à BoomVille. Vingt-cinq ans avant, seuls les camions habitaient là. Ses canyons étroits et obscurs étaient peuplés d'entrepôts lugubres et d'ateliers de soudure. Les premiers peintres avaient mis le nez hors de Greenwich Village, attirés par l'espace, la lumière sans restriction, les lofts d'un seul tenant à dix mille dollars.

C'était alors l'apogée des minimalistes. Dans ces rues, ils disposaient librement de leur matière première – plaques d'acier, blocs de polystyrène, feutre industriel, ballots de chiffons colorés qui s'échappaient des sous-sols et des trappes des trottoirs. Une cabale eut tôt fait de se former. Paula Cooper ouvrit une première galerie. Max Hutchinson une deuxième. Les critiques d'art suivirent.

Le premier d'entre eux fut Robert Hughes.

Ce jeune motard australien portait ses cheveux longs et du cuir noir. Récemment importé de Londres par le *Times*, il se glissa parfaitement dans le moule. Au-dessus de la Société de traitement thermique de SoHo, il dénicha pour son usage personnel un espace sans cloison. Déjà les prix avaient atteint vingt-cinq mille dollars.

Le voisinage, en majorité italien, était aussi minimaliste que sa peinture. En dehors d'une unique bodega portoricaine, il y avait une charcuterie, une épicerie, une trattoria et un bar, le Fanelli, dans lequel la colonie des artistes se pressait comme des rats et s'engageait dans des discussions sérieuses. L'hiver, il arrivait à Hughes de sortir de chez lui en marchant dans la neige et, après une nuit dehors, de rentrer en retrouvant ses traces de pas intactes.

L'argent n'était pas un but en soi. A cette époque, les peintres ne se prenaient pas pour des nababs. La fortune était réservée aux artistes de musée, aux Jasper Johns et aux Willem De Kooning. A SoHo, le succès signifiait pouvoir payer son loyer.

Tout cela changea rapidement. Une éruption d'articles surgit dans les pages des magazines de luxe à la rubrique Tendance. Leo Castelli et André Emmerich, marchands *uptown*, ouvrirent des succursales *downtown*. Bientôt West Broadway se retouva pavé de bistrots, de cafés chics, de magasins de fournitures pour artistes et d'épiceries de luxe.

En l'espace d'une nuit, sembla-t-il, SoHo fut saturé non seulement de peintres et de sculpteurs, mais de potiers, d'historiens d'art, d'encadreurs, de tendeurs de toiles, de maîtresses professionnelles, d'amants professionnels et, surtout, d'assistantes, un raz de marée d'assistantes. Sur un mur de West Broadway, un graffiti isolé poussa sa plainte dans la jungle : BROADWAY NOUS COURT ON PRÉFÈRE LES POIDS LOURDS.

Sans attendre, il fut recouvert d'une couche de peinture et remplacé par une proclamation multicolore par laquelle René, un formaliste labial, déclarait : JE SUIS LE PLUS GRAND PEINTRE.

De quartier, SoHo se métamorphosa en parc à thème. « ArtLand », ainsi que le baptisa Robert Hughes.

Et maintenant le spectacle se poursuivait à Broadway.

Dans les fabriques, des étages entiers s'étaient trouvés annexés. Au-dessus et au-dessous, des armées de femmes hispaniques produisaient un déluge de bikinis, de collants et de porte-jarretelles. Au milieu, comme des boutiques de maisons de poupées, s'ouvraient de petites galeries toutes blanches qui proposaient chacune une marque différente : Néo-Géo, Rétro-Abstraction, Hyperréalisme, Récidivisme postmoderne, Art conceptuel et/ou Anti-Art.

Le Broadway Restaurant ne semblait guère impressionné. Rien d'ailleurs ne devait beaucoup impressionner cet établissement mi-bunker, mi-caverne, plongé dans la pénombre. Dans ses renfoncements, des hommes jouaient aux cartes, buvaient des boissons liquoreuses, échangeaient des pronostics sur les courses. Quand un étranger passait la porte, les joueurs se figeaient, raides comme des silhouettes en carton.

– La peinture ? dit un homme à chapeau. C'est un tuyau crevé.

Ses mains papillonnaient, s'amusaient à projeter des ombres chinoises sur le mur, oiseau criard, battement d'ailes noires :

– Oualou ! Oualou !

Au comptoir se tenait un jeune Anglais qui montrait son argent. Il jeta un regard à gauche, à droite, haussa les épaules, tiqua, puis enfonça la tête dans ses épaules et entrouvrit la bouche :

– Winston.

– Et quoi d'autre ? demanda le caissier.

– Ça dépend, répondit l'Anglais.

C'était un jeune homme de constitution frêle, aux cheveux bouclés, vêtu d'une veste de tweed léger. Il avait un visage de très vieil enfant. Empochant les Winston, il s'écarta du comptoir, lança un autre regard à gauche, un autre regard à droite.

– Tout dépend, dit-il avant de prendre la fuite.

Il s'appelait Paul Kasmin et tenait une galerie à l'étage. Pour l'instant, c'était une petite boîte vide au bout d'un corridor nu, sans rien à l'intérieur que quelques perles du Mozambique et quelques courtes banderilles noires pareilles à des brochettes en fil barbelé. Mais il avait d'autres projets. Si ceux-ci se réalisaient, il y aurait bientôt des dessins, des photos, voire des tableaux.

– De la peinture, dit Paul. Et alors...

Il haussa les sourcils, fronça le nez :

– Ou peut-être pas.

Dissimulée derrière un paravent blanc, une jeune fille griffonnait des notes, décrochait le téléphone.

– Vous êtes là ?

– Jusqu'à un certain point, répondit Paul.

Depuis bientôt trente ans, son père était marchand de tableaux en Angleterre. Dans les années soixante, il avait contribué à l'éclosion d'une génération de peintres anglais jeunes et éclectiques : David Hockney, Patrick Proctor, R.B. Kitij, Allen Jones, que les journalistes avaient rassemblés sous l'étiquette Pop, les stars du *Swinging London* au grand complet.

Paul lui-même, alors âgé de six ans, s'était fait faire son portrait par Hockney. Il avait grandi immergé dans la Barbouille de toutes les certitudes. A vingt ans, il avait suivi des cours d'histoire de l'art au Courtauld Institute, vendu des estampes au Kensington Market, collectionné des photographies de Brancusi. Quand l'Angleterre fut devenue une terre brûlée, il partit pour New York. Il avait bu un peu, voyagé beaucoup, rencontré une foule de gens riches. A présent, il avait trente ans, l'âge de passer aux choses sérieuses.

C'est à cette fin qu'il avait loué cet espace blanc. Entouré d'une secrétaire et d'une assistante, au rythme des déjeuners de trois heures chez Da Silvano et de vols aux quatre coins du monde à destination de toutes les foires d'art, il lui en coûtait dix-huit mille dollars par mois et il devait trouver de quoi le remplir. Ses tiroirs débordaient de photographies de qualité, il ne manquait ni de contacts ni de relations, il s'appelait Kasmin et il voulait à toute force s'enrichir. Cela lui suffisait-il ?

– Oui, répondit-il. Et non.

En théorie tout était parfait. Mais en pratique, il se trouvait placé devant un problème aigu et urgent : ce soir même il devait réussir à vendre une huile de Donald Baechler à un jeune couple français. Ils s'appelaient Laurent et Gaby Pelletier et ils formaient le couple idéal.

– Lui est immensément riche, elle a d'immenses jambes, expliqua Paul.

La vente, cependant, n'était pas son point fort.

– Je connais la peinture. Enfin, je crois.

Il toussota.

– Mais pas la chanson. Je veux dire : non.

Habituellement, il confiait cette tâche à son assistante, Marina, une fille brune aux yeux immenses et noirs. Les clients avaient besoin qu'on les dorlote, qu'on les prenne doucement par la main et Marina vous aurait vendu une assurance-vie sur le *Titanic*. Mais elle avait la grippe. Ce qui laissait tout le travail à Paul et à son bagout.

C'était fondamental. Ces dernières années, une nouvelle race de collectionneurs était apparue, non des amateurs de peinture, mais des investisseurs qui payaient en billets flambant neufs. Ils avaient touché le jackpot à Hollywood ou dans l'immobilier, la vidéo, l'informatique, les obligations pourries. En tant que vendeurs professionnels, ils attendaient un gros bénéfice en retour. Contentez-vous de leur mettre un tableau sous le nez, aussi splendide fût-il, ils se sentiront floués.

– Éjaculation précoce. *Coitus interruptus*, dit Paul. Quelque chose de ce genre en tout cas.

Il promena son regard sur les murs nus et blancs de la galerie, sur les murs en brique devant sa fenêtre.

– Chaque tableau a son... Il suffit de trouver le...

Fourrageant dans ses cheveux déjà en bataille, il tira sur une Winston éteinte.

– La clef, dit-il. La formule magique.

Sans enthousiasme, il feuilleta des catalogues anciens des œuvres de Donald Baechler. Baechler était un jeune peintre très prometteur, âgé de trente ans, et Paul croyait très fort en lui. Mais les mots...

– La barbe !

Dans les tableaux de Baechler, délibérément naïfs, apparaissaient de grosses figures maternelles nues, des dinosaures et des petites filles, des nuques à cheveux noirs ou chauves et des visages hurlants et grimaçants, pleurant, priant ou simplement les yeux grands ouverts. Par-dessus, aussi bariolés que des découpages d'albums, on voyait des ballons de football, des arbres de Noël, des oignons, des gombos, des pommes de terre.

– Très fort !

– Vous n'avez qu'à leur dire ça !

– Des mots d'une seule syllabe ! Vous êtes fou ?

Son visage n'était jamais en repos. Il avait des yeux roses, de petites oreilles roses, une petite bouche pincée et à chaque question ses yeux minuscules jetaient des regards dans toutes les directions, à la recherche d'un abri. Il ressemblait à un lapin aux abois, mais à un lapin des rues, passé maître dans l'art de la feinte.

Pour trouver l'inspiration, il commença la lecture à voix haute du catalogue de la dernière exposition de Baechler :

– « Ses dessins récents proposent au spectateur de vivre une expérience d'attirance et de répulsion simultanée. D'une part des surfaces aux tons subtils disposées en couches que délimitent des lignes floues ; de l'autre, l'image désorientante, claustrophobique d'un plein, un océan de visages intérieurement contraints et dont l'expansion est cependant retenue par le bord du papier. Ainsi se manifeste cette concomitance. La densité de ces images suggère à la fois l'attrait de la pitié et la négation du regard subjectif (par l'obstacle mis à l'intention de communication) à travers le positionnement spécifique de profils affichant une pléthore d'expressions sans pourtant s'adresser à celui qui les regarde. »

Il y eut un silence prolongé.

Dans cet espace vide, le téléphone ne sonnait pas, les murs blancs vous obligeaient à baisser les yeux.

– La barbe ! répéta Paul.

Et il sortit se replonger dans SoHo, à la recherche de la formule magique.

Chez Fanelli, il y avait des photos de boxeurs sur les murs, un bar ravagé par les expressionnistes. Mais Mike Fanelli, lui, avait disparu depuis longtemps. Sa présence avait toujours hanté ce lieu, sa silhouette si cadavérique et sa peau si parcheminée qu'il ressemblait à un de ces poissons japonais dans lesquels, une fois desséchés, on plante une bougie. Les nuits de grand froid, quand les tuyauteries lâchaient, on sortait un antique poêle Coleman. L'ombre de ses flammes dansait aux murs et au plafond et le long bar se transformait alors en repaire de brigands à la Hogarth. Dans les toilettes des hommes, au-dessus des urinoirs en marbre Belle Époque, une main inconnue avait griffonné : LES PEINTRES SONT TOUS DES HORS-LA-LOI. On pouvait le croire tant que l'alcool faisait son effet.

Aujourd'hui, on acceptait les cartes de crédit et on assaisonnait la salade au vinaigre balsamique. Calés contre le bar, cernés par les touristes, deux marchands allemands buvaient en étudiant la carte des galeries. Tout juste descendus de l'avion de Stuttgart, ils ne restaient que quarante-huit heures. Ils avaient visité six expositions ce matin et en prévoyaient huit autres cet après-midi. Mais cela ne leur suffisait pas.

– On doit voir plus vite, dit le marchand A.

– Une dernière bière et on y va, dit le marchand B.

– Plus de bière, dit le marchand A. On y va tout de suite. Après Twombly on boit. Après Twombly, *mein Gott*, on boit jusqu'à plus soif.

Volant la place qu'ils venaient de libérer, nous fîmes venir des alcools forts. Nous étions environnés de portraits de Mickey Walker et de Young Griffo, de Packey McFarland et de Paul Berlenbach, l'assassin d'Astoria, mais pas de peintres.

– Avec la peinture, c'est tout simple, dit Paul. C'est de la peinture ou pas.

Ses mains dessinèrent une paire de demi-lunes rondes et pleines qui évoquaient les fromages d'Edam ou les seins de Jane Mansfield.

– Mais l'ArtLangue ?

Les lunes se ratatinèrent, s'évanouirent.

– Qui sait ?

Tom Shafrazi savait.

Reconnu comme le maître de la parole de SoHo, c'était un personnage emblématique dont l'ascension avait été parallèle à celle de l'ArtLand et dont la chute, si elle se produisait, concrétiserait ses pires craintes.

Iranien, né de parents arméniens, Shafrazi avait grandi en Angleterre. Venu à New York en 1965, il avait essayé de devenir peintre, mais sans succès.

– Je me suis retrouvé piégé en position d'attente, isolé, comme un héros kafkaïen, dit-il plus tard.

Et donc, en 1974, à l'époque où le musée d'Art moderne exposait le *Guernica* de Picasso, il avait réussi à entrer avec une bombe de peinture rouge et avait souillé le tableau en pulvérisant ce slogan : LE SUCCÈS TUE TOUT.

Sur le moment, cela passa pour un début prometteur. Ce fut une levée de boucliers des conservateurs qui le condamnèrent à vie, mais seulement parce qu'ils ne l'avaient pas compris.

– Je l'ai fait, expliqua Shafrazi, pour endosser une responsabilité plus grande.

Humilié pour ce crime bénin, il publia un livre de photographies et de réflexions, commença à acheter de la peinture américaine pour le musée de Téhéran. Au début des années quatre-vingt, des peintres de l'East Village comme Keith Haring et Kenny Scharf lancèrent le Graffiti Art et Shafrazi les fit entrer à SoHo. Leur vernissage sur Mercer Street fut une orgie de bruits et de ballons au milieu d'une centaine de modèles masculins gloussants.

Depuis lors, rien n'avait pu arrêter Shafrazi. Andy Warhol s'était montré avec lui, Charles Saatchi vendait par son intermédiaire. Parvenu aujourd'hui à un âge qu'il refusait de révéler, il venait de louer une galerie sur Prince de la taille d'un petit musée dont on disait qu'elle lui coûtait quarante mille dollars par mois. Mais ce nouveau palais n'était pas encore ouvert. Pour l'instant, Shafrazi travaillait sur Mercer dans un hangar à avion propre et bien éclairé.

Confortablement assis derrière son bureau comme un directeur de banque, il ressemblait à une figure de mode : oubliés les bombeurs fous, peinture rouge au poing, le Shafrazi dernier modèle arborait une chevelure grise distinguée, un bronzage indélébile, un costume de coupe italienne et une chemise rayée sur mesure.

– Je ne prononce jamais le mot *marchand*. Je suis un galériste, dit-il, le regard dirigé partout sauf sur nous. Cela sous-entend une implication personnelle plus créative et une montagne de responsabilités.

Responsabilité. C'était sa formule magique. Ses frais généraux et ses engagements financiers, ainsi que les nombreuses guerres de personnalités auxquelles il se trouvait mêlé, auraient découragé un homme moins généreux. Mais Shafrazi ne reculait devant rien :

– De tout temps, les visionnaires et les sages ont ouvert des voies nouvelles. L'art est ma religion. Cette passion a ses impératifs aussi bien financiers que poétiques et créatifs. C'est ma croix, si vous voulez.

– De faire de l'argent ?

– Ça aussi. S'il faut en passer par là.

Le spectre du Lundi noir menaçait toujours. Et si une récession importante se préparait ? Perspective épouvantable. Toutes ces locations à quarante mille dollars et toutes ces étiquettes à cent mille dollars parties en fumée ! Et avec elles les assistantes en mini-jupes, les déjeuners d'affaires chez Da Silvano, les week-ends de raids sur Paris, Barcelone, Los Angeles. Mais Shafrazi ne laissait transparaître aucune inquiétude.

– Je considère toujours l'aspect positif des choses. Comme tous les pionniers. Quand on reste intègre et, dans une mesure raisonnable, *responsable*, même les moments de bouleversement peuvent aboutir à des périodes de stabilité contextuelle.

– C'est-à-dire de profit ?

– Appelons cela plutôt une estimation plus juste de la créativité.

Dans la galerie était accroché un Donald Baechler, une grande toile à l'huile et acrylique, qui représentait un homme en manteau et chapeau haut de forme noirs et un ballon de plage aux couleurs vives. Il évoquait pour moi des jouets mécaniques, des décalcomanies, des illustrations de boîtes de conserve, *Le Mystère d'Edwin Drood*. Mais je me tus.

– Qu'est-ce que cela signifie pour vous ? interrogea Shafrazi.

– Non, fit Paul, prudent. Dites-nous plutôt ce que cela signifie pour *vous*.

– La première inscription rupestre du premier homme des cavernes affirmant : « Je suis Homme, j'existe, ceci est mon testament. »

Au coin de la rue, à l'intérieur d'un ancien restaurant populaire appelé Jerry's, Sasha Zim buvait du lait glacé avec Alexei Alexandrovitch et dessinait une barbe rouge sur une photo de Madonna dans le *New York Post*.

– Ça, c'est mon testament, dit Sasha.

Son public n'était nullement impressionné.
– L'art est mort, dit Alexei.
C'était un homme-oiseau, une espèce de grèbe huppé. Deux mèches blanches symétriques et un plumet argenté jaillissaient de son crâne chauve et un bec bleu violacé lui fendait le visage.
– Mort. Kaput. Crashé.
Son bras droit, paralysé par la polio, se serrait contre son torse comme une aile brisée.
– Vite, le coup de grâce.
Il n'était pas d'ici. Il venait du Lower East Side où il habitait dans un atelier en sous-sol sous Ludlow Street et d'où il ne sortait qu'en cas de nécessité absolue.
– Quand mes entrailles me crient que mes entrailles crient famine.
Alors, dans ces moments difficiles, il emportait ses toiles sur les trottoirs de Cooper Square avec un tas de vieux livres de poche et de *National Geographic*. En cas d'échec, il descendait dans le métro pour jouer de la balalaïka et chanter des chansons russes.
Il chantait déjà quand j'avais fait sa connaissance, trois ans auparavant, bien avant que je ne commence à faire Broadway. Alexei donnait la sérénade au train A, à la Trente-Quatrième Rue et en était arrivé au milieu de *Nuits de Moscou*. Sa voix haut perchée, tel un cri de mouette, luttait désespérément contre le tumulte. Je lui donnai un dollar pour chanter *Stenka Razin*.
– C'est pas assez, dit-il.
– C'est tout ce que j'ai.
– Alors, prenez ça.
Enfonçant les doigts dans la chope de bière qui lui tenait lieu de sébile, il me tendit alors un billet de cinq craquant neuf.
Après cela, dans le sous-sol de Ludlow Street, nous nous étions enivrés au petit-lait arrosé de vodka de pomme de terre. Les fenêtres étaient dépourvues de carreaux, mais tendues de couvertures. A l'intérieur,

il y avait un berger allemand nommé Leon et les murs disparaissaient sous plusieurs épaisseurs de tableaux, des huiles expressionnistes sans cadres, dont les natures mortes et les crucifixions constituaient les deux uniques sujets.

– Parfois, j'essaie d'autres trucs, des nus, des paysages, tout ce qu'on veut.

Mais les nus finissaient toujours par croquer des légumes crus et dans chaque paysage il poussait une croix.

– Aubergines, courgettes, clous. C'est ce que je vois. Je peins ce que je vois, c'est tout.

Et il voyait la ruine. A l'instant où son pinceau la touchait, la matière tombait malade. Les fruits blettissaient, la viande se décomposait, la chair du Sauveur devenait purulente.

– Putréfaction, disait Alexei, visiblement enchanté par cette idée. L'École de l'Abattoir.

Pendant que nous buvions, toutes sortes de Russes étaient entrés, puis ressortis. Ils semblaient faire comme chez eux, mais Alexei expliqua qu'ils venaient simplement se reposer. L'un d'entre eux, de type mongol, se mit à fouiller parmi les tableaux : parvenu à une étude des pieds martyrisés du Christ, il éclata de rire. Quelqu'un l'injuria et le Mongol, cramoisi, prit la fuite. Alexei, nullement blessé, sembla au contraire rassuré.

– On n'apprend pas à un vieux singe à faire la grimace.

Son sous-sol se doublait d'un asile, d'un abri pour les épaves soviéricaines. Alexei Alexandrovitch y vivait depuis trente-deux ans. Pendant cette période, il prétendait avoir vendu trente-deux tableaux et recueilli un millier de démunis.

– L'armée des Égarés, disait-il à présent en sirotant son lait glacé à SoHo. Et leur batterie.

Son errance avait commencé à Odessa, en 1935. C'était le troisième enfant d'une famille de six. Son père était tailleur et joueur de flûte. A l'arrivée des

Allemands, ils avaient emporté les vêtements qu'ils avaient sur eux, la flûte du père et s'étaient embarqués à bord d'un bateau de pêche. Une tempête les surprit au milieu de la mer Noire et le bateau chavira. La mère d'Alexei se noya, deux frères et une sœur moururent de froid. Les survivants, accrochés à l'épave, furent rejetés sur la côte de Turquie, recueillis par les gardes-côtes, et internés. Ils passèrent dix-sept mois dans un camp. Une deuxième sœur mourut de malnutrition. Le premier ayant été détruit par les flammes, la famille fut placée dans un second camp, puis dans un autre encore. Quelque part en chemin, le dernier frère disparut. Il restait Alexei, son père et la flûte.

Vers 1944, ils se trouvaient en Algérie, dans un camp aux abords de Biskra. Alexei contracta la polio. Sans médecin, les médicaments nécessaires ayant été volés, il attendit la mort. En l'absence d'un rabbin, on fit venir un prêtre catholique qui le baptisa et lui administra l'extrême-onction. Son père joua les trilles de Papageno dans *La Flûte enchantée.* Au matin, à l'arrivée des gardes, Alexei était vivant et son père était mort.

Depuis, il était resté catholique.

Après la guerre, il avait vécu à Oran, Meknès, Tanger, Algésiras, Málaga, Barcelone, Toulon, Marseille. A son arrivée à Paris, il avait dix-sept ans, il était gaucher et il gagnait sa vie en couchant avec des hommes.

L'un d'eux, un New-Yorkais, était archevêque. Quand Monseigneur retourna aux États-Unis, il emmena Alexei Alexandrovitch avec lui, lui acheta une carte verte et le fit entrer comme maître d'hôtel à l'ambassade de Suisse. Là, Alexei rencontra une femme de chambre qu'il épousa. Elle s'appelait Kristen, c'était une déesse-mère toute en poitrine et en hanches, et elle l'aimait quasiment à en mourir. Sa nature était si abondante qu'il ne savait pas par quoi commencer. Il ne commença donc jamais.

Quand Kristen ne faisait pas les chambres, elle posait nue au Cooper Union. Alexei, parfois, se glissait dans l'atelier et regardait du fond de la salle. Un homme en imperméable sale. Il rêvait de la dessiner, juste une fois, sa propre femme. Mais il n'osait pas. Le Vendredi saint, il sortit tout seul et revint ivre mort. A son retour Kristen était étendue nue à plat ventre sur le lit et dormait à poings fermés. Alexei sortit son carnet de croquis, dessina ce qu'il voyait, puis s'endormit à son tour, le visage enfoui dans le ventre rond de sa femme.

Au matin, quand il regarda ce qu'il avait dessiné, il trouva un Christ crucifié vu de dos reposant sur une julienne d'aubergines, de courgettes et de clous.

Un mariage se brisa.

– J'ai perdu la boussole, ma femme est allée rouler sa bosse. Elle s'établit à Broadway Lanes, moi je fus placé à Creedmore. Le nid de coucous. Quatorze ans de murs blancs et de lavements. Interdit de clous. Et que des légumes en conserve.

Quand on le laissa sortir, Alexei Alexandrovitch s'installa *downtown*, devint portier de la paroisse de St. Stanislas et trouva le sous-sol de Ludlow Street. Entre-temps, il apprit tout seul la peinture à l'huile.

C'était la fin des années cinquante, le début des années soixante ; personne dans ce quartier n'avait encore peur. Chaque soir, quand il ne pleuvait pas, Alexei s'asseyait sur le seuil pour dessiner. Au mois d'août, une nuit, une tuile tomba du toit et le scalpa. En retour, il reçut quatre-vingt-dix points de suture et une pension à vie.

Depuis lors les chèques mensuels le maintenaient à flot. En regardant de près et assez longtemps, on devinait une cicatrice blanche à peine visible à l'endroit où la tuile l'avait frappé. Aujourd'hui encore, il souffrait de violents maux de tête, de nausées et de crises de haine de soi. Mais le reste du temps, il allait très bien. Au cours de ses longs mois de convalescence, enfermé dans sa cellule, il avait pris sa résolution.

– Mon crâne était entouré de pansements, mon esprit battait la campagne. Et alors ? J'ai commencé à poser les questions.

– Quelles questions ?

– Celles que tous les hommes se posent : Qui suis-je ? Comment suis-je ici ? Et pourquoi ?

– Et les réponses ?

– Pas de réponses. Sinon qu'autrefois j'étais russe. Rien de très consistant.

– Mais un début. Un commencement.

Dès qu'il fut capable de descendre de son lit d'hôpital, Alexei se rendit à Brighton Beach, à Brooklyn, non loin de Coney Island. Là, sous le métro aérien, s'étendait un quartier entier appelé Little Odessa où tout, depuis les enseignes des épiceries jusqu'aux journaux en passant par les restaurants, les graffitis, les crimes, était en russe. Il acheta une balalaïka chez un brocanteur et se mit à gratter dans la rue. Il gratta tout au long du pâté de maisons, là-haut dans l'escalier du métro aérien, puis sur le quai jusqu'à Manhattan. En sortant du métro à Times Square, sept Russes sans abri le suivaient à la queue leu leu.

Il les emporta chez lui comme des trophées de chasse. Ils remplirent son sous-sol de bruit, de chair, de relents de vie. Il leur prépara de la soupe au chou et des pirojki. Dès qu'un bataillon avait le ventre plein, un autre prenait aussitôt sa place, puis un autre.

– Ce qu'il y a de bien, avec les Russes, c'est qu'ils ne vous laissent jamais tomber.

Grâce à eux, il restait sain d'esprit. Sa connaissance de la langue russe se réduisait au minimum, à quelques phrases basiques. Mais les sonorités de sa langue perdue l'enracinaient, l'ancraient au sol.

La nécessité s'imposait. Souvent, la nuit, dans l'obscurité, Alexei croyait qu'il lui poussait des ailes et qu'elles le soulevaient en brassant l'air. Mais, naturellement, avec son bras estropié, il ne pouvait pas voler. Il n'aurait réussi qu'à se blesser. Voilà pourquoi il n'y avait pas de vitres aux carreaux, pour le cas où il se serait précipité sur la fenêtre. Mais il n'alla jamais jusque-là. Avant qu'il puisse prendre son essor, le chien grondait ou une voix ivre se mettait à chanter *Le Lac Baïkal* et Alexei retombait sur ses pieds.

Au matin, il y avait toujours plus de soupe, ou une nouvelle fournée de pirojki à préparer.

– Si bien que jour après jour je vis camouflé. Intact.

Quant à sa peinture, il ne parvenait pas à se décider. Il n'avait jamais pris de leçons, reconnaissait que sa technique était sommaire, et trouvait très souvent le résultat absurde. D'autres fois, il s'enflammait. Il tombait sur une toile oubliée ou en voyait une autre sous un angle nouveau et sa force le renversait. C'était comme si une autre main l'avait peinte à sa place en se servant de lui comme d'un transport public. Alors peu importait son caractère fruste et il était fier d'être absurde.

– Il n'y a que le vivant. La nouvelle vie créée qui avant ne vivait pas.

Aujourd'hui, à SoHo, il jubilait. La semaine précédente, pour la première fois depuis des années, un marchand professionnel avait manifesté un intérêt réel, lui avait même paru décidé à acheter.

L'histoire datait d'un mois. Un des Russes d'Alexei, un réparateur de montres retraité, était mort en lui léguant quelques cadres dorés anciens. Alexei les avait utilisés pour ses dernières toiles et ils avaient changé le cours de sa vie. Quand il était revenu tenter sa chance à Cooper Square, un homme pondéré, vêtu d'un pantalon de cuir fauve et chaussé de mocassins de chez Gucci, s'était approché et avait été enthousiasmé au premier regard.

– Comme s'il avait vu une apparition. Ou quelque chose.

L'homme s'appelait Harold, il possédait une galerie à Cape Cod et il lui offrit d'acheter l'ensemble, cinq tableaux et cinq cadres, pour cinq cents dollars. Il aurait conclu le marché sur-le-champ s'il avait eu la somme exacte sur lui, mais il avait promis de revenir le même jour la semaine prochaine, avec l'argent liquide.

C'était aujourd'hui. Chez Jerry's, Alexei tenait les tableaux entre ses genoux, soigneusement enveloppés dans du papier cadeau. Dans moins d'une heure, il irait retrouver ce M. Harold. Alors il deviendrait un autre homme. Un artiste de galerie.

Sasha n'était guère confiant.

– C'est pas catholique : tout ce que tu veux qu'il ne viendra pas.

– Naturellement, dit Alexei. L'art est mort.

Mais il ne voulait pas m'autoriser à attendre et à me rendre compte par moi-même. Quand l'heure du rendez-vous approcha, il me mit dehors, dans la rue. Ni mes arguments ni mes supplications ne le firent changer d'avis.

– Éloigne-toi, oiseau de mauvais augure !

Je partis donc. C'était l'heure du déjeuner.

A SoHo, le déjeuner revêtait une importance capitale. La trattoria Da Silvano était pleine à craquer de marchands. C'était la cantine de Leo Castelli, de Shafrazi et de Larry Gagosian. Et c'est là que Paul m'emmenait rompre le pain avec Donald Baechler.

– Quel genre d'homme est-ce ? demandai-je.

– Oh, vous savez bien, répondit Paul en tendant un article du critique d'art Robert Pincus-Witten au titre hargneux : « Inaccessibilité Accrue. »

« Il (Donald Baechler) souffre d'une obsession. Quand il travaille dans la solitude et que l'angoisse le tenaille, il craint parfois, avoue-t-il, de se jeter par la verrière de son atelier. Plongé dans une dépression caractérisée par l'impossibilité de peindre, il a passé de longues heures couché devant la télévision allumée. Ce régime s'est poursuivi pendant des semaines. Au cours d'un délire fiévreux, il imagine qu'il lance le poste de télévision à travers la vitre et il se réveille terrifié. Le lendemain matin, il s'arme de courage et décide de passer à l'acte, d'aller jusqu'au bout de son rêve et, ce faisant, de se " guérir " du fantasme et de sortir de cette dépression. Mais en songeant à tout le gâchis, il se ravise et il se débarrasse de la télévision, pour ensuite regretter la beauté irréalisée de cet acte. Il s'agit là naturellement d'un mythe divin, la vie, la mort, la résurrection, allié à la notion gidienne d'*acte gratuit*. Maintenant il n'a plus de télévision. »

– Plus du tout ? demandai-je.

– Seulement une noir, dit Paul, et blanc.

L'homme qui vint déjeuner avait un visage rond et affable, d'un blanc laiteux, une voix à la fois douce et grave. Toute trace de jet de télévision se dissimulait parfaitement sous son impeccable costume noir et une chemise blanche immaculée resserrée aux poignets.

– Désolé d'être en retard, dit Baechler. J'ai dû faire la queue à la banque.

Il avait de grands yeux liquides, une mèche qui retombait obstinément sur son front et lui donnait cet air d'enfant gâté et bien nourri d'une star du rock and roll des années cinquante, un rêve d'adolescente... Et star, il l'était : courtois, souriant si bon lui semblait, boudeur s'il s'ennuyait, il affichait l'indifférence et le mépris à l'égard des conflits et des désordres humains qui sont caractéristiques de la star.

En sa présence, Paul se mua en hérisson, rentrant la tête si profondément dans le col de sa veste que tout son visage disparaissait. Seuls dépassaient ses petits yeux roses.

– Votre tableau, commença-t-il.

– Eh bien ?

– Oh, rien. Rien du tout.

Da Silvano était plein de grands voyageurs. Toutes les personnes présentes, semblait-il, descendaient tout juste d'un avion en provenance de Barcelone, de Venise, de Rio de Janeiro, de New Delhi ou de Düsseldorf. Baechler lui-même rentrait de Hollande où il avait tenu un journal sur son carnet de croquis. La première page démarrait ainsi : « Voilà comment tout a commencé : je me croyais en route pour l'Inde lorsqu'on m'a convaincu de passer par Amsterdam d'abord. Deux jours au Krasnapolski avec Paul Blanca, se faisant monter ses repas dans sa chambre et vidant tout le contenu du mini-bar, d'abord la bière, le scotch et la vodka, puis les saletés collantes comme le Cointreau ou le Cheery Herring auxquelles normalement personne ne touche. J'ai pensé à lui demander de me faire une pipe, mais, un jour, je l'avais vu battre sa petite amie à Bond Street, alors je me suis dit qu'il ne devait pas aimer beaucoup les garçons. »

En lisant ces lignes je songeais à Shafrazi disant : « Je suis Homme, j'existe, ceci est mon testament. » Mais Paul avait l'esprit ailleurs. Sortant la tête de son col, il lança un regard en direction de Castelli, un autre en direction de Gagosian et il plongea :

– Votre tableau, répéta-t-il.

– Oui, mon tableau ?

– Décrivez-le.

Baechler ne broncha pas. Il était en train de boire une gorgée de vin. Il s'arrêta, reposa son verre et étala ses grandes mains blanches sur la nappe. Sa mèche lui retomba sur les yeux, mais il ne la rejeta pas en arrière. Parfaitement immobile, il réfléchit.

– C'est, dit-il, un tableau.

Pas de temps pour les clauses annexes. Les clients étaient attendus à cinq heures. Baechler retourna à sa peinture et Paul sua sur sa grappa.

Le déjeuner terminé, nous traversâmes à pied le cœur de l'ArtLand. West Broadway était à présent intégralement livré aux galeries et à leurs produits dérivés : magasins de régime, centres d'amaigrissement, épiceries fines italiennes. Mais de temps à autre, en regardant dans une rue latérale, on apercevait des chariots élévateurs, des quais de chargement, des pavés cassés et de grands entrepôts en brique rouge.

– Très fort, disait Paul.

Loin de Silvano et d'un marché avide de sensations, il était empreint de ferveur, un admirateur-né. Une belle image le bouleversait. Devant un Rauschenberg de premier ordre ou même un Man Ray de second ordre, tout son corps se redressait comme un poney Shetland qui se cabre, sa chair rose prenait une teinte plus rose, ses yeux se plissaient et devenaient presque invisibles.

– Oui, oh oui ! criait-il.

Il pouvait regarder des tableaux tous les jours de sa vie sans jamais se lasser.

– Si seulement ce n'était pas. Enfin, s'il ne fallait pas.

Il reposa ses sabots.

– Les mots, dit Paul. Saleté de mots !

Nous remontâmes Spring, cernés par un millier de toiles. Au sein de la mythologie new-yorkaise, cette rue occupait une place sacrée. A quelques pâtés de maisons vers l'est, un matin des années 1820, des ouvriers venus effectuer leur journée de travail étaient tombés sur un essaim d'hommes et de femmes équipés comme en prévision d'un long voyage, entourés de chariots, d'outils de construction, de provisions et de chiens de traîneau. Quand on leur demanda la raison de tout ce remue-ménage, ils répondirent qu'ils étaient venus couper l'île de Manhattan à la scie. Celle-ci commençait à s'alourdir du côté de Battery dont les immeubles trop nombreux la rendaient dangereuse. La seule solution consistait à trancher dans le vif à la hauteur de Kingsbridge puis de faire pivoter l'île entière à l'aide de dragues, de telle sorte que le nord se retrouve au sud.

Cela donna aux ouvriers matière à réflexion. Soudain l'un d'entre eux entrevit la faille :

– Et Long Island ? Est-ce qu'elle ne va pas gêner ?

– Difficile à dire, répliqua un étranger.

Certains experts prétendaient que le problème pouvait être résolu sans déplacer Long Island du tout, que la baie et le port étaient assez vastes pour permettre la rotation de New York. D'autres pensaient qu'il fallait d'abord détacher Long Island et l'éloigner au large en la maintenant à l'ancre jusqu'à ce qu'on ait achevé de basculer Manhattan, après quoi on la remettrait à sa place.

Je racontai cette histoire à Paul tandis que nous regardions la vitrine d'une galerie, hypnotisés par l'écran clignotant d'un poste de télévision qui répétait indéfiniment OUI EST NON, NON EST OUI. Derrière nous, un homme immense enveloppé dans une couverture afghane ne cessait de jouer des coudes et de pousser pour mieux voir. Mais quand nous nous éloignâmes, il nous emboîta le pas.

– Comment ça s'est terminé ? interrogea-t-il. Ils l'ont sciée ou pas ?

– Jusqu'à un certain point, répondit Paul.

Chez Jerry's, je le laissai à nouveau pour retrouver Sasha et Alexei. Ils étaient assis dans la même alcôve, dans la même position, comme s'ils n'avaient pas bougé. Cependant le papier cadeau avait disparu d'entre les pieds d'Alexei et le vin avait remplacé le lait glacé.

– Je suis un homme heureux, dit-il.

Il n'en avait pas l'air. Ses mèches blanches du matin avaient pris une teinte grisâtre ; son bec bleu retombait tristement sur sa poitrine. Mais dans sa main tordue, il serrait cinq cents dollars en billets craquants neufs.

Le M. Harold était venu à l'heure dite, superbe en jodhpurs et en cravate de soie jaune. Il avait bu quelques verres, donné des claques dans le dos et payé sans un murmure. Et puis il était parti.

Tout s'était déroulé si vite. Alexei ne voulait pas que ça s'arrête. Pour prolonger l'instant, il avait offert de l'aider à porter les tableaux. Mais Harold avait dit que ce n'était pas la peine, qu'il était garé juste au coin de la rue.

– Vous avez fait votre travail. Que Dieu vous bénisse ! Peignez bien.

Et il avait disparu.

Sans lui, le restaurant avait perdu tout son éclat. Au lieu d'exulter, Alexei s'était senti étrangement frustré. Il attendait cet événement depuis si longtemps et Harold l'avait planté là, sa soif seulement à moitié étanchée. Il avait beau s'efforcer de se réjouir, son estomac se contractait. Pour ne pas vomir, il fallait qu'il sorte prendre l'air. Il était donc parti en courant et s'était précipité dans un magasin de fournitures pour artistes.

L'air printanier lui avait fait du bien. Au coin de Prince et de Broadway, il s'était arrêté dans un rayon de soleil pour laver la nausée et la douleur. Quand Sasha le rattrapa, il respirait à pleins poumons, le visage levé, extatique.

– Qu'est-ce qu'il y a ?

– Peinture fraîche, répondit Alexei.

Ensemble, ils se laissèrent guider vers l'odeur. Mais sans l'atteindre. Au bout d'une dizaine de mètres, ils passèrent devant un grand bidon d'huile rempli d'ordures. A l'intérieur se trouvaient les cinq tableaux d'Alexei, proprement débarrassés de leurs cadres anciens.

Là-haut, dans la galerie Kasmin, à cinq heures tapantes, les Pelletier vinrent voir le Donald Baechler.

Tous deux étaient bronzés, frits à souhait. Laurent, un petit homme replet et agité, gonflé d'importance, avait l'air du maire de Clochemerle. Apparemment, il avait gagné des millions avec des clubs de vacances inspirés du Club Med puis divorcé de sa première femme pour épouser Gaby, un ex-mannequin qui en avait toutes les caractéristiques. Blonde et sculpturale, presque habillée dans une minijupe en crochet blanc, elle descendait d'un avion en provenance d'Aspen où elle s'était fait rôtir au soleil jusqu'à obtention du teint d'un ouvrier de haut fourneau. En se laissant embrasser, elle ne cessait de contracter ses cuisses nues et de faire étinceler ses dents blanches. Elle pouffait de rire comme une petite fille, tournoyait et virevoltait en montrant sa ligne de hanches.

Il était entendu que les Pelletier ne devaient pas voir le tableau. Pour l'instant ils devaient se contenter d'un Polaroïd. Ils disposeraient ensuite de quarante-huit heures pour se décider. Comme Marina l'avait rappelé à Paul dans une note préliminaire, ils devaient s'estimer heureux d'obtenir ça : « Donald Baechler est un peintre IMPORTANT, disait la note. Et ce tableau est une œuvre IMPORTANTE. »

L'œuvre importante en question s'appelait *Forêt* et représentait un visage blanc de profil, un sapin de Noël vert.

– Loin d'être son chef-d'œuvre, avoua Paul, pas devant Laurent et Gaby, bien sûr. Mais elle est grande, vous voyez. Vraiment très grande.

Et elle ne coûtait que cinquante mille dollars. Mais il y avait un léger problème : les Pelletier ne débordaient pas d'enthousiasme.

– Je ne le trouve pas très, voyez-ce-que-je-veux-dire, dit Gaby. C'est l'arbre, je crois. Trop vert.

– Les arbres *sont* verts, fit remarquer Laurent.

– Ça se discute, dit Gaby.

Elle se pencha sur le Polaroïd avec recueillement, une expression solennelle et artistement contemplative. Sous le comptoir, cependant, les muscles de ses fesses et de ses cuisses nues jouaient toujours, infatigables dans leur lutte contre la cellulite.

– Je l'aime bien, c'est vrai, soupira-t-elle. Mais enfin...

– Mais enfin ?

– Mais enfin.

A l'écart, Paul se tassait peu à peu dans son fauteuil, tandis que sa tête rose disparaissait entre ses épaules. Il fixa les murs blancs derrière la fenêtre en face de la cheminée d'aération. Il contempla son portrait par David Hockney à l'âge de six ans, accroché près de son bureau. Il alluma une cigarette, l'éteignit. Et là, comme sortie d'un coffre oublié de sa mémoire, lui-même plus tard fut incapable de l'expliquer, une phrase perdue lui revint et le prit sur son aile.

– Obliquité ironique.

Les fesses de Gaby se figèrent en pleine tension, tremblantes comme des *blancs-mangers* avant la tempête.

– Ironique ?

– Obliquité.

Les mots rayonnèrent dans l'air comme une ampoule. Les arbres verts, quelle que soit la manière dont on les coupe, ne sont jamais que des arbres. Mais des arbres verts obliquement ironiques ?

– Naturellement, dit Gaby.

Pour la forme, et pour ne pas aller à contre-courant de la danse rituelle, elle voulut emprunter le Polaroïd jusqu'au lendemain pour le voir sur le mur de son salon. Mais ses voltes et ses pirouettes étaient des mouvements d'extase et sa ligne de hanches plus tendue, plus musclée que jamais.

– Obliquité, dit-elle.

– Ironique, dit Laurent.

Main dans la main, ils s'éloignèrent ensemble dans le long couloir vide. Arrivés devant l'ascenseur, ils s'embrassèrent en s'étreignant. Gaby leva le Polaroïd vers la lumière. Son visage luisait de convoitise et de Max Factor.

– Mais c'est bien sûr, dit-elle.

Treize

– Novokuz, dit Sasha.

C'était son abraxas, le nom qu'il invoquait pour dissiper le chaos. Quand il sentait qu'il échappait aux lois de la gravitation, la formule magique le retenait, assise sur sa tête jusqu'à ce qu'il retrouve ses esprits.

– Sale vieille rue. Mais salement bonne, comme la transpiration, l'odeur de mes aisselles. Douce comme le péché maison.

Ce printemps-là, le passé lui pesait lourd. Il venait d'avoir vingt-cinq ans et sa batterie n'avait toujours pas trouvé de foyer. C'était la première fois que le manque se faisait sentir.

Au Pearl River, il s'était acheté une cafetière, un épais tapis de bain bleu, une lampe en faïence en forme de fille habillée d'un kimono qui disparaissait quand on allumait, diverses décorations de Noël – cheveux d'anges, lampions, boules en plastique irisées – et un petit dragon rembourré avec des yeux rouges et une langue écarlate de trente-cinq centimètres.

– J'ai envie d'avoir des trucs à moi. D'être possédé.

Il emportait sa nouvelle vie partout avec lui, garée à ses côtés sur le siège avant de son taxi. Par beau temps, il descendait la vitre et glissait la tête du dragon dans l'ouverture. La langue retombait dehors en pendouillant comme une grosse queue qui débande.

Le taxi n'était plus seulement un véhicule. Il l'avait transformé en garçonnière mobile. En plus de ses biens personnels, le moindre centimètre carré de surface libre était couvert de photos d'athlètes, de musiciens, de Playmates et de Penthouse Pets, et de cow-boys. Surtout des cow-boys car, au-delà de Broadway, au-delà même de sa batterie, l'ambition la plus haute de Sasha était de finir en Marlboro Man.

Dernièrement, la vision avait pâli : S.M. Marie ne lui réservait plus un accueil très enthousiaste et il partageait ses nuits entre une serveuse mormone originaire de l'Utah, une adepte de la musculation de Bangor, dans le Maine, et le sol de l'hôtel Moose. Le plus souvent, il dormait à Brooklyn dans le garage où il remisait son taxi.

Il ne se faisait aucun souci pour lui-même. Mais sa batterie, c'était une autre histoire. Il l'avait depuis cinq ans, presque six, au cours desquels elle avait dû connaître une bonne centaine de lits. Ce n'était pas bien, c'était un manque de respect. S'il ne redressait pas la situation, on finirait par la lui voler ou la lui abîmer. Elle s'userait. Ou peut-être qu'un jour, elle claquerait la porte.

– Pour trouver un homme qui sait jouer. *Dosvyedanya*, elle écrirait, c'est tout.

Il pensait à son père.

C'était mauvais signe : dès qu'il pensait à Lev Mikhailovitch, il risquait d'attraper un échec, et il n'avait pas fait tout ce chemin pour échouer.

– Qui est-ce qui perd les pédales ? Pas Zim ! Voilà !

Cependant il pensait à son père.

Sur Houston, juste au coin de la Barbouille, il y avait une boîte de jazz en sous-sol qui s'appelait la Knitting Factory (l'Usine de Tricot) et où Sasha allait de temps en temps. L'endroit, peuplé de barbes, de sandales et de pulls trop larges, datait des Beatniks, autant dire de la préhistoire. Lev aurait été capable de tuer pour y passer une soirée.

C'était un de ces *styliagi* des années cinquante, un de ces types « à la page », amoureux du be-bop. A cette époque, en Russie, le jazz était synonyme de conspiration – caves, mots de passe, morceaux de tissu glissés aux portes et aux fenêtres pour empêcher les bruits de passer, disques pirates. Pour des hommes comme Lev, la musique n'était pas seule en jeu, elle avait sa part dans un système global de pensée, dans une mystique hors la loi pour laquelle ils auraient sacrifié leur famille, leur travail, leur liberté et jusqu'à leur vie.

Les disques pirates jouaient alors un rôle clef. L'émission de Willis Conover que la Voix de l'Amérique diffusait tous les soirs depuis Tanger était religieusement enregistrée par des radioamateurs puis transférée sur des plaques radiographiques par des techniciens de laboratoire employés dans les hôpitaux, au nombre desquels figurait Lev Mikhailovitch. Aussi loin que remontaient ses souvenirs, Sasha se voyait tapi sous le lit de ses parents dans un tourbillon fantomatique de cages thoraciques, d'intestins ou de bronches, les oreilles bercées par *A Night in Tunisia*.

Ce qu'il entendait n'était qu'un remous lointain plus proche de l'éraillement inarticulé que de la musique. Le souvenir le plus précis que conservait Sasha se composait de silhouettes d'entrailles passées aux rayons X et, dépassant du lit, les pieds nus de son père. Ils avaient des cors et des ongles noirs, ils sentaient de mauvais secrets. Quand Charlie Parker jouait en solo, Bird, l'oiseau en plein vol, les orteils noirs gigotaient et tressautaient sans contrôle, secoués de spasmes.

– Comme des pendus, disait Sasha.

Son père était grand, bruyant, échevelé, catastrophique.

– Un homme brûlant de foi et de soif.

Ses amis le surnommaient « *Rhyzhi mushik* », le Géant rouge, mais il n'était pas véritablement rouge comme le père d'Ellen Fogarty, ce morceau de viande crue, il était roux comme la flamme. Quand il buvait, ce qui se produisait presque tous les soirs, les taches qui lui couvraient le visage gonflaient comme de petits raisins secs menaçant d'éclater. La chaleur irradiait de son corps. Il prenait feu. Un brasero humain.

Il était à lui seul un concours de casse-autos. Il ne pouvait traverser une pièce sans la démolir ou toucher une chose vivante sans la laisser pour morte. Il n'y avait là nulle mauvaise intention, ce n'était même pas la peine. Il lui suffisait de se cogner partout, la tête la première, et le tour était joué. Tous les ans, pendant des mois, il économisait pour l'anniversaire de Sasha. Et tous les ans, les cadeaux émergeaient de leurs emballages brisés, écrasés, démantibulés au-delà de toute réparation.

– Tout homme a sa spécialité. Mon père, sa spécialité, c'était de tomber.

Lev fut donc renvoyé du Parti, renvoyé du laboratoire, renvoyé de tous les appartements que sa femme réussissait à louer. Devenu chauffeur de taxi, il écrasa trois voitures contre trois murs en trois mois. Il échoua même dans l'hygiène publique.

– Le seul, dans toute l'histoire des égouts, à qui on a donné de l'argent dans la main pour qu'il s'en aille en tirant la chasse.

Il ne restait plus que le marché noir.

De l'autre côté d'un gisement de bitume, en face de Novokuz, les Zim, la mère, le père, Sasha et son petit frère Pavel, trouvèrent une chambre au cinquième étage, nichée sous les toits avec, en dessous, un atelier de confection et au-dessus, des pigeons. Les placards étaient bourrés de poulets morts, de cerises en boîte, de bas, de radios et de Lucky Strike, toujours des Lucky Strike. Quand Sasha, alors âgé de huit ans, demandait à quoi servaient toutes ces choses, Lev se passait un doigt aux phalanges cassées sur l'aile orange de son nez et parodiait la devise des Jeunes Pionniers, leur serment d'allégeance aux Soviets :

– *Gotovy na Trud i na Zastchitzu Zhop ?* Prêt à travailler et à défendre ton cul ? récitait-il, enflammé, avec un rire de faune.

– *Vsegda gotovy,* toujours prêt, répondait Sasha.

– Humour typiquement russe. Pas de quoi rire.

Ce qui est sûr, c'est que sa mère ne riait pas. Varya Petrovna, une femme caillée, pincée et insatisfaite, travaillait dans un bureau de poste, elle était un membre actif du Parti et elle vouait à Lev Mikhailovitch une haine quasi religieuse.

Le saxophone fut la goutte qui fit déborder le vase.

Lev l'acheta à un marin et le ramena à la maison dans un sac à charbon. C'était une nuit d'été démoniaque et ce devait être un samedi parce que, en face, la lumière était restée allumée très tard, qu'on entendait de la musique derrière les stores, Vladimir Vysotsky Volodenka, avec sa voix rauque, grinçante comme des gonds rouillés et ses ballades enivrées de mots : *Chevaux sauvages, Mariage au village.* Des chansons aussi saignantes qu'une blessure ouverte. Lev en pleurait dans sa vodka.

Toutes les musiques le faisaient pleurer. « Ce gros bougre d'ivrogne, ce crétin, ce cinglé », il pleurait sur Volodenka, il pleurait sur Bud Powell, sur Billie Holiday et sur les chœurs de l'Armée rouge. Mais il pleurait surtout sur les ténors défunts, Lester Young et Chu Berry, Honey bear Sedric, Wardell Gray. Et c'est un ténor qu'il avait ramené à la maison, un vieux Selmer terni, tout rafistolé au Scotch et au sparadrap.

Sasha somnolait près de la fenêtre. Il y faisait plus frais, on sentait moins le relent de chou bouilli. Appuyé contre le mur comme un marin factice, il se laissait porter par la musique dont il entendait le flot sourdre des stores baissés, par l'odeur de la chaleur et du bitume, par les rires des prostituées, le feu d'enfer qui dilatait le ciel noir. Et puis la porte s'ouvrit derrière lui et son père apparut, brandissant le sac à charbon.

Sa silhouette se découpa dans la lumière du couloir comme un morceau d'obscurité compacte, bordée d'un halo brun orangé. Le front sombre, il vacilla, puis il sortit le Selmer du sac à charbon. On n'en voyait que le pavillon, dressé comme une tête de cobra dorée. Et Lev souffla. Une fois seulement, un *blaarp* obscène. Pas de ton, pas de mélodie, rien que du bruit. Il explosa dans la pièce comme une bouteille de cognac maison. La mère de Sasha se dressa sur son lit en serrant les draps grisâtres contre sa poitrine. Mais elle ne cria pas. Sans un mot, elle alla jusqu'à la porte et, une seule fois, de toutes ses forces, elle frappa Lev en plein visage. Puis elle le fit pivoter sur ses talons et d'un coup de pied le renvoya dans l'escalier. Le Selmer et le sac à charbon prirent le même chemin, puis ses vêtements, son pot de chambre, trois poulets morts et une valise remplie de Lucky Strike.

– Plus de Lev, terminé, dit Sasha.

Ce soir, à la Knitting Factory, les tables étaient asymétriques, toutes en angles et en pointes et le saxo ténor, un garçon blanc sérieux, à lunettes cerclées de corne. Il jouait une musique férocement d'avant-garde, klaxons, plaintes, cris étranglés. Mais le décor, la scène minuscule au fond d'une cave obscure, le public grave et recueilli, les filles anorexiques aux lèvres peintes en mauve et en collants noirs, les hipsters à la barbe folle avec des lunettes noires et des T-shirts BIRD EST VIVANT, était éternel.

– Musique noire, viande blanche, dit Sasha, « *Relax à Camarillo* ».

Camarillo était le nom de l'asile californien où on avait interné Charlie Parker. C'était aussi celui d'un bunker de Novokuz, au sous-sol d'une fabrique de bottes en caoutchouc, où Lev Mikhailovitch s'était retranché avec son Selmer, son pot de chambre et ses trois poulets morts.

Du lundi au vendredi, l'endroit servait de dépôt et Lev y travaillait comme gardien. Le week-end, les *styliagi* s'y installaient. Ils avaient vieilli. Avec leurs yeux rouges, leur mauvaise haleine et leurs dents cassées, ils évoquaient pour Sasha *La Horde sauvage*, des desperados en exil, usés par les batailles, mais incapables de consentir à la paix. Le jazz s'écoutait maintenant assez librement et on trouvait partout les disques américains en contrebande. Mais les *styliagi* s'accrochaient à l'ombre. Au sous-sol, au Camarillo, ils continuaient à fumer leurs joints en creusant la main, comme en prison, et à parler en coin.

– Le genre *la guerre est morte, vive la guerre.*

Un vieil électrophone Vox datant de 1953, posé entre deux bougies sur une caisse à oranges, une demi-douzaine d'adorateurs prosternés devant, tels des adeptes du vaudou face à quelque statue sacrée, fumée noire et étouffante, musique lointaine rendue presque inaudible par les grésillements et les oscillations, et Lev Mikhailovitch en larmes : ainsi se présentait le tableau que Sasha associait à son père.

Il avait dix, onze ans. Parfois, le dimanche, Lev l'emmenait passer la journée à la campagne ou à Serebryany Bor, le Bois Argenté. Le Selmer était toujours du voyage. Après le pique-nique, si Lev avait eu assez à boire, il cherchait un coin tranquille, un petit lac ou les bords d'une rivière et il faisait semblant de jouer, rien que pour voir son reflet dans l'eau, un jazzman en chair et en os, un Coleman Hawkins de Novokuz.

Et un jour, ça devait être en octobre, les premières neiges commençaient à tomber, ils se perdirent au fond des bois. Au sortir d'un bois de bouleaux, ils parvinrent à une jetée vermoulue qui s'avançait dans un petit lac d'eau dormante. Lev s'engagea sur les planches disjointes et s'arrêta au bord de l'eau, le Selmer accroché au cou. Quand il sortait, il portait toujours le même manteau long, pas tout à fait noir, plutôt couleur de nuit violette, pareille au duvet du raisin noir.

– Imagine, dit Sasha : arbres sont argentés, eau est verte comme de la soupe de pois, ciel est gris comme du ciment, planches marron ont couleur de la merde, flocons de neige sont blancs comme neige. Et Lev Mikhailovitch est immensément orange, ivre mort avec grande corne en or. Et manteau violet est ouvert, brasse l'air et enveloppe jambes comme un suaire couleur de raisin noir...

Il ferma les yeux, retint son souffle :

– Laisse tomber, dit-il.

Arrivé à la dernière planche, Lev tituba puis il se colla l'embouchure entre les lèvres. Les joues gonflées comme des bouées, les yeux exorbités, silencieusement, il souffla.

Il se pencha en arrière pour trouver l'équilibre. Puis en avant, au-dessus du lac, pour voir. Et le Selmer lui glissa entre les doigts. Très doucement, sans bruit, il tomba dans l'eau.

Celle-ci était si visqueuse qu'on n'entendit qu'un léger clapotement. La tête de cobra disparut, engloutie sans laisser de trace.

– Plouf, et plus rien, dit Sasha.

Pendant peut-être dix secondes, Lev, stupéfait, fixa les ronds dans l'eau. Puis il fit volte-face et, comme un somnambule, remonta toute la jetée jusqu'à la terre ferme. Il ne versa pas une larme.

Deux semaines plus tard, le K.G.B. l'arrêta. Pour échapper à la prison, il choisit d'aller dans un camp de travail au Cercle polaire, bien au-delà de la base finlandaise. Il y resta trois ans.

Varya Petrovna avait déjà demandé le divorce et s'était remariée. Son nouveau mari, un dentiste à la retraite, un homme souriant en costume bleu luisant et en chaussettes blanches d'écolier, portait des gants en caoutchouc stérilisé pour se mettre à table. Il vivait loin, en banlieue, plus loin que Lyublinsky, où les cités ressemblaient à celles d'ici, des kilomètres de logements gris préfabriqués. En plein centre de son salon, il avait dressé sa divinité personnelle, un fauteuil d'arracheur de dents grand cru, avec tout le kit : les roulettes en acier, les finitions en cuir rouge et un rince-bouche à fleurs.

Sasha avait quatorze ans. Il repartit en courant à la ville, à Novokuz, et devint un Fruit Eating Bear. Il fit son gîte de la cafétéria de la gare de Paveletsky, laquelle avait été le bureau de Lev Mikhailovitch et qui était, à Moscou, celui de tous les petits trafiquants.

C'était un marché ouvert vingt-quatre heures sur vingt-quatre, un catalogue de la petite délinquance. Sans aucun style ni aucune classe. Un gros racketteur tel que Yan Rokotov, le capo di capos russe, ne serait jamais venu là salir son manteau de fourrure. Mais pour les belles de jour et les trafiquants, *fartsovschiki*, c'était le Club Paradis. Macs et fourgueurs travaillaient au bar, putes et pickpockets faisaient les tables. Deux fois par jour, les hommes du K.G.B. venaient ramasser leur part du gâteau sans que cela entraîne la moindre baisse d'activité.

Le flot des pigeons paraissait intarissable. Jeunes soldats en transit pour la plupart, pétés au mousseux, ils s'empiffraient de poisson, de pommes de terre froides et de vinaigre décapant jusqu'à l'évanouissement. Alors les chauffeurs de taxi, complices, *pidzhachniki*, les réveillaient à la vodka et les emmenaient se faire plumer une dernière fois.

Sasha restait planqué près d'un radiateur sifflant, blotti dans le coin le plus sombre et le plus graisseux. Là, il se contentait de boire du jus d'orange et de fumer des Herzegovina Flors, au goût de corde trempée dans du pipi de mouton. Parfois, il jouait au *zhelaska*, un jeu basé sur les numéros imprimés sur les roubles, et parfois il revendait un peu d'herbe. Avec les bénéfices, il allait voir des films américains.

A la fin des années soixante-dix, si on ne les projetait pas encore officiellement, on n'avait aucun mal à les trouver. Pour conserver un semblant de censure et afin d'éviter de payer des royalties, le Parti en changeait simplement les titres. *The Roaring Twenties* devenait *Le Destin d'un soldat américain* et *Mr Deeds Goes to Hollywood*, *Le Règne du dollar*. Mais celui que Sasha préférait était *Sweet Smell of Success* qu'il avait vu quatorze fois. En russe, il s'appelait *Les Ames mortes de Broadway*.

– Chaque homme a un sauveur, dit-il.

Tony Curtis fut le sien. Dans le rôle de Falco,

l'agent de presse minable de Times Square, l'acteur lui était apparu comme l'incarnation même du prestige. « Cool comme Yule. »

Cette mystique devait beaucoup aux circonstances. Tout récemment, pour la première fois depuis Novokuz, Sasha avait revu le film et il avait reçu un choc. Il l'avait trouvé différent, complètement dénaturé. Quand on comprenait l'anglais, Falco dévoilait sa véritable identité : un indic. « Un biscuit à l'arsenic », traître, mercenaire, ignoble. Mais, à Moscou, rien de tout cela ne transparaissait. Pas de dialogue, pas d'intrigue, pas de morale, rien que la nuit de Times Square et un homme qui court.

Broadway, Sasha l'avait d'abord vu comme une galaxie à lui tout seul, un système d'oasis illuminées dans un océan irrémédiablement obscur, traversé par une silhouette élancée et solitaire : Falco « le garçon au visage de crème glacée » qui franchissait en courant, baigné de sueur, des nébuleuses de néon, quittant un club de jazz pour pénétrer dans un restaurant cossu, allant de restaurant en bar et en distributeurs automatiques, agences de presse et studios de télévision, duplex aux murs de verre, ascenseurs pareils à des cages dorées, parlant avec les mains, remuant les lèvres, un homme affamé, brûlant.

Pourquoi cet homme à la silhouette élancée courait-il ? Sasha ne savait pas, ne pouvait pas savoir. Mais il reconnaissait cette faim. C'était la sienne.

Et puis il y avait le costume. Dans une scène du début, Falco s'habille devant la glace de sa chambre, obéissant à un rituel majestueux et précis, où chaque geste est compté. Et le vêtement dont il se couvrait était coupé dans l'étoffe dont on tisse les rêves. Droite et à double fente, étroite et sèche, la veste, que les Fruit Eating Bears et les Pretty Things appelaient trompe-pédé, avait une brillance si subtile qu'elle semblait ne pas renvoyer la lumière mais en être la source. Assortie à un pantalon de torero à taille haute, à une cravate mince comme un fil et à une éblouissante chemise blanche, elle faisait bander Sasha rien qu'à la regarder.

Sur l'Arbat, il y avait un tailleur bossu nommé Yul, le seul tailleur moscovite assez habile pour copier une coupe américaine. Sasha avait dû se démener trois mois pour réunir l'argent nécessaire à un costume deux-pièces en twill de laine vert avocat avec un fil rouge imperceptible, une lueur subliminale.

– Le pli, coupant comme une lame. La poitrine et les épaules étroites, un cercueil, impossible de respirer. Je veux dire, c'était la parfaite perfection.

Ainsi embaumé, il se tint immobile et droit pendant seize mois, empaillé dans son coin de la cafétéria Paveletsky. Il lui arrivait de feuilleter ses livres d'école, mais le plus souvent il restait assis à regarder. Le manque d'air et l'humidité le maintenaient dans un état second, au bord du sommeil. Un jour, il reçut une gifle. Il s'éveilla en sursaut : c'était Lev Mikhailovitch.

Lev Mikhailovitch, mais pas le Géant rouge. Cet homme-là, disparu depuis longtemps, s'était perdu quelque part, au-delà de la base finlandaise. Celui qui se tenait devant lui tremblait, flottant dans une combinaison en denim, réduit de moitié. Il n'était plus roux, plutôt ocre délavé. Il avait le cancer dans les entrailles, le cancer dans le cul, tellement de cancer dans la gorge qu'il ne parlait plus et ne communiquait qu'au moyen de messages écrits.

Il utilisait une ardoise magique d'école maternelle, sur laquelle, au prix d'un immense effort, il écrivait des phrases en lettres capitales qu'ensuite il faisait disparaître. Mais les questions restaient en suspens, en demandaient trop peu ou beaucoup trop : ÇA VA ? QU'EST-CE QU'IL Y A ? QUI PEUT SAVOIR ?

Alors Sasha se contentait de cligner des yeux et de marmonner. Le pli de son pantalon ne tombait pas correctement. Ça le préoccupait, il était tout crispé. Lev commanda du champagne et ils burent ensemble un liquide sucré et poisseux, du glucose. Un soldat ivre hurlait des obscénités, prétendait qu'on l'avait volé. COMMENT TU LE SAIS ? griffonna Lev. Puis il dessina un autoportrait caricatural sur la nappe en papier. En regardant avec attention, on le voyait se transformer en anus, un cul serré au sourire pincé. « *Gotovy na Zastchitzu Zhop ?* » Prêt à défendre ton cul ? demandait-il, la bouche en cœur.

Le pli de Sasha ne tombait toujours pas bien. Comme il se penchait pour l'arranger, Lev sortit chercher des cigarettes. En son absence, Sasha acheta un joint à un Pretty Things, quelque chose qui pouvait se partager à deux. Mais son père ne revint pas. Il fuma donc tout seul.

A la Knitting Factory, le ténor s'était tu et avait pris congé. Un pianiste égaré monta sur la scène et se mit à plaquer des accords ouatés.

Sasha le rejoignit.

La batterie, à la mode actuelle, était un Léviathan. « Pourquoi je ne joue pas du saxo ténor, parce que les fûts nagent mieux », avait dit Sasha en souvenir du Selmer noyé. Et il s'élança sur le dos d'un poulpe monstrueux, tout en cymbales, en gongs et en grelots, en vibraphones, en carillons tibétains. Et il joua un blues à douze mesures.

La musique ne comptait pas. Mais l'attitude, yeux révulsés et aveugles, tête renversée en une transe quasi narcotique, cigarette pendue au coin des lèvres, était identique à celle de Sal Mineo époque *L'Histoire de Gene Krupa*.

En surprenant son reflet dément, distordu dans une cymbale, Sasha éclata de rire comme un petit garçon. A la fin du morceau, à nouveau à l'abri dans le noir, il rit de plus belle.

– Le pli coupant comme une lame. C'était une parfaite perfection.

Le ténor recommença à glapir. Sasha commanda un 7Up.

– *Vsegda gotovy*, dit-il. Toujours prêt.

Quatorze

L'article du *Street News* signé Cleveland Blakemore s'intitulait « Recette du ragoût de pigeon » : « Il était trop tard pour aller à la soupe populaire de la Quatre-Vingtième Rue. On servait le repas du soir jusqu'à seize heures trente et il était dix-sept heures. Sans bon d'alimentation, on vous passait devant dès le commencement de la distribution. Je crevais de faim. Je n'avais pour estomac qu'un vide pesant et l'hypoglycémie me provoquait des étourdissements.

Il avait plu toute la semaine, ma petite réserve de liquide avait complètement fondu. Moi qui me vantais d'être le “ seul sans-abri de New York à n'être jamais fauché ”, j'étais fauché. J'avais vendu toute ma provision de parapluies et quand il tombait des cordes, je ne pouvais pas ramasser mes cannettes d'aluminium.

Ce matin-là, j'avais essayé de vendre des livres de poche devant Tower Records, mais un déluge les avait tous abîmés avant que j'aie eu le temps de jeter une protection en plastique par-dessus. J'avais perdu environ trois cents livres pratiquement neufs trouvés dans une benne près de Central Park. J'avais recommencé avec des numéros d'*Architectural Digest*, mais une autre averse les avait détruits. Ça m'avait vraiment découragé. Je ne pleure jamais, mais j'ai bien cru que j'allais sangloter en rentrant sous le pont de la

Cinquante-Neuvième Rue avec mon caddie. Arrivé là, je me laissai tomber sur mon lit pliant.

Je voulus allumer la télé, mais notre branchement électrique de fortune était encore en panne. La pluie, semblait-il, avait pénétré dans les fils des câbles qui passaient au-dessus de nous et coupé le courant. Je lus un peu, mais j'étais mal. Impossible de me lever ou de faire quoi que ce soit.

Et puis, tout à coup, je me réveillai, reposé mais toujours aussi affamé et dehors il commençait à faire nuit.

Steve, qui partageait avec moi l'abri de fortune que j'avais construit, se traîna jusqu'ici. Il se droguait, on ne se parlait plus beaucoup, bonjour bonsoir quand on se croisait. Mais je savais qu'il ne volait pas, c'est pourquoi j'aimais bien qu'il soit là en mon absence pour surveiller les livres et tout. Au fond, c'était quelqu'un de bien, mais il était complètement défoncé.

Le bruit des voitures qui passaient à toute vitesse au-dessus, sur le pont, faisait comme une musique étrange et mystérieuse. La nuit elle me berçait comme si je me trouvais dans le ventre de ma mère et que j'entendais son sang rugir tout autour de moi. Et au milieu de ce grondement, je percevais le doux roucoulement des pigeons qui se protégeaient de la pluie au creux des poutrelles.

Steve réunit tout ce qui nous restait comme épicerie et le disposa sur " la table de la salle à manger " : un paquet de cookies aux pépites de chocolat, cinquante cents, des nouilles précuites Ramen, un dollar les quatre paquets, une boîte de maïs doux, un paquet de bagels industriels fabriqués la veille à l'usine de la Soixante-Dix-Neuvième Rue, une demi-bouteille d'huile de cuisine Wesson et une boîte de corn flakes.

Il alluma le feu dans le poêle à pétrole, posa le " wok " dessus et alla prendre de l'eau à la bouche d'incendie du trottoir d'en face pour mettre les nouilles à bouillir.

Je m'assis sur un parpaing et le regardai essayer de préparer de la soupe de maïs aux nouilles instantanées.

Je savais ce qu'aurait dit mon père s'il avait été là :

“ Les êtres ordinaires sont faibles. Ne sois pas faible. Fais tout ce que les circonstances te dictent. Sois fort. Ne cède ni à l'abandon ni aux rêves idéalistes. Endurcis-toi et agis. A une certaine époque, seuls les stoïques survivaient. ”

– Qu'est-ce que tu dirais d'un peu de volaille là-dedans ? dis-je en me levant.

Je me dirigeai vers un tas de saletés et de briques. Steve me regarda choisir et soupeser un morceau de brique orange.

– Tu te fous de ma gueule, me répondit-il en riant.

Et il continua à remuer les nouilles. Le soleil était presque couché. Au-dessus de ma tête, j'entendais toujours les doux roucoulements. Ils semblaient provenir d'un coin très sombre du pont, à l'intérieur d'un entrelacs de poutrelles.

Je pris de l'élan et lançai le morceau de brique de toutes mes forces. Il vola dans le noir, disparut et s'écrasa sur le sol au bout de quelques secondes.

– Tu vas pas faire ça ! s'écria Steve, inquiet.

Je fis la sourde oreille. Mon second tir dérangea les oiseaux dont certains s'envolèrent comme des spectres gris dans la lumière déclinante. Mon troisième tir fut extrêmement violent et je n'entendis même pas retomber la brique.

Le quatrième projectile était un disque dont on avait limé les bords pour obtenir quatre arêtes vives. Je le découvris sous un vieux pull. Il était lourd et menaçant.

C'était une arme proche d'une hache à main, très voisine probablement de celles que l'on a retrouvées dans la gorge d'Olduvai en Afrique où des silex taillés témoignaient des outils que nos ancêtres aimaient fabriquer.

Je m'efforçai de deviner ce que devait ressentir un hominien de la savane africaine après une journée de chasse, sans nourriture et prêt à tuer n'importe quoi. Quelle pierre, cet esprit carnivore et primitif aurait-il choisie au milieu de ces ordures ? Sans doute la même que celle que je tenais à la main.

Je sus avant même qu'il n'ait atteint sa cible que mon lancer était parfait.

Le pigeon vivait encore. Quand il tomba au sol, son aile brisée tremblait et tressautait. A l'âge de huit ans, j'avais chassé la palombe en compagnie de mon père, je connaissais donc tous les gestes avec précision. En un tour de main, je lui tordis le cou ; les vertèbres se brisèrent et la tête se détacha comme un bouchon sorti d'un goulot de bouteille. Les ailes, par réflexe, remuaient encore dans mes mains humides et chaudes.

Je pressai la partie inférieure de l'oiseau et son corps tout entier glissa des plumes comme d'un fourreau de soie. Un petit morceau de viande de la taille d'une grosse pomme. Avec les pouces, j'ouvris la cage thoracique et vidai les entrailles.

– Fais-le cuire longtemps, dis-je à Steve en le laissant tomber dans l'eau bouillante et en vidant la bouteille de Wesson. Avec toutes les maladies qu'ils attrapent. Laisse-le dedans au moins une heure.

Je m'éloignai vers la bouche d'incendie pour me laver les mains. A mon retour, Steve était encore bouche bée. Je m'assis près de lui et contemplai le feu.

– Remets-toi, mon vieux. Sur la terre, la vie se nourrit toujours d'une autre vie. Pas de quoi en faire un drame !

Steve ne répondit rien. Ensuite, nous avons mangé le pigeon, les nouilles, le maïs. Et pour finir les biscuits.

Je suis allé me coucher le ventre plein. »

Ce Cleveland Blakemore était un golden boy, venu de Richmond, en Virginie, et plein de la fougue du sécessionniste. Debout devant Tower Records à NoHo, lisse et rayonnant, nouveau Jeb Stuart ou John

Pelham, il incarnait à la perfection le destin funeste du héros du Sud. Mais ce n'était plus un sans-abri. Il avait le teint frais et bien nourri. Les livres de cuisine, les beaux albums pleins d'images sortaient de son caddie à la vitesse de deux, trois cents dollars par jour. Mais il demandait plus.

– C'est l'époque qui veut ça. Si on n'a pas plus, on n'a rien.

Il avait passé une année entière dans le bidonville du pont de la Cinquante-Neuvième Rue. A cette époque, il s'était plongé dans Nietzsche, Darwin et dans *The Territorial Imperative* de Robert Ardrey. Il en était ressorti armé d'une théorie :

– Le lion rugit. Il est le roi de toutes les jungles.

Cleveland Blakemore parlait d'un ton sec et sans réplique. Un aboiement.

– Le lion impose sa loi.

Cette théorie, les sans-abri ne pouvaient l'accepter. Voilà pourquoi ils étaient sans abri. A la télé, ils voyaient le paradis de la consommation, *Le Monde merveilleux de la ploutographie*, en sachant qu'ils ne parviendraient pas à se hisser jusqu'à lui. Alors ils roulaient dans le ruisseau. Ils se réfugiaient dans l'alcool et la drogue et finissaient sous le pont.

– Pas parce qu'il n'y a pas assez à manger, mais parce qu'ils ne sont pas armés pour prendre leur part. Ils manquent des ressources nécessaires.

A son arrivée à New York, lui aussi manquait des ressources nécessaires. On lui avait fait des promesses sans les tenir, fait miroiter des rêves dorés pour les lui retirer aussitôt. Au début, il avait perdu l'espoir.

– J'avais baissé les bras. J'étais écœuré. C'était comme si, parce qu'on me refusait de jouer dans *Dynastie* ou dans *Falcon Crest*, je ne voulais pas jouer du tout.

Mais la nuit du pigeon l'avait sauvé. Dans le tourbillon de la pierre aiguisée, de la chute de l'oiseau blessé, il avait découvert son identité, la véritable nature humaine : « *Sur la terre, la vie se nourrit toujours d'une autre vie. Remets-toi, mon vieux.* »

C'était aussi simple que ça. « Les êtres ordinaires sont faibles », avait dit son père. Mais lui, Cleveland Blakemore, n'était pas un être ordinaire. Vendre des livres dans un caddie ne constituait qu'un début. Quand il aurait amassé une certaine somme, il irait plus loin, il commencerait à grimper. Jusqu'où ? Il l'ignorait. Ou peut-être le savait-il, mais ne le disait-il pas. Quoi qu'il en soit, il en avait terminé avec sa vie de clochard.

Il parlait avec orgueil, mais sans malveillance. Sous les rayons du soleil matinal, il resplendissait d'audace et d'ardeur au combat, comme un Aryen dans tout son éclat. Il tendit la main vers Broadway, reniant, non pas la foule des chalands sur les trottoirs, mais au-delà, les vagabonds, les désespérés, les maudits.

– Ces gens-là, ils ne pensent pas qu'ils peuvent réussir, dit-il en découvrant ses dents blanches.

Ses yeux luisaient, mais opposaient un démenti à son sourire.

– Et vous savez quoi ? Ils ne peuvent *pas* réussir.

Perdu au milieu du flot des automobiles, comme s'il attendait un signe, un homme enveloppé dans une couverture rose crasseuse se tenait debout sur une jambe et battait faiblement des bras à la manière d'un flamant rose pris dans une marée noire.

– Putain de merde, putain de merde, répétait-il.

Puis, mettant les voitures au défi de lui passer dessus, il se coucha à plat ventre sur la chaussée.

– C'est interdit, lui dit un homme de loi.

– Je le fais quand même.

– Mais c'est interdit.

– Putain de merde.

Sur les deux rives, les gens passaient sans voir, les yeux fixés droit devant eux. Tower Records était, le samedi, un cabaret ouvert toute la journée. L'entrée était interdite à *ces gens-là.*

Mais ils venaient quand même. Un peu en amont, d'autres hommes enveloppés de couvertures étaient accroupis contre le mur de brique du Hebrew Union

College. Cleveland Blakemore les appelait les Spectres de Banquo.

Le quartier avait effectué un tour de roue complet. En 1800, l'Astor Place constituait le dernier avant-poste de Manhattan. Au-delà, une étroite route de campagne conduisait dans les champs. Puis Broadway est arrivé, engendrant les Bohemian Woods, une succession de salles de bals, de bordels et de tripots de la pire espèce. « Ici, écrivait le *New York Herald*, on vient dans l'unique dessein de provoquer une émeute. »

En 1849, celle d'Astor Place marqua un point d'orgue. Elle fut déclenchée par les Know Nothing, une association mi-parti politique, mi-société secrète, qui avait juré de purger l'Amérique des immigrants, plus particulièrement des Anglais et des Irlandais. L'annonce que le tragédien britannique William Macready allait jouer *Macbeth* à l'Astor Place Opera House fut le signal de la guerre et une armée de quinze mille voyous déferla des Five Points et du Bowery. « Je n'ai point vu de jour ni si laid ni si beau », commençait Macready lorsque la foule surexcitée prit d'assaut le bâtiment. On jeta des pierres, on arracha les pavés. La police riposta à coups de matraque. Ned Buntline, l'un des chefs des Know Nothing, brandit une épée en hurlant : « Les fils de ceux qui ont bouté les mécréants hors de ces rives vont-ils se résoudre à abandonner toute idée de liberté ? » A ces mots, les hommes de la troupe levèrent leurs fusils et tirèrent un coup de semonce. Un émeutier déchira alors sa chemise et, montrant un tricot de flanelle rouge, les mit au défi de tirer sur lui. « Tuez-moi donc ! cria-t-il. Prenez la vie d'un Américain pour défendre celle d'un sale acteur anglais ! Tirez ! » La troupe tira. Elle tira dans la foule. Des New-Yorkais fusillaient des New-Yorkais.

On releva vingt-deux morts et cent cinquante blessés. A l'intérieur du théâtre, Macready continuait, impassible : « Le cri reste toujours : *Ils arrivent !* La force du château se gaussera d'un siège ! » Un lustre vint s'écraser au milieu des fauteuils d'orchestre, plongeant l'Opéra dans l'obscurité. Dehors, la rue était jonchée de corps. « Qu'ils restent là, disait Macbeth, jusqu'à ce que la fièvre et la faim les dévorent. »

Après quoi, le quartier replongea dans le silence. Broadway poursuivit sa percée vers le nord, talonné par les bordels et les bars, laissant derrière lui une mare stagnante, un embryon de Greenwich Village. Walt Whitman et Fitz-James O'Brien fréquentaient le Pfaff's, une taverne en sous-sol sur Bleeker Street, où la bière avait le goût de l'eau, la conversation un ton verbeux, mais où on jouait un drôle de jeu de quilles. Puis il disparut à son tour.

Pendant cent ans, ce fut le calme plat. Le quartier se couvrit d'entrepôts de marchandises, de fabriques d'articles de mode, de confection et de boutons, toujours plus de fabriques de boutons. Quand l'université de New York vint s'y adosser, un ou deux bars d'étudiants lui emboîtèrent le pas. Autrement c'était devenu l'endroit le plus stérile et le plus froid de Broadway, une Vallée de la Mort glacée entre West Village et East Village.

Aujourd'hui, c'était à nouveau un parc d'attractions. Les promoteurs immobiliers l'avaient rebaptisé NoHo, le thème Bohemian Woods avait cédé la place à Carnaby Street-Le Retour. Les foules de l'Unique Clothing se mêlaient à celles du Dome Boutique, de l'Antique Boutique et de Pepito DeJoiz, le Chino-Latino. Les trottoirs étaient encombrés de vendeurs ambulants de bijoux, de livres d'occasion, de blocs d'encens à cinq dollars, de colliers africains en bois et os, de brochures islamiques, de boucles d'oreilles gonflables en forme de crevettes géantes.

Au coin de Tower Records, un marché aux puces s'ouvrait le week-end sur un parking, envahi de T-shirts Keith Haring et de pendentifs néo-hippy en turquoise. Sur le mur de brique une main inconnue avait inscrit la nouvelle donne du quartier : À VENDRE. POÈMES ET PRÉSERVATIFS. TAILLE UNIQUE.

Voilà qui aurait plu à Sasha, mais Sasha n'était pas là. Trois jours après la Knitting Factory, il s'était fait attaquer et avait été laissé pour mort.

Il dormait dans son taxi, non loin de Broadway, sur Lispenard. C'était une pratique contre laquelle ses dispatchers l'avaient maintes fois prévenu. Mais pour Sasha, toute mise en garde devenait une incitation.

– Alors je dors et me voilà expédié, c'est bien le mot !

Les détails étaient confus. Il ne se rappelait qu'un bruit de vitre brisée et le souffle glacé de la nuit. Une main invisible l'avait étendu raide. Son portefeuille et tous ses trésors – les décorations de Noël, le dragon rembourré à la longue langue, même la fille en kimono fondant – disparus ! Il avait entendu des pas s'enfuir sur le trottoir. Deux paires de jambes, avait-il pensé. Puis l'une des deux paires était revenue, lentement, mais sûrement.

– Pas raconter, dit-il.

Assis sur son lit d'hôpital, le crâne entouré d'un bandage blanc, il avait moins l'air d'une victime que d'un arbre de Noël enneigé. Des inconnus éclataient de rire en passant devant lui, ce qui n'arrangeait pas son humeur.

– Pas de quoi siffler Dixie.

Mais il n'oubliait pas. Il avait récolté soixante points de suture, son crâne hurlait à chaque mouvement de tête. Pire, on avait trahi sa confiance.

– Juste à côté de Broadway. A dix mètres, peut-être moins.

Sa bouche rouge encadrée de blanc ressortait comme Al Jolson filmé en négatif.

– Comment elle a pu ?

Et justement quand on en arrivait à NoHo.

– La partie que je préfère. Mon village.

Fermant les yeux, il s'efforça de se transporter dans la rue, de descendre le trottoir en ce samedi ensoleillé.

– Ici, c'est tourbillon du monde, melting-pot intégral.

C'était un mélange étourdissant : les garçons de Bed-Stuy et de Fordham Road, les militants d'Act-up de Christopher Street et de la municipalité de New York, les élèves des écoles privées de l'État de New York, les artistes de rue d'Alphabet City, les artistes escrocs de Jersey City, les partisans de Bush de l'Upper East Side, les militants de Psychedelia Now en pantalons teints à l'acide, les lesbiennes radicales en tenue de combat, les divas disco et les transsexuels post-punks, les flics en civil déguisés en rastas, les cyclistes en pasteurs pentecôtistes, les Zoulous pakistanais aux crânes rasés et Cambodgiens à queues de rat, les Albanais en jean total-look, les musulmans en robes blanches et un Zoroastrien isolé nommé Myron, distribuant des tracts devant le Top Tomato.

Mais il y avait aussi des civils : l'armée des consommateurs composant la nouvelle bourgeoisie avec leurs C.D. de Billy Joel et leurs T-shirts Nelson Mandela. Mais celle-ci n'était qu'une toile de fond, une estompe. Ce qu'on remarquait, aussi colorée qu'une fresque de cour de récréation, c'était le défilé de la Belle Jeunesse.

Elle se donnait rendez-vous sur le trottoir devant le McDo. Plusieurs générations de gosses avaient traîné dans le parc de Washington Square, trois blocs vers l'ouest. Mais l'arrivée du crack avait fait exploser ces limites.

– Trop de dealers, trop de flics, dit Rashan Ray Perry. Trop difficiles à reconnaître.

Ils avaient donc changé pour le Big Mac.

Rashan Ray Perry avait dix-huit ans. Avec son mètre quatre-vingt-dix et ses soixante-douze kilos, il ressemblait à un épouvantail de *Soul Train*, un modèle pour un reportage sur la famine. Dans la rue, on l'appelait Stretch.

Le jour, il travaillait à TriBeCa où il chargeait des camions de nourriture pour chiens et d'engrais chimiques, une exception parmi ces jeunes qui allaient généralement à la faculté ou à l'école. Il y avait une poignée de Coréens, les autres étaient hispaniques et noirs et on les trouvait là l'après-midi en semaine et le samedi toute la journée.

Ces gravures de mode avaient ce mois-ci adopté le pantalon éléphantesque, la chemise de base-ball des Brooklyn Dodgers, la casquette de cuir de vendeur de journaux et les boucles d'oreilles en jetons de métro. Les chaînes dorées, les *câbles*, étaient out. Les jaquettes, en or, les *devantures*, étaient in. Ainsi que les bracelets en perles de verre et les colliers en dents de requin. Mais ils tiraient leur plus grande gloire de leurs coiffures.

– Cette année, la coupe c'est grave, expliqua Rashan.

Fades, dreads et tresses. En rang au-dessus des voitures tels des trophées accrochés à des remparts, il y avait trente-sept têtes, trente-sept sculptures différentes : les Mohawks, Échiquiers et crêtes classiques, le Seigneur de la Guerre, cheveux coupés en brosse au-dessus du front comme une haie de troènes avec une queue de cochon sur la nuque, la Samson, cascade de trente centimètres sur le côté droit et crâne rasé sur le côté gauche, la Trenchtown Dreads et l'Uptown Dreads, la Peste, rangs de maïs niellés teints en jaune et ocre, le Fade Tremont, le Fade Brownsville, le Fade Coranique, gravé d'inscriptions en caractères arabes, et la plus grave de toutes, la Message, affiche crânienne emblasonnée du nom et/ou des croyances de son propriétaire. I AM THE JAM, proclamait celle de Rashan Ray Perry.

Il portait aussi une salopette bleu pastel, un foulard à pois verts et une boucle d'oreille en forme de tête de mort en ivoire. Mais il parlait d'une voix étouffée, sans chercher à se faire remarquer.

– Je la joue discrète. Pas le genre qui claque les portes.

Ce trottoir lui servait de lieu de rendez-vous, d'agence de presse, de disco de rue. Trois, quatre fois par semaine, il remontait Broadway après son travail.

Ses potes, Benny et Moritz, débarrassaient les tables dans un bar voisin et il se servait des toilettes pour changer de tenue, s'habiller « sans faute ».

– Je ferme la porte, j'éteins la lumière, je reste assis dans le noir, dans la cabine et je respire profondément. Je ne bouge que lorsque je me vois briller.

Les toilettes sentaient l'essence de pin. Dans le noir, Rashan se plaisait à s'imaginer perdu dans une forêt profonde, sombre et sans issue. C'était un jeu que sa mère lui avait appris. Il avait alors sept ans et ils se cachaient ensemble pour échapper à M. D., son père du moment. Ils s'enfermaient dans un placard sous l'escalier, douze heures, vingt-quatre heures de suite. Ce placard-là sentait aussi l'essence de pin. Et sa mère lui chuchotait des histoires, elle lui disait : *Ne bouge pas, ne dis rien, il y a les loups dehors, les animaux sauvages, ils dévorent, ne bouge pas, ne dis rien.* Alors il se figeait, n'ouvrait pas la bouche et restait accroupi contre sa mère dans le noir parfumé à l'essence de pin, jusqu'à ce que M. D. soit dessoûlé ou fatigué de chasser.

Quand M. D. s'en allait, il laissait la lumière du couloir allumée. La lampe se trouvait juste devant la porte du placard, mais on ne la voyait pas tout de suite. Elle commençait à filtrer, faiblement, à travers les fissures. Rashan ne savait pas ce que c'était. *L'Étoile du berger*, lui disait sa mère. Alors ils la suivaient.

Il en riait à présent, un truc de femmelette, de la *sensiblerie*, comme il l'appelait. Mais l'habitude s'était installée. Il suffisait d'un souffle d'essence de pin pour qu'une force inconnue s'empare de lui et l'oblige à répéter ce jeu d'enfant. Derrière la porte des toilettes, le bar était peuplé de loups, de gorilles et d'oiseaux de proie. Rashan ne bougeait pas, ne disait rien. *Tu vois leurs yeux rouges et brillants, tu sens leur haleine puante et brûlante, pleine de whisky*, lui disait sa mère. Et Rashan voyait, sentait encore. Un rayon de lumière s'infiltrait sous la porte, s'agrandissait, brillait de plus en plus fort jusqu'à ce que l'obscurité vole en éclats. Dès qu'il était en mesure de distinguer ses mains, il se levait ; quand il voyait son visage, il sortait.

Et alors il était prêt. De la même façon que Sasha Zim portait la soupe au canard, il portait l'empreinte du noir comme une cuirasse destinée à le protéger du mal. Il se tenait un peu à l'écart, à distance de l'attroupement devant le McDonald's. Avec sa salopette et son foulard à pois, il avait l'air d'un Arlequin, d'un comédien de rue, et il gardait la distance du comédien.

– Personne le connaît, dit Benny. Je veux dire, c'est celui que personne connaît.

Sa coiffure, c'était la Hérisson et il avait la carrure d'un linebacker.

– L'Homme invisible. Alien, dit-il.

– Stretcho, dit Moritz. Celui qui n'existe pas.

Il y avait une note de sarcasme dans leur voix, mais cela ne signifiait pas qu'ils mentaient. C'étaient les partenaires de Rashan. Ils allaient dans les clubs avec lui, mangeaient avec lui, dansaient avec lui, ils baisaient même ses femmes quand il avait fini. Mais il leur échappait, sans qu'ils puissent expliquer comment.

– Quand il est pas là, il est pas là, dit Benny. Quand il est là, il est toujours pas là.

Rashan lui-même ne comprenait pas ce qu'ils voulaient dire. Il n'y prêtait guère attention. Quand on l'interrogeait, il se contentait de hausser les épaules et de répéter la devise de sa mère, inspirée de Shakespeare : *Être, c'est ne pas être. C'est toute la question.*

C'est la première chose qu'elle lui avait apprise et la seule qu'il n'avait jamais oubliée. A sa naissance, il ressemblait à un monstre, tout en tête et en cou, sans corps. Dès qu'il l'a vu, son vrai père s'est engagé dans la marine marchande. Et sa mère a déménagé. On l'avait prénommée Edwina Elizabeth. Ses parents, des pharmaciens, habitaient une maison de brique rouge à Mount Vernon. Elle était devenue institutrice, mais, ayant accouché hors saison, elle prit deux pièces à Morrisania, dans le South Bronx, et se fit appeler Lizbeth.

Rashan, en arabe, signifiait « guerrier », Lizbeth aurait voulu l'appeler Jadda, racine du mot *mujaddid*, « celui qui apporte le renouveau ». Mais les Mujaddid ne vivaient pas longtemps dans le South Bronx. Rashan lui parut un choix plus sûr.

Même ainsi, il avait survécu de justesse. A l'âge de trois ans, il ne savait ni marcher ni parler. Ses mouvements étaient pareils à ses sauts de carpe incontrôlés. Sa pomme d'Adam lui emplissait la gorge, telle une grenade enfouie, et pas un cheveu ne poussait sur son crâne. Enfin, à la suite d'une infection, ses paupières retombèrent, lui couvrant les yeux à moitié. Comme disait M. D., il ressemblait à une saloperie de vautour.

A Morrisania, il habitait la dernière masure encore occupée dans un pâté de carcasses de maisons. Les murs étaient tellement pourris qu'on pouvait voir au travers. Des trous s'ouvraient sur le dehors comme des plaies béantes. Des rats venaient s'y réfugier, s'y lisser les moustaches.

– Ils mangeaient ma nourriture, rongeaient mes vêtements, me volaient mes jouets. Les pièges, ils en rigolaient tous, mais ils adoraient regarder la télé : la météo, les infos, les sports et les dessins animés du samedi matin. Au début, ils me faisaient peur et puis je me suis habitué. Ils mordaient ma mère, toutes mes sœurs, moi, ils me laissaient tranquille. Ils avaient dû se donner le mot : *Touchez pas au monstre.*

Huit ans, il était resté là. Au début, les assistantes sociales venaient lui rendre visite. Elles essayaient tous les trucs pour le faire parler, mais Rashan restait bouche cousue, pas un bruit. Elles ont ensuite voulu l'envoyer dans une école spécialisée, mais sa mère avait refusé, déclarant qu'il allait très bien, qu'il faisait l'intéressant. Pour le prouver, elle le conduisit à l'école. Les autres gosses l'enveloppèrent dans du papier goudronné, des plumes et du caca de chien et renvoyèrent le paquet à l'expéditeur, contre remboursement. Après cela, il n'a plus quitté sa chambre.

Les pères allaient, les pères venaient. Comme souvenirs, ils lui laissaient des petites sœurs : Violetta, Latisha, Mylene, Lenore, quatre filles en cinq ans, toutes sachant marcher et toutes de véritables moulins à paroles. Dans la pièce, son espace se réduisit à un coin.

Il n'y était pas malheureux. Il pouvait même dire qu'il avait plutôt bien vécu. Tandis que les autres se bousculaient devant la télé en apprenant l'anglais, comme Sasha, en regardant *One Life To Live*, il restait de son côté. Toujours sans parler.

A l'âge de cinq ans, il se mit brutalement à pousser. Sa croissance avait mis si longtemps à se déclencher que rien ne put l'arrêter. Du jour au lendemain, ses bras et ses jambes s'allongèrent comme des branches gourmandes, si vite que son corps n'eut pas la force d'en porter tout le poids. Sa mère s'efforçait de le caler avec des coussins ou entre deux chaises mais il perdait toujours l'équilibre et tombait face contre terre, sans pouvoir se relever.

– C'était bien. C'était grandiose, dit-il.

Quand personne ne regardait, il posait sa joue à plat sur le lino, heureux de sentir la poussière et la saleté qui lui râpaient la peau, de s'imprégner de la moindre tache de graisse. Il respirait avidement l'odeur de l'eau savonneuse et du liquide citronné que sa mère employait pour faire le ménage, de la douceur grisante des fuites de gaz. Loin, très loin, la télé crachait ses sons inarticulés, ses sœurs sautaient, dansaient, faisaient la culbute.

– Alors, devinez quoi ? J'étais heureux.

Et un jour, il avait poussé un cri.

A en croire sa mère, ce n'était pas un cri humain. A cet instant précis, Lizbeth se trouvait dans les toilettes, au bout du couloir. Soudain lui parvint le vagissement d'un porc qu'on égorge associé au fracas d'une canalisation de gaz qui explose. On a tiré dans la télé : telle fut sa première pensée. Quand elle arriva en courant, les sous-vêtements en désordre et la perruque à la main, elle ne trouva que son fils muet, le visage enfoui dans des miettes de biscuits, chantant sa sérénade aux cafards.

Comment dire ? C'était comme si, sa vie durant, il avait aspiré tous les sons et toutes les vibrations, tous les bang, les sirènes, les chuchotements, les sifflements, les frottements, les crissements et que, ainsi engrangés, ils étaient devenus un morceau de lui-même. Il n'avait même pas eu conscience de les avoir entendus, il avait l'impression qu'ils l'avaient pénétré, de façon automatique, à travers les pores de sa peau, ses terminaisons nerveuses. Il arrivait que ces bruits présentent la consistance d'objets, solides comme le poing, qu'ils aient un goût ou une odeur, qu'ils lui fassent mal ou le chatouillent au fond de la gorge. Ils lui donnaient la chair de poule, lui parcouraient le corps, le faisaient frissonner. Ou bien ils le faisaient grossir. Sa tête, d'abord, commençait à enfler, puis son ventre. Le jour où il avait poussé son cri, c'était parce que, croyait-il maintenant, il était si gonflé, si congestionné, si gros de bruits qu'il n'avait pu les retenir une minute de plus.

– Je n'ai pas parlé, j'ai éclaté.

Le chahut rameuta les assistantes sociales. Une certaine Miss Serinette – un nom pareil, ça ne s'oublie pas – avait exigé qu'il soit interné, bâillonné. M. D. aussi. Même sa mère faillit céder.

Dans l'espoir de trouver un peu de lumière au milieu de cette confusion, elle alla chercher conseil directement auprès de Rashan. Quand M. D. fut parti boire, elle se coucha devant le garçon qui rugissait en essayant d'isoler des bribes de sons. Ils avaient tout l'air d'un baragouin sans queue ni tête, mais elle songea qu'ils dissimulaient peut-être un code secret. Elle commença donc à marquer des cadences, des rythmes décalés. Elle aurait voulu se glisser à l'intérieur de sa peau, se frayer un passage derrière ses yeux.

« *Bil'lisaani. Bilqualbi* », psalmodia-t-elle. Avec ma langue. Avec mon cœur. Quand Rashan aboyait, elle aboyait avec lui. Quand il criait, elle criait avec lui. « *Aamantu.* J'ai la foi. »

A la manière d'une toupie, il pivota sur lui-même, dans un sens, puis dans l'autre, ses cris augmentant en intensité et en fureur jusqu'à ce qu'il urinât sous lui. Sur le linoléum, son urine forma un petit lac dont la vue parut l'apaiser. Alors sa mère se releva en souriant, et s'épousseta les mains. Affaire classée. « C'est sa chanson », déclara-t-elle.

Elle lui acheta un clavier électrique Horner en solde. Rashan se jeta dessus comme sur une boîte de chocolats. Pour faire de la musique, il ne s'asseyait pas, il s'accroupissait. Il posait le clavier à plat sur le lino et se déployait au-dessus, voletant, battant des ailes, tel un vautour sur la corde raide.

Pendant neuf ans, il avait aspiré des sons. A présent, il les déversait :

– Des portes qui claquent, des sirènes dans la rue, des chuchotements de rats dans le noir, des souliers qui crissent, des chasses d'eau, des jingles, la pluie, l'huile sur le feu.

Pour ne pas déranger M. D., il jouait dans le couloir. Il rejouait l'existence, tapant en rythme de ses doigts raidis, comme des baguettes de tambour.

– Je jouais surtout la météo : les nuages, le tonnerre, les averses, la grêle. Et les accalmies, beaucoup d'accalmies. Ensuite, j'ai joué le dîner. Après, la crème glacée, la gelée, le soda à la cerise, le pain de viande. Après j'ai joué les baisers. Après j'ai joué le sommeil.

Après que M. D., en proie à une gueule de bois, eut lancé le Horner contre le mur de la salle de bains, Lizbeth le mit sous clef. Dans la journée, elle faisait quelques menus travaux, un peu de ménage, de rangement. Rashan restait seul à la maison, calé sur ses coussins, sans cesser de hurler jusqu'à ce qu'elle rentre et libère sa musique.

Dehors, Morrisania était à feu et à sang. La municipalité l'avait abandonnée aux flammes. Plutôt que d'effectuer des réparations, les propriétaires incendiaient leurs immeubles pour toucher l'assurance. Toutes les nuits, ou presque, à travers les trous des murs, Lizbeth regardait les incendies dévaster les taudis. Son propriétaire lui demanda de partir, ellemême le souhaitait, mais elle n'avait nulle part où aller. D'abord il essaya la douceur, puis il en vint aux menaces. Les étages inférieurs étaient un refuge de drogués, les damnés, ceux qui prenaient de l'Angel Dust. M. D. mit les bouts et ne fut pas remplacé ; Miss Serinette cessa ses visites, les ordures s'entassèrent dans la cage d'escalier et les Sept Immortels utilisèrent la cave pour leurs viols collectifs. Lizbeth, cependant, s'accrochait. Finalement, le propriétaire fit craquer une allumette.

Rashan se rappelait s'être éveillé en suffoquant, tandis que ses sœurs hurlaient. Ensuite, dans un couloir d'hôpital, âgé de neuf ans et sept mois, il prononça un mot. Sa mère entendit *bilaahi*, au nom d'Allah. Ses sœurs entendirent *connerie*.

A présent sans abri, la famille dériva de centres d'accueil en asiles, de refuges en hôtels financés par l'aide sociale. Parfois, on les logeait ensemble, mais le plus souvent ils se trouvaient séparés. Seuls Rashan et sa mère comptaient toujours pour un. Avec le Horner, ça faisait deux.

Rashan jouait le feu, jouait l'incendie. Il jouait le chaud et le froid, les évangélistes en colère, les assiettes en plastique, les couvertures en grosse laine. Quand le Horner rendit le dernier souffle, il se mit à hurler à sa place. Pour le faire taire, les Sœurs de la Miséricorde l'autorisèrent à se servir d'un piano droit. Celui-ci se trouvait à l'arrière d'une soupe populaire et donnait sur une cour. Alors il joua les ordures, il joua les miasmes, il joua les charognards. Et, ce qui lui plaisait le plus, il joua les oiseaux.

Finalement, au bout de quatre années d'errance, toute la famille s'arrêta à l'hôtel Carter, sur la

Quarante-Deuxième Rue, le Deuce, à un demi-pâté de maisons de Times Square.

On était au milieu des années quatre-vingt. Le président Reagan avait décrété, et le maire Koch confirmé, que de ne pas disposer d'un logement constituait non un malheur, mais, comme la dissidence dans la Russie stalinienne, une maladie. « Les sans-logis, estimait la Commission fédérale, ont en premier lieu un problème de santé mentale. »

L'hôtel Carter abritait une soixantaine de familles, deux cent cinquante enfants, pas plus d'une douzaine d'hommes adultes. Les Perry occupaient la chambre 417. Elle mesurait cinq mètres soixante-dix sur trois mètres.

Rashan dormait dans le placard, sous les manteaux de ses sœurs. Maintenant, il était capable de parler et de marcher en même temps. Mais ni l'une ni l'autre activité ne semblait aller de soi. Son corps, trop longtemps atrophié, poussait au hasard, rampant comme un lierre vers la lumière. Il grandit de soixante-six centimètres en trois ans. Ses bras et ses jambes envahirent le placard, dessinèrent des festons autour des étagères. Affaibli par sa croissance, il ne cessait de trébucher, de se prendre les pieds dans ses propres membres. Mais, au moins, il ne ressemblait plus à un vautour. « Plutôt à une autruche en décompression », dit sa sœur Violetta.

Le Carter était une maison de crack subventionnée. Dans une autre vie, à l'enseigne du Dixie, il avait abrité des écrivains, des effeuilleuses, toutes sortes d'illusionnistes. Delmore Schwartz y avait habité, et Belle Liberty, la vedette de *99 Tours avec une banane*. Et même le colonel Stingo, l'idole de A. J. Liebling. Pour les résidents actuels, il représentait l'antichambre de la prison d'État du New Jersey. Les couloirs étaient encombrés de moonrock, de pipes de crack et de vieux préservatifs. Les autres traitaient Rashan d'enculé et le rouaient de coups, une fois par jour, deux fois le dimanche. *Être, c'est ne pas être. C'est toute la question*, disait Lizbeth.

Elle était revenue au révérend Calvin Butts et à son Église baptiste abyssinienne sur la Cent Trente-Huitième Rue Ouest. Dans le placard de Rashan, juste à côté de son poster de Magic Johnson, elle colla un autre poème, polycopié : « La souffrance qui n'oublie pas / Tombe goutte à goutte dans le cœur / Jusqu'à ce que du désespoir surgisse la sagesse / Grâce à la bonté infinie de Dieu. »

Mais la douleur manquait au catalogue.

– J'ai jamais accroché à la douleur.

Quelque part en chemin, dans une région inaccessible à la mémoire, on l'avait muni d'une cuirasse infrangible. Le temps et la tourmente l'avaient simplement rendue plus épaisse. Il pouvait donc maintenant traverser des champs de batailles truffés de chausse-trapes et de mines sans remuer un cil. Toutes les nuits, le quartier résonnait de chants d'armes à feu et de sirènes. A l'intérieur du Carter, au bout du couloir, une femme enceinte avait été découpée en morceaux au cutter.

– Ah oui ? dit Rashan. Je savais pas.

Seulement après, quand les bruits s'effaçaient, il les rejouait à la perfection. Ses sœurs allaient à l'école, sa mère chez des amis. Livré à lui-même dans la chambre 417, Rashan jouait une seule personne : « Rashan Ray Perry », « Moi et moi ».

A l'âge de seize ans, ayant cessé de pousser vers l'extérieur, il était prêt à grandir de l'intérieur. Il était dyslexique, mais sa mère lui avait enseigné le langage de l'école, et ses sœurs la rue. Le soir venu, quand la télé s'allumait, il commençait à voyager.

Généralement, il parcourait Times Square, cinq blocs vers le sud et retour. Raffy, un Dominicain qui occupait la chambre 407, lui dressa un plan du terrain, quelles putes allaient où, quel sexe se retrouvait où. Mais il n'était pas fait pour les bains de foule. Il préférait aller s'asseoir sur les marches de la statue de George M. Cohan, érigée à l'écart sur le rond-point de la Quarante-Sixième Rue. Là, à l'abri et à bonne distance, il observait la multitude.

Il était très doué. Il appelait ça : « Comment être seul dans la horde. » A ses yeux, tout l'art et le secret de la rue résidaient là-dedans : s'asseoir seul au cœur de Broadway, voir sans être vu.

– Je la joue discrète. Quand la douleur frappe, je ne suis pas là.

Là-haut, au Carter, sa sœur Mylene s'était fait une amie, une fille nommée Xanthia. Elle venait du Salvador, elle avait quatorze ans et des yeux verts au fond desquels le premier imbécile venu se serait noyé.

Isidro, son frère, était le premier tortionnaire de Rashan. Il avait un bras estropié, les autres l'appelaient *Handicap*. Dans tout l'hôtel, seul Rashan souffrait d'une infirmité plus grave. Isidro se cachait donc dans les cages d'escaliers et lui sautait dessus dans le noir. Une nuit, comme Rashan passait, la tête dans les nuages, une main tordue surgit de l'ombre et, le saisissant à la gorge, lui vaporisa de la sauce piquante dans les yeux.

Rashan crut que c'était du vitriol. Le visage rongé enfoui dans les mains, il se cogna contre les murs, puis plongea dans l'escalier, semant la panique chez les petites filles qui jouaient à la corde, leurs mères qui papotaient, les fumeurs de crack, les joueurs de dés et les voitures d'enfants. Arrivé devant une porte ouverte, il s'y engouffra. Et tomba, paf! sur les genoux de Xanthia.

Lovée dans un fauteuil, celle-ci se peignait les ongles de pieds en orange. C'était une nuit d'août et il faisait une chaleur d'étuve. Elle portait un short court et un débardeur. La tête de Rashan semblait la proie d'un incendie. Plongé entre ses cuisses, il eut la sensation d'un brandon trempé dans de l'eau claire.

– J'ai entendu le grésillement. J'ai senti l'odeur de brûlé.

Mais il ne fit pas un bruit, c'était impossible. Le feu dévorait ses cris.

– Je bougeais pas, je disais rien.

Xanthia lui baigna les yeux, d'abord avec un torchon mouillé, puis avec ses doigts. Comme la brûlure se calmait, sa vue se rétablit. Mais il avait les yeux gonflés, écorchés vifs. Alors il s'enfouit plus profondément dans sa chair fraîche. Elle ne portait plus son short court. Elle ne portait plus rien. Elle soupira, elle lui souleva sa tête de monstre, ses yeux verts de chatte plongèrent dans les siens et son rire perla, timide.

– Joli garçon, dit-elle.

En se le rappelant à présent, Rashan riait aussi.

– Des doigts de pieds orange.

Sur le moment, ça ne lui avait pas paru tellement fou. Tandis qu'il remontait le courant de Xanthia, à moitié aveugle et tout brûlant, ça ne lui avait pas paru fou du tout.

– C'était grandiose d'enterrer l'enculé et de disparaître.

Dans sa chambre, il jouait les Reebok et les Nike, il jouait les rouleaux Jerri. A l'automne, quand sa mère dut déménager une fois de plus, il ne la suivit pas, il partit tout seul. Il eut une petite amie à Loisaida, elle s'appelait Lashuan. Puis une petite amie à East New York, elle s'appelait Tonya Laverne. Après elle, les trucs qu'il joua, nul Horner ne les contenait.

Il lui fallait un vrai synthétiseur, une batterie électronique. Il avait une petite amie, sur la Cent Dix-Huitième Rue Est, elle s'appelait Esther et son frère Hilario, il travaillait dans un magasin d'instruments de musique. Pour vingt-cinq dollars d'acompte et vingt pour cent pour l'éternité, Hilario lui fournit un studio de répétition, un abri en tôle derrière le local politique de Kanawha. Là, Rashan pouvait jouer la création tout entière :

– L'histoire de l'univers, version longue.

Sa musique n'était ni du rap, ni du hip-hop, ni de la house. Elle mêlait des éléments empruntés aux trois genres, mais c'était le rythme propre de Rashan qui en constituait l'originalité, un rythme chaloupé qui pulsait comme un cœur, puis restait suspendu, sautait un temps.

« Je chante le corps électrique », écrivait Whitman. Rashan aussi le chantait. Mais ce corps-là, désynchronisé, était frappé d'arythmie. Dès qu'il marchait au pas, il perdait la cadence, se brisait net et se faussait.

Comme Johnny Staccato qui aurait le tocant malade, pensait Rashan.

Il l'appela donc Stack Attack.

Il écrivit des paroles, il enregistra des cassettes. Les D.J. qui les écoutèrent se plaignirent de douleurs thoraciques. Mais l'échec ne le démontait pas. Il comprenait que l'arrêt cardiaque ne représentait pas automatiquement un bon ticket pour la danse. Pour éclater, il lui faudrait devenir une habitude, une seconde nature.

– Comme quand on respire. Ou pas.

D'ici là, il déchargeait de la nourriture pour chiens à TriBeCa et vivait dans une chambre à Alphabet City.

Sur Broadway, devant le McDo, il était un camaïeu de rouille, de bronze et d'ocre, comme des feuilles de chêne à la fin de l'automne. Au-dessus d'un corps à la Rube Goldberg, sa tête sévère se dressait comme un bas-relief éthiopien, long cou, pommettes hautes et anguleuses, front bombé, nez en bec d'aigle.

L'année dernière, il avait fait la connaissance de Benny et de Moritz au Paradise Garage, le berceau de la house. Jusqu'alors, il évitait les boîtes de danse. Un jour, il avait vu *Saturday Night Fever* et jugé le film complètement débile. Tous ces Ritals en file indienne, marchant au pas comme des androïdes à la parade.

– Le connard qui a écrit cette merde, un vrai trouduc, j'vous dis pas.

Mais ce n'était pas aussi simple.

– Pour être franc, j'avais les jetons. Comme si je n'étais pas sûr de mon corps. Comme si, je me disais, au fond, j'étais resté l'autruche sans couilles avec la courante. Et si je commence à danser, *à m'exhiber*, je fais exploser la cuirasse. Et tout le monde peut voir ce qu'il y a à l'intérieur : un putain de monstre de foire.

Une seule chose avait réussi à le faire changer d'avis. Il avait une petite amie, elle s'appelait Paulette

DePaul, et la danse pour cette fille était une drogue. Si tu l'emmenais pas danser, tu l'emmenais pas du tout. Alors Rashan est allé au Garage. En traînant les pieds, mais il y est allé. Ce fut une révélation.

– Le monde à l'envers, dit-il.

Ici, la monstruosité n'apparaissait pas comme une difformité ni comme une disgrâce. Au contraire, c'était le beau idéal.

– Il faut en chier, tu vois, mais *bien*, avant de savoir qui on est.

Au lieu de pantins dansants, la piste était couverte de créatures inconnues sur la surface de la terre : certaines plongeaient et sautaient comme des dauphins, certaines s'enfonçaient, d'autres planaient, d'autres encore semblaient nager sous l'eau. A l'intérieur d'un cercle magique, Benny et Moritz dansaient l'un en face de l'autre, le corps rigide, agité de soubresauts imperceptibles. Sans réfléchir, Rashan franchit le cercle et tressaillit avec eux.

Volume sonore plus rythme garantissaient le plaisir de la douleur, au plus aigu, au plus extatique. Si les murs ne transpiraient pas, si vos yeux ne commençaient pas à frire, si, le lendemain, vous reconnaissiez encore le goût de votre bouche, ce n'était pas de la vraie house.

B. – Faut avoir mal pour s'envoler. Encaisser les coups et les renvoyer.

M. – *Fight The Power.*

B. – Et l'adorer.

Ils allaient danser de minuit à l'aube, tous les week-ends à partir du jeudi soir. Sur ce trottoir devant le Big Mac, ils se retrouvaient pour comploter et conspirer, reparler de la nuit précédente et préparer la suivante. En général, ils suivaient les déplacements de leurs D.J.s favoris, Clark Kent et Kid Capri. Ce soir, on disait que le Kid serait au Power House.

– C'est l'oiseau qui décide, dit Rashan.

Tel un store à demi baissé, sa paupière gauche retombait toujours.

Son discours hésitait, comme un texte appris par cœur, comme un langage trop systématiquement maîtrisé pour lui appartenir vraiment. Mais quand il dansait, disait Moritz, il était magnifique. Sur la piste, il n'existait ni règles ni limites, il devenait ce qu'il désirait : un tire-bouchon, une voile gonflée, un chien qui pisse, un samouraï.

– Un puissant, dit Benny.

– Un guerrier, dit Rashan.

Sur ce trottoir se rassemblait l'élite de la house, un cercle étroit qui s'était baptisé les Corps d'Armée. La plupart de ses conscrits, transfuges des gangs et des cités, avaient refusé de se couler dans le moule. Au lieu de rester se faire tuer, ils avaient osé franchir le pas, jouer Broadway.

– Demander plus, disait Moritz.

Il venait de la Barbade et de Washington Heights. Il haussait tout le temps les épaules et arborait le message : ÉCOUTE TA MÈRE. Une fois dans les Corps d'Armée, on était tiré d'affaire. Rashan était tiré d'affaire.

– Mais ça ne facilite rien, dit Moritz.

– C'est pas fait pour ça, dit Benny.

– Pas dur, pas sûr, dit Rashan.

En face, contre le mur du Hebrew Union College, les sans-abri étaient toujours assis en ligne, le regard fixe. L'homme à la couverture rose était accroupi à l'extrême gauche. Il se balançait sur ses talons en criant : *Putain de merde ! Putain de merde !* Puis il traversa Broadway en vacillant. De près, on voyait qu'il avait du sang sur les lèvres et dans la bouche. Il s'arrêta juste devant Rashan, en équilibre instable, bavant, l'index pointé vers le ciel.

– Qui c'est ? demanda Benny.

– Un de mes pères, répondit Rashan.

Impassible, il se détourna et se regarda dans la vitrine du Big Mac.

– Je rigole.

Mais l'homme en rose ne riait pas. Une écume rosâtre se collait à ses gerçures, ses yeux étaient injectés de sang. De la main droite, il empoigna brusquement Rashan par son foulard à pois.

– Et toi, t'es qui ?

– Je suis le Jam.

Il se dégagea et s'éloigna sur Broadway. Il était encore tôt, le Power House n'ouvrait pas avant des heures et il avait besoin de se reposer. Devant Tower Records, où Cleveland Blakemore remballait ses livres, Rashan acheta un roman-photo. Il avait une petite amie à Seward Park, elle s'appelait Candy, elle lui apprenait à lire.

– C'est pas de la tarte, mais je m'accroche.

Il avait des jambes si longues qu'il semblait marcher sur des échasses. A Great Jones Street, des filles en robes claires suçaient des bâtons de sorbet, des garçons les observaient. Une radio hurlait *My Generation.*

– Qui a écrit ça ? demanda Rashan. Elvis Presley ? Les Beatles ?

– Pete Townshend.

– Ah oui ? Je savais bien que c'était un putain de zombie.

Le visage grave, il s'éloigna, tourna à gauche et disparut dans la nuit.

– C'est toujours pareil.

Quinze

Un balayeur tuait le temps dans Union Square. A sa manière de s'appuyer sur son balai, habillé d'une salopette neuve d'un blanc immaculé et chaussé de baskets de marque, on eût dit un fils de famille en visite dans les bas-fonds. Pas d'erreur, il s'appelait Calvin Palmer et sortait de Cornell. Ancien broker à Wall Street chez Merrill Lynch, il venait d'être condamné pour une affaire de drogue. L'habileté de ses avocats lui avait épargné la prison. A la place, il effectuait un travail d'utilité publique.

Le moins qu'il pouvait faire était de s'appuyer sur son balai. Mais, comme me l'expliqua Calvin, sa peine consistait surtout à surveiller les arbres. Les pirates qui s'en prenaient aux plantes rôdaient dans les parcs municipaux, arrachaient tout ce qui poussait, arbustes et jeunes plants. Ni les fils de fer barbelés ni les chaînes n'avaient réussi à les décourager, pas même les pièges qui consistaient à enfouir des pointes autour des racines. Maintenant leur sort dépendait de Calvin Palmer.

– Je dois monter la garde, dit-il. Dès qu'un voleur s'attaque à un arbre, j'utilise mon petit sifflet en fer-blanc.

– Et alors ?

– Il prend l'arbre et il s'en va.

Le travail l'épuisait. Le soir, il lui arrivait d'être tellement fatigué, tellement écœuré de tout, qu'il n'avait plus le courage d'aller dîner. Ses amis, des partisans de Bush, s'en payaient une tranche chez Mortimer ou dans quelque gala au profit des Jeunes Républicains, tandis qu'il soupait de viande froide dans sa chambre en regardant des rediffusions de *Cheers*. Et il lui restait encore une centaine d'heures de travail à effectuer. Une espèce de boue noire encrassait son balai, Dieu seul savait où il avait ramassé ça. Il avait une ampoule à la cheville.

– Libérez Calvin Palmer, dit-il.

– Pas question, dit Lush Life.

Union Square était son nouveau terrain de jeux. Tommy Blalock ayant achevé son temps dans la marine avait pris un logement dans Brooklyn Heights et travaillait sur la Quatorzième Rue où il vendait des T-shirts à même une couverture des surplus de l'armée.

Il exposait sa marchandise tout près de l'entrée du métro, à l'endroit exact où lui et Vida Lujuriante avaient fait le serment d'acheter des chaussures. Un échafaudage et un plafond bas composé de planches formaient comme un antre souterrain, aussi frais et humide qu'une caverne. Dans les recoins noyés d'ombre, des Nigérians vendaient des perles, des Sénégalais des cassettes, un Coréen des montres. Mais les marchands de T-shirts gagnaient du terrain chaque jour davantage.

Tommy n'avait pas délibérément choisi de vendre des T-shirts. Si on l'avait laissé libre, il aurait présenté ses propres trophées de voyages, des souvenirs de Louisiane, de Virginie, de Caracas, de Singapour et d'une dizaine d'autres escales. Celui qu'il préférait venait de New Iberia, la ville où il était né : un T-shirt McIlhenny's Tabasco, avec la bouteille de piment rouge brûlant dans un feu d'enfer et des lettres léchées par les flammes proclamant : C'EST CHAUD.

– Tommy a des dons artistiques, dit Lush Life. Comme toute sa famille.

Mais, dans la rue, les camelots devaient se contenter de ce qu'on leur proposait : des Bart Simpson blancs et des Bart Simpson noirs, MAMAN ET PAPA SONT ALLÉS À NEW YORK ET C'EST TOUT CE QU'ILS M'ONT RAPPORTÉ, une bonne centaine de variations sur I♡ NEW YORK.

– Dégradant, voilà ce qu'en pensait Tommy. Bête à remuer la merde avec un bâton.

– Mais nous sommes deux, dit Lush Life.

Pour toute réponse, il grommela. C'était un homme fidèle, farouchement orgueilleux. Sa mère, qui l'avait élevé, lui avait appris à ne jamais se satisfaire de la médiocrité. C'est la raison pour laquelle il s'était engagé dans la marine. *Sois tout ce que tu peux être*, telle était la devise de l'armée. Mais Tommy ne se contentait pas de si peu. « Tout ce que tu peux être et plus », tel était son credo. « Cent dix pour cent. »

Son discours était truffé de footballais, le jargon des batailles de ballon. Toute sa vie se résumait en une succession de phases de jeu : il touchait au but, il allait marquer, il disputait un match décisif.

– On joue le tout pour le tout ! Pas de lendemain ! Pour Tommy Blalock !

– Al-lez ! Al-lez ! criait Lush Life.

Mais il n'y avait plus de Lush Life, ni même de Vida Lujuriante. Sortie de l'hôtel Moose, elle n'était plus que la petite amie de Tommy Blalock.

– Sa fiancée.

Du moins aimait-elle à le croire. Pour le moment, ils n'avaient échangé ni bague ni serment. Tommy Blalock affirmait qu'un homme digne de ce nom ne s'engageait pas avant de pouvoir gagner sa vie.

– Rien de ce qui appartient à Tommy Blalock ne finira à la porte de l'Aide sociale... On n'a pas élevé Tommy Blalock comme ça.

– Sa mère est assistante dentaire, expliqua Lush Life.

– Ma mère, dit Tommy, est une sainte.

Encore un été de labeur, songeait-il, et il aurait réuni de quoi commencer, une avance pour une petite maison quelque part près de chez sa mère, peut-être même de quoi se lancer dans le bâtiment.

– Dix mille, on gagne la première manche, on reprend les marques, temps mort.

D'ici là, il se pliait à une stricte économie. Il s'interdisait même de flirter, de « bousculer l'adversaire », comme il disait.

– Tu te fais pincer une fois, c'est l'avertissement. Tu te fais pincer deux fois, tu sors du terrain.

Lush Life ne protestait pas. En son for intérieur, elle était soulagée.

– Je te raconte pas.

Depuis des années elle songeait à la chirurgie esthétique. Elle avait économisé et même décidé d'une date. Et puis elle était tombée sur Chryse International, le transsexuel brésilien, dans les toilettes pour dames du Mars. Ses mensurations, preuves à l'appui, étaient 116, 63, 110 et 30. Lush Life fut impressionnée, transportée d'admiration. Mais dès le lendemain matin, elle annula son rendez-vous avec le médecin.

– *C'est magnifique, mais c'est pas la guerre* *.

Et puis elle avait peur des piqûres.

Elle-même ne regrettait rien. Mais Tommy ? Et s'il était déçu ?

– Ces fils du Sud, ils aiment les grosses poitrines. Ils sont obsédés.

Dans sa chambre, elle alluma des bougies, se déshabilla et gonfla son torse comme un plongeur de compétition. Mais son miroir était trop modeste pour mentir.

– Je ne lui plairai pas. Il ne comprendra pas.

A la lueur des bougies, le Night Train ruisselait le long de ses flancs maigres qu'il satinait comme une huile, un onguent. Ses mamelons étaient rosés et durs, pas plus gros que ceux d'un bébé.

– Ladybeard, je ne suis pas comme il faut.

Et, se jetant sur sa couche, elle enfouit sa poitrine dans les soies de Madame Butterfly.

– Je ne serai jamais comme il faut.

* En français dans le texte.

Son abattement fut de courte durée. Le lendemain matin, sous les échafaudages, à Union Square, elle passait allégrement de l'ombre au soleil et du soleil à l'ombre en chantant d'une voix stridente. Cio Cio San et Nagasaki avaient cédé la place à Nelly Forbush et Bali Hai, *In Love With a Wonderful Guy*.

– Je suis aussi tartignole que le Kansas au mois d'août, glapissait-elle, une apparition en short et canotier blancs, chemisier bleu ciel noué sur le ventre. Je claque comme une oriflamme au 4 Juillet.

Ses pieds, chaussés de sandales dorées, étaient de véritables torpilles, mais elle flottait à travers le marché des Fermiers telle Mary Martin sur la corde raide.

– Je ne suis plus une petite poule sans cœur.

Au coin de la Seizième Rue, devant le Metropolis Cafe, elle s'empiffra de Milky Way. L'obstruction lui assourdissait la voix sans pour autant la réduire au silence.

– Kansas au mois d'août. Je suis aussi banale qu'une tarte aux myrtilles.

Tout comme NoHo, Union Square ne changeait pas, il retrouvait plutôt sa première identité. Il avait débuté avec éclat avant de connaître une longue traversée du désert et, aujourd'hui, il s'épanouissait à nouveau. Quand on y accédait par le sud, on avait l'impression de remonter des profondeurs de l'Atlantide.

Maintenant, l'effort physique nécessaire pour remonter Broadway avait trouvé un rythme précis, toujours recommencé. Pendant des jours et des jours, des kilomètres et des kilomètres, on progressait sous les eaux le long d'un tunnel sans fond. Mais à intervalles réguliers, à Trinity Church, City Hall Park, Canal Street, l'obscurité cédait et on pataugeait dans la lumière. Le plus souvent, ces ruptures s'effectuaient sans prévenir. A Union Square, au contraire, la pause était signalée plusieurs blocs à l'avance, à l'endroit même où, changeant de pas, la route amorçait un brusque virage.

La légende prétendait que c'était l'œuvre de Hendrick Brevoort, un tavernier hollandais du début du XIXe siècle. Comme Broadway poussait toujours plus au nord, l'itinéraire prévu passait par son verger, où se dressait son pommier favori que les planificateurs voulaient abattre. Brevoort leur opposa un refus catégorique. Les architectes, les maîtres d'œuvre, les délégations d'élus eurent beau le supplier, le tavernier demeura intraitable. Pour finir, Broadway fut détourné et dut piquer sur la gauche.

Telle était l'histoire, vraie ou fausse. Quoi qu'il en soit, le pommier de Brevoort avait changé toute la topographie de Manhattan. Sans cet arbre, Broadway aurait traversé la Quatrième Avenue avec laquelle il aurait constitué Park Avenue, et le Rialto eût été un théâtre de l'East Side. Mais l'avenue passa par l'ouest, envahit les vallées et les terres agricoles de Bloomingdale « pour parader, dit le Dr Davitt, et se tourner en ridicule ».

Lui-même paradait, mais dans la discrétion. Jeune homme svelte de cinquante ans, il portait un pantalon de toile vert acide avec un pull étroit blanc, des lunettes aux verres rosés et un soupçon d'ombre à paupières. Dans son sac à bandoulière il transportait un assortiment de cartes de visite imprimées à l'encre violette sur un fond uni de couleur crème. DR DAVID DAVITT, disaient les cartes, CHIRURGIEN DE MOTS.

Il ne se limitait pas à cette seule spécialité. Soigneusement rangés dans différents petits sacs comme des quartiers d'orange sanguine, il y avait d'autres cartons au nom de : DR DAVITT COSMOLOGUE, DR DAVITT, VOTRE SOUFFRANCE EST MON PLAISIR et MENUISERIE DAVE SPÉCIALITÉ DE PLACARDS. Mais il préférait le chirurgien de mots : « Maîtrisez l'écriture avec le Maître de l'Écriture », disait la carte et ensuite, en lettres dorées : « Avec ma muse, comment voulez-vous que je vous abuse ? »

Il reconnaissait que c'étaient là de simples taquineries. Dans les années soixante, avant l'effondrement des magazines populaires, il avait été pisse-copie sous le nom de Brett Houston, auteur entre autres de *Si jeune, si jolie, si morte, Mon cadavre vous demande pardon* et de *Plus on est de morts plus on rit.* Il avait même torché un court roman intitulé *Vous le regretterez*, qui n'avait pas été publié. Mais ses propres livres ne lui avaient jamais donné satisfaction. Au fond, il s'était toujours senti une âme de professeur.

– Né pour prêcher, pas pour pratiquer.

D'où le nom de Dr Davitt.

– Le nom de jeune fille de ma mère, le métier de mon premier amour.

Il avait fait paraître des petites annonces dans *True Detective* et *Jet*, et rédigé un prospectus de deux pages : « Ce sentiment vous est-il familier ? Ne vous est-il jamais arrivé de refermer un classique de la littérature en pensant : *J'aurais pu écrire ça* ? Avez-vous jamais eu l'impression qu'avec le savoir-faire nécessaire, vous pourriez, vous aussi, produire un chef-d'œuvre éternel ? Si votre réponse est oui, LISEZ LA SUITE, car vous avez trouvé la solution. Le Dr David Davitt, chirurgien de mots mondialement célèbre, peut vous fournir la clef qui vous ouvrira les portes du génie... »

Il avait fait imprimer cinq cents plaquettes gratuites de présentation. Mais les annonces n'avaient pas provoqué la réaction escomptée.

– C'est le résumé de toute mon existence, disait maintenant le docteur. J'y ai cru sincèrement. J'y crois toujours sincèrement. Mais j'ignore comment, chez moi, ça a l'air bidon. Comme si j'avais un tic, un mouvement nerveux. Alors tout le monde croit que c'est un numéro, une grosse plaisanterie. Et pourtant, ça me fait mal au cœur, j'ai mis toute ma vie là-dedans.

L'impossibilité de communiquer l'avait profondément blessé. « Accordez-moi une demi-heure par jour, trente petites minutes seulement, chez vous, promettait le prospectus du Maître de l'Écriture, et vous aussi vous planerez avec les aigles, vous tisserez des rêves, pour votre plaisir et votre profit. »

Mais il n'avait reçu que deux réponses :

– L'une d'un banquier à la retraite du Wisconsin, un spirite, qui essayait de communiquer avec Pierre Louÿs, l'autre de mon demi-frère à Panama City. Pour me demander trois mille dollars.

En y repensant, même s'il avait toujours refusé de le reconnaître, cette expérience avait déterminé le cours de son existence. Par la suite, cessant d'écrire pour de l'argent, il s'était retiré en lui-même. Depuis maintenant dix-huit ans, il travaillait de façon intermittente sur une histoire-almanach d'Union Square : *News on The Rialto*. Pour l'achever, il n'aurait pas assez de tout le temps qui lui restait à vivre.

C'était un petit homme soigné et propre, mais ses joues étaient marbrées de bleu à l'endroit où elles auraient dû être roses, comme du papier de tournesol sous l'action d'une base. Depuis l'âge de onze mois, bon an mal an, il avait toujours habité ce quartier.

Après avoir quitté son père, un pharmacien de Long Island City, sa mère était allée travailler chez S. Klein, un grand magasin populaire d'Union Square East, sur l'emplacement duquel s'élevaient aujourd'hui les Zeckendorf Towers. Elle logeait alors sur la Onzième Rue Est. Maintenant âgée de quatre-vingt-trois ans et clouée dans un fauteuil roulant, elle vivait toujours dans le même appartement. Tout comme son fils, le docteur.

– S'il vous plaît, appelez-moi Davitt.

Sa mère l'appelait Hyman. Parmi ses lointaines réminiscences, il gardait celle d'un tout petit garçon, âgé de trois ans et sept mois, hurlant sur la Quatorzième Rue, juste devant chez Luchow : *Je ne suis pas Hyman ! C'est pas moi ! C'est pas moi !* Après quoi, pendant de longues années, il n'avait pas pu passer dans la rue sans être aussitôt assailli par des bandes de galopins criant : *Je ne suis pas Hyman ! C'est pas moi !*

Comment était le quartier à cette époque ?

– Dépossédé de tout.

Quelque part, on ne savait où, il avait perdu le contact avec ses origines. « Union Square, écrivait le docteur dans *News on The Rialto*, devait être le dernier mot. Broadway s'arrêtait là et c'est là que la ville devait finir. Là où tout devait finir. Ce serait l'ultime fleuron. Mais la croissance n'a pas voulu s'arrêter. Elle s'est poursuivie, plus loin. »

En laissant derrière elle une terre dévastée. De son enfance, le Dr Davitt gardait le souvenir précis d'une confusion, d'une perpétuelle gueule de bois.

– Comme si, après la fête qui devait mettre fin à toutes les fêtes, personne ne s'était donné la peine de nettoyer. De telle sorte que tous les verres sales, les restes de nourriture, les guirlandes, les cotillons abandonnés avaient pourri sur place.

Il reniflait l'air délétère avec une grimace de dégoût.

– Un cloaque, là où il y avait une place autrefois.

L'apogée d'Union Square avait immédiatement suivi la guerre de Sécession. Pendant trente ans, il avait été *le* Rialto, la pierre angulaire. A partir de la Huitième Rue et jusqu'à la Vingt-Troisième, Broadway n'était qu'une succession d'hôtels et de magasins rivalisant d'élégance. Il y avait Tiffany, mais aussi le Colonel John Daniell, Arnold Constable et Lord & Taylor. Mais Union Square tirait son véritable prestige de sa situation au cœur du quartier des théâtres.

C'était le premier de la ville. Depuis toujours, sur Broadway, il y avait des salles de spectacle, mais celles-ci poussaient au hasard, comme la rue elle-même : le Winter Garden d'Edwin Booth à Bond Street et le Niblo's Garden à Prince ; le Wallack à Broome, l'Astor Place et le Broadway Theater où, dans *Mazzepa*, Adah Isaacs Menkens soulevait les foules hystériques en chargeant à travers l'allée centrale, entièrement nue sur un étalon arabe. Il y avait aussi les salles de concert, comme le New Oriental et le Harry Hill's sur Houston « où le meurtre était chose presque inconnue », les *minstrel shows* comme au Christy's Mechanical Hall à Grand ; et même la première scène de « nu », le Wood's Museum, où le

Lydia Thompson Burlesque Co présentait quatre belles blondes plantureuses en guêpières noires, le corps recouvert d'un collant de couleur chair. « Est-ce que cela n'est pas la fin de tout ? » s'interrogeait James Gordon Bennett dans le *Herald.*

Union Square lui donnait une réponse salée.

A l'intérieur de ses frontières, toutes les formes de divertissement élégantes ou vulgaires se retrouvaient pêle-mêle dans le même lit. « A tous les coins de rue le vice se montre sous un masque enchanteur, écrivait Junius Henry Browne, et les arts vous sourient de mille et une façons, toutes ensorcelantes. Hôtels, salles de spectacle, bazars, music-halls, bordels et tripots de mélangent joyeusement. Partout, vous trouverez ce que vous cherchez, et même davantage. »

L'un des avant-postes abritait l'Académie de Musique, un Opéra dont les loges étaient réservées à quatre cents élus désignés par Mme Astor. L'autre était Tony Pastor's, le premier vaudeville, dont la muse régnante, Maggie Cline, la reine d'Irlande, chantait sa ballade de boxe : *Flanque-le au tapis, Mc Closkey.*

Les rues latérales se peuplèrent de bars et de boutiques d'usuriers en sous-sol, de pensions pour artistes. Le trottoir devant le Keith's Union Square Theater grouillait d'artistes à la recherche d'un engagement. Ils étaient si nombreux qu'on l'avait baptisé le marché aux esclaves.

– C'était le bon temps, dit David. Plein de chansons, de danses et de haine.

Un conflit le ravissait tout spécialement : George Jean Nathan raconte qu'un certain Aug. Allaire, du Trio Allaire, écrivit une lettre de protestation à une publication spécialisée dans les spectacles. Selon lui, Flo d'Arcy, des Sœurs d'Arcy, lui avait volé son numéro vedette, le saut périlleux arrière sur un bras. Sans tarder, Mlle d'Arcy répondit ceci :

> « Cher rédacteur en chef,
>
> « Au risque de manquer de dignité, car en tant que membre des célèbres Sœurs d'Arcy qui se pro-

duisent avec succès dans tous les coins du monde, j'ai la réputation d'être une vraie dame, je me dois de répondre à l'accusation d'un certain Aug. Allaire, du Trio Allaire. Je voudrais dire à Aug. Allaire qu'il ment en affirmant que je lui ai volé le saut périlleux arrière sur un bras. En effet, c'est le saut périlleux arrière sur un bras d'Oscar Delarmo, des Delarmo et Astor, que j'ai copié, avec l'aimable autorisation de celui-ci. M. Oscar Delarmo exécute le saut périlleux arrière sur un bras depuis vingt ans et il y a vingt ans, Aug. Allaire, du Trio Allaire, était encore, je crois, balayeur au Baltimore Lunch dans le Bowery.

« Sincèrement vôtre,

« Miss Flo d'Arcy, des Sœurs d'Arcy, indisponibles pendant un an. »

Après 1900, Broadway poussa en avant et emporta le Rialto avec lui. Les hôtels de luxe et les théâtres devinrent des pensions ou disparurent, et la Quatorzième Rue se vit réduite à un marché en sous-sol, célèbre pour ses fourrures et ses soieries de contrebande, ses disques à neuf cents, ses marchands ambulants de bretzels et de marrons, ses chanteurs de rues et les quatre-vingt-dix-huit montres qui toutes donnaient l'heure exacte dans la vitrine du Korn's Klock Korner.

Puis vint la Dépression. La place se remplit d'agitateurs et de Wobblies. Le 6 mars 1930, deux mille communistes se rassemblèrent sous les yeux de cinquante mille badauds. Grover Whalen, le préfet de police du maire Johnny Walker, leur refusa l'autorisation de défiler de Broadway jusqu'à City Hall. Passant outre, ils furent arrêtés par la police montée. « Des centaines de policiers, écrivit Edward Robb Ellis, armés de matraques et de gourdins, certains à main nue, se ruèrent sur les rangs des manifestants. » Ceux-ci répliquèrent et la police redoubla de violence. « Une dizaine de policiers en civil et en uniforme s'acharna sur deux hommes sans arme jusqu'à ce qu'ils soient au bord de l'évanouissement. Les femmes hurlaient. Les hommes criaient. Le sang coulait sur les visages. Bientôt la rue fut jonchée de blessés. »

New York n'avait pas connu une telle violence depuis le début du siècle. Personne n'étant armé, on ne releva que vingt blessés graves et une centaine de blessés légers. Mais un sentiment de rancœur s'installa : Union Square ne s'en remit jamais.

A l'approche de la Seconde Guerre mondiale, à l'arrivée du petit Davitt, l'Académie de Musique était devenue un cinéma populaire. Pour cinquante cents, vingt-cinq en matinée, on pouvait voir deux films et huit numéros de vaudeville. Le week-end, on y distribuait gratuitement du pop-corn et des bretzels.

Tout ici était de seconde main, usé, dégradé. L'enseigne la plus visible, en néon rouge et or, proclamait : TOUT LE STOCK À MOINS 200 %. Elle faisait la promotion des taxi-girls d'un dancing.

LA DANSE, pouvait-on lire aussi, EST UNE NÉCESSITÉ SOCIALE.

C'est là que Davitt avait grandi, solitaire, « un peu homosexuel ». Il n'était guère brillant et avait mis un terme à ses études à l'âge de quinze ans, tout en demeurant un lecteur impénitent. Il choisissait ses livres au hasard et dévorait sans méthode. Son savoir s'était donc constitué par bribes incohérentes : il citait Dante et Walter Winchell, le Livre de Job, Dale Carnegie ou Mickey Spillane, mais il ignorait qui était Lénine ou Jackie Robinson.

Union Square n'était pas fait pour les homosexuels. A l'âge de vingt ans, fatigué de la vue de son propre sang, juste assez guéri pour s'exposer à nouveau, il partit s'installer dans le West Village. Il écrivit pour les magazines populaires et lança le Maître de l'Écriture. Mais ses racines lui manquaient. Il avait beau le haïr et le craindre, Union Square lui était devenu aussi nécessaire qu'une drogue.

– Tout ce désespoir, cette laideur et cette médiocrité, tout ce gâchis sordide.

Il secouait la tête avec une expression d'impuissance et de tendresse mêlées, comme une mère poule devant un poussin récalcitrant.

– Un fiasco. Mais mon fiasco.

Il se rappelait le jour et l'heure où il avait scellé le pacte.

– Le 14 mai 1971, deux heures de l'après-midi. Je venais de terminer une histoire, *Du sang dans le mixer*, une merde. Je vivais à Bank Street, dans le West Village, et j'allais souvent chez Julius. C'était juste après la manifestation de Stonewall, le mouvement homosexuel éclatait, mais je ne m'y reconnaissais pas.

Ses phrases avaient une cadence mesurée. Sur le même rythme régulier, il tapota une cigarette mentholée six fois contre le paquet, passa la flamme de l'allumette trois fois et aspira deux fois.

– Je n'ai jamais aimé les groupes, les associations, les partis, tout ça. Dès l'instant où j'ai compris que je préférais les garçons, j'ai haï le mot *gay*. Il me paraissait tellement faux. Les vieux mots convenaient mieux, même infamants et ridicules, ils ne mentaient pas. *Tante, tapette. En être*, j'aime mieux ça.

Au bout de quatre bouffées, il jetait sa cigarette et en sortait une autre. Six tapotements, trois passages, deux aspirations.

– J'avais plus de trente ans, j'étais un chirurgien de mots sans patients. Avec du sang dans le mixer. J'ai fourré tout ce que je possédais dans un sac en papier et je suis revenu à Union Square.

Il jeta sa cigarette et en sortit une troisième.

– Pour en être.

Près de Grace Church, marchant à l'aveuglette, il s'était heurté à un vieux Grec qui empestait et poussait une charrette remplie de choses et d'autres : lacets, bonneterie bon marché, pantalons en tergal. Se jugeant insulté, le Grec s'arrêta net et lança à Davitt un regard flamboyant. Il n'était pas d'ici mais rien ne l'impressionnait. Puant l'ail, il saisit le docteur par le bras et se mit à le secouer comme un prunier. Puis il lui mit sa bouche sale sous le nez : « Pédé ! Sale petit pédé ! »

Bienvenue, Davitt.

– Saül sur la route de S. Klein's.

Arrivé à Union Square, il s'acheta un bloc bon marché et se laissa tomber sous les sabots du cheval de George Washington.

– Et là, j'ai pris position. Ou plutôt, racine. La réincarnation de Joe Gould.

Gould, le professeur Seagull, était, avant la Seconde Guerre mondiale, une figure de Greenwich Village. Il avait passé sa vie dans les cafétérias, les restaurants populaires, les bars et les refuges pour clochards, obsédé par « la rue, la faim, l'alcool », à recomposer « Une histoire orale de notre temps ».

Selon Joseph Mitchell, l'auteur d'un article sur Gould dans le *New Yorker*, celui-ci emmenait partout avec lui des cahiers d'écolier dans lesquels il livrait, en vrac, « un vaste méli-mélo, un salmigondis de ouï-dire ». Dans un seul chapitre intitulé « Les Bons tombent comme des mouches », « Gould entame la biographie d'un propriétaire de restaurant populaire également turfiste, baptisé Benny Altschuler – le Parieur –, qui s'enfonça un pic à glace rouillé dans la main et mourut du tétanos. Au bout de quelques paragraphes il se lance dans une histoire que lui a racontée un marin, celle d'un groupe de lépreux ivres sur une plage de Port of Spain, à Trinidad. De là, il passe à une anecdote à propos d'un meeting à Boston en 1915 contre la projection de *Naissance d'une nation* au cours duquel il donne un coup de pied à un policier. De là, il saute à une visite effectuée à l'asile psychiatrique de Central Islip où une femme, pointant sur lui un index accusateur, hurla : " C'est lui ! Au voleur ! Au voleur ! C'est lui qui m'a pris mes géraniums et qui a volé la mule et la carriole de ma mère ! " De là, il passe au récit que lui a fait un vieux simple d'esprit qui prétendait avoir, une nuit, vu la couleur et senti la brûlure des flammes de l'enfer alors qu'il était assis sur le pas d'une porte sur Great Jones Street : ce soir-là, il avait surpris les jeux folâtres de deux sirènes dans l'East River, juste au-dessus du Marché au Poisson de Fulton. Ensuite, il explique la prédilection des Italiennes pour les robes noires, dans la version fournie par le curé de la vieille cathédrale St. Patrick sur Mott Street, et il revient enfin à Benny le Parieur, le propriétaire du restaurant frappé par le tétanos ».

Cet article constituait le témoignage le plus proche que Davitt, ou tout être vivant, ait pu recueillir sur l'œuvre originale. « Une histoire orale » ne fut jamais publié. Un incendie avait éclaté, tous les cahiers avaient brûlé et puis Gould était mort. Ou peut-être les choses s'étaient-elles passées dans un ordre différent. Quoi qu'il en soit, le livre ne parut jamais en librairie.

– Mais il l'a bien écrit, non ? dit Davitt. Il s'est assis, il a vu, il a écrit.

Témoignage non délivré. Le livre de Joe Gould avait néanmoins changé le cours de son existence et inspiré *News on The Rialto*. Il sentait bien que l'universalité du professeur Seagull lui faisait défaut : la trame de son œuvre se limitait à Union Square. Mais il ne s'y sentait pas à l'étroit. Au contraire. Au travers de la chronique détaillée de ce seul lieu, de l'histoire de ses habitants *vieux et jeunes, piliers ou courants d'air*, il espérait composer un condensé de l'humanité tout entière, « le microcosme dans un carrefour ».

A ce jour, il avait couché plus de deux millions de mots. Des blocs entiers, couverts d'une minuscule écriture d'écolier, remplissaient une armoire. Mais son œuvre n'en était qu'à ses premiers balbutiements.

Il n'avait pas perdu la foi. Il croyait encore à sa vision, avec plus d'intensité que jamais. Seule la timidité le paralysait. Il était incapable d'aborder un inconnu, incapable d'engager la conversation, fût-ce la plus insignifiante. Tous les jours, le marchand de journaux lui souhaitait « bonne journée », et tous les jours Davitt voulait lui répondre. Il ne le faisait jamais.

Moi-même, je l'avais rencontré après être tombé sur sa mère, Eugenia, qui se déplaçait dans l'épicerie du coin en fauteuil à roulettes. Elle voulait du café Blue Mountain, j'avais pris le dernier paquet, je l'échangeai contre son fils. Il m'en avait cependant coûté quatre lettres et une dizaine de coups de fil avant qu'il n'accepte de parler.

– Pas de commentaires, disait-il.

Tous les jours, depuis dix-huit ans, il obéissait à un rituel immuable. Levé à six heures, il écrivait pendant exactement trois heures, après quoi il prenait le petit déjeuner en compagnie de sa mère et se rendait à bicyclette à Union Square, trois pâtés de maisons plus loin. La bicyclette était une Rudge grand cru de Wolverhampton, en Angleterre, à guidon haut, un pur-sang. De vieux amis de sa mère, des fabricants de cigares, l'autorisaient à la laisser dans leur couloir. Le soir, quand il la reprenait, la selle sentait légèrement le havane et la feuille dominicaine roulée.

Et ensuite ?

– Je prends des notes. Je marche. Je brasse de grandes idées.

Le plus souvent, il s'asseyait sur un banc en s'efforçant de réunir assez de courage pour aborder un étranger, provoquer un échange. Le courage ne venait jamais. Alors il optait pour l'autre possibilité.

– J'observe. J'imagine. Je mens.

Union Square, aujourd'hui, était composé de bric et de broc : à l'est le marché des Fermiers, écologique, propre ; au sud les T-shirts de Tommy Blalock ; à l'ouest, les ados et les ivrognes. Devant nous, des statues de la Liberté (assorties), Lafayette, Lincoln, Gandhi et George Washington à cheval, les yeux sales, le bras droit levé, l'air racoleur, tel un rabatteur de Bourbon Street criant : « En chair et en os ! Nues ! En chair et en os ! Elles dansent toutes nues ! »

– Il faut comprendre, dit David.

Sans préciser quoi. Son mode de conversation consistait à aborder prudemment un sujet, à démarrer brusquement et à reculer aussitôt pour se mettre à l'abri.

– Difficile à dire.

– Quoi ?

– Tout.

Il parlait d'une toute petite voix, le souffle court. Momifié dans l'étroitesse de son pull et de son pantalon vert acide, il restait timidement dans l'ombre du cheval de Washington, un destrier large et puissant, massif, doté d'une croupe pachydermique, coulant un regard oblique, le sabot dressé et piaffant.

– La crème monte, la lie s'enfonce, dit Davitt en m'entraînant à l'intérieur de Grace Church.

C'était une chapelle de pur style Renouveau gothique : verticale, droite, austère, dépourvue de toute fioriture ou de rhétorique creuse, les vitraux préraphaélites de Henry Holiday baignant la nef d'une froide lueur crépusculaire, aussi réconfortante qu'une compresse glacée.

– Voici la beauté, dit Davitt.

Devant l'autel une grosse fille déclara :

– Dieu est beauté.

L'autre grosse fille déclara :

– Nous aussi. Tout n'est-il pas beauté ?

C'était un lieu consacré par la Barnumania. C'est là que, le 10 février 1863, le général Tom Pouce s'unit enfin à sa Lavinia Warren. Grace Church ne serait pas consacrée avant vingt ans, mais, déjà, elle surpassait Trinity en élégance. « Le premier temple Knickerbocker élevé à la gloire de Notre-Seigneur Jésus-Christ », ainsi que l'avait baptisée un chroniqueur. Washington Square s'étendait au sud, Gramercy Park bourgeonnait au nord, tout ce que New York comptait de plus riche et de plus sophistiqué se trouvait rassemblé à l'intérieur d'un kilomètre carré et le mariage de Tom Pouce les avait attirés avec la force d'un aimant.

Ce jour marqua le triomphe de Barnum. Jusqu'ici, il avait gagné de l'argent, il avait innové, il avait provoqué. Aujourd'hui, il réécrivait le Bottin mondain. Deux mille personnes reçurent une invitation, il en vint plus de cinq mille. Parmi elles, quatre gouverneurs, treize généraux d'armée, une cohue indescriptible de maires et de millionnaires. Le Président et Mme Lincoln offrirent en cadeau des pare-feu chinois et on s'arracha les places à soixante dollars le banc. « J'ignore si j'aurais mieux réussi en organisant un mariage princier », écrivit Barnum.

Grace Church bénéficiait de sa situation au coin de la Dixième Rue, où Broadway dessinait un coude et où le tramway prenait son virage. En restant sur les marches, on pouvait voir des deux côtés à la fois, en ligne droite jusqu'à Wall Street et jusqu'à Times Square.

– *Nel mezzo del camin di nostra vita*, dit le Dr Davitt.

En face, un magasin de billards étalait la richesse de ses vitrines garnies d'acajou et de chêne lustré.

– J'adore le bois sombre, dit Davitt.

Au cours de ses années d'observation, bon nombre de choses extérieures avaient changé. Les librairies d'occasion qui émaillaient la Quatrième Rue avaient disparu et les entrepôts d'antiquités qui recyclaient les objets de récupération demandaient trois mille dollars pour de faux Ganymède Art nouveau. Au lieu de quatre-vingt-dix-huit montres, l'ancien Korn's Klock Korner offrait aujourd'hui vingt-trois espèces de fromage de chèvre.

– *Yuppies*. Encore un de ces mots qui m'horripilent. Pourtant « petits roquets bourgeois », ça disait bien ce que cela voulait dire, non ?

Sur Union Square même, les épiceries New Age et les bars Eurotrash défiguraient les trottoirs jadis consacrés aux bals à dix cents la danse. Impossible, ici, d'acheter du pain de mie en tranches, on ne vendait que des petits pains au miel-raisin-cannelle ou des croissants à la crème et aux amandes.

– Si vous voulez le savoir, dit Davitt en allumant une cigarette, ça me donne envie de vomir.

La perspective d'une Quatorzième Rue transformée en paradis du consommateur l'épouvantait. Tout ce qu'il demandait, c'était d'atteindre sans grâce le soir de sa vie, de se métamorphoser en vieux birbe qui d'un sourire fait hurler et s'enfuir les enfants. Mais comment y arriver, avec la bouche pleine de kiwi ?

A quoi bon s'inquiéter ? Sous les atours du New Age l'essence de la place demeurait aussi versatile que jamais. Si la mode envahissait la piazza, le long de la Quatorzième Rue les boutiques semblaient collées à la Super Glu, les marchands ambulants passaient avec les saisons.

– Pas de lendemain, c'est le match décisif ! dit Tommy Blalock.

– Tu veux du Night Train ? demanda Lush Life.

Il n'en voulait pas ; elle, si. Elle en avait bu toute la journée et ça commençait à se voir. Ses yeux verts à la Nelly Forbush étaient voilés, le canotier penchait.

– Banale comme le mois d'août, chantait-elle. Aussi Kansas qu'une tarte aux myrtilles ! Le cœur trop tarte pour le 4 Juillet !

Elle avait mis un tigre dans son moteur et pris sa décision : cet après-midi, à la fermeture du marché, elle entraînerait Tommy Blalock jusqu'au Arlington Hotel, au coin de Broadway et de la Vingt-Cinquième Rue, où on louait des chambres à l'heure. Dans n'importe laquelle, du moment qu'il y avait un trois ou un huit, ses numéros de naissance, elle risquerait son va-tout. Toutes manœuvres autorisées.

Derrière les rangées de T-shirts Bart Simpson, sur les panneaux près du métro, des affiches de théâtre annonçaient une pièce de Bertolt Brecht. *Sa bouche garde le goût d'un autre homme*, disait la légende. Mais Lush Life jurait le contraire.

– Tu es mon premier, dit-elle.

– Et le seul, dit Tommy Blalock.

C'était une affirmation, pas une question. Ramassant ses T-shirts, sa couverture de l'armée et son amour en un paquet informe, il les emporta avec lui au milieu des voitures. Les camions firent glapir leurs klaxons sous une pluie d'insultes aux accents de Brooklyn, mais il ne s'arrêta jamais.

– Tommy Blalock, dit-il, sait se faire foutre.

Et le Dr Davitt ?

– Oui. Mais je me refuse.

Dans l'ombre de la croupe du cheval de George Washington qui lui cachait le soleil, il tenait son carnet contre sa poitrine comme un bouclier.

– Un endroit où disparaître.

Mais plus pour très longtemps. La santé de sa mère déclinait. Ils avaient l'intention de s'installer à Cape Cod. Dans six mois, peut-être moins, il serait parti et *News on The Rialto* n'aurait plus lieu d'être. Au bout de dix-huit ans, il ne regrettait pas de laisser son œuvre inachevée, il se reprochait seulement de n'avoir pas osé la commencer.

– Tous ces gens assis, tous ces corps, toutes ces vies. J'aurais dû demander.

Ce sentiment d'impuissance et de gâchis, c'est ce dont il garderait la nostalgie la plus brûlante. La place, croyait-il, était une seine qui remorquait ceux que le malheur avait désignés. « Les balayeurs de l'âme », comme il les appelait. En face, Calvin Palmer traçait des cercles au bout de son balai et dérangeait un groupe de pigeons. Ce spectacle remplissait Davitt de compassion, d'une rage existentielle.

– Pauvre bougre. N'était-il pas condamné à l'avance ?

Quatorze cigarettes mentholées à demi fumées gisaient en éventail autour de ses pieds. Il se leva, les ramassa une à une et les déposa dans une poubelle.

– C'est l'heure du thé.

Mais avant de partir, rapidement, d'une voix grinçante comme un gond rouillé, il relut un passage de la première page de la chronique de sa vie :

– « *Là où tout devait finir*, souffla-t-il. *Ce serait l'ultime fleuron. Mais la croissance n'a pas voulu s'arrêter.* »

Il alluma une autre cigarette, il aspira deux fois.

– Je préfère *Du sang dans le mixer*.

Quand le Dr Davitt rentra chez sa mère, je rentrai à l'hôtel Moose. La tête penchée au-dessus des marguerites, je tentai de progresser dans ma lecture de *Struggles & Triumphs*, sans parvenir à me concentrer. Même l'histoire de Mme Josephine Fortune Clofullia, « la merveille la plus ahurissante du XIXe siècle », élégante, féminine et affublée « d'une longue barbe et d'une moustache que le dandy le plus délicat eût été fier d'arborer », ne réussit pas à me maintenir en éveil. Je m'endormis.

Quand Lush Life me réveilla, il était deux heures du matin, et Motion arrosait son jardin en chantant *No Woman No Cry* dans le couloir. Du vin sucré ruisselait sur mon visage et dans ma bouche. Je tendis les mains, aveuglé, mais Lush Life ne se laissa pas attraper.

– Alors ? lui demandai-je.

– Nous sommes un.

Seize

– Il y a longtemps que vous n'avez pas parlé avec Satan ? Vous savez qu'il attend votre appel.

La voix de matou, paisible, appartenait à un homme qui avait choisi de s'appeler Smith. Archie Smith. Chaleureux et souriant, vêtu d'un complet-veston gris et d'une chemise classique de chez Brooks Brothers, il se tenait devant les grilles fermées du Palais de Beauté, une mallette de cuir noir à la main.

– Alors, vous lui avez parlé ? insista-t-il.

– Pourquoi moi ?

– Vous semblez avoir un penchant pour l'ombre.

Menton trépidant, grosse patte avide, il évoquait un représentant en encyclopédies. Et c'était, à l'entendre, précisément son métier.

– Le mystérieux savoir des Anciens, les immortels volumes des sciences interdites, les livres occultes. Tout cela est à votre portée. Tendez la main, prenez-les, ils sont à vous.

– Pas d'acompte ?

– Pas un cent.

Quand il sourit, ses yeux disparurent derrière ses joues gonflées. Il ressemblait à Porky de façon frappante.

– La magie noire n'est pas une affaire de gros sous. C'est une affaire de foi. De confiance. D'espoir de changement et de progrès intérieur et de votre volonté d'explorer ces domaines.

Ouvrant sa mallette, il montra un vaste choix de pochettes bourrées de plaquettes. Trop gâté, j'hésitai :

– Que me recommandez-vous ?

– Pour un débutant ?

Il caressa une moustache invisible et prit, me sembla-t-il, une brochure au hasard.

– *Satan, le pacte authentique.* Rien d'extravagant. Mais une lecture sérieuse, du solide.

– Par exemple ?

– Du solide, je vous dis.

Il me lança un regard oblique, comme un tailleur qui estime les mesures de son client.

– Le régal d'un esprit affamé.

S'il restait dans le vague, ce n'était pas un choix délibéré, mais un réflexe nécessaire d'autodéfense. A l'époque où il avait commencé à colporter son message dans la rue, il en disait trop.

– Je me laissais guider par mon cœur, pas par ma tête, et je me suis fait mal.

Il secoua la tête, ébranlé par ces souvenirs.

– Les gens, vous savez, ont parfois de tels préjugés. Ils se referment comme des huîtres. Et, après, impossible de les faire s'ouvrir. Si vous essayez, ils deviennent méchants, et même menaçants.

– La police ?

– Pire. Bien pire.

Visiblement, cette idée le rendait nerveux. Ses joues s'aplatirent, ses yeux réapparurent. Dépourvus cette fois de toute jovialité.

– Peut-être ai-je mal interprété votre signal. J'ai cru voir en vous un esprit curieux.

– Je suis un esprit curieux.

– Oui. Bon. Bon.

Il me reprit des mains *Satan, le pacte authentique*, et d'un coup sec, referma sa mallette.

– Où est-ce que je peux vous retrouver ? lui criai-je.

Un court instant, il parut hésiter. Le missionnaire qui dormait en lui le ramenait vers le converti en puissance. Mais sa prudence fut la plus forte.

– Ne vous en faites pas. On vous retrouvera toujours.

C'était un vendredi au crépuscule, les lampadaires commençaient seulement à s'allumer. Wall Street s'était vidé pour le week-end et, de minute en minute, les rues se remplissaient de consommateurs déchaînés, brûlants d'envie de prendre leur part du gâteau.

Broadway, entre Union et Madison Squares, était devenu leur plus récent parc d'attractions. Cinq ans auparavant, ce tronçon n'était nulle part, un blanc. Il restait bien quelques bâtiments solennels, vestiges du boulevard des Dames, mais sur la rue, les magasins ne proposaient plus que des farces et attrapes et des articles de carnaval : fausses barbes, pochettes-surprises, coussins péteurs et œillets gicleurs. Maintenant, tout cela était bien fini : les farces et attrapes avaient été mises en fuite, leurs emplacements occupés par des divertissements plus luxueux et plus chers, salles de billard et bars de célibataires, le Manhattan Raceway, un club de circuits d'autos miniatures, le Palais de Beauté, lieu sacré des travestis et des arbitragistes, et il y avait le Café Society, « l'endroit qui définissait le mieux les années quatre-vingt-dix », selon le directeur de nuit.

S'il disait vrai, nous devions nous préparer à une expérience schizoïde. Les soirs de semaine, on y dansait le tango. Quand on longeait ses murs tapissés de miroirs, on croyait évoluer dans un décor de Busby Berkeley. Des colonnes encadraient les danseurs magnifiques en habits de soirée, qui plongeaient puis s'immobilisaient, tournaient puis réapparaissaient joue contre joue. L'éclairage tamisé les nimbait de rose. Derrière les fenêtres, la musique avait des accents métalliques, très lointains. L'ensemble, baignant dans une nostalgie consciente, évoquait les boîtes à musique et le tournoiement des patineurs mécaniques.

Puis arrivait le vendredi. L'orchestre pliait bagage, la lumière se muait en arc-en-ciel électrique. Devant les fenêtres, on installait trois piédestaux entourés de chaînes et des go-go girls dessus. Dès que la musique explosait, *Ride on Time* ou *The Power*, deux d'entre elles se lançaient dans un numéro de porno lesbien soft. La blonde vêtue de jeans coupés, de cuissardes et d'un soutien-gorge transparent, la brune de stretch et de paillettes. Quand la blonde se couchait sur le dos, la brune, accroupie au-dessus d'elle, lui passait son entrejambe sur le visage. Puis c'était au tour de la brune de se coucher. Elles se caressaient sans jamais se regarder.

Chez Macy's, les vitrines n'avaient pas prévu une telle concurrence. A l'intérieur du Café Society, les buveurs semblaient trouver ça drôle, mais dehors, maintenu à l'écart par les baies vitrées, Broadway était frappé de paralysie : policiers dans leurs voitures de police, chauffeurs de taxi dans leurs taxis, une centaine de roquets bourgeois, tous regardaient, pétrifiés.

– Porcs, dit quelqu'un.

– Dégoûtants, dit un autre.

– Porcs dégoûtants, dit un troisième.

Ce qui mit un terme à la discussion. Et tous recommencèrent à regarder.

Quand les deux premières filles, qui étaient payées, avaient fini leur numéro, des volontaires les remplaçaient. Des filles seules, des filles avec des filles, des filles avec des garçons montaient, se poussaient, se pavanaient, prenaient la pose, tressautaient, cuirs noirs, strings dorés, collants, dentelles rouges, mousselines transparentes. Perdue au loin dans la foule, j'entendais la voix d'Archie Smith :

– Il y a longtemps que vous n'avez pas parlé avec Satan ?

– Bien sûr, je l'ai appelé, répondit une voix de femme. Il était occupé. Ce trouduc est toujours occupé.

Elle se tenait un peu à l'écart, appuyée contre un lampadaire, et tirait sur un cigarillo. Longue et mince, âgée d'une trentaine d'années, c'était une femme en noir.

Les premières impressions n'étaient guère engageantes. Avec son blouson noir de motard piqué de clous, ses collants noirs de danseuse, ses cheveux teints en noir, ses ongles noirs rongés, on eût dit une Juliette Gréco oubliée dans le four. Mais elle ne portait pas de lunettes de soleil et regardait droit dans les yeux sans affectation.

– Un verre ne me ferait pas de mal.

A l'Old Town Tavern, elle commanda un double jus d'orange, mais elle avait dû laisser son argent dans son autre veste et elle était très gênée, vraiment. Les go-go girls l'avaient toute retournée. Ainsi que le représentant de Satan.

– Qu'il pourrisse en enfer !

– C'est ce qu'il fait.

– Peut-être bien.

Cette pensée ne l'apaisait pas pour autant. Elle travaillait juste au coin de la rue, comme contrôleuse pour un importateur de pandas en peluche japonais et ces authentiques hommes d'affaires la déprimaient.

– S'il n'y en avait qu'un, grommela-t-elle, ça me serait égal. Mais ils sont partout. Tous habillés pareil, complet-veston, chaussures lustrées. Et ils s'appellent tous Smith.

Elle avala son jus d'orange et frappa du plat de la main contre le bar pour en commander un autre.

– *Le savoir mystérieux des Anciens. Changement et progrès intérieurs*. Ou est-ce qu'il vous a refilé celui sur les investissements, *La Bourse de Satan* ?

Le bord de son verre était souillé de rouge à lèvres noir.

– Le culot de ces types.

Elle s'appelait Sadie. C'était une ancienne droguée.

– Héro, coke, alcool, Quaalude, amour.

Six soirs par semaine, elle participait à des réunions et le septième, elle allait dans les bars et regardait les gens se biturer.

– Faut que je le fasse. C'est obligé.

Elle pivota sur son tabouret de bar et me considéra comme si je venais juste de m'asseoir.

– Vous avez déjà participé à une réunion ?

– Une fois.

– *Bonjour, Sadie*, fit-elle, la bouche en cœur. *Reconnais ton impuissance. Reconnais qu'un pouvoir plus fort que toi peut te ramener à la raison. Demande-Lui humblement de te délivrer de tes faiblesses.*

Parcourue d'un frisson théâtral, elle frappa à nouveau le bar.

– Plutôt en enfer que bien faire.

Elle avait de l'âpreté dans la voix. Comme sur la peau. Mais pas autour de la bouche, même refermée autour d'un cigare. Des rides d'expression, joie et tristesse, formaient un éventail de lignes, un espace vectoriel, comme une carte d'état-major à l'échelle minutieusement striée de rayures métalliques.

En les surprenant dans le miroir qui surplombait le bar, elle se figea et se contempla, tel Travis Bickles dans *Taxi Driver*.

– C'est moi que tu regardes ?

De la cendre tomba de son cigare dans son verre ; elle éclata de rire :

– Quelle conne !

L'Old Town était un bar de jour, il fermait au crépuscule. Nous regagnâmes Broadway. Sadie me prit le bras. Ses ongles noirs s'enfoncèrent à l'intérieur, comme des serres, dans la chair tendre. Devant le Café Society, le trottoir fourmillait toujours de monde. A présent, un garçon à la peau foncée, habillé seulement d'un cache-sexe, se livrait aux jeux d'une blonde entièrement nue. Pliée en deux, elle touchait ses orteils en balançant son derrière sous le nez des spectateurs. Mais ceux-ci en avaient déjà trop vu, il n'y eut pas même un murmure de réprobation.

– Pas une saucisse. Pas une seule saucisse, fit Sadie.

Loin des lumières crues, cette femme en cuir noir, maigre comme une rockeuse, aurait pu passer pour une jeune fille.

Les hordes du soir débordaient des trottoirs. De Ralph Lauren en Calvin Klein, ils marchaient deux par deux, médecins et avocats, brokers et porteurs d'obligations, chacun arborant ses marques. Sadie, qui connaissait tout ça, récitait leurs noms comme s'il se fût agi de portemanteaux ambulants.

– Omega Speedmaster. Bossini Challengers. Twill de soie Hermès.

Dans la vitrine du Café Society, la blonde s'agenouilla devant le garçon à la peau brune et, la bouche orange et humide à trois centimètres de son entrejambe, simula une fellation. Un gros flic à moitié endormi descendit de son véhicule et commença à traverser la rue.

– Yves Saint Laurent. Tommy Hilfiger. Yohji Yamamoto, entonnait Sadie.

La blonde fit un signe au flic, le flic mâcha son chewing-gum.

– Noblia Moonphase Chronographs. Gel exfoliant Lancôme.

Le flic cracha son chewing-gum et la foule continua son chemin. Le garçon à la peau brune, les yeux fermés pour mieux faire admirer ses longs cils, pressa un bouton sur son derrière.

– Giorgio Brutini. Ronaldus Shamask. Protège la couche d'ozone.

Quelques mètres plus bas, une camionnette Winnebago s'arrêta devant Jonny Rockit et ouvrit les vannes à un flot de travestis. Après minuit, ils iraient voguer au Palais de Beauté, excitation sexuelle sans risque pour conseillers financiers. C'étaient les nouvelles déesses de la ville.

Parmi eux se trouvait Denise Denise, l'amie de Lush Life...

– On a fait du chemin, depuis Saint Louis.

Cinq ans auparavant, elle et presque toutes les autres se cachaient à Harlem, chez André, sur la Cent Vingt-Cinquième Rue. C'était le plus ancien bar gay de New York, un abri en cette époque troublée. Car c'était une époque troublée. La chasse aux homosexuels était alors ouverte et les travestis la proie désignée. Au cours d'un seul hiver, Denise Denise s'était fait tabasser quatre fois.

– Pas seulement battue. Hospitalisée. Côtes enfoncées, dents brisées, un coup de botte dans la gorge.

Elle s'était donc réfugiée chez André.

– Rien que moi, mon manteau de fourrure et cinq cents amis intimes.

Là, ils avaient inventé le vogueing.

– Par méfiance, probablement. Ou autodéfense, expliqua Denise Denise.

Au repos, d'un noir profond tirant sur le violet, elle était grande et bien bâtie, aussi impeccable qu'une gravure de mode. Mais sa voix était un crissement de freins, de pneus qui s'échauffent sur le troisième virage de la piste d'Indy. « Gorge Disco », comme elle l'appelait. Danse ou crève.

Difficile de décrire André, plus encore de l'expliquer.

– Pas au pied levé.

Les nuits glacées de Harlem où le vent hurle comme une sorcière sur la Cent Vingt-Cinquième Rue et où les meutes de loups se préparent à l'assaut. Et à l'intérieur, chez André, le sanctuaire.

– Des garçons et des filles si beaux, dit Denise Denise. Des merveilles. Tu te mettais à ta place, tu prenais la pose, et tout commençait à faire *zwoosh, vzoom*. On avait tout le temps, tout l'espace dont on avait besoin, c'était presque comme de planer. Bien sûr, certains soirs, on planait *vraiment*.

Elle prit une pose à la Valentino, longue et languide, un saule pleureur. Puis elle passa à un mystère voilé, inspiré de Coco Chanel.

– Danse ou crève. J'ai dansé.

Parti de chez André, le vogueing avait gagné d'autres clubs et, des travestis, tout le monde gay. Naturellement, son moment terminé, la mode est retombée. Peu après, la nouvelle était parvenue aux oreilles de Madonna et elle en avait fait un clip. Brusquement, le vogueing est devenu une folie nationale. « Aussi américaine qu'une pipe », dit Denise Denise. Et les travestis sont devenus des divas.

Georgette et Lyzy, Perfidia, Vanessa l'Effeuilleuse, Cherry Sunday. Jamais depuis Harlow et les Superstars d'Andy Warhol dans les lointaines années soixante, la télé n'avait été aussi chaude. Sans elles, pas de défilés ou de clubs dignes de ce nom. Pas de nuit parfaite.

– Des déesses, dit Denise Denise.

En jouant Broadway, elle prenait des poses à mesure qu'elles lui venaient. Entourée d'Armani, de Gianni Versace qui regardaient poliment, elle se tordait comme un tire-bouchon, puis se tenait sur une jambe comme un flamant rose.

– J'ai la motte gelée, déclara-t-elle.

Les promeneurs ralentissaient. Quelqu'un applaudit, un autre l'appela par son nom. Denise Denise se déplia, s'étira, se déploya, un crabe, puis se lança dans une interprétation voguée de *Cool Water*, le succès country des années cinquante chanté par les Fils des Pionniers.

– *Tout le jour, je scrute la terre stérile*, commença-t-elle, mi-chantant, mi-rappant. *Je cherche la torture. La torture cruelle, cruelle.*

Pendant tout ce temps, Sadie était demeurée seule à l'écart, silencieuse et contenue. Mais elle réapparut pour reprendre possession de moi. Elle me saisit par l'épaule, comme si elle revenait chercher un chien perdu, et m'entraîna de force dans la rue. En pleine lumière, son visage besogneux parut plus âgé qu'elle. Le sang battait dans sa gorge, comme un oiseau prisonnier qui se débat dans le noir.

– Ça arrive, dit-elle.

Elle alla se cacher sous un porche et posa le front contre la pierre froide du mur.

– Vous devriez rentrer, dis-je.

– Doux Jésus ! Tu dis les mêmes conneries que tous les mecs.

– Je suis un mec con.
– Con, sûrement.
Elle s'éloigna les jambes raides. Puis elle s'aperçut qu'elle avait oublié son sac et revint d'un pas traînant. Un autre van s'arrêta en libérant un autre chargement de divinités.
– Doux Jésus, répéta Sadie.
Cette fois, elle s'efforça de sourire. Ses ongles noirs fouillèrent à l'aveuglette. Elle sortit un cigare à moitié consumé.
– A demain matin.
Elle avait la joue salie par la poussière de la pierre. Ses lèvres frôlèrent les miennes.
– Dors bien.
Le lendemain, il faisait tiède. « Un temps doux de saison avec un ciel partiellement nuageux », prévoyait la météo. Mais il avait la consistance et le goût d'une soupe aux nids d'hirondelles vieille d'une semaine. Sadie m'avait donné rendez-vous quelque part dans les Vingtièmes Rues Ouest, où elle habitait. Ensuite, nous prîmes l'habitude de nous retrouver à Madison Square.
Cet espace vert, le plus imposant de Broadway, ressemblait presque à un parc. Avant la guerre de Sécession c'était un relais de diligences sur Bloomingdale Road, entouré par les maisons de campagne de l'élite dont l'empreinte n'avait jamais tout à fait disparu. « Privilèges, proportions et sentiment des convenances », disait un guide du XIXe siècle, flattant ainsi l'aristocratie terrienne. Cent ans après, les privilégiés étaient Metropolitan Life et le monde du Père Noël. Les proportions, quant à elles, avaient survécu. C'est l'aristocratie qu'elles encadraient qui n'avait plus si fière allure.
Le Pays des Songes, c'est ainsi qu'on appelait la rue. Les drogués étaient des créatures sylvestres qu'attiraient automatiquement tous les parcs et les espaces verts. Madison Square tenait des deux. Sa taille et sa profondeur assuraient l'intimité, ses beaux arbres, la tranquillité.

– Et surtout, expliqua Sadie, il est exposé au sud-est.

« Oh, les arbres, oh, les vallons ombreux ! » s'émerveillait le vieux guide. Et oh, les seringues usagées. Des matrones poussant des voitures d'enfant venaient respirer l'air du matin et partageaient leur banc avec l'héro, le crack, l'angel dust, la coke. De temps en temps, la police effectuait une descente symbolique, embarquait quelques individus au hasard, puis elle repartait et tout recommençait comme avant.

D'un certain point de vue, il n'y avait pas de quoi s'étonner. On avait créé ce jardin pour célébrer les plaisirs. La drogue constituait simplement la nouvelle forme du plaisir.

L'endroit avait tout d'abord servi de terrain de chasse, de base militaire et de lieu de récréation pour la jeunesse. Le beau monde venait jusqu'ici avec ses équipages pour fuir la ville et se détendre au cours d'interminables déjeuners champêtres. Mais on ne tourne pas si facilement le dos à Broadway. Celui-ci les avait rattrapés à l'heure des cigares et du cognac.

Comme toujours, Phineas T. Barnum conduisait la charge. Au coin de la Quatrième Avenue et de la Vingt-Sixième Rue s'élevait l'Union Depot, le dépôt des trains de New York Central & Harlem Railroad du Commodore Vanderbilt. Après la guerre de Sécession, le quartier devint à la mode, Vanderbilt fit bâtir un nouveau dépôt plus au nord et celui-ci demeura vide. En 1874, Barnum le reprit pour en faire son Grand Hippodrome romain. Sept années plus tard, l'Hippodrome devint le premier Madison Square Garden où le Barnum & London Circus donnait ses représentations.

Son ouverture, inaugurée par un gigantesque défilé aux flambeaux sur Broadway, fut la plus magnifique de toute la carrière de cet homme de spectacle : « Un demi-million de gens dont la plupart avaient payé entre cinq et dix dollars une place aux fenêtres, assistèrent, émerveillés, au défilé de chars dorés, tirés pour certains par des zèbres et des daims, de léopards et de hyènes en cage, de serpents dans des wagons de verre, de trois cent trente-huit chevaux, vingt éléphants, quatorze chameaux et des trois cent soixante-dix artistes du cirque qui suivaient la parade en costumes. Puis vinrent le général Tom Pouce et Lavinia, le géant de deux mètres soixante-dix nommé Chang Yu Sing, l'éléphant nain que Barnum avait un jour voulu acheter à Bailey, les girafes harnachées, les cavaliers à cru, les danseurs de corde, les trapézistes, les éléphants savants, les acrobates japonais. »

Cette fantasia marqua le couronnement de Barnum et fut la dernière à laquelle il participa en personne. Après cela, il passa de plus en plus de temps auprès de sa famille dans sa propriété du Connecticut. C'est là qu'il expira, en 1891, âgé de quatre-vingts ans.

Son œuvre était faite, et bien faite. Ses successeurs s'alignaient déjà derrière lui : Tony Pastor, Oscar Hammerstein I, Ziegfeld, Frohman et Ringling. Madison Square devint le jardin des délices terrestres et Broadway entama son époque dorée.

Ces étiquettes posaient un problème délicat. L'époque dorée, à ne pas confondre avec l'âge d'or, commença obscurément vers les années 1880 et s'acheva exactement le soir du 25 juin 1906 avec l'assassinat de Stanford White par Harry Thaw.

White était la figure de proue de l'époque dorée, cette période de grande richesse, d'assurance, de recherche esthétique, d'ostentation, de vraie grandeur et d'étalage de vulgarité, d'élégance, de tape-à-l'œil et, tout simplement, d'insouciance... A lui seul, White résumait tout cela. C'était à la fois un artiste et un homme du monde. Comme architecte, un mélange beaux-arts de classicisme et de boursouflure, il définissait et régissait le goût public. Comme *boulevardier*, il établit des styles plus privés.

Il possédait une énergie volcanique. Pendant vingt ans, l'immense silhouette rousse qu'il composait du haut de son mètre quatre-vingt-cinq, avec ses cent vingt kilos, son regard dévorant, ses superbes moustaches et sa flamboyante chevelure frisée, se trouvait, eût-on dit, partout à la fois, à toutes les premières d'Opéra, à tous les galas de théâtre, dans tous les restaurants, à toutes les régates et à toutes les réunions de célébrités. Il bâtit les demeures des Vanderbilt et des Astor, le Players Club et le Century, le Mall à Washington, le Lincoln Memorial, la presque totalité de l'Exposition internationale de Chicago et, pour équilibrer tant de profane, l'église de l'Ascension, l'église presbytérienne de Madison Square et les portiques de St. Bartholomew.

Le deuxième Madison Square Garden marqua son apogée public. Evelyn Nesbit fut sa plus grande conquête privée. A la fin, tous deux se mêlèrent inextricablement.

Le Garden d'abord. Vers 1890, Barnum s'étant retiré, l'ancien site de l'Hippodrome commençait à perdre de l'argent. Le besoin d'espaces nouveaux et plus grands se faisant sentir, McKim, Mead et White soumirent leur projet. Pour près de quatre millions de dollars, ils élevèrent un Palais des Plaisirs doté d'un amphithéâtre de dix-sept mille places, de deux théâtres plus petits, du plus grand restaurant de la ville, d'une galerie commerçante, d'un cabaret sur le toit et couronné par une tour inspirée de la Giralda de Séville. Enfin, comme la cerise sur le gâteau, une statue de Diane nue, œuvre de August Saint-Gaudens, culminait à quelque cent mètres au-dessus du sol.

Si les photographies de l'époque donnent un aperçu de son gigantisme, elles n'en rendent pas la profusion délirante : « Une avalanche de balcons, de niches, de girandoles, de cartouches, de bas-reliefs à motifs floraux et animaliers, de belvédères entourés de colonnes, de galeries couvertes », écrivit Michael Macdonald Mooney, le plus grand biographe de White.

Le toit du Garden était surmonté de huit dômes. A l'abri de leurs ombres byzantines, White pouvait, le jour, travailler dans son atelier tout neuf, puis, le soir, grimper jusqu'à son cabaret en plein air. De là, assis à sa table privée placée près de la scène, solitaire, il contrôlait tout Broadway, comme aucun homme avant lui ni après lui.

Le monde sur lequel il régnait ainsi était un monde idyllique, absolument irréel. Loin d'être doré, le New York des années 1890 était dans l'ensemble un enfer. Les millions d'immigrants qui se déversaient d'Ellis Island venaient remplir le Lower East Side où, délinquance et déréliction aidant, ils vivaient dans les conditions les plus abjectes qui soient. Mais le Broadway de White, distant de sept kilomètres à peine, aurait pu se trouver sur une autre planète.

Depuis le toit-terrasse du Garden, en regardant vers le nord, il ne voyait qu'une incandescence. Les lampadaires électriques ayant remplacé les lampes à gaz, le feu d'artifice nocturne se prolongeait jusqu'à la Quarante-Deuxième Rue. Un publicitaire, O.J. Gude, avait inventé l'expression *Grande Voie Blanche* et installé la première affiche électrique de la ville, *Achetez votre maison à Long Island, l'île que rafraîchissent les brises de l'océan*, exactement en face du Garden. De pâté de maisons en pâté de maisons, les lumières colorées jaillissaient, étincelaient, s'entremêlaient, se séparaient, les équipages paradaient, les dés roulaient au casino de Richard Canfield, au Delmonico, Diamond Jim Brady engloutissait des homards arrosés de champagne et les grands hôtels, le Fifth Avenue, le Hoffman House, le Brunswick et le Gilsey House, jetaient sur le trottoir leur musique, leurs feux et la promesse d'une magie indéfectible.

En 1901 apparut Evelyn Nesbit. Alors âgée de seize ans, c'était une girl de la célèbre revue *Florodora*, récemment arrivée sur Broadway après Pittsburgh et Philadelphie. Beauté préraphaélite délicate et tout à fait délicieuse avec son visage en forme de cœur et ses longs cheveux cuivrés qui lui retombaient sur les reins, elle représentait l'idéal esthétique de l'époque.

Les photographes se pressaient pour la faire poser en bergère, en nymphe des eaux, en Ondine avec des lis tressés dans les cheveux et deux tigres peints à ses pieds. Elle attira l'attention de Stanford White qui la nourrit de champagne dans un vaste atelier de la Vingt-Quatrième Rue Ouest, à l'abri de la curiosité du public. A l'une des extrémités était installée une balançoire en velours rouge aux cordes entourées d'asparagus. White la poussa de plus en plus haut jusqu'à ce que, du bout du pied, elle puisse transpercer une ombrelle en papier japonais suspendue au plafond. Un peu plus tard, il la vêtit d'un kimono de satin jaune brodé de glycines et la séduisit dans une chambre tapissée de miroirs.

A son réveil, elle se mit à pleurer. White la caressa, l'embrassa et lui dit :

– Ne pleure pas. C'est fini maintenant. Tu m'appartiens.

Cette rencontre résume à elle seule l'époque tout entière. Enfermée, dans son nouveau rôle de maîtresse de Stanford White, Evelyn monta toute nue sur la balançoire de velours rouge et lança ses pieds toujours plus haut, posa pour la photographie la plus célèbre de ce temps, en *Papillon alangui*, lovée dans un autre kimono et étendue sur une peau d'ours polaire. Une fois sa révolution achevée, l'astre épousa Harry Thaw, un illuminé héritier de quarante millions de dollars.

Le mariage fut un échec. Thaw obligea sa femme à consommer de la cocaïne pure, la battit et la fouetta tout son soûl, sans jamais cesser de haïr Stanford White, *cette grande brute qui l'a droguée pour abuser d'elle*. Finalement, le soir de la première de *Mamzelle Champagne*, Thaw réussit à gagner le toit-terrasse du Madison Square et logea trois balles entre les deux yeux de Stanny.

Avec la mort de White et celle de son époque, Madison Square perdit son cachet. Déjà, en 1902, l'érection du Flatiron Building avait fait souffler le premier vent du commerce vulgaire. Et, avec lui, des instincts vulgaires. Le profil aigu du gratte-ciel et son arête en forme de proue avaient pour effet de soulever de brusques rafales de vent susceptibles de relever les jupes des jeunes filles et de dévoiler leurs chevilles. Ce que voyant, la populace ne manquait pas de se conduire indignement. Cette folie de l'astragale entraîna de tels tumultes qu'il fallut un détachement spécial des forces de l'ordre pour les contenir. « *Vingt-trois on met les bouts !* » criait-on alors. Aujourd'hui l'arrivée de la police ne provoquait même pas un *Vingt-deux, v'là les flics !* Quand je me rendis à mon rendez-vous avec Sadie, deux hommes partageaient une dose de poudre sous l'obélisque au général Worth, en plein milieu de Broadway, tandis qu'un policier passait à quelques mètres d'eux, le regard ostensiblement tourné ailleurs.

L'endroit qu'elle avait choisi était la statue monumentale, entourée d'une nuée d'anges, œuvre de Saint-Gaudens, élevée à la gloire de l'amiral David Glasgow Farragut, celui qui cria : « En avant toute ! Pas de torpilles qui tiennent ! »

– Encore une de ces phrases de mec con, grogna Sadie.

Ce matin, elle était pourtant d'humeur légère, presque joyeuse. Elle avait troqué son uniforme de nuit contre un blue-jeans et un T-shirt blanc marqué MORTE DE SOIF. Elle le portait sur une chemise bleu délavé, boutonnée jusqu'aux poignets, pour brouiller les pistes, et son visage propre luisait dans toute sa nudité, trop rose, comme si, pour pénitence, elle s'était frottée à la pierre ponce.

– Tu veux voir quelque chose de dingue ?

Sans me donner le temps de répondre, elle m'entraîna jusqu'à un tronc d'arbre noirci, derrière une aire de jeux pour enfants avec toboggans et cages d'écureuils. Quelqu'un avait creusé au couteau dans le bois, laissant une blessure d'un jaune bilieux en forme de cœur et, à l'intérieur du cœur, gravés à l'encre verte, on pouvait lire ces mots : *Papillon alangui.*

– Au secours ! C'est jus vert et verjus !

Elle me ramena vers l'amiral et me fit asseoir sous un grand chêne. Son vernis à ongles s'écaillait et commençait à se ternir, mais les ongles étaient rongés de frais, les pouces mordus jusqu'au sang.

– Ce matin, j'ai pris la parole. Apporté la preuve. D'habitude, je ne le fais jamais. Je ne prononce pas un mot. Mais aujourd'hui, j'ai parlé.

– Tu as dit quoi ?

– Le truc habituel.

Elle me prit les mains, m'examina les pouces. Ils étaient eux aussi mordus jusqu'au sang.

– Que je me suis évanouie. Que j'ai vomi dans la soupe. Que je me suis réveillée le matin avec quelqu'un que j'avais jamais vu. Ils adorent ça. Ils boivent du petit-lait.

Elle relâcha mes mains.

– Mais ce n'est pas ce que je pensais.

– A quoi tu pensais ?

– A des queues.

Sa tête était si proche de moi que ses cheveux noirs me frôlaient la joue. Ils étaient laqués, raides comme des poils de brosse à dents.

– C'est ça que je pensais. Mais on peut pas dire ce qu'on pense.

– Pourquoi pas ?

– Tous les autres s'y mettraient.

Elle ne prenait rien depuis dix-huit mois. Avant cela, elle s'était droguée pendant dix-huit ans. Elle venait de Babylon, Long Island, où son père était pompier et où sa mère lui avait appris à considérer les hommes comme des dieux.

Ici-bas, les femmes n'existaient que pour les servir et pour leur servir, pour veiller à ce qu'ils soient satisfaits. Sadie l'avait crue. Ou plutôt, elle n'avait jamais mis sa parole en doute. Quand son tour arriva, elle ouvrit les jambes sans faire d'histoires. C'était agréable elle le fit donc souvent. Trop souvent, dit son père, qui la renvoya de la caserne, un matin d'août brûlant, juste au moment où elle avait eu ses règles. Il la traita de putain, de *groseille à maquereau* devant tout le monde, le colonel des pompiers et tous. Sadie, qui s'appelait à l'époque Sarah Johanna, saignait et n'avait pas de tampons, son sang coulait, elle le sentait sourdre et son père hurlait toujours et elle était clouée sur place. *Traînée !* criait-il. *Pouffiasse !* Elle portait un short blanc, c'était la mode, et elle se trouvait près d'un camion rouge rutilant comme dans les livres d'images. Elle avait posé la main à plat contre la carrosserie, sans doute pour se tenir, alors son père avait explosé, il s'était mis à hurler, comme si elle lui avait annoncé qu'elle était enceinte et que le pape était l'heureux papa. *Ote tes mains de ce putain de camion ! Ces putains de camions sont propres !* Elle avait retiré sa main, en laissant une trace de buée sur la peinture rouge, l'humidité de sa transpiration, et elle avait senti son sang couler. *Propres !* hurlait son père. *Nos camions, ils sont propres !* Et Sadie avait baissé les yeux, son short blanc était tout ensanglanté. Tout le monde regardait. Le colonel des pompiers et tous. *Roulure !* cria son père. *Va te faire tringler à la chaîne !*

Elle partit vivre à la ville. Elle vint à Broadway, vécut ici et là sur le boulevard, à TriBeCa, dans le Upper West Side, à Washington Heights et sa chaîne, ce fut le rock and roll. Elle traîna, se défonça beaucoup, coucha avec un tas de musiciens, les servant et leur servant, veillant à leur satisfaction, comme sa mère le lui avait appris. Elle fut serveuse, barmaid, vendeuse dans un magasin de fripes, elle fourgua un peu de drogue, fit quelques passes, rien de bien sérieux, juste pour se loger et se défoncer. Et dix années passèrent, à la manière dont passent dix années. « Une décennie », dit Sadie. Et elle traînait toujours sur Broadway, une *Broadway Baby*. Elle vivait dans un deux-pièces sur la Quarante-Huitième Rue, deux pièces miteuses, un dépotoir, mais un dépotoir bien à elle. Et ce jour-là, c'était l'automne, elle avait pris de la mescaline. Elle était avec trois types, ils baisaient par terre. Elle dormait toujours par terre, ça lui permettait de garder les oreilles tout près du sol. « Ho, ho », dit Sadie. Et elle et ces trois types, il y en avait absolument partout, des corps emmêlés et entrelacés, comme si les maillons de la chaîne avaient sauté. Et puis, ça s'est arrêté. Elle avait baissé la tête et il y avait ces trois queues et Sadie s'est dit : *Oh mon Dieu !* elle s'est dit. *Doux Jésus sur la croix.* Parce qu'elles étaient tellement grotesques. Ces queues, ces bites, ces pines. Ces sabres puissants. *Vraiment bizarre,* elle s'est dit. *Trois cornichons abandonnés sous la pluie.*

Les queues n'y étaient pour rien. Elles faisaient ce qu'elles pouvaient. C'est leur nature qui était absurde. *Ces petits bouts de bâtons, si on n'en riait pas, on en pleurerait !* a pensé Sadie. Et le tas d'histoires qu'on faisait autour. Toute sa vie, pour ainsi dire, elle l'avait passée à les consoler. Pourquoi ? Pour quelques instants de plaisir, un baiser, une caresse sur la tête. *Le bâton de vie. Ce n'est donc que ça ?*

Elle parlait sur un ton précipité, sans reprendre son souffle, gagnant de la vitesse dans les lignes droites, sans prendre la peine de freiner avant les virages. Mais elle avait dû rentrer dans un mur : elle pila net.

– J'oublie.

Son sang battait à nouveau dans sa gorge. Elle alluma un de ses cigares et se dirigea vers Broadway, vers le Centre du Jouet. L'allée était bordée de panneaux conseillant la prudence : ATTENTION RATICIDE, mais un vieil homme en pantalon à pois et en veste pied-de-poule fouillait à quatre pattes dans un buisson de rhododendrons.

– Les femmes nourrissent les pigeons, expliqua-t-il. De la mie de pain. Parfois, les pigeons en laissent.

Sa voix, rauque, indifférente, sembla rasséréner Sadie. Elle se rassit en respirant profondément.

– Où en étais-je ?

– Aux queues.

– Ah oui, les queues.

Il ne lui restait pas grand-chose à dire. Son bail avait atteint son terme, ainsi que ses vingt ans. Et elle était retournée dans l'île. Elle avait épousé un charpentier. Échec total. Elle était revenue à St. Mark et s'était mise avec un dealer. De l'héroïne, surtout, et un peu de pilules. Elle était devenue accro et le dealer avait été arrêté. Elle avait pris un autre dealer, s'était défoncée pendant quatre ans, presque cinq, mais elle ne se souvenait de rien, ou presque. Et alors ? Alors, elle s'était arrêtée.

C'était drôle, la façon dont les choses avaient tourné. Toutes ces années pendant lesquelles la C.I.A. avait subventionné et financé la drogue. Et puis, un jour, Washington se pointe et hop, décide que la drogue c'est vilain. « Dites non. » Seulement, ce n'était pas aussi simple. Quand le mot a filtré dans les rues, ce fut le chaos. Voilà que le flic qui avait été le dealer de Sadie pendant des années s'amenait, l'arrêtait et la foutait en tôle.

– Pour pas y aller lui-même, probablement. Et me sauver la vie, par la même occasion.

Elle ne lui en voulait pas. Elle n'était pas non plus grisée, mais elle ne se plaignait pas. Elle se rendait à ses réunions et elle allait travailler. Elle descendait Broadway le matin et remontait Broadway le soir. Il n'y avait pas de drogue, peu de sexe, mais avec le sida, qui calculait encore ?

– Pas Sadie.

Parfois, comme hier soir, elle s'attardait devant le Café Society ou le Palais de Beauté. Dérouillages à sec, pipes simulées, divinités transsexuelles, *Satan, le pacte authentique*. Elle ne se sentait pas tellement frustrée.

– Je m'ennuie mais je n'ai aucune illusion. Je ne peux pas dire que je regrette.

S'il lui manquait quelque chose, c'était elle-même. A certains moments – comment dire – elle songeait à une autre Sadie et elle avait envie de la rencontrer, même de faire sa connaissance.

– Tu trouves ça bête, ou juste dingue ?

Elle détestait qu'on s'apitoie sur soi-même, ça la faisait gerber. Elle s'était simplement trompée d'endroit et d'époque.

– Pourquoi Broadway ? Ça veut dire quoi pour toi ? demanda-t-elle.

Elle n'attendit pas la réponse.

– Tout ce que je sais, c'est que Broadway déteste les femmes.

Elle mordit son cigare, elle frotta ses mains rouges.

– A mort. Broadway les déteste à mort.

Je songeai à S.M. Marie. Je songeai à Ellen Fogarty, à Enid Guerlin, à Lush Life. Et à Sadie. Mais elle pensait déjà à autre chose. Dans un certain club, sur le mur des toilettes pour dames, il y avait un graffiti qu'elle ne parvenait pas à oublier : *Au royaume des castrés, le serpent borgne est roi.* Ça la rongeait, ça la faisait enrager.

– Doux Jésus !

Elle se détourna, puis se retourna. A cet instant, une fois de plus, elle devint vieille.

– La ferme ! dit-elle.

Sa main blanche s'envola, ongles noirs prêts à griffer et à transpercer.

– Mais ferme ta gueule !

La main retomba.

– Tu peux pas te taire !

A travers les arbres, apparut Sasha Zim.

Sorti de l'hôpital depuis une semaine, il en portait encore les insignes honorifiques. Un pansement passait crânement au-dessus de son œil gauche ; un autre lui couvrait l'oreille. Sinon, il semblait en forme. C'était déprimant.

– *Vsogda gotovy*. Toujours prêt, dit-il en claquant des talons.

Nous reprîmes notre chemin. Ce matin, nous avions peu de chose à faire, remonter rapidement vers Herald Square avant de retomber lentement sur la terre. Mais même cela nous parut trop difficile. La terre sainte du Delmonico et du Brunswick était à présent occupée par un supermarché géant où atterrissaient les rebuts de toutes les nations. Il y avait de la quincaillerie de Taiwan, des tapis de Birmanie bon marché, de la bijouterie indienne, des micro-ordinateurs japonais, des gants coréens et du tout-venant de Hong Kong. Il y avait même des sacs Sasha.

– *Au nord du quartier des jouets, marché aussi étendu que coins de ce monde qui a envoyé ses marchands,* dit le Soviéricain. *Il reste cependant des traces d'un passé plus élégant et plus provincial.*

Il en restait peu. Ce qui avait survécu à Stanford White était passablement hideux. Le Gilsey House, qu'affectionnaient Oscar Wilde et Diamond Jim Brady, avait récemment été rénové et transformé en réglisse beaux-arts.

– *Entrepreneurs perspicaces. Juxtapositions d'anachronismes architecturaux*, ânonnait Sasha.

Avec ses bandages, il ressemblait à un pirate assoiffé de pillages.

– *La permanence n'a qu'un sens très relatif pour une ville qui regarde rarement en arrière. Dès qu'arrive l'argent frais, elle bâtit ses monuments sur les ruines des anciens.*

Les monuments en question s'appelaient Modes du Sud-Liban, Magasins Dong Jin, Nageena Indo-Pack. Quelque part, au milieu d'eux, s'élevait jadis le Hofman House, avec son bar enflammé par *Nymphes et Satyres*, un nu monumental de William Bouguereau. C'est là qu'en 1871, lors des émeutes d'Orange Day, Jubilee Jim Fisk était venu se réfugier afin d'échapper aux hordes venues de Hell's Kitchen. Là, Barrymore s'était battu avec Howard Burros, lors du Grand Blizzard de 1888. A présent, on y vendait des T-shirts noirs à visées édifiantes : *Par tous les moyens nécessaires, La clef c'est la connaissance*. Un double de Big Daddy Kane, vautré sur le seuil, crachait des graines de tournesol. En voyant le crâne bandé de Sasha, il eut une moue de mépris.

– Viande blanche. Ton masque ne me trompe pas.

Verdict non négociable. Big Daddy cracha une nouvelle fois, puis inspecta ses ongles. Quant à nous, nous dételâmes en direction de la Vingt-Huitième Rue Ouest, la Tin Pan Alley originale et, avant cela, le Cirque de Satan.

Trompé par le masque. Sur Broadway, en 1900, le velours rouge et les nus de Bouguereau étaient monnaie courante. Mais à quelques mètres de là, dans les rues latérales, le sexe se marchandait en espèces plus malsonnantes. Sous le métro aérien de la Sixième Avenue, couronné de lampes à gaz, se trouvait le Tenderloin, le Cirque de Satan, *le plus grossier spectacle de galimafrées et de gangrène morale sous le dôme de Dieu.*

Dans les années 1880, des tripots tels que le Haymarket, le Cremorne, Dan the Dude's, Patty the Pig's et le Worth's Museum, où on pouvait voir, exposée en permanence, la tête au vinaigre de l'assassin du président Garfield, comptaient parmi les plus grosses attractions touristiques. Le révérend Talmage, étant passé là incognito, appela sur eux le déluge de feu du Seigneur. Le Cirque de Satan, gronda-t-il, était « un Cotopaxi, un Stromboli, un Vésuve, prêts à nous ensevelir sous des cendres plus épaisses que celles qui avaient rayé de la carte Pompéi et Herculanum ». Mais aucune plaie ne frappa, excepté la masse des démolisseurs.

C'était aujourd'hui un coin tranquille. Les têtes au vinaigre et la chair des femmes avaient cédé la place aux calculatrices de poche made in Taiwan. Il ne restait qu'un souffle du baiser du passé. « Ici, tout ce qui est humain est à vendre », avait affirmé le *Herald*. Assurément, une porte discrète annonçait VENTE D'ÂMES.

Était-ce la fumée des cendres du vice, ou seulement la fatigue ? Quoi qu'il en soit, les forces de Sasha commencèrent à faiblir. Une fois revenus sur Madison Square, il se mit à réclamer à cor et à cri brimborions et colifichets. Mais tous les magasins de farces et attrapes étaient fermés ou avaient mis la clef sous la porte. Seule une Maison du Rire, une sorte de parc pour bébé peint en bleu vif, restait ouverte : SPÉCIALISTES DU DIVERTISSEMENT, proclamait son enseigne. FOUETS POCHETTES-SURPRISES LANTERNES PERRUQUES BARBES.

– Et bruits grossiers, je parie, dit Sasha, revigoré. Encre sympathique. Araignées en caoutchouc à glisser dans les cols. Nez rouges qui brillent dans le noir, roses pour boutonnières faisant gicler boue dans œil.

Il poussa la porte tel un baptiste ressuscité ouvrant avec fracas la porte du paradis.

– Attrapes. Masques de monstres. Tartes explosives ! cria-t-il. *Yob tvoyu mat !*

Derrière le comptoir, se tenait une vendeuse solitaire. Elle n'était ni jeune ni grande, mais c'était inutile : son œil était une lance, un harpon à pointe d'acier. Un seul regard à Zim qui babillait suffit à l'empaler sur place, plongé jusqu'aux genoux dans Rires et Nouveautés (Divers). Gordon's, déclara la dame, était exclusivement un magasin de gros. Sous-entendu, promeneurs et cinglés, s'abstenir.

Sasha se fit cajoleur et enjôleur, il tenta l'intimidation, il implora. Rien n'y fit. Il exigea alors de voir le directeur.

– Qu'est-il arrivé au Spécialiste du Divertissement ?

– Il a un goitre.

Lentement, tristement, nous reprîmes la route. Au Coffee Shop, une colonie brésilienne remplie de mannequins suédois et de transfuges du Monégasque, Sasha s'assit en grommelant sous une déesse vaudou fluo.

– Novokuz, dit-il.

Son *cafe con leche* offrait la couleur et la consistance d'un échantillon de sperme. Ça collait avec son humeur.

– Mauvais jour à la Pierre noire. Pire sur Voie Blanche.

L'agression lui avait enfoncé l'os, mais c'était à l'âme qu'il avait mal.

– D'abord, je me sens offensé.

Comment expliquer ? Ça n'allait pas, voilà. Erreur sur la personne. Les coups, les vols, l'horreur de la rue, ces trucs arrivaient aux autres, aux étrangers. Mais Sasha, qui aimait tant Broadway, on aurait tout de même dû lui épargner ça.

– C'est comme si tu épouses Miss Amérique et tu vas dans la suite nuptiale, elle enlève sa robe de mariée, le voile et tout, elle est belle dans le miroir comme la princesse Grâce et elle se retourne, ta-ta, oh, mon frère ! c'est Mme Brejnev !

Il versa du sucre dans sa tasse. Quatre cuillères.

– Le charme est rompu.

Il en ajouta une cinquième.

– Ça donne à réfléchir.

Pour finir, sa vie avait changé de cours. Il avait abandonné son taxi, « chat échaudé craint l'eau froide », et il méditait sur son avenir. Dans sa chambre d'hôpital, le lit voisin était occupé par un illusionniste à mi-temps, un retraité appelé Max Gambon, qui avait travaillé quarante ans dans une banque et se produisait à présent dans les réceptions, les mariages et les bar-mitsva. Il avait montré à Sasha quelques tours faciles et Sasha s'était émerveillé. Peut-être était-ce un signe. Zim le Grand. Ça sonnait bien. Ou peut-être pas.

Le sucre et la mousse débordaient, coulaient sur la table. Voyant cela, Sasha ouvrit les mains, les paumes levées vers le ciel comme s'il prenait les augures. Il se leva en toute hâte, lança quelque menue monnaie comme du sel de sorcière destiné à éloigner les mauvais sorts et m'entraîna dehors, à l'air frais.

– Trop prudent. On est jamais.

Sur Broadway, les théâtres des tapages nocturnes étaient à présent fermés, on avait baissé les stores. La mélancolie *post-coïtum* flottait dans la rue comme une mauvaise haleine, une odeur de pourriture. *Torture cruelle, cruelle. Au pays des castrés, le serpent borgne est roi. Papillon alangui. Mamzelle Champagne.*

– A quoi tu penses ? demanda Sasha.

– A des queues.

D'un studio de répétition, en étage, une voix de vieille femme, mi-discours, mi-chanson, nous parvenait sur l'air de *Kerry Dance* : « Le temps s'en va, meurent les jours heureux », disait-elle. Le phrasé hésitait, infiniment las. « Oh, pour une de ces nuits de folie, soupirait-elle, oh, d'y penser ! Oh, d'en rêver ! » La voix s'altéra, se tut, reprit : « En rêver. En rêver. » Silence. Puis la voix s'éleva à nouveau : « Oh, d'en rêver. » Un temps. « Emplit mon cœur. Mon cœur. » Un autre. « Emplit mon cœur de larmes. »

Dix-sept

Un coup de feu claqua. Devant l'hôtel Martinique, à l'intersection de Broadway et de la Trente-Deuxième Rue, une femme hurla. Lancé depuis le trottoir d'en face, un objet long et lourd s'abattit sur un kiosque à journaux. Un jeune Blanc s'avança en titubant au milieu des voitures. Blessé, il se tenait la tête et le sang dégoulinait entre ses doigts et sur son T-shirt Keith Haring LE CRACK DÉTRAQUE. Une bande de jeunes Noirs surgirent alors en courant dans Herald Square, vêtus de sweats à capuches, renversant la charrette à bras d'un marchand grec. Souvlaki et cannettes de soda furent projetés en tous sens. Les jeunes Noirs se mirent à donner des coups sur les toits et les vitres des voitures. Une pierre fit voler en éclats le pare-brise d'un taxi. A l'intérieur, Bert Randolph Sugar mâchonnait un cigare Black Watch.

– Si Tyson aurait battu Ali ? Jamais de la vie !

– Un coup de chance ? hasardai-je.

– Rien du tout ! Ali aurait été trop rapide, trop pro. Il aurait assommé Tyson, sorti son dard et s'en serait débarrassé vers le huitième, peut-être même avant.

Quelques mètres devant, un enfant noir, le crâne rasé, était étendu à moitié sur le trottoir, à moitié dans le ruisseau. Sa jambe gauche était repliée et tordue sous lui et sa bouche prononçait des paroles qui ne parvenaient pas jusqu'à nous. Quand une autre pierre vola, Bert paya le chauffeur et mit pied sur le trottoir. Il portait un borsalino couleur chocolat à bord recourbé et à large ruban noir. Au-dessous, son cigare pendait, mouillé, obscène.

– Joe Louis, évidemment. Là c'est autre chose.

Au pub O'Reilly, c'était *Happy Hour*.

Le bureau de Bert, une table, une banquette usée, une photo des lacs Killarney, se trouvait dans une salle latérale où on servait des saucisses irlandaises garnies de purée. Là, il déposa son fardeau, un lourd cartable plein de photocopies d'articles sur Bert Randolph Sugar, et commanda un double Cutty Sark.

– Messieurs, moteurs !

Et le long voyage commença.

C'était un homme célèbre. Sa propre publicité le baptisait le Gourou du Sport. Il avait publié quelque cinquante livres parmi lesquels *Cent ans de boxe, Les Cinquante Plus Grands Matches de base-ball, Tapez dans le mille et gagnez une garde-robe complète chez Harry Finkelstein, La Vie et l'époque de Harry Houdini, Comment gagner aux courses, Les Secrets du base-ball, le livre qui rend caducs tous les livres sur les secrets du base-ball, Promesse !* Mais, surtout, il avait dirigé *Ring*, la Bible de la boxe, qui devint sous son égide le prototype du magazine de boxe comme il n'y en eut jamais : rapide, drôle, avec un sens mystique de l'irrespect. Il avait donc été viré.

– Licencié, précisait Bert, avec déshonneur, ignominie, opprobre.

A la suite de cela, pendant plusieurs années, la fortune ne lui avait guère souri. Il s'était maintenu à flot en produisant quelques livres et en vendant des souvenirs à thèmes sportifs. Il avait déposé des plaintes, il avait rêvé à son retour. En ces temps difficiles, O'Reilly avait été son île d'Elbe, la table son havre de paix.

– Ils m'ont porté plus longtemps que ma mère.

A présent, l'un de ses procès plaidé et gagné, il était revenu en première ligne. Il était rédacteur en chef et directeur de *Boxing Illustrated*, une star de la T.V. par câble. Il payait même ses notes de bar.

L'événement exigeait qu'on le fêtât et la fête était ce que Bert savait faire de mieux. C'était un homme immense, toujours en nage, le visage mangé par la bouche et les yeux injectés de sang, tenaillé par des faims colossales et brûlant de soifs plus colossales encore. Ses mouvements possédaient la même démesure : quand il chantait, on eût dit une meute de chats, quand il dansait, un derviche. Et quand il riait, ce qu'il faisait pratiquement sans interruption, il lançait un rugissement de Godzilla, une bombe qui secouait les murs et les vitrines, submergeant tout sur son passage. A son approche, même les plus forts se jetaient à plat ventre pour ne pas être fauchés sous une grêle de crachats, de cendre de cigare et de vieux whisky.

Ce soir, pourtant, chez O'Reilly, ce rire meurtrier s'était tu. Bert tenait entre les mains un morceau de journal froissé et s'épongeait la figure avec le mouchoir rouge qui fleurissait toujours sa poche de poitrine. En jurant, il recracha les morceaux de cigare mâchés comme des moustiques morts, sa grosse bouche pincée de dégoût.

– J'ai jamais rien lu de plus triste.

– Qu'est-ce qu'ils disent ?

– L'Harmony va fermer.

Je connaissais l'endroit depuis longtemps. Autrefois appelé le Melody, situé en étage au coin de Broadway et de la Quarante-Huitième Rue, c'était le dernier des cabarets burlesques traditionnels où les filles encore bien en chair portaient toujours des glands au bout des seins, où *The Stripper* demeurait l'unique et éternelle antienne et où l'obscurité était chaude et tendre.

– Un pèlerinage s'impose-t-il ?

– Allez, dit Bert. On va visiter les ruines.

Les voyages sentimentaux constituaient son pain quotidien. Un jour, dans les années cinquante, encore étudiant, on l'avait lâché sur Broadway le temps d'une nuit. Celle-ci s'était terminée avec Jerry Lewis, bras dessus, bras dessous, en dansant des claquettes sur la Grande Voie Blanche, le Stem. Ils avaient suivi les phares blancs des voitures depuis le Winter Garden jusqu'à la Quarante-Deuxième Rue, passant devant le Latin Quarter, le Lindy's, le Dempsey's, le Paramount, le Capitol et le Palace, le ruban lumineux du *Times* Tower, devant Bond's avec sa lingerie pour amazones, l'Automat, le Schrafft's Spanish Garden, l'Astor Hotel et son toit-terrasse, l'Orpheum, le Honey Moon Lane, le Sigmund Klein's Internationally Famous Gymnasium, le Paddock Bar & Grill, le Tango Palace, le Brass Rail, les stands de tir et les arcades de jeux, les dancings à dix cents, les cabinets de tatoueurs, les magiciens, les stands de jus d'orange et ceux de jus d'ananas et les affiches de cinéma plus grandes que grandeur nature, *I was a teenage Werewolf, L'homme qui rétrécit, A l'est d'Eden, Et Dieu créa la femme*, et la publicité de Douglas Leigh pour Camel, avec sa bouche de deux mètres quarante soufflant la fumée en cercles plus parfaits les uns que les autres, et la publicité pour Pepsi-Cola avec la chute d'eau électrique et la pluie de cacahuètes dorées et les chevaux de Budweiser caracolant et les mains de néons qui s'agitaient et les pieds de néon qui dansaient et les bouches de néon qui rugissaient, embrassaient, mordaient, riaient, tout ce tumulte délirant et cette incandescence, les cent millions d'ampoules qui brillaient, les bonimenteurs et les quémandeurs, les branchés et les donneurs de tuyaux, et les femmes, les femmes, les femmes.

– Voilà, c'est *ça*, s'était dit Bert.

Et il n'avait jamais cessé depuis de danser les claquettes.

Il avait consacré la plus grande part de son énergie et de ses forces à fixer cet instant et à le reproduire. Pour l'aider, il avait inventé un second moi : Broadway Bert, le Chapeau.

De Herbert, son premier moi, il n'acceptait de dévoiler que des bribes. Sous la pression, il finit par raconter qu'il avait grandi dans une famille de classe moyenne à Washington D.C., que les Randolph étaient originaires de Virginie et les Sugar, les *Kukar*, des émigrés hongrois, colporteurs d'articles de quincaillerie, que son grand-père avait été un négociant du Sud et que lui-même avait étudié le droit. Il était allé jusqu'à travailler dans la publicité. Mais rien de tout cela n'avait laissé une empreinte significative. A l'âge de huit ans, après avoir entendu un policier radiophonique dont le héros était un limier baptisé Bert, il avait officiellement demandé à changer de nom en imitant la signature de sa mère. Il l'avait toujours su, il n'était pas né pour marcher droit. Toute la question était de savoir où et quand il obliquerait.

– Broadway, dit-il. Le nom de la rose rongée aux vers.

Pendant plusieurs années, les deux moi avaient cohabité. Herbert gagna sa vie, se maria et engendra un fils, puis, le moment venu, s'installa à Chappaqua, une banlieue sur les rives de l'Hudson. Le soir tombé, Bert prenait le relais. Mais très vite, cet horaire ne lui suffit plus. Il voulait porter un chapeau. Il savait que les grands écrivains, Damon Runyon, Walter Winchell, Jimmy Cannon et jusqu'au jeune Red Smith portaient des chapeaux. La salle de composition de leurs journaux se trouvait juste au-dessus de leur bureau, s'ils n'avaient pas eu le crâne couvert, l'encre d'imprimerie aurait coulé par les fissures du plafond dans leurs yeux, les rendant aveugles au bon usage de la grammaire. Du moins, c'est ce qu'on disait. Il quitta donc son travail dans la publicité pour reprendre *Ring*. Il s'acheta cinq borsalinos pour l'hiver, cinq panamas pour l'été. Et alors seulement il se mit à écrire.

Cela lui convenait. N'étant pas, de son propre aveu, bâti pour la course de fond, son talent s'exprimait mieux dans les sprints. Mais ses meilleures échappées étaient immortelles : « La première fois que j'ai senti venir la mort du machisme, c'est le jour où, enfant, assis au premier rang au vieux Savoy de Washington D.C., j'ai vu John Wayne embrasser une fille au lieu de son cheval. La deuxième fois c'est quand Roberto Duran a envoyé le monde se *faire baiser* au huitième round de son combat contre Sugar Ray Leonard. » Ou encore : « C'était aussi inconcevable que le Père Noël saisi de vertige, que le capitaine Bligh terrassé par le mal de mer, que Mary avec un petit agneau... »

Mais avant tout, le mot clef était la fête : le pur plaisir des sens. Aux yeux de Bert, Broadway demeurait éternellement la Grande Voie Blanche, sa fascination infinie, ses attraits inépuisables. Il en adorait les trottoirs croulants, l'air empoisonné, les temples en décomposition, les cryptes et les cénotaphes, les épopées, les boursouflures, les farces. Il aimait ses habitants, ses histoires et il aimait ses reparties, surtout les plus tocardes. Enfin, et surtout, il aimait le mot lui-même.

– Broadway. Si vous avez besoin de poser la question, c'est pas la peine que je vous réponde.

Il menait une double vie. A Chappaqua, à en croire les témoins vivants, Herbert Sugar était un homme modeste, aux manières timides et effacées, à la tête chauve couverte de taches de rousseur et au rire sec comme du pain brûlé. Ses chapeaux soigneusement enfermés dans le coffre de sa voiture, c'est à peine même s'il buvait. Sa femme était fleuriste, son fils allait à l'Université. Le dimanche, toute la famille assistait à la messe épiscopale. Ensuite, Herbert sommeillait dans son bureau, allongé sur son fauteuil relax, ou lisait un livre édifiant. Au crépuscule, il cultivait son jardin.

A l'aube, cependant, il se levait en chantant, roulait ventre à terre jusqu'à la gare, s'habillant et se rasant en cours de route. Libérant le chapeau *du jour*, il l'enfonçait au-dessus de son œil gauche, en caressait le creux, en lissait le bord, le recourbait une fois, deux fois, puis, après un dernier petit coup pour la gloire, il grimpait l'escalier de la gare quatre à quatre et pénétrait dans le premier wagon qui voulût bien de lui. Avant même que les portes ne se referment apparaissaient un paquet de cartes dans sa main gauche et une flasque argentée dans sa main droite.

– Mon jeu, je présume, dit le Chapeau.

Alors il jouait Broadway. De haut en bas, d'un bar à l'autre, d'un gymnase à un café, montant à un bureau, descendant à un coin de rue désert, il faisait sa tournée et égrenait ses histoires. La moitié des citoyens le saluaient en chemin, les autres se cachaient. Dans un cas comme dans l'autre, son passage tenait de la cérémonie, une parade pour un homme seul.

Aujourd'hui, l'Harmony était le but du voyage.

Nous avions quitté O'Reilly. C'était la tombée d'un soir d'avril arrosé d'une pluie fine. Devant l'hôtel Martinique, excepté quelques policiers rôdant autour des habituels suspects, tout semblait tranquille.

Le Martinique était un château de la Loire bâtard, surmonté de toits à la Mansard et flanqué d'un fast-food. A l'origine un cabaret très apprécié des officiers militaires en permission attirés par l'esbroufe, il avait été plus récemment transformé en hôtel subventionné par l'Aide sociale. A présent, inoccupé, il hésitait entre deux réincarnations. Des gardiens mornes erraient dans le couloir. Une benne remplie de plâtre et de verre brisé bloquait la porte.

– Là-haut, dit Bert, il y avait un dancing. Romantique. Ma première attaque de chaude-pisse.

Il me poussa à l'intérieur.

– Suivez le Chapeau.

Au sommet d'un escalier en demi-lune, se trouvait effectivement un dancing dont l'entrée était encombrée de gravats. Un homme surgit de derrière, armé d'un petit revolver.

– Entrée interdite, dit-il. C'est interdit. Entrée interdite.

– Pas une attaque très forte. Moyenne, disons. Mais c'était la première. On n'oublie jamais la première.

L'homme était bien habillé, parfumé. Il portait les restes d'un complet brun croisé, à larges revers et à taille haute et cintrée. Ses cheveux jaunes étaient ondulés et gominés et il avait de fausses dents très blanches.

– C'est pas mon travail, je suis obligé de faire ça.

Le petit revolver tremblait dans sa main. Il semblait au bord des larmes.

– Je leur ai dit. C'est pas mon travail. Je leur ai dit.

– Laura, elle s'appelait, dit Bert. J'ai bien couru, j'ai pas marqué.

Nous redescendîmes l'escalier. Des vagues de parfum, un mélange de saccharine et de pourriture, nous poursuivaient. En bas, les gardiens jouaient aux cartes, au bonneteau pour quelques sous, sur un poste de télévision cassé. En haut, l'homme bien habillé resté au milieu des décombres nous regardait en train de le regarder.

– Elle avait un frère, un poids plume, dit Bert. Un vrai tocard.

Dans la rue, la pluie tombait plus dru et nous nous réfugiâmes sous le porche du magasin de chapeaux J. & J. Hats. Les vitrines regorgeaient de stetsons, de *porkpies* *, de melons, de hauts-de-forme, de casques irlandais, de chapeaux mous et, bien sûr, de borsalinos à bord large et de panamas à bord rigide. Bert alluma un Black Watch tout neuf. Sous le bord roulé de son chapeau, son visage était enflé, gras de plaisir.

– Je déteste le parfum bon marché, pas vous ?

En remontant les premiers pâtés de maisons, nous pataugeâmes dans l'eau. Jadis Herald Square avait été le cœur de tous les spectacles. C'était ici, et non à Times Square, qu'était née la Grande Voie Blanche. Tin Pan Alley se trouvait juste au-dessous, le Metropolitan Opera, « cette brasserie en brique jaune », juste au-dessus. Les grands journaux, le *Herald* et le *Tribune* d'Horace Greeley se faisaient face de part et d'autre du Square. Monumental, Macy's s'élevait à

* Chapeaux des crooners des années cinquante. (*N.d.T.*)

l'ouest, tandis que droit devant, jusqu'à Times Square, c'était une succession ininterrompue de théâtres et d'hôtels, de cafés mauves et de bars écarlates, perpétuellement éclairés dans une nuit qui éclipsait tous les soleils.

A eux seuls, les noms formaient une psalmodie : Frohman's Empire et Browne's Chop House, les hôtels Albany, Continental et Knickerbocker, le Weber and Field's Music Hall, Daly's et Garrick's, Palmer's et Miner's, les affiches électriques de Budweiser et d'Edison Phono transperçant la nuit, le Kid McCoy Saloon, l'original Real McCoy et, le plus éclatant, le plus fastueux de tous, *The Fiery Chariot Race in New York,* un assemblage de vingt mille ampoules, disposées de façon si astucieuse que ces chariots prénéon semblaient réellement tourner en rond et les chevaux galoper en soulevant la poussière et le sable.

Parmi les théâtres, la palme revenait au Casino aux tours mauresques situé au coin sud-est de la Trente-Neuvième Rue. Là, le 12 novembre 1900, avait eu lieu l'inauguration de *Florodora,* qui, en présentant le *Sextette Florodora,* fit de Broadway BROADWAY, un mot synonyme de spectacle.

Si l'on en croit *La Grande Voie Blanche* d'Allen Churchill, toute l'affaire éclata à propos d'une « brève scène construite autour d'une innocente composition appelée *Dites-moi, jolies demoiselles.* Au cours des premières mesures, six danseuses apparaissent d'un côté de la scène du Casino. Chacune identique en taille et en poids, coiffée d'un chapeau en plumes d'autruche noires et vêtue d'un costume rose vaporeux, une ombrelle gracieusement passée sur l'épaule. Simultanément, du côté opposé, six très beaux jeunes gens en queue-de-pie et hauts-de-forme gris font leur entrée. Soulevant courtoisement leurs couvre-chefs de soie, les jeunes messieurs demandent sur un ton mélodieux : *Dites-moi, jolies demoiselles, y en a-t-il d'autres encore chez vous, comme vous ?* En un chœur ravissant, les six jolies demoiselles leur répondent : *Il y en a d'autres, chers messieurs, elles sont jolies et bien élevées aussi* ».

Pas de quoi fouetter un chat, direz-vous? Mais les choses ne s'arrêtaient pas là. A la fin du numéro, les demoiselles sortaient en souriant. Et, ce faisant, lançaient une œillade. Et c'est elle, cette œillade, qui déchaîna le public. Le sextette fut bissé, bissé une fois encore et une douzaine de fois encore. En l'espace d'une heure, elles étaient devenues les sirènes de New York, les plus célèbres et les plus recherchées. « Ce sont des déesses », écrivit un critique, le premier à immortaliser les chorus-girls.

Ce n'était qu'un début : les demoiselles épousèrent des millionnaires et celles qui leur succédèrent en firent autant. Parmi les millionnaires, certains portaient des titres, d'autres, l'hermine de Wall Street. Stanford White assista à quarante représentations à la suite. Diamond Jim Brady fut victime d'une crise cardiaque sans gravité. Ainsi fut lancée l'Époque dorée de Broadway.

Les chiens avaient depuis longtemps cessé d'aboyer, la caravane passa. Bien avant la grande guerre, le quartier des théâtres avait déménagé plus au nord et ses vieilles rues abandonnées furent livrées au textile.

En 1940, il ne restait que le Met. Le soir, quand les ateliers fermaient, il offrait la dernière cascade de lumière dans le désert. Comme on manquait de place pour les conserver à l'intérieur, les décors attendaient dehors contre les murs et, quand ils descendaient de leurs taxis, les amateurs d'opéra plongeaient directement dans une arène espagnole, la cour du prince Igor ou une mansarde du vieux Montmartre.

Aujourd'hui, la brasserie de brique jaune avait disparu à son tour et avec elle les derniers vestiges du romantisme. Le jour, les rues latérales ne grouillaient pas d'eunuques égyptiens et de *Zingari* espagnols, mais de porteurs trempés de sueur, chargés de robes et de sous-vêtements. Même ceux-là émigraient progressivement vers l'ouest, chassés par l'augmentation en flèche des loyers de Broadway.

La Maison du Mariage constituait une exception héroïque, avec son stock estimé à cent mille robes. La crasse et le tape-à-l'œil ternissaient peu à peu sa splendeur, mais c'était l'immeuble préféré de Lush Life.

– Le paradis à prix coûtant, disait-elle.

Ces derniers temps, le mariage constituait pour elle une préoccupation constante. Tommy Blalock n'avait pas encore soulevé la question, *pas en termes directs*. Mais il passait beaucoup de temps à évoquer ses souvenirs, à penser à sa mère, à ses sœurs et à tous ses vieux amis à présent mariés, nantis d'une maison et d'une famille.

– Je sais lire entre les lignes, dit Lush Life. Les mots écrits sur les murs.

– Et ils disent quoi ?

– Ouaououh !

Sur sa recommandation, j'avais cherché à rencontrer Fred Silver, propriétaire de Joelle Mariages, à qui ses confrères vouaient le culte réservé au dernier grand classique. Ses robes, dont l'ourlet tombait jusqu'au sol, aux traînes longues de trente mètres, étaient magnifiques. Quand il déployait leurs ailes immenses, elles prenaient leur essor et tournoyaient comme de grands oiseaux blancs plongeant dans la lumière. Mais il était malheureux. La vraie beauté coûtait cher et aujourd'hui les gens ne voulaient pas payer. Ils préféraient les fanfreluches à bas prix, le clinquant hispanique tout en paillettes et en décolletés plongeants. Ainsi, si on leur posait un lapin devant l'autel, les femmes pouvaient se rendre directement à la disco sans être obligées de rentrer se changer.

Même le blanc se démodait. A cette époque vile, la cérémonie de mariage avait perdu son caractère sacro-saint. Et, le plus souvent, ce n'était jamais que la première d'une longue série. Alors, pour gagner du temps et de l'énergie, pourquoi ne pas acheter quelque chose de rose ou de bleu pastel, mieux adapté aux remakes ?

– Le mariage en vrac, voilà ce que nous avons aujourd'hui.

C'était un homme aimable, aussi courtois et mélancolique que le gardien d'une église abandonnée. Il se réjouissait pourtant de n'être plus ni jeune ni débutant.

– Qui s'intéresse à un vendeur de robes de mariée de seconde main ?

Au-dessus de cette terre brûlée, le rire de Bert fusait, sonore, trompette involontaire :

– Mieux vaut avoir de l'estomac que de se faire de la bile. Tous les parieurs meurent fauchés. Ne te retourne jamais, quelque chose peut te rattraper. Montrez-moi un seul homme vivant qui ait payé l'hypothèque à 3 contre 5. Rien n'est fini tant que la grosse dame n'a pas chanté.

A l'emplacement du Met s'élevaient un buste de Golda Meir et des agrandissements photos de bikinis français... Surgi de l'ombre en titubant, un ivrogne se jeta sur nous. Il chantait *Faites entrer les clowns.*

– Justement, dit Bert.

Il choisit un bar McAnn's, profond, sombre, anonyme, envahi par un relent de corned-beef et de chou si rance que la graisse nous empâta la bouche par osmose. Le visage du barman, un Irlandais, était mangé par son nez ou, plutôt, pansements, sparadrap et épingles de sûreté prenaient toute la place que son nez aurait dû occuper.

– Je me suis fait mordre par une chouette.

Nous n'avons pas demandé.

Au bout du bar, un homme tout en muscles qui faisait exploser son T-shirt Black Shabbat s'écria :

– Le Chapeau ! C'est Charlie ! Charlie de Voe !

Aussitôt, Bert se transfigura, son visage s'allongea et perdit toute expression. Bouche bée, il laissa retomber ses épaules en un rappel de défaite et devint Terry Malloy dans *Sur les quais.*

– Charlie, murmura-t-il. C'était pas lui, Charlie, c'était toi. Tu te souviens de ce soir-là, au Garden ? Tu es venu dans ma loge et tu m'as dit : « Mon garçon, c'est pas ta soirée. On a décidé que ce serait Wilson. » Tu te souviens ? « C'est pas ta soirée. » Ma soirée. Wilson, j'aurais pu le démolir. Et ce qui se passe, c'est qu'on gueule sur tous les toits qu'il a le titre, et moi, j'ai quoi ? Un aller simple pour Tocardville.

Dès les premiers mots, Charlie de Voe exprima la souffrance et l'avidité d'un chien de chasse qui sent qu'on se paie sa tête sans comprendre ni pourquoi ni comment. Son sourire se crispa, puis se figea. Il commença à reculer. Mais avec sa plainte monocorde plus meurtrière qu'une pluie d'insultes, Bert ne le lâchait pas.

– Tu étais mon frère, Charlie, t'aurais dû me protéger un peu, t'aurais dû te faire un peu de bile pour moi. Ça m'aurait évité de plonger dans les coups minables pour me refaire.

– J'ai parié sur vous, dit le barman, sans lever les yeux du verre qu'il remplissait. Vous avez gagné des sous.

– Vous ne comprenez pas. J'aurais pu avoir de la classe, poursuivit Bert implacable. Devenir challenger. Au lieu d'être un clochard, c'est ce que je suis, faut bien le reconnaître.

Il vida son Cutty Sark et, en guise d'épilogue, fixa son reflet dans le miroir du bar.

– C'était toi, Charlie.

De retour dans la rue, nous nous dirigeâmes vers le nord, tête baissée contre le vent.

– Qui est Charlie de Voe ? demandai-je.

– Jamais vu de ma vie, répondit Bert.

Et nous parvînmes au Deuce.

Depuis mon installation à l'hôtel Moose, ce carrefour était devenu mon épicerie du coin. L'usage quotidien que j'en faisais avait commencé à le brouiller, à en émousser les angles. Mais là, debout sur Amen

Corner, devant la Primadora Quality, une boutique pour fumeurs, je revoyais tout comme au premier jour : les prostituées en short et perruques laquées, les body-builders, les voleurs à la tire, les nains tatoués en cuir, les hommes-sandwiches évangélistes avec leurs porte-voix, les gousses, les salopes, les pédés, les transsexuelles, les jeunes fugueurs et les enfants, debout, les yeux écarquillés, les marquises de cinéma faisant l'article pour *Brain Damage, Genital Hospital, Slave Girls from Beyond Infinity, Creepzoïds* et *Blood Sucking Freaks,* et les hommes en imperméables en plastique, les hommes avec des sacs en papier, les sweat-shirts à capuches, les chaussures et les pantalons de combat, les photographes armés de Polaroïds, un dollar les deux photos, les arnaqueurs au bonneteau, les Mantan All Americans, les Vampirellas, les Fils de Satan. Et Bert.

Tout près de mon oreille gauche, il cita Washington Irving découvrant ce site : « Une jolie vallée rustique, parsemée de fleurs multicolores, rafraîchie par maints ruisseaux et piquée çà et là d'une délicate fermette hollandaise, nichée au creux d'une colline et abritée sous un berceau de ramures. »

Une grosse dame chantait alléluia. Cent cinquante kilos habillés tout en blanc. Sa chair, d'un marron profond, bondissait sur ses bras nus. Toutes chaudes, les gouttes de transpiration sautaient de son front à chaque battement de son pied gauche, à chaque coup de tambourin.

– Jésus t'aime ! rugissait-elle. Pourquoi ne l'aimes-tu pas ?

Elle s'appelait Sœur Perle. Depuis des années, ce coin de rue était son lieu de travail. La première fois que je l'avais vue, il y avait de cela dix ans, ses transes étranglaient les mots dans sa gorge d'où ne s'échappaient que des sons inarticulés. Mais l'incohérence ne la dérangeait pas.

– Ça sert à quoi de me faire comprendre ? m'avait-elle expliqué plus tard. Mieux vaut brûler, entretenir la flamme, ne pas laisser le feu mourir. Sinon, le Seigneur vous vomira de Sa bouche.

Ces mots avaient laissé leur empreinte. Quand elle eut fini de prêcher, elle alla reprendre son souffle contre la rambarde du métro et je lui demandai si elle y croyait toujours.

– Comme ci, comme ça, répondit Sœur Perle en hochant brièvement une tête d'oiseau, étrangement gracieuse pour un corps aussi monumental. Parfois la flamme brûle plus fort que jamais. Et parfois pas du tout.

Mais sa foi ne s'éteignait pas pour autant :

– Je ne me frappe pas la poitrine en gémissant. J'étudie la grâce divine et je regarde la télé.

Sur le trottoir d'en face, Bert faisait la causette à Lenny Schneider, le marchand de journaux boxeur. Dans les années quarante, il avait été un apprenti poids welter, et une fois retiré, il avait racheté ce kiosque, le plus ésotérique de Manhattan. On pouvait s'y procurer non seulement les journaux d'autres villes, mais le *Novoye Russkoye Slovo, El Diario, La Prensa, Il Corriere della Sera, L'Haïti Observateur,* le *Gaelic American,* le *Riskarbitrage Monitor, Conscience Weekly* ainsi que le bulletin hebdomadaire de boxe de Flash Gordon, les pronostics des courses et des livres pour rêver.

– Vous cherchez de quoi lire, nous avons ce qu'il vous faut, dit Lenny. Sinon, c'est en route, c'est en route.

Ce gaillard robuste dénué de cou et de prétention représentait le dernier vestige d'une Quarante-Deuxième Rue révolue.

– De l'époque où, ici, tous les gens étaient encore des êtres humains. Enfin, presque.

Étrangement, ce pâté de maisons avait jadis été synonyme de *classe*, d'orgueil civique. En 1914, quand on avait bâti la Times Tower originale, Charles Miller, le rédacteur en chef du *Times*, avait prononcé un discours d'inauguration qui a longtemps fait mon admiration : « Du soleil levant au soleil couchant, l'ombre de ces murs s'étendra sur des myriades d'hommes. Leurs pas résonneront autour d'eux, leurs yeux s'accoutumeront à leurs proportions harmonieuses et leurs voix s'uniront pour chanter la gloire de cette ville sans repos jusqu'au jour où, ici même où nous voici aujourd'hui, l'histoire vénérable d'un tas de pierres grises et usées par le temps engendrera un rêve dans l'esprit du passant. »

Telle en était la substance. En l'espace de dix ans, cependant, le *Times* avait déménagé et le sexe avait pris sa place. Flo Ziegfeld présenta ses Follies au New Amsterdam et bientôt le tronçon de rue tout entier se couvrit de palais des plaisirs, le Candler de George M. Cohan, l'Elstinge, le Lyric, le Victory et l'Apollo. Certains montaient des spectacles de vaudeville, d'autres des comédies musicales. Mais les girls en constituaient la matière première et, depuis, le Deuce n'a jamais cessé de débiter de la chair.

Le New Amsterdam avait survécu, converti en cinéma depuis belle lurette, à quelques mètres du kiosque de Lenny. Le jour de ma rencontre avec Sœur Perle, j'y avais passé une soirée. L'expérience m'avait laissé un souvenir indélébile.

On projetait *A la recherche de Mister Goodbar*. C'était une nuit qui n'en finissait pas. Désœuvré, je pris un billet, entrai, et me trouvai aussitôt plongé dans une épopée démente.

Le New Amsterdam n'avait pas échappé aux outrages ; et pourtant, malgré son décor aussi délabré que sa clientèle, sa splendeur demeurait indestructible. Il y avait des ascenseurs en bronze massif sculpté, des fresques de pierre illustrant des scènes tirées de Shakespeare ou de Wagner, des escaliers en marbre vert, montant à l'assaut des voûtes du plafond, des sols en marqueterie de marbre, des nymphes, des satyres, des magiciens, des elfes, des murs rehaussés d'or ou de bronze, une cheminée de granit aussi haute qu'une petite maison. Le moindre centimètre d'espace libre avait subi une métamorphose ou une transposition : les poignées de portes se muaient en centaures, les appliques en divinités égyptiennes. Des drogués venaient s'affaler sur les trônes baronniaux.

Je montai m'asseoir au balcon. Sous mes pieds s'étalait un marécage de hot dogs, de cigarettes et de cannettes. Quelque part au-dessus de ma tête, je devinais à peine une coupole immense. Mais les allées baignaient dans un air renfermé et délétère. Je m'installai au dernier rang, rassuré par la présence d'une paroi solide derrière mon dos.

Mister Goodbar s'achevait. Pour des raisons qui m'échappaient, tout le monde sur l'écran poussait des cris et des hurlements. Je cherchai refuge aux toilettes.

A mon retour, je trouvai mon siège occupé. Dans le noir, impossible de distinguer les traits de l'usurpateur, mais je devinai quelque chose de blanc et de féminin. Trop veule pour protester, je pris le siège voisin et dirigeai à nouveau mon attention sur l'écran. Une main me frôla le genou, s'immobilisa un instant puis remonta le long de ma cuisse, très doucement. Incapable de me concentrer dans ces conditions, je m'éloignai vers un autre fauteuil. Peu après, la séance se termina.

Les lumières se rallumèrent. Je regardai vers la rangée de sièges. En effet, ma voisine était une femme, et blanche. De là où j'étais assis, elle me parut avoir quarante ans. Toute petite, habillée avec une élégance discrète, elle portait des gants blancs et regardait droit devant elle, comme si je n'avais jamais existé. Elle semblait attendre.

Entourée d'hommes occupés à jacasser, elle ne bougeait pas, comme si elle ne remarquait rien. Au bout d'un moment, un Blanc de grande taille surgit à ses côtés. Il était fort et musclé et portait un uniforme de couleur sombre, avec casquette, comme un chauffeur. Il glissa le bras droit sous les fesses de la femme, puis, sans aucun effort apparent, il la souleva, blottie dans ses bras. Elle posa la tête contre son épaule et il l'emporta.

Elle n'avait pas de jambes.

Depuis, avec les années, l'endroit avait subi d'autres affronts. Cinéma porno, puis spécialisé en films de kung-fu, il avait même projeté des *snuff films*, archives animées de morts en direct. Actuellement, il n'y avait plus rien ni personne, « sauf des fantômes », dit Lenny.

Il parlait sérieusement. A en croire les clochards qui y dormaient, le spectre d'une danseuse de chez Ziegfeld connue sous le nom d'Olive Thomas avait l'habitude de descendre en flottant du plafond voûté et de se poser sur la scène, où elle restait debout, silencieuse, comme si elle attendait le lever de rideau.

Rien de tout cela ne faisait carburer le Chapeau. Il ne se sentait à l'aise que dans le rire, bien en sécurité à l'abri de ses répliques. Quand on lui parlait de dames cul-de-jatte et d'ingénues mortes depuis longtemps, il crachait un morceau de son Black Watch et plongeait dans le stock de Lenny.

– Tout ça, c'est du *déjà-vu* *, dit-il enfoncé dans *Jugs* jusqu'au cou. Il sait courir, mais il ne sait pas se cacher. Morte la bête, mort le venin. Toute vie se résume à six contre cinq. Ne jouez jamais aux cartes avec un homme qui s'appelle Doc.

Après Olive Thomas et ses Follies, vint le temps du burlesque. Vers les années trente, toutes les danseuses étaient devenues des strip-teaseuses, des effeuilleuses, et la Quarante-Deuxième Rue une allée de foire, une réplique de Coney Island. En dehors des salles de strip-tease, il y avait des stands de tir, des arcades de jeux et des spectacles de monstres de foire. Ceux-ci atteignirent leur apogée avec le Hubert's Museum & Flea Circus.

Ouvert en 1920, à l'ouest du New Amsterdam, celui-ci donna le ton à tout le territoire pendant cinq décennies. Le rez-de-chaussée n'était qu'une salle de

* En français dans le texte.

jeux glorifiée, pleine de flippers, de stands de tir pour jouer au cow-boy, de torpilles anti-Jap, exposant les Secrets Cachés du Sexe, directement importés de Paris, France. C'est au sous-sol qu'habitaient les véritables merveilles. Là, on pouvait admirer Sealo, le garçon amphibie, Estelline, l'avaleuse de sabres de cent cinquante kilos, et Congo, le sorcier de la jungle. Là, Grover Cleveland Alexander, le grand lanceur de base-ball, donna des conférences sur sa carrière. Tout comme Jack Johnson, *Li'l Arthur*, le premier Noir champion du monde des poids lourds. On pouvait y voir Tiny Tim, le canari humain, la princesse Wago et ses pythons apprivoisés rivalisant avec Mme Catalina et ses seize serpents. Mais le spectacle le plus extraordinaire, qui se poursuivit pendant trente ans, était celui du professeur Roy Heckler et ses puces savantes : les Sensationnelles Siphonaptères.

Le Chapeau s'en souvenait parfaitement. Le Deuce de ses premières explorations était un monde peuplé de femmes à barbe, de danseuses du ventre, de nains catcheurs, de veaux à deux têtes et de garçons à tête de mule, de sirènes, de femmes gorilles, de milliers de poitrines dont les mamelons faisaient tournoyer des glands. C'était un labyrinthe, les *Mille et Une Nuits* sexuelles.

– On n'y marchait pas, on s'y perdait. Avec un peu de chance, on ne nous retrouvait plus.

Aujourd'hui, à l'époque du *hard core*, nul secret, nul mystère ne demeurait à l'abri du regard. A l'intérieur du Sex Shop, voisinant avec *Love Slaves Tortured to Blood Dripping Death*, on pouvait voir le portrait multicolore, plusieurs fois agrandi, de Superfente, la chatte la plus intelligente du monde. Peinte à la main, elle était aussi bariolée que le Colorado, aussi insondable que le Grand Canyon. Au dire du Libanais qui tenait la caisse, elle savait aussi faire des tours d'adresse :

– Voyez vous-mêmes, messieurs, avec vos yeux et vos oreilles.

Par la barbe de son père, elle était capable de fumer des cigarettes, d'avaler puis de recracher des balles de golf et même d'aspirer des billets de banque et de rendre la monnaie exacte.

– Bon, mais est-ce qu'elle peut m'apporter mes pantoufles ? demanda Bert.

– Vous payez combien ?

Nous revînmes nous échouer sur Broadway. Les foules de spectateurs commençaient à converger et les trottoirs grouillaient de monde. Plaqués contre l'entrée du show de Geraldo Riviera, nous levâmes la tête vers les néons, Coca-Cola, Casio, Citizen Quartz, Toshiba, Minolta, Movieland Mardi gras. Et les affiches géantes, Mama Leone et Solid Gold, *A Chorus Line, Cats.* Et la main gigantesque qui plongeait dans le pot au-dessus de chez Nathan's et les bribes d'information qui clignotaient, les arcades, les enseignes de cinéma, les publicités pour les alcools, Times Square en feu et tout avait changé, complètement changé et rien n'avait changé, rien ne changerait jamais.

Éblouis, nous nous laissâmes entraîner par la marée qui nous emportait *uptown.*

– Les conversations de salon sont fatigantes. A la première manche, Dieu créa le ciel et la terre. Il avait le crime au cœur, mais les pieds honnêtes. Il marche sur vos chaussures sans vous les salir. Les Cadillac sont à la pointe de la batte. Les cimetières sont pleins de gens irremplaçables. Même Napoléon a connu son Watergate.

Entre la Quarante-Troisième et Quarante-Quatrième Rue, le Paramount Building continuait à s'enorgueillir de ses quatorze décrochements surmontés de son orbe en verre. Mais la grande salle où Sinatra jeune avait chanté et où les bobbysoxers s'étaient évanouies n'existait plus. C'était là ou ailleurs qu'avait eu lieu la première de *Blanche-Neige et les Sept Nains.* Pour l'occasion, Hollywood avait expédié sept nains par avion et on les avait installés en costume, au-dessus des néons. L'après-midi n'en finissait pas; n'ayant rien d'autre à faire que de jouer aux cartes, ils avaient réussi à dissimuler quelques petites bouteilles de whisky dans leurs rembourrages. Le whisky s'avéra délicieux, l'après-midi humide, les costumes étouffants. A leur arrivée, la presse internationale et les équipes de télévision trouvèrent les nains nus comme des vers, incontinents, arrosant la foule d'injures, de bouteilles vides et pire encore.

– Justement, dit le Chapeau.

Sur le trottoir de la Septième Avenue, nous pénétrâmes dans le Metropole. C'était un sanctuaire du jazz transformé en topless. A l'intérieur d'une salle vide s'étirait un bar aussi long qu'une piste de bowling sur lequel une blonde vénitienne en cache-sexe et chaussures rouges dansait en mâchant du chewing-gum, les yeux verts fixés sur la ligne bleue des Rocheuses.

– Longue, souple, luciférienne, murmura Bert.

C'était une phrase empruntée au colonel Stingo, qu'affectionnait A. J. Liebling. La fille devait mesurer un mètre quatre-vingt-cinq, toute en jambes, seins plats, aussi souple que du caoutchouc frais. Son numéro terminé, elle vint s'asseoir avec nous et nous expliqua qu'elle venait du Texas. Elle s'appelait Katy Freeway.

Le Chapeau et moi étions son seul public. Le sourcil légèrement froncé, elle prit le tabouret entre nous et commanda de l'eau et un Jack Daniel's.

– Vous êtes écrivain? demanda-t-elle. Ou bien j'ai mangé quelque chose?

Elle était en parfaite condition physique, un vrai crack. Sur son ventre blanc comme l'ivoire courait une cicatrice rose, une estafilade qui se pliait et ondoyait au rythme de ses mouvements. Un châle orange lui enveloppait les épaules. A travers un trou de cigarette, son mamelon gauche flirtait avec le bout du cigare de Bert.

– Jack Dempsey, voilà un homme que j'adorais! Il s'asseyait dans son restaurant, à la fenêtre, juste là, sur Times Square, avec la statue de George M. Cohan devant lui et, derrière, la grande toile de James Montgomery Flagg le représentant en train de reprendre le titre à Jess Willard à Toledo, dans l'Ohio, en 1921, et il a dû signer un million d'autographes et poser pour un million de photos. Et jamais je ne l'ai vu perdre contenance, cette *présence*, pas une seule fois. Ah, il était extraordinaire !

Bert sauva son cigare, en contempla d'un œil rouge mais rêveur les restes écrasés et ramollis, puis leva son verre :

– Au champion !

– Mousse de thon, dit Katy Freeway.

– Vous avez dit ?

– C'est ça que j'ai mangé.

Nous commandâmes une nouvelle tournée, puis une autre. Tandis que le Cutty Sark le travaillait au corps, abandonnant le rire liquide, Bert fit assaut d'éloquence :

– Ce que j'aime... Non, disons, plutôt ce qui me fait prendre mon pied. Je m'amuse. A mon âge, j'ai encore le droit de faire la bombe à tout casser, de lancer mes jouets partout dans le bac à sable.

Je me rappelai l'affiche d'Ellen Fogarty lorsqu'elle était enfant, celle de South Ferry qui disait : PRENEZ DES FORCES PAS DES ANNÉES. Mais Bert Randolph Sugar, lui, crachait sur ce panneau.

– Sur Broadway, pas besoin de prendre des années. C'est là tout son secret, et sa beauté.

– Grand monsieur deviendra petit garçon, dit Katy Freeway.

– Ils ne me prendront jamais vivant.

Dehors, il recommença à pleuvoir. Comme nous traversions Times Square en direction de l'Harmony, Bert s'arrêta au Jack Dempsey Corner. A la place du restaurant s'élevaient maintenant une cafétéria, un fast-food chinois et un magasin de porno.

– La Pogne de Manassa, dit le Chapeau.

Et là, au coin de la rue, dans le vent et la pluie qui cinglaient, il se cita lui-même textuellement :

– Il était l'image du guerrier. Affrontant son adversaire en montrant les dents, patinant et louvoyant pour mieux protéger des coups sa tête à la perpétuelle ombre de cinq heures, ses yeux noirs lançant des éclairs, faisant voltiger ses cheveux de jais, Dempsey prenait la dimension d'un ange de la mort venu exercer sa vengeance.

Quand la vie cessait-elle d'être la vie ? Quand elle devenait plus. Une fraction de seconde, nous hésitâmes au seuil de l'Harmony avant de plonger, aveugles, dans un long escalier raide, jusqu'à un petit kiosque en bois. Derrière la caisse, était assise une silhouette ratatinée, une antiquité sans âge, dépourvue de dents, d'expression, sans support visible.

– Bienbedue à l'Arbody, la Maivon Dubulesh, disait la chose. Fafra didola.

– Dix dollars ?

– Difon finq. Et Pafé Ufoirée Arbodieu.

La grande salle avait subi quelques avatars. L'endroit que nous chérissions baignait dans une douce pénombre musquée, une matrice de qualité supérieure. Ce soir, on nous offrait les ténèbres du Styx et un relent douceâtre et écœurant de Motel Cafard.

L'Harmony s'était toujours vanté de présenter un burlesque *pur jus*, autrement dit le charme plutôt que la gynécologie. A cette époque corrompue, où ses rivaux présentaient des numéros aux titres évocateurs, Polly-Polichinelle dans le tiroir, la Reine des Lavements et Amygdales profondes, lui seul était resté fidèle à la Femme américaine.

« Pétales de vénusté », comme les appelaient les magazines déshabillés de l'époque, Tentatrices Torrides et Taquines de Terpsichore. Et, à leur apogée, elles n'étaient rien de moins. Cette époque-là, cependant, était bel et bien révolue. Au travail sur la piste, évoluait à présent une rousse d'un certain âge. Nous n'avions pas bien saisi son nom mais sa chanson s'appelait *Noir et Bleu*. Assortie à ses varices.

A la fin de son numéro, elle fit le tour du public, une foule clairsemée où les quelques clients qui respiraient encore, à peine visibles dans l'obscurité, se comptaient sur les doigts d'une main. A ceux-là, la vieille dame présentait son sexe qu'ils pouvaient toucher ou embrasser, au choix, selon le prix.

Tandis qu'elle passait tout près au-dessus de nous, son majeur disparaissait, puis réapparaissait. Elle le léchait alors soigneusement puis soufflait des baisers. L'homme bien habillé de l'hôtel Martinique nous avait fait la faveur d'un parfum aussi personnel.

Au bout du couloir se trouvait le bureau du directeur. Je frappai. Un Italien mince et brun, appelé Robert Anthony Francis Roedere, Bob Anthony, répondit. Il refusa d'abord de s'entretenir avec moi, mais je prononçai le nom de Bert Sugar.

– Le Chapeau, dit Anthony. Bert dérangé du cigare.

Il sortait de l'hôpital. Comme lui, les affaires étaient au plus bas. Mais il avait vécu une aventure prodigieuse : il avait été chanteur, chef d'orchestre, une célébrité de Broadway. Mieux, il avait grandi à Hoboken, avec Frank Sinatra. Ils étaient potes depuis l'enfance.

– Le Président. Je lui dois tout ce que j'ai et tout ce que je suis aujourd'hui. J'ai été son secrétaire et son chauffeur, j'ai cassé la gueule à des types pour lui, tout ça.

C'est Sinatra qui lui avait décroché son premier contrat de chanteur en 1944, une fois libéré de la marine.

– Croyez-moi, j'ai travaillé avec les meilleurs. Écoutez-moi ces noms : Ida Ray Hutton's All Male Band, Eddie Duchin, Bob Chester. Et je travaille encore. A Las Vegas. J'ai même sorti un disque. *Angela*. Mon plus gros succès.

Quant à l'Harmony, ce n'était pas la fin, disait-il, seulement une période de transition. Et les loyers à Broadway frisaient l'obscénité.

– Cette ville, mon vieux, quand ils l'ont livrée aux promoteurs, ils nous ont tendu nos propres têtes sur un putain de plateau d'argent. Un putain de plateau d'argent.

– La politique n'a rien à voir là-dedans, dit Bert. Tu connais qui ? Toute la question est là.

– Nous autres, véritables hommes d'affaires, producteurs reconnus et patentés, personne ne se soucie de nous. Dans cette vie, putain, ce qu'il faut ramer !

Pourtant elle offrait des compensations. D'un tiroir, il extirpa une lettre. Signée Ronald et Nancy Reagan, elle provenait de la Maison-Blanche et disait, entre autres : « Nous vous remercions de tout cœur pour votre amitié et votre soutien. Grâce à vous et à vos prières, nous pouvons atteindre les objectifs que nous nous sommes fixés et prouver que l'Amérique a un avenir radieux. Que Dieu vous bénisse et que Dieu bénisse l'Amérique ! »

Une minuscule bannière étoilée flottait sur un petit casier. Avec révérence, Bob Anthony replia la lettre et la replaça dans le tiroir.

– Un hommage comme celui-là, vous savez que vous n'avez pas servi en vain.

Les théâtres recrachaient leurs spectateurs, l'usine accueillait l'équipe de nuit. En traversant Broadway, Bert esquissa sur la ligne blanche quelques pas de claquettes hésitants. Mais son front était poisseux et ses bajoues nettement verdâtres.

– Mon estomac me cherche querelle, dit-il.

– Évitez les fritures qui échauffent le sang, lui répondis-je. Et, surtout, évitez de courir.

– Je regrette le jour où je suis né.

Le remède attendait, sur l'autre rive, sous la forme d'un stand de jus de fruits naturels. Pendant plusieurs années, on y avait fait commerce à l'enseigne Orange Julius. Maintenant, après un changement de direction, il s'appelait Orange Morris.

– Donnez-moi un orange quelque chose, dit Bert. N'importe quoi.

– J'ai pas d'orange, lui fut-il sèchement répondu.

Ils avaient de la papaye. On lui posa sur le comptoir une mixture immonde, jaune et écumante, un ballon de plomb liquide. Bert, que rien n'arrêtait, la descendit en une seule gorgée. Pendant quelques secondes, il se lécha les lèvres, ressuscité. Puis, lentement, sans bruit, il tomba à genoux.

– Suivez le Chapeau, dit-il.

Et il s'endormit.

Entracte

Donegal, l'été de mes neuf ans : Broadway était alors le large fossé où les jumelles venaient se déshabiller et danser. Elles s'appelaient Sarah et Serena ; elles allaient sur leurs treize ans ; elles étaient, disaient-elles, des *artistes*.

Je les vis pour la première fois au bord de l'étang où elles pêchaient des têtards, armées d'une passoire à thé et d'un plumier. Blouses en organdi, canotiers crème ornés d'un ruban rose fané, longues jupes de tulle, leur mère les avait habillées tout de blanc, mais leurs cheveux coupés étaient noirs et leur chair d'une riche couleur de terre. Pour barboter dans l'eau, elles avaient soulevé leurs robes haut sur les cuisses et les jambes sombres qui ondoyaient au-dessous évoquaient pour moi quelques créatures nocturnes, furtives, insinuantes.

Pourquoi étais-je venu là les espionner ? J'en avais le droit. Toute l'année j'habitais de l'autre côté de la frontière où j'allais à l'école. Mais les vacances, je les passais dans l'État indépendant. Enfoui dans les collines au-dessus de Long Swilly, gisait le squelette d'un domaine Belle Époque dont mes parents louaient la maison de gardien.

Celui-ci n'avait pas toujours été en ruine. Entre les deux guerres, on avait donné des bals costumés dans la grande maison et des garden-parties dans le jardin.

Trois frères y vivaient alors, trois solides gaillards, tous destinés à hériter de leur mère infirme, et dont l'existence se résumait à chasser le canard et à pêcher le saumon. Vint une belle étrangère, du nom de Stella, qui leur vola et leur brisa le cœur l'un après l'autre. Quand elle en eut terminé avec eux, l'héritage était épuisé. A présent, l'un des frères était mort et les autres, de vieux messieurs égrotants, mais leur mère vivait toujours, âgée de plus de quatre-vingt-dix ans. La grande maison résonnait de craquements et d'échos, les jardins étaient laissés à l'abandon ; au-delà, c'était la jungle.

Cette jungle m'appartenait. Sur une étendue de plus de deux mille cinq cents hectares, il y avait des bois de bouleaux, de mélèzes et de pins, des landes couvertes de bruyères et de genêts, des collines coiffées de pourpre et des petits lacs vierges, des kilomètres et des kilomètres de chemins déserts. J'avais beau les parcourir de l'aube au crépuscule, il m'était impossible de couvrir toutes mes terres.

Le fossé constituait mon quartier général. Creusé par l'aîné des trois frères à l'époque de Stella, il devait entrer dans la composition d'un jardin ornemental, un labyrinthe de chemins creux et de charmilles en trompe l'œil consacré à la femme aimée et aux mystères qu'elle recelait. Mais, trompé par sa sirène, il laissa tout se décomposer. Les chemins et les berceaux de verdure retournèrent à l'état sauvage, les grottes redevinrent des amas de rochers croulants. Seul le fossé avait survécu.

Ce n'était rien de grandiose, seulement un fossé d'herbes et de ronces, large d'environ deux mètres et profond d'un mètre cinquante. Il formait cependant l'artère principale de mon domaine, la voie centrale qui séparait l'étang et le potager, et jouissait donc d'une position hautement stratégique. A plat ventre dans ses herbes folles, je bénéficiais de toute la vue sur la grande maison, je voyais tous ceux qui passaient.

Et, bien sûr, les jumelles. En été, tous les après-midi à quatre heures précises, on servait le goûter sur la terrasse : thé, scones, limonade glacée, sandwiches au concombre coupés comme des gaufrettes. La vieille dame et ses fils se blottissaient dans leurs fauteuils roulants, frissonnant sous plusieurs épaisseurs de plaids écossais, la tête grelottant comme une aigrette de pissenlit. Des personnalités mineures, le docteur, l'instituteur, divers hommes d'Église, vieilles filles et voisins en détresse défilaient par tranches d'une demi-heure. Mais les jumelles appartenaient à une classe différente. Leur père ayant été juge, on les autorisait à rester une semaine entière.

Ce fut une saison étrange. Tous les ans, l'été irlandais ne nous réservait rien d'autre qu'une pluie plus tiède dans le cou. Mais, cette année, il faisait sec, il faisait chaud. Sous le choc, la terre se contractait, les champs se craquelaient, les puits se tarissaient et les oiseaux se taisaient. L'herbe du fossé, changée en paille roussie, me griffait le visage quand je m'accroupissais, trop écrasé de chaleur pour écarter les mouches.

Tout s'était arrêté. Là-bas, dans la grande maison, les robinets crachaient une boue brunâtre et il n'y avait plus de glace pour la limonade. Prisonniers assiégés, les invités se réunissaient autour d'un gramophone à manivelle et rejouaient éternellement la même ritournelle, *Beguin the Beguine.*

L'eau de l'étang était chaude, croupie. En fin d'après-midi, quand les jumelles pénétraient dedans, chacun de leurs pas soulevait des nuages de vase pourpre qui changeaient la surface en un ciel d'orage. Autour dansaient des lucioles et des nuées de cousins et de moucherons.

– Mes tétés me grattent, dit Sarah.

– Quels tétés ?

– Mes deux trônes de désir.

Caché au milieu des joncs, j'ignorais ce qu'était exactement un tété, plus encore ce qu'était un désir. Je savais seulement que c'étaient deux choses interdites. Sur le ventre, je m'approchai d'un canot pris dans la vase. Je rampai. L'herbe allongée crissa, un canard s'envola devant mon visage. Au milieu de l'eau, les jumelles jouaient aux devinettes.

– Ça commence par N, dit Serena.

– Nabot, dit Sarah, non sans méchanceté.

Les jumelles me tirèrent de ma cachette et m'éclaboussèrent de boue tiède des pieds à la tête.

Elles n'étaient pas identiques, elles ne se ressemblaient même pas. Sarah, plus grande et plus souple, évoquait une loutre, tandis que Serena rappelait une otarie. Mais toutes deux étaient des animaux aquatiques, glissants, insaisissables, à jamais mystérieux. « Du mouillé », disait d'elles une femme de chambre. C'était vrai.

Elles venaient de Kilmacrenan, une simple croisée des chemins, un trou dans les montagnes. Mais les carrefours sont depuis toujours des lieux de pouvoir. Leur père vivait dans un château et possédait des chevaux de course, leur oncle avait une jambe de bois. Encore quelques années et elles seraient aussi des étoiles, des « supernovas ».

– Des météorites flamboyantes.

– Les diamants les plus scintillants au firmament du show-business.

Chez elles, leurs placards débordaient de vieux numéros de *Photoplay,* de *Broadway Babies* et de *Hollywood Confidential,* et elles en connaissaient par cœur le jargon. C'était devenu leur langue maternelle.

– Bonjour, dis-je.

– Enchanté, répondirent les jumelles.

Elles chantaient, elles dansaient, elles se produisaient. A Kilmacrenan, le pasteur jouait du ragtime sur le piano, le palefrenier avait été acrobate et leur mère savait yodler. Le spectacle constituait la chair et le sang de cette famille. Aussi loin qu'elles s'en souvenaient, elles avaient su ce que le destin leur réservait : monter sur les planches, étinceler comme des étoiles. « Broadway », chuchotaient-elles, incantation mystique, redoutable, terrible, comme Dieu. « La Grande Voie Blanche. »

Le soleil se couchait, plus bariolé que jamais. L'étang, un feu liquide, devint un lagon tropical au milieu duquel les jumelles m'ordonnèrent de tirer le vieux canot. Assis au centre, nous nous arrêtâmes, prisonniers des derniers rayons. L'eau pénétrait par les fissures, le bateau commença à s'alourdir.

– Et maintenant ? demandai-je.

– On coule.

C'est ce qui se produisit. Telles des demoiselles d'honneur gardant la pose à la perfection, les jumelles se levèrent, se tinrent toutes droites dans un silence absolu tandis que lentement nous nous enfoncions. D'abord l'étang nous parut poisseux et sale. Menaçant. Mais quand il eut recouvert nos cuisses et nos hanches, toute sensation d'étrangeté disparut. Un épais bouillon vert, riche d'algues et de poissons argentés frétillants, m'aspira irrésistiblement, m'attirant vers le fond.

Les yeux fermés, je m'abandonnai. Quand je les rouvris, j'étais sous l'eau. Les jambes des jumelles, que le demi-jour colorait d'une teinte jaune-vert, battaient et fouettaient comme des oriflammes. Avec des jetés nonchalants, elles improvisaient une lente parade païenne. Je voulus les toucher, mais leur chair glissante m'échappa. Je compris que j'étais en train de me noyer. C'était une sensation agréable.

Et puis, je ne sus comment, je refis surface. Les robes blanches étalées en corolles, les canotiers crème parfaitement à leur place, les jumelles flottaient, immobiles sur les eaux, aussi majestueuses que deux cygnes.

Un peu plus tard, s'étant séchées dans le fossé, elles se déshabillèrent et, ne gardant que leurs culottes, présentèrent leur spectacle.

Leur chanson s'intitulait *Sœurs*. Tout en battant des bras et en jetant des œillades, elles lancèrent leurs jambes plus haut que leurs épaules. Puis leur mère les appela pour dîner et elles disparurent. Je ne les revis jamais.

TROIS

Dix-huit

– Chanter ? Danser ? On a toutes fait ça.

– Bien obligé, dit Tess.

– Sans ça...

Elles n'étaient pas sœurs jumelles, simplement sœurs. Aggie Doyle avait soixante-dix-sept ans, Tess soixante-quatorze. Parties de Dublin, elles étaient arrivées à Broadway en 1936.

– Un jeudi pluvieux, dit Aggie.

– Au mois de mars, dit Tess.

– Il faisait nuit.

Premier arrêt à Times Square.

– Pour compter des lumières, reprit Aggie. Avant notre départ, notre père nous avait dit une dernière chose, que nous étions libres d'aller exhiber nos jambes dans le gouffre de Sodome, si telle était notre conception du devoir, sans oublier cependant, chères mesdemoiselles, qu'il nous donnait sa malédiction éternelle et que si, par le plus grand des hasards, dans le vertige des plaisirs de la chair, nous nous arrêtions le temps nécessaire pour méditer et nous rappeler ceux que nous avions laissés derrière nous, peut-être prendrions-nous la peine de lever la tête et de compter les lumières.

– Car il y avait..., dit Tess.

– Un cœur brisé...

– Pour chaque lumière...

– De Broadway.

Elles n'étaient pas bonnes en calcul. Avant même d'avoir compté jusqu'à cent, elles s'étaient complètement embrouillées.

– Alors, nous avons acheté un hot-dog pour deux, dit Aggie.

– Avec moutarde et sauce aigre-douce.

– Mais sans choucroute.

Aggie plia ses mains blanches sur ses genoux et baissa les yeux à l'image d'une petite fille soumise.

– Père haïssait les Allemands.

Avec le temps, son autorité n'avait pas faibli. Un demi-siècle plus tard, perchées comme des écolières sur les hauts tabourets de chez Nathan's Famous, les sœurs noyaient leur déjeuner sous une telle épaisseur d'oignons, de moutarde jaune vif, de ketchup et d'une écœurante sauce verte que le hot-dog disparaissait sans laisser de trace. Mais nul filament de chou aigre n'avait jamais souillé leurs lèvres peintes.

– Le respect, dit Aggie.

Délicatement, elle tapota son menton et ses joues poudrées à l'aide d'un mouchoir de dentelle, et prit un bonbon digestif.

– Obéissance filiale. On ne joue pas avec ça.

Elle était robuste, solidement ancrée, tandis que Tess, toujours frémissante, semblait sur le point de s'envoler. C'était Aggie cependant qui avait l'esprit poétique et Tess la parole assassine. Quoi qu'il en soit, c'étaient deux danseuses.

– Les Emerald Doyles, dit Aggie. *Une chanson, un soupir.*

– *Et un charmant sourire.*

Ce n'était pas là le numéro dont elles avaient rêvé. A Dublin, dans les Liberties, ces taudis à flanc de colline entre Christ Church Cathedral et la brasserie Guinness où elles avaient grandi, elles avaient aspiré à l'élégance et à la distinction de l'art. Le nom de Doyle leur avait alors paru sans inspiration.

– Trop évocateur de la besogne acharnée, dit Aggie.

– Elle veut dire de la sueur et de la crasse, dit Tess.

Elles s'étaient donc baptisées Les Sylphides et avaient opté pour les ballets aquatiques. Mais les trois filles MacManus, qui habitaient au bout de la rue, leur avaient fait de la concurrence. Le gardien de la piscine de Glasnevin, le petit ami de Caithleen, les laissait s'entraîner dans le chlore sans payer, tandis qu'Aggie et Tess, rien que parce qu'elles étaient vierges, se voyaient obligées de s'exercer au grand écart et aux entrechats dans la baie de Dublin.

– De janvier à décembre, dit Aggie. Dès l'aube verte et grasse, dans la mer nue et salée.

– Nous, dit Tess, privées de mère !

Elles étaient donc parties pour l'Amérique. Elles étaient allées jusqu'à Times Square dont les mirages les avaient ensorcelées à jamais. Ayant achevé le compte des lumières, elles étaient devenues les Vesuvio Sisters, ce que le vieux Naples a donné de plus chaud, Zizi et Zazou les Belles Dentelles de Chantilly, et enfin les Emerald Doyles. Le vaudeville, déjà, était à l'agonie. Restait le burlesque.

– Dix représentations par jour, six jours par semaine, trois cents dollars par mois et chewing-gum à volonté, pour montrer tout ce que Dieu vous a donné.

– Ou pas, dit Tess.

Elles n'avaient pas la carrure pour jouer New York. Du temps des Liberties, elles s'étaient imaginé dans les tournées Keith-Albee ou Orpheum, dans une troupe de véritables *artistes*.

– Nous voulions nous élever par le charme et la grâce, la beauté intérieure, dit Aggie. Mais tout ce qui se vendait, c'étaient les gros nichons.

– Les mamelles, les flotteurs, dit Tess.

– Les nageoires.

– Et l'art, vous pouvez vous le mettre au derrière.

Quelle que soit leur manière de chanter et de danser, les Doyles étaient plutôt du genre saule pleureur.

– Des créatures du brouillard, dit Aggie, de la gaze, de la mousseline.

– Elle veut dire plates comme des limandes, dit Tess.

Et condamnées à Trifouillis-les-Oies. Sept années durant, jusqu'à Pearl Harbor, elles avaient tourné dans des trous de campagne en partageant la même valise.

– Chickasha, Waxahachie, Kosciusko, Palmyra, North Platte, chanta Aggie, avec les intonations d'un contrôleur de train. Las Animas, Laredo, Jerk, Chatahoochee, Chincoteague, Eufaula, Cut'n Shoot, Anaconda, Xenia, Uvalde, Alamogordo, Snowflake, Big Timber, Thermopolis, Calipatria, Calexico, McMinnville, Effingham, Crystal City, Tallulah, El Dorado, Eureka Springs.

– Et Butte, dit Tess.

La guerre les surprit à Gallup, dans le Nouveau-Mexique, avec quarante-deux dollars en poche et une bague celtique. Parvenues à Phoenix, elles travaillèrent dans les usines, *Rosie la Boulonneuse et sa partenaire*. C'était leur premier arrêt depuis l'enfance. Dans les six mois, elles étaient toutes deux mariées, le jour du débarquement, toutes deux divorcées. Aggie avait deux fils, Tess venait d'accoucher d'une petite fille, et elles regagnèrent l'Est à l'arrière d'un camion chargé de bois, directement de Durango, dans le Colorado, à la statue du Père Duffy à Times Square.

Quand le camion les fit descendre, à la fin d'une nuit d'août, le Square tout entier n'était qu'une masse compacte de chair en sueur qui défilait et paradait, exultante. A l'instant où les sœurs mirent pied à terre, deux G.I. les emportèrent dans un tourbillon de danse.

– Qu'est-ce qui se passe ? demanda Aggie. Votre cheval a gagné ?

– Notre cheval ! Pour ça oui ! lui cria son soldat.

Il avait l'air d'avoir quinze ans.

– Notre cheval a enfin gagné ! hurla-t-il.

Il hurla bien d'autres choses encore, mais Aggie ne saisit pas ses paroles, noyées dans les cris de la foule.

Aussi le soldat cessa-t-il de hurler. Il la serra seulement plus étroitement contre lui et la fit tournoyer. Au-dessus de leurs têtes, le ruban lumineux du *Times* défilait, déroulant sans fin ses informations. ARMÉ D'UNE HACHE IL FAIT TROIS VICTIMES. LE JAPON CAPITULE. Le soldat fit boire à Aggie du Four Roses. SINATRA À HOLLYWOOD. Il prit ses lèvres. VICTOIRE, dit le ruban lumineux. AUGMENTATION DES IMPÔTS.

La bague celtique perdue depuis longtemps, elles avaient cependant réussi à économiser cinq cents dollars, pas loin de six cents. Assez pour acheter un meublé.

– Liberties Hall, dit Aggie. Au service de la profession.

A cette époque, les rues latérales de Broadway débordaient d'établissements de ce genre. Le vaudeville enterré, le burlesque était maintenu en survie artificielle et tout le West Side grouillait d'artistes au chômage. « Des numéros en relâche », comme les appelait Aggie. Leur pension abritait des femmes tatouées en détresse, des hommes illustrés, des minstrels au visage noirci, des chiens parlants et des nains qui avaient connu leur heure de gloire.

Tout ce monde-là vivait dans la convivialité, sans pour autant garantir le paiement régulier du loyer. Les Doyles qui stipulaient : « Pas d'Éthiopiens. Pas de houris » mirent la clef sous la porte au bout d'un an. Fuyant vers le nord jusqu'à Inwood, une enclave irlandaise de l'Upper Broadway, elles ouvrirent une boutique de confiserie – poste restante sous un bookmaker, et là, enfin, jetèrent l'ancre.

A présent à la retraite, elles gardaient une poignée de rêves et n'exprimaient qu'un seul regret :

– La fuite du temps, dit Aggie.

Elle cita un passage du *Journal* d'Emerson :

– « Les jours vont et viennent, silhouettes emmitouflées et voilées envoyées par un ami lointain. Mais ils ne disent rien et si nous ne savons pas recevoir les présents qu'ils apportent, toujours silencieux, ils les emportent avec eux. »

Elle essuya une dernière trace de ketchup sur sa moustache et, telle la Dame aux Camélias contemplant son sang empoisonné, examina tristement la tache rouge sur son mouchoir en dentelle :

– Notre vie se languit, elle se traîne, soupira-t-elle.

– Elle veut dire qu'on s'ennuie à crever, dit Tess.

C'est ce qui les attirait ici. Quand le loisir douceâtre leur pesait trop lourd sur l'estomac, elles prenaient le train de Broadway et venaient revivre leurs luttes et leurs triomphes. Les lumières étaient peut-être japonaises, les théâtres de burlesque transformés en cinémas pornos et les Liberties Hall en parc de stationnement, l'éclat de Times Square ne s'était pas terni. « Bagdad en métro », comme disait O'Henry. Il n'avait cependant aux yeux des sœurs Doyle absolument rien d'exotique.

– Juste notre ancien quartier, dit Tess. L'endroit...

– D'où nous...

– Venons.

Leurs visites s'effectuaient toujours de façon impromptue et improvisée. Elles pouvaient assister à une reprise au Deuce, aller siroter des Shirley Temple au Marriott Marquis Skybar, ou simplement marcher.

– Peu importe, dit Aggie. L'air déjà nous rejeunit et nous ranime.

– Ça remue les vieilles tripes.

– *La pause qui rafraîchit.*

– Gaz extra.

Là-bas, à Inwood, derrière leurs rideaux en dentelle, leurs voisins affectaient de pousser des cris d'horreur. A les entendre piailler, une excursion au centre-ville était le suicide garanti.

– Hara-kiri, ou kamikaze, dit Tess. Enfin, un de ces trucs jaunes et morts.

Mais rien n'effarouchait les sœurs. Ni les mauvaises manières ni le langage ordurier. A leurs yeux, Times Square demeurait inviolé, éternellement arrêté au 14 août 1945.

– Le meilleur endroit ? Non, dit Aggie.

– Le seul endroit, dit Tess.

Sous sa longue jupe de laine dépassait une paire de tennis éculés, vert et orange, ornés d'ailes de Mercure. Une fois dehors, elle inspira profondément, vidant ses poumons de l'air climatisé et vicié de chez Nathan's Famous pour mieux les remplir des fumées et de la chaleur de ce 1er mai, de la saleté douce et déchirante de Broadway.

– Vous voulez que je vous dise le secret? demanda-t-elle.

Sa question resta sans réponse, mais elle me le dit quand même :

– N'arrêtez pas.

– Faites ce que vous voulez, dit Aggie.

– Mais n'arrêtez pas.

Au coin de la rue, à l'étage, au club de boxe de Times Square, Emile Griffith riait à gorge déployée en faisant étinceler ses dents en or. C'était un homme d'âge mûr, court et trapu, coiffé d'une casquette de laine tricotée.

– Arrêté ? Pas moi, glapit-il, j'ai fait relâche, c'est tout !

Même ainsi la pilule avait été amère. En 1977, à l'époque où il s'était retiré, il boxait en professionnel depuis vingt ans, il avait gagné et perdu cinq titres mondiaux, livré plus de cent combats et été tête d'affiche au Madison Square Garden plus souvent « que n'importe qui, mort, vivant ou pas ».

Dans la catégorie welters et poids moyens, il avait été *le* boxeur new-yorkais de son temps.

– Le dernier des héros de la ville, disait Bert Sugar, de cette époque où pour le coup de poing le Garden était encore un centre de création, pas seulement une banlieue d'Atlantic City.

Quand Emile Griffith était passé professionnel, le Garden signifiait Sugar Ray Robinson, Willy Pep, Rocky Graziano, et Jake La Motta. Quand il avait arrêté, Pedro Solo, Edwin Viruet et Diabolito Valdez.

– L'endroit est devenu un four à micro-ondes, dit Bert. Tu prends de la chair d'un ex-futur challenger, tu l'engraisses à la tomate, tu le fourres sous les spots et voilà ! Plat de nouilles instantanées, servies à l'horizontale sur un lit de fromage coulant.

Seul Emile avait survécu à la malédiction. Parmi les guerriers des catégories welters et poids moyens, il n'a jamais été celui autour duquel on a fait le plus de battage, ni le plus frimeur ni le plus explosif, mais le plus fute-fute et le plus endurant. Aujourd'hui encore la prose de Bert s'enflammait à son propos. « A son apogée, écrivait le Chapeau, c'était un jeune homme au corps en Y, à la taille fine, aux épaules assez larges pour y poser des seaux d'eau, au style aussi étincelant que la lueur qui dansait et qui jouait au fond de ses yeux noirs. »

– Mon meilleur combat ? demanda Emile. Le plus célèbre, c'est Benny Paret. La troisième fois

Il rit à nouveau, les yeux juvéniles dans un visage vieilli.

– Ici, au Garden.

Ce fut un combat inoubliable. Griffith venait de St. Thomas, Benny « Kid » Paret de Cuba. Une haine réciproque les habitait.

– Il m'aimait pas, dit Emile en haussant les épaules. Moi je l'aimais encore moins.

Dans la boxe, les rivalités les plus épiques constituaient toujours d'une certaine façon un remake d'Ariel contre Caliban, le choc de deux éléments contraires. Ainsi en allait-il de Griffith contre Paret. Le Kid était un gladiateur endurci et austère face à Emile, un garçon rieur qui vouait un culte à sa mère, à son propre corps et au pouvoir de la dérision. Avant de devenir boxeur, il avait été marchand de modes, il avait dessiné des capelines. Il montait sur le ring dans le même esprit, considérant le combat comme un jeu mortel, terminal, mais futile. Quand Hurricane Carter l'avait envoyé les quatre fers en l'air dès le premier round, il avait accueilli la presse dans sa loge, sans larmes ni alibis, mais en chantant avec entrain *Joyeux Noël.*

Aux yeux de Paret, cela constituait un blasphème. Cet homme sombre et menaçant, à la religion primitive, ne connaissait que quelques mots d'anglais et n'était guère loquace dans d'autres langues. Il ne s'exprimait qu'en boxant. Rapide, brillant, d'une mobilité instinctive, il offrait à Griffith le reflet de son propre style. Finesse, souplesse, coups vifs et réactions plus vives encore caractérisèrent leurs trois combats. Griffith remporta le premier, Paret le second. Le troisième, qui devait apporter à Paret le titre de champion dans la catégorie welters, eut lieu le 24 mars 1962.

A cette époque, la haine que Paret nourrissait à l'encontre de Griffith avait pris un tour obsessionnel. C'était un guerrier, il obéissait au code du guerrier. Griffith, par ses clowneries, déshonorait ce code. Il était dépourvu de dignité, du sens de la *gravitas.* Quand il aurait dû lancer des éclairs de fureur, il ricanait et ses piaillements de fillette écorchaient Paret, le poursuivaient partout où il allait, à l'entraînement, au cours des conférences de presse, jusque dans les couloirs sonores du Garden qui conduisaient à sa loge. Jusqu'au moment où, incapable d'en supporter davantage, il lança :

– *Maricón.* Pédé.

Il voulait seulement que Griffith cesse de rire. Et il réussit. Le soir, quand ils s'affrontèrent sur le ring, Emile n'esquissa même pas un sourire. Vite sonné, il prit une belle correction, mais à la fin de la douzième reprise, ayant acculé Kid Paret dans un coin, il ne le lâcha plus. En temps ordinaire, il n'utilisait son droit que pour les fioritures. Ce soir-là, il lui servit de massue. Tel John Henry laminant l'acier, il pilonna Paret. Prisonnier du poteau, le Kid ne pouvait ni baisser la tête ni se retourner, il ne pouvait même pas tomber. Une dizaine, peut-être une vingtaine de coups l'assommèrent. Il tenta de s'effondrer, mais les tendeurs le maintenaient debout : les coups continuèrent à pleuvoir et Paret à sombrer sous le déluge.

L'expression de son visage ne changeait pas, elle ne trahissait ni souffrance ni peur, rien, mais, lentement, il glissa contre les cordes. Enfin, il tomba à genoux.

– Il était mort en touchant le sol, dit Bert Sugar.

Mais il mit dix jours à rendre le dernier soupir. Griffith ne dit rien. Sur le ring, le combat terminé, il offrait simplement un visage hagard. Plus tard, dans les vestiaires, il se refusa à tout commentaire.

– Il a joué. Il a perdu.

Il fit la grimace, baissa la tête :

– Parfois, je m'énerve trop.

Vingt-sept ans après, il ne pensait presque plus à ce combat. S'il en parlait aujourd'hui, c'était seulement parce qu'un journaliste envoyé par une télévision de Stuttgart n'arrêtait pas de déterrer le sujet. Un type glauque, lunetteux, fureteur. L'Allemand s'appelait Horst et ses questions emplissaient trois feuilles de papier ministre.

– C'était quoi ? voulait-il savoir. Quand Kid Paret est mort, qu'avez-vous pensé exacement ?

– Quand est-ce que je palpe ? répondit Emile.

Le club de boxe de Times Square était une longue pièce étroite au-dessus d'un magasin de smokings à prix sacrifiés. Autrefois, c'était un studio de cinéma spécialisé dans les films classés X. Des classiques comme *Les Délices de porc* et *Nain anal* avaient été conçus dans cet espace morne qui abritait à présent le *hard core* new-yorkais des pugilistes.

Du sol au plafond, juste derrière le ring, se déployait une immense baie vitrée que les années avaient recouverte d'une épaisse couche de poussière noire. Tout le long, assis en rang comme un jury d'assises, on trouvait managers, entraîneurs, anciens boxeurs, associés, barons. Ils venaient à tout bout de champ se chauffer le derrière sur les radiateurs sifflants ou prendre le maigre soleil qui parvenait à traverser l'épaisseur de crasse. Ils regardaient, regardaient sans cesse. Parfois, Jimmy Glenn, le propriétaire du gymnase, effectuait sa tournée et collectait les cotisations. Selon un rite immuable, tels des pigeons dérangés, les observateurs se levaient et se dispersaient. Et ils revenaient ensuite s'asseoir au même endroit, dans la même position et recommençaient à regarder.

Ils formaient un aréopage auguste et silencieux. Nul rituel n'était plus solennel que la préparation des champions et le Times Square représentait ce qu'il y avait de plus austère en matière de combat. Des affiches d'anciens champions tapissaient les murs, Duran, Tyson, Boom Boom Mancini, Edwin Rosario, Rocky Lockbridge. Sous leurs regards impassibles, les espoirs d'aujourd'hui sautaient à la corde, frappaient les punching-balls ou un adversaire fictif, livraient des combats d'entraînement. Seuls phénomènes sonores autorisés, le frottement des pieds, le choc des gants, le sifflement et le grondement des respirations. Le long de la fenêtre, les aînés observaient, secouaient la tête. Seul Emile Griffith faisait du bruit. Sa voix de fille haut perchée montait à l'assaut des planches, des tissus et du verre maculé comme un oiseau pris au piège et il riait, il riait.

– Ma pensée ? exacte ? *Quand est-ce que je palpe ?*

La silhouette en Y du jeune homme qui avait combattu contre Kid Paret avait cédé la place à un agréable embonpoint. Un pull-over ravaudé lui enveloppait le torse, une casquette en laine dissimulait son crâne chauve. Enfoncée au ras des sourcils, celle-ci lui mangeait tout le haut du visage. Au-dessous, le col roulé du pull-over lui dévorait le cou et le bas des joues. Il ne restait que les dents et une langue rose vif.

Les dents lançaient des éclats blancs et dorés, la langue rose pointait. Le regard, toujours brillant, essayait d'éblouir. Mais sur Horst de Stuttgart il demeurait sans effet.

– Et ensuite ?

– Ensuite quoi ?

– Quand on vous a payé ?

– J'ai boxé contre Ralph Dupas.

Dupas, dit Emile, et *Denny Moyer.* Son rire resta en suspens le temps pour lui de revenir sur le passé. *Denny Moyer. Tacoma. Vainqueur au dixième. Plutôt agressif comme combat.* Il se gratta le nez. *Denny Moyer.* Et *Jose Stable,* et *Don Fullmer.* A chaque nom, il prenait un peu de vitesse, un peu plus d'assurance, comme un vieux wagon rouillé que l'on remet sur les rails après une longue halte. *Don Fullmer, exact. Jorge Fernández et Manny González. Et Luis Rodríguez.* Il roula des épaules, esquissa une feinte. *Rodríguez trois fois.* Il ferma le poing droit. *Un dur à cuire, ce salaud. Un putain de dur à cuire.* Entre l'accent chantant des Caraïbes et le rire, il n'était guère facile à suivre. Les noms et les lieux se mélangeaient, sortaient par bribes. Chaque souvenir donnait au mythe un coup d'accélérateur, provoquant une embardée et une vibration. Les mots et les pensées formèrent bientôt une nuée d'oiseaux sauvages au vol trop rapide pour qu'on pût en distinguer les évolutions. Et les noms. Tant de noms. *Dick Tiger.* Un guerrier. *Et Nino Benvenuti. Et Joe Harris le Gitan et López l'Indien. Et Stan Hayward le Chaton.* Malin ! Malin ! *Mantequilla Napoles.* Doux comme le beurre. *Et Willie Monroe le Ver.* Glissant comme une crotte de chien. *Carlos Monzón deux fois, et Vito Antufermo. Lee l'Homme des cavernes.* Après le combat contre Paret, il s'écoula encore quinze années, marquées par quatre-vingts autres combats, vingt-trois au Garden. *Grands combats. Grands soirs. Un tas de grands soirs.* A Hamilton, à La Nouvelle-Orléans, à San Juan, à St. Thomas et à Saratoga Springs. *Holley Mims. Vainqueur au dixième. Bon garçon. Mais j'étais plus fort.* Avec son gauche rapide et vicieux, son droit puissant et son fantastique jeu de jambes. *Stan Harrington, Honolulu, vainqueur au dixième. Celui-là, je l'ai corrigé comme il faut.* Et sa mère, dans sa loge, hurlait comme une furie. Cent cinquante kilos de hanches et de seins, en chapeau à fleurs, en chapeau à plumes, en chapeau à la Lillie Langtry, en chapeau à la Carmen Miranda. *Ma mère, c'est mon petit cœur, je veux dire mon cœur à moi.* Et Emile en satin rouge, Emile en peau de léopard, Emile en or massif, Emile en blanc virginal. *Gabe Terrónez, Fresno, K.-O. au quatrième. Me rappelle plus.* La taille qui s'épaissit avec les années, les muscles qui perdent leur tonus, les coups auparavant efficaces et qui manquaient la cible, les coups toujours parés et qui parvenaient à destination. *Nessim Cohen, Paris, vainqueur au dixième par arrêt de l'arbitre.* Il perdait ses cheveux. *Ceux-là, je les aimais bien.* Et son jeu de jambes. *Mes jambes, mon gagne-pain. Les jambes qui me nourrissaient.* Mais il continuait à boxer. *Florentino Fernández, un sacré crochet du gauche, comme si tout le passé vous frappait en pleine poire.* Et toujours ce radar subliminal qui ne lui faisait jamais vraiment défaut et grâce auquel il reculait le menton à un millimètre de ce droit fatal. *Art Hernández, Sioux Falls, vainqueur au dixième. Tony Licata, vaincu au douzième.* Ce coup qui n'allait pas seulement l'abattre mais le tuer. *Jean-Claude Bouttier, vaincu au septième. Mais celui-là ne compte pas.* Alors il s'accrochait au corps à corps, il volait des points, il se débattait. Et même quand il perdait, c'était avec panache. *J'étais mignon, j'avais toujours le public avec moi.* Jusqu'à la fin. *J'étais du bon spectacle.* Son meilleur soir et son dernier soir. *Minter, Londres, vaincu au quinzième.* Titubant, mais toujours debout. *Qu'est-ce que vous voulez que je vous dise? Une vie de boxeur.*

A présent désœuvré, il remplissait son temps comme entraîneur ou comme soigneur, un peu de ci, un peu de ça. Il avait essayé d'être un guide, de transmettre sa propre manière de comprendre. Mais les choses qu'il savait ne pouvaient se traduire en mots. Et aujourd'hui les jeunes étalons, ils s'en foutaient, ils n'écoutaient même pas. Il leur manquait la patience, les ficelles. Au train où les choses allaient maintenant, tout cet argent de la télé, deux millions de dollars pour ce combat, trois millions pour l'autre, ils n'avaient aucune envie d'en payer le prix.

– Rien que des évaporés, des girouettes, et je ne vous dis rien que ça.

– Alors que faire ? demanda Horst.

– On peut toujours rire, répondit Emile. Non ?

Jimmy Glenn avait déjà entendu ça.

– Ça ne fait mal que lorsque je ris. Et je ne ris que lorsque ça fait mal.

Mais il manquait de temps pour l'un comme pour l'autre. Quand il ne dirigeait pas le gymnase, il s'occupait de son bar, le Jimmy's Corner, sur la Quarante-Quatrième Rue Ouest. Il avait des journées de vingt heures.

– Vingt et une, corrigea Jimmy.

C'était un des héros de Bert Sugar.

– Si Times Square en avait une, il serait son âme, dit le Chapeau.

– L'âme ne paie pas le loyer, dit Jimmy Glenn.

Il était bâti comme un ailier ou comme un ours endormi, inoffensif tant qu'on le laissait tranquille. Mais gare à qui le dérangeait. Sous la menace, chaque livre de chair se durcissait. *On ne rigole pas avec Jim,* tel était le message. Et on se le tenait pour dit.

Cependant, la force ne suffisait pas à lui assurer le repos. Tous les matins, il sortait du lit et enfilait ses vêtements en dormant, avalait son petit déjeuner, prenait le métro et lisait le journal en dormant. En dormant, il ouvrait le gymnase. En dormant, il vérifiait les équipements, parcourait les livres de comptes, songeait qu'il fallait faire laver les carreaux. A la cinquième tasse de café, il était suffisamment réveillé pour flanquer quelques gars dehors et en laisser entrer quelques autres, pour faire chier avant qu'on ne fasse chier. Dans l'après-midi, toujours somnambule, il parcourait les deux pâtés de maisons qui le séparaient du Jimmy's Corner. Dans l'arrière-salle, il s'effondrait dans un fauteuil en décomposition et s'abandonnait au sommeil. Mais on ne le laissait jamais tranquille. Un ivrogne se mettait à hurler, ou une femme à pleurer.

– Il y a toujours quelqu'un qui veut quelque chose. Toujours.

Au bout de dix ans de cette vie de forçat, il gardait les paupières ouvertes en permanence. De grands cernes violets lui faisaient les yeux pochés et lui donnaient l'air d'un panda souffrant de décalage horaire. Tout autour de lui, toujours en effervescence, Times Square grouillait de monde, les braqueurs bondissaient sur leurs proies, les fous haranguaient les passants, les sirènes hurlaient mais Jimmy ne voyait rien, n'entendait rien.

– Ne pas déranger, dit-il. Faut que je gagne ma croûte.

Aujourd'hui, entre le bar et le gymnase, il avait été brusquement saisi dans un tourbillon d'air chaud. Le mois de mai s'était engouffré à la faveur d'un sirocco, effaçant en l'espace d'une nuit toute trace du printemps.

Soufflant de l'Hudson, un vent sec fouettait Times Square comme l'haleine d'un dragon, emportant avec lui des papiers sales, des bribes de conversation et les faux cils de Lush Life. Un jour jaune éclairait les carrefours transformés en décors de cinéma plantés dans le désert et disloqués par un simoun. Tout ce qui n'était pas amarré passait en sifflant au ras des oreilles, balayant toutes les inhibitions. Sous la statue du Père Duffy, un troupeau de galopins, couchés sur le dos, lorgnaient sous les jupes en ricanant. Comme la plupart des dames du lieu portaient des shorts à paillettes ou des micro-jupes, c'était là une action purement symbolique.

– Mais à propos, dit Lush Life. Dans le contexte.

Le contexte était qu'elle pliait bagage. Elle portait sa toilette à la Debbie Reynolds favorite, *Tammy et le Célibataire*, une robe froufroutante de couleur dragée avec souliers assortis, une toque à voilette rose et une valise gonflée. Au bout de la rue, au Tad's Steaks, Tommy Blalock l'attendait avec les billets. Ils avaient leurs places réservées, train et autocar, jusqu'à New Iberia. Il l'emmenait chez lui la présenter à sa mère.

A l'hôtel Moose, la nuit précédente, tandis qu'elle préparait son trousseau, elle avait repassé le même vieux disque de Frank Sinatra : « Amour et mariage, amour et mariage, avait-elle chanté en chœur avec lui, vont ensemble comme cheval et attelage. »

Ça la rendait triste. Elle ignorait pourquoi. Aussi loin que remontaient ses souvenirs, elle avait ardemment aspiré à une histoire comme celle-là. Maintenant, sur le point de la vivre, elle ressentait une sorte de détachement.

– Comme si c'était arrivé à quelqu'un d'autre.

Elle avait rempli sa valise de dessous sexy. Dans son esprit, une lune de miel durait quatre nuits. Elle emportait donc quatre négligés de couleurs différentes, « blanc pour Ingrid Bergman, noir pour Cyd Charisse, satin rouge pour Mamie Van Doren. Et ambre pour toujours » et quatre paires de mules en soie. Quatre perruques, quatre soutiens-gorge à balconnets, quatre paires de faux cils. Et quatre mouchoirs en dentelle à agiter pour dire bonjour et pour dire au revoir.

Dans l'obscurité de sa chambre, elle avait réuni tous ses biens terrestres. Les vêtements, elle les avait rangés dans une valise, les autres, elle les laissait.

– Lettres mortes, dit-elle. Tu peux choisir.

Il y avait de vieux numéros de *Glamour* et de *Cosmopolitan*, des bouteilles vides de Night Train. Il y avait des Polaroïds de Lush Life avec Velma, de Lush Life avec Denise Denise, de Lush Life avec Chryse Internationale et avec Vanessa l'Effeuilleuse. Il y avait un exemplaire corné de *1001 Affections*, une cafetière brûlée, une boîte en carton remplie de décorations de Noël. Et une poupée en tutu rose pastel.

Au bout du couloir, Petros Kassimatis faisait rebondir un client en rythme, contre le mur du jardin. Celui-ci, un petit homme brun, ne protestait pas, ne prononçait pas un mot. Quand je passai, Petros s'interrompit en pleine action.

– Trop chaud pour un mois de mai, dit-il en laissant tomber son client.

L'homme brun resta étendu, immobile, la jambe gauche repliée sous lui.

– Ça sent la pluie, dit Petros.

Il cracha contre le mur avec lassitude. Une humeur jaune épaisse et grasse resta collée aux vrilles.

– Difficile de prévoir à coup sûr.

J'avais achevé *Struggles and Triumphs*. Plongé à présent dans *South with Scott*, j'en arrivai au passage où les membres de l'expédition du capitaine Scott dans l'Antarctique en 1911 parviennent au pôle Sud et découvrent que le Norvégien Amundsen les a battus de vitesse. Anéantis, ils prennent quelques clichés et se partagent une boîte de viande de phoque avant d'entreprendre l'interminable voyage de retour à la base. Mais le temps se gâte, le monde disparaît dans les blizzards. Le capitaine Titus Oates, le compagnon le plus fidèle et le plus aimé de Scott, atteint de gelures, sent qu'il va bientôt mourir. Il comprend aussi que ses longues souffrances retardent ses camarades. S'il ne veut pas mettre en péril la vie de tous, il faut qu'il meure plus vite. Aussi quitte-t-il le bureau sur lequel, la nuit, il rédige son journal. Il se traîne jusqu'à l'entrée de sa tente. Chaque pas est un supplice, mais il tient bon. Ses compagnons l'observent, muets, désemparés, eux-mêmes à demi morts de faim, trop malades pour protester ou esquisser un geste. Dehors règne la nuit éternelle. Calmement, Titus Oates soulève le rabat...

– Alors ? demande Lush Life.

Elle était habillée en homme.

Plus exactement en lycéen de classe de seconde. Elle portait un blazer bordeaux avec une cravate à rayures bordeaux, une chemise de couleur crème à col boutonné, un pantalon de flanelle grise, des bottines lacées et au lieu d'engloutir du Night Train, elle mastiquait du Juicy Fruit.

La peau de son visage, débarrassée de toute trace de maquillage, luisait, rose et blanc, telle une réclame vantant les vertus du lait.

– Alors, comment tu me trouves ?
– Très bien.
– Mais ce n'est pas vrai.

Elle s'assit au bord de mon lit, se gratta le genou sous son pantalon de flanelle et laissa pendre ses jambes.

– Je ne suis pas une lope.

Elle ne l'avait jamais été. A Paterson, à l'école primaire, un garçon nommé Juan Negrón avait traité Geraldo Cruz de ça et de pire encore. « Face de poupée. Pleurnicheuse. Suceuse », l'avait appelée Juan Negrón. « Petit garçon à sa maman. » Mais Geraldo lui avait prouvé le contraire.

Trois pâtés de maisons plus loin, entre une pizzeria et la boutique d'un usurier, une ruelle donnait sur un terrain vague. Tous les jours, Juan Negrón empruntait ce raccourci pour rentrer chez lui. Alors Geraldo l'attendit dans un porche. Tout autour, des poubelles débordaient de restes de pizzas et il y avait des flaques épaisses, noires et grasses. Dans l'une d'elles reposait un morceau de brique cassée. Et Juan Negrón approchait.

Quand il fut passé devant la porte, Geraldo lui assena un coup de brique. Puis il lui enfonça la tête dans une flaque noire, et le jeta ensuite dans une poubelle. Des morceaux de pizza collaient aux vêtements et à la figure de Juan, des filaments de fromage fondu, des boules de pâte crue. Il n'était pas inconscient, juste assommé. La bouche pleine d'anchois, de champignons et de poivrons, il ne remuait pas. Il n'a pas dit un mot. Même quand Geraldo l'a piqué.

Dehors, le vent s'était levé. Du tuyau d'aération, devant ma fenêtre, s'échappaient des fouettements et des hurlements. Je m'efforçai de revenir à ma lecture, mais la tempête s'évertuait à m'en distraire. Quand je levai les yeux, Lush Life pleurait.

Elle versait des larmes non pas de femme, mais d'enfant, des larmes de petit garçon qui se fait gronder. Elle se frottait les yeux avec les doigts. Son nez coulait et la morve se mêlait aux larmes. Mais elle n'essayait même pas de s'essuyer. Elle restait assise et continuait à pleurer.

Quand elle eut fini de sangloter et de renifler, elle se détourna et se coucha au milieu des marguerites. Il y avait un trou à la semelle de son bottillon gauche.

– Ne regarde pas, dit-elle en tournant la tête pour me montrer son visage.

Le rose et le blanc étaient barbouillés de noir et de gris, les yeux gonflés et presque fermés, les lèvres ouvertes et pendantes.

– Vas-y. Regarde tant que tu veux.

Elle s'essuya le nez sur sa cravate à rayures bordeaux, mastiqua son chewing-gum.

– Tu peux toujours regarder. Tu peux pas voir.

Tout ça était arrivé au cours de la nuit. À la lumière du jour, dans le vent qui soufflait sur Times Square, elle était frémissante et extatique.

– Ladybeard, je te laisse *Madame Butterfly !* cria-t-elle.

Sa voix, dans le vent sec, s'élevait comme la plainte d'une sirène.

– Je n'en aurai pas besoin.

– Et *Pacifique Sud* ?

– Je le prends avec moi.

Comme elle traversait la Quarante-Quatrième Rue en se tortillant, ses hanches roulant à chaque pas comme une déferlante, un terrassier tomba à genoux à ses pieds, les mains jointes et les yeux implorants, en une parodie de berger amoureux.

– Un baiser, supplia-t-il. Rien qu'un baiser.

Les joues creusées d'une fossette, Lush Life secoua sa chevelure platine.

– Je suis promise à un autre.

Une rafale plus violente la souleva comme un fétu de paille. Des boîtes en cartons et des cannettes d'aluminium se donnaient la chasse sur les trottoirs, l'œil des lampadaires luisait, sulfureux et mauvais, en plein milieu de l'après-midi. CRAMPONNEZ-VOUS À VOTRE

ÂME, proclamait une affiche de prédicateur, C'EST UNE DENRÉE PÉRISSABLE.

Comme Times Square tout entier, conçu à la va-vite, avec cette absence de coordination propre aux villes-frontières. Le soir, le néon en masquait les raccords, ses imperfections disparaissaient sous un brillant instantané. Mais à la lumière du jour, il exhibait sa nudité, son désordre de carton-pâte tout en poutrelles, étançons, façades d'opérette.

Il s'était constitué de bric et de broc. Au XIXe siècle, alors baptisé Longacre, c'était le quartier des forgerons et des écuries, le centre du commerce des harnais. Le coin de la Quarante-Deuxième Rue, où se trouvait aujourd'hui la Primadora Quality Cigars, était alors célèbre sous le nom de Repaire des Brigands. D'anciennes photos montrent de larges rues en terre battue semblables à des souilles, des baraques en planches disjointes et des hommes en guenilles au coin des portes guettant le passage d'un imprudent.

– Qu'est-ce qui a changé ? demanda Jimmy Glenn.

L'échelle. Et le choix des armes.

L'argent facile est arrivé dans les années 1890. Broadway, devenu Rialto, progressait maintenant vers le nord à telle vitesse que le tronçon à partir de la Trente-Quatrième Rue, désert encore vingt-cinq ans auparavant, était déjà solidement implanté. A défaut de trouver une petite place au-dessous, Oscar Hammerstein I sauta par-dessus le Deuce. A la hauteur de la Quarante-Quatrième Rue, il ouvrit l'Olympia, trois théâtres en un, auquel s'ajoutait le Paradise Roof Garden. Le reste de la meute lui emboîta le pas.

Pour l'amateur de farces, l'inauguration de l'Olympia en 1895 est à marquer d'une pierre blanche. Hammerstein, petit homme corpulent en redingote, portant moustache et barbe en pointe, un long cigare toujours en bouche, était un farceur impénitent. C'est probablement pourquoi il décida de mettre son rêve à feu un soir de fin novembre où il pouvait s'assurer de la complicité de la pluie et de la grêle.

A l'heure prévue, les cinq mille invités à la première se mirent à descendre de leurs équipages en tenues de soirée resplendissantes. Mystérieusement, ils trouvèrent les portes fermées, l'entrée interdite. La pluie se mit alors à tomber. Bientôt, ce fut le déluge. La panique s'empara des rupins, grouillant sur le trottoir en hauts-de-forme et fourrures. « Avec la force de douze catapultes réunies, rapporta le *Times*, ils frappèrent aux portes du nouveau palais des plaisirs et réussirent à les enfoncer. » Mais leurs malheurs ne faisaient que commencer : les escaliers encombrés étaient infranchissables, les murs fraîchement peints n'étaient pas encore secs. La foule se retrouva rayée de rouge, de jaune et de vert. « Ne craignez rien, c'est de la peinture à l'eau », déclara Oscar Hammerstein tandis que ses invités défonçaient les sièges et montaient à l'assaut de la scène vide. On avait annoncé Yvette Guilbert comme vedette de la première, mais ce soir-là elle fut remplacée par des marionnettes, une imitatrice et une troupe d'acrobates unijambistes. Dehors, la neige fondue avait cédé la place à la grêle. « Dans la cohue, les manches gigot s'écrasaient, les chevelures ondulées s'aplatissaient comme des crêpes, les pantalons étaient trempés, les robes déchirées, mais la foule continuait à pousser. » Dans sa loge privée, Hammerstein buvait du champagne. Après s'être gavé de homard, il alluma un deuxième cigare à l'instant où l'armée de cinq mille hommes et femmes « battait en retraite dans Longacre transformé en bourbier pour regagner Cosmopolis ».

Le lendemain, une tuyauterie éclata dans le sous-sol du théâtre, faisant deux morts et de nombreux blessés. Ainsi furent couronnés les débuts de Times Square.

Personne ne s'étonna quand l'Olympia fit faillite et Hammerstein avec lui. Mais pour celui-ci, tout rentra bientôt dans l'ordre. Vers 1900, avec son fils Willie, il avait ouvert le Victoria, berceau des Cherry Sisters. Célèbres pour présenter le plus mauvais numéro de toute l'Amérique, les sœurs chantaient et dansaient derrière un filet tendu sur le devant de la scène pour les protéger des jets de fruits et de légumes. Parmi leurs admirateurs, on comptait entre autres Sarah Bernhardt, Charlie Chaplin, Lillie Langtry, les Marx Brothers, Fanny Brice, Houdini, W.C. Fields et, naturellement, Armand Kalisz, *l'Homme au savoir-faire*.

Dès lors, rien ne put arrêter les Hammerstein ni le quartier. Au cours des deux décennies suivantes, Times Square *fut* Broadway et Broadway le reflet du paradis. Marian Spitzer, biographe du Palace Theatre, raconta ses souvenirs empreints de nostalgie de l'époque où, petite fille, elle était allée avec son père voir Mary Pickford et Lillian Gish à une matinée sur la Quarante-Deuxième Rue. Le spectacle terminé, ils avaient pris un chocolat chaud au Knickerbocker Hotel, avant de remonter Broadway dans le miroitement du crépuscule. « C'était la veille du jour de Pâques, il faisait froid, beau mais froid, et le vent soulevait les jupes des dames largement au-dessus de leurs bottines à boutons. C'était en 1913 et les jeunes filles bien élevées ne portaient pas d'escarpins dans la rue. »

Au cours de leur promenade, ils n'avaient parcouru que cinq pâtés de maisons, mais sur cette distance ils étaient passés devant la Times Tower, le Victoria, Shanley's, le Palais du Homard, le Consodine's Metropole, le George M. Cohan's, le David Belasco's et le Paradise Roof Garden, ainsi que devant l'Astor dont le trottoir grouillait d'attelages privés, le Cadillac où était né Eugene O'Neill, le George Rector's, à la hauteur de la Quarante-Troisième Rue, avec sa façade seulement ornée d'un griffon lumineux placé au-dessus de l'entrée, le *célèbre* Rector's où Diamond Jim Brady et Lillian Russel venaient souper, et John Denver, et les Barrymore et toutes les girls du Florodora, chaque beauté régnante marquant la pause à son tour devant les portes à tambour avant de marcher d'un pas majestueux jusqu'à sa table, au son de son dernier succès.

C'était une idylle inspirée par l'Europe, la transplantation des rêves d'un *boulevardier* *. Le Rector's, tout comme Maxim's ou le Café Royal, constituait un lieu de divertissement où l'on commandait du homard et du champagne, où le monde de l'aristocratie, de la pègre, de la finance et de l'art pouvait se croiser et s'entrecroiser, en obéissant cependant à une règle impérative : « Il faut observer les convenances, sinon, expliquait fermement George Rector, la société s'effondre. »

Cette époque s'était achevée avec la Prohibition. Une fois condamné à la clandestinité, Broadway n'eut plus besoin de garder le front haut. Les péchés que l'on taisait autrefois, les girls nues qui surgissaient des gâteaux d'anniversaire chez Cherry's ou Evelyn Nesbit sur sa balançoire de velours rouge, étaient maintenant glorifiés. Plus de secrets coupables, l'excès devint un point de ralliement, un geste de défi légitime. Chaque soir, quand Texas Guinan, le nouvel avatar de Longacre, accueillait ses clients du El Fay avec la phrase qui fit sa réputation : « Salut, pigeons ! », c'était comme si elle tirait la langue à la noble oreille de Rector. « Les convenances, mon œil ! disait-elle à sa manière. La société est déjà complètement à plat ! »

Sous une forme ou une autre, ce sentiment est toujours resté vrai.

– Que signifie Times Square ? demanda Bert Sugar. La liberté de dire : « Je t'emmerde. »

Il considéra son cigare mort et en mâcha lentement le cadavre.

– Ainsi va l'Amérique.

Au Jimmy's Corner, il s'accrochait aux cordes, affreusement sonné, mais refusant d'avouer qu'il avait eu son compte. Le 1er mai était le jour du changement de chapeau. Après le déjeuner chez O'Reilly, Bert était sorti sur le trottoir, avait ôté cérémonieusement son feutre d'hiver et l'avait offert au premier passant

* En français dans le texte.

qui en avait besoin. Puis il avait traversé Broadway en direction de J.&J. Hats pour y choisir un panama d'été.

Ce jour-là, son choix s'était fixé sur un modèle à large bord de couleur crème orné d'un ruban uni, de marque Napoli. En contenant sa joie, il s'en était coiffé pour sortir, mais la rue était balayée par un vent de panique, soulevée par le sirocco. Avant qu'il ait eut le temps de réagir, un lampadaire passant par là lui avait arraché son panama neuf, l'envoyant virevolter et pirouetter sur la Trente-Troisième Rue. Pour le rattraper, il avait dû courir trois blocs et, cela fait, il l'avait amèrement regretté.

Anéanti, le survivant gisait maintenant sur le bar. Sale, marqué par l'épreuve, la couronne déchiquetée, il n'évoquait rien de plus glorieux que le tuyau de poêle de Judy Garland dans *Parade de printemps*.

– Voir Naples. Voir Naples mourir, dit Bert.

En lui versant un double, Jimmy Glenn ouvrit un œil de chouette :

– Les lampadaires.

Ce mot était une tragédie à lui tout seul.

– Un homme bon.

Ainsi Emile Griffith définissait-il Glenn. Dans le monde de la boxe, c'était une louange rarissime. Le père de Jimmy, un évangéliste, avait élevé son fils pour prêcher, pour secourir et pour donner. Jeune homme, Jimmy avait dirigé une salle d'entraînement pour amateurs à Harlem, ce qui lui avait fourni l'occasion de sortir quelques gosses des gangs de Lennox Avenue. Quand la ville lui confisqua son immeuble, il descendit *downtown*.

Outre la direction du gymnase de Times Square, il assurait l'entraînement de ses propres poulains. Parfois, ceux-ci possédaient un réel talent, l'aura de futures têtes d'affiche. Alors il jouait pour eux le rôle d'un père, il les nourrissait, les habillait, les éduquait, en faisait des challengers. Deux d'entre eux, Howard Davis et Terence Alli, avaient même disputé le titre de champion du monde. Et puis ils l'avaient quitté.

– Ça se passe toujours comme ça, dit Jimmy. Toujours le même pas de claquettes. Un gros malin gagne leur confiance, leur promet monts et merveilles. Et ils marchent. Oublié d'où ils viennent, comment ils en sont sortis et comment ils sont arrivés là, ils ne s'entraînent plus, ils n'écoutent plus, ils arrêtent tout, sauf de faire les cons. Et, très vite, ils se font péter la gueule. Alors les gros malins oublient jusqu'à leurs noms et ils reviennent en rampant. Mais qu'est-ce que je peux leur dire ? *Trop tard*, c'est tout. *Tu as eu ton heure, maintenant c'est plus ton heure.*

Ses paupières en tremblaient d'indignation. Elles se calmèrent bientôt et rentrèrent dans leurs innombrables plis. Mais le poison y demeurait.

– Vous croyez que la trahison ne fait pas mal ? Je vais vous dire, ça fait mal.

Il avait six enfants d'un premier lit et les avait tous envoyés à l'Université. Le fils de son second lit montrait des dons de dessinateur, mais la frustration de ne pas avoir eu de champion, le regret que lui laissait une œuvre inachevée ne cessaient de le hanter.

– Abandonner. Ça ne me ressemble pas.

Il avait pris en main un nouveau poulain, John Wesley Meekins, *un bon garçon*. Un poids welter junior, bon jab, bons réflexes. Pas de drogues ni de problèmes avec les femmes, pas de mauvaises influences pour le détourner du droit chemin.

– Tout le bazar. Il a tout ce qu'il faut.

Vingt et un combats, une défaite, seize K.-O, un crochet du gauche vicieux.

– Et malin, vraiment malin.

Jimmy avait fermé les yeux et baissé la tête vers sa poitrine.

– Ça ne peut pas rater. C'est simple, ça ne peut pas rater.

Uptown, le Jimmy's Corner était devenu mon Q.G. Situé non loin de l'hôtel Moose, il se trouvait aussi à trois blocs seulement de chez Hannah Sophia, la dernière en date des gardiennes de la batterie de Sasha.

Cette Teutonne tout en muscles, peut-être la seule masseuse digne de ce nom de toute l'histoire de Times Square, pesait au moins dix kilos de plus que le Soviéricain et le tenait au doigt et à l'œil. Quand elle s'absentait pour briser les colonnes vertébrales et faire craquer les nuques de tout Central Park West, et seulement alors, il pouvait venir jouer.

– Trop vieux je suis pour pédaler dans le yaourt, confessa-t-il.

Il avait pourtant l'air bien nourri, apaisé.

– Je me dis peut-être, au fond de mon cœur, je suis rien qu'un gros matou.

Le Jimmy's Corner constituait la quintessence du bar de Times Square : un couloir étroit et sombre s'enfonçait vers le néant et les latrines, la surface du comptoir était tapissée de clichés Polaroïds de clients fêtards, les murs couverts de vieilles photos de boxe, les barmaids portaient des shorts et des cuissardes. Douze mois sur douze, des décorations de Noël pendaient au plafond.

Le pâté de maisons sur lequel il donnait, la Quarante-Quatrième Rue Ouest, entre Broadway et la Sixième Avenue, comptait parmi les plus mal famés de ce quartier mal famé. Mais le Corner représentait un sanctuaire.

– Quiconque vient ici avec des mauvaises pensées, je lui demande de bien réfléchir, expliqua Jimmy Glenn. Et il cesse d'avoir de mauvaises pensées.

Tous ceux qui entraient, putes, coursiers, chauffeurs de taxi, drogués, serveuses, monte-en-l'air, scribouillards, déposaient leurs armes au vestiaire. Ils reprenaient des forces en murmurant à voix feutrée, puis, zélotes rafraîchis, retournaient à leurs tranchées.

Sasha occupait toujours la même place, à mi-longueur du bar, exactement en face de la Stolichnaya. Il buvait peu, depuis toujours, parce que cela le faisait saigner du nez. Mais l'idée le séduisait.

– C'est très Broadway, non ?

– D'être soûl ?

– D'être grande star et de gerber sur ses chaussures.

Sa tête était bien rétablie, mais le reste de sa personne persistait dans le doute. Avant l'agression dont il avait été victime, il semblait satisfait. Il lui suffisait d'être à Broadway et d'en chanter les louanges tous les jours de sa vie. Mais il ne se contentait plus de ses activités de groupie, il tournait à vide, il avait envie de quelque chose de plus.

– Dormir, rêver tambour, peut-être.

Il y avait un groupe baptisé les O'Fays, des garçons blancs qui auraient voulu être noirs. Ils répétaient dans une synagogue désaffectée, là-bas, à Loisaida, reliftant de vieux succès Stax et Volt des années soixante : Otis Redding, Ann Peebles, King Floyd, Booker T et Solomon Burke. Parmi eux, il y en avait deux qui venaient de Marseille, deux de La Nouvelle-Orléans, un de Cracovie, un autre de Djakarta, le lead guitar d'Elephant & Castle, le chanteur de Jersey City. Et le batteur ?

– Novokuz.

Ils étaient bons ? Passables. Un agent qui organisait des tournées dans les clubs du Sud les avait entendus, puis il leur avait débité les platitudes habituelles.

– Ses louanges ça vaut pas un clou, dit Sasha. Pas de quoi quitter le boulot.

Cependant il espérait encore. Il sentait que le moment était venu de prendre ses distances, d'emporter son numéro sur la route. Et alors, à son retour sur l'*Artère mère*, il viendrait régénéré, sans cicatrices. En conquérant cette fois.

– Ça je sais, dit-il.

Comme batteur ou comme illusionniste. Mais son destin était de devenir une star au nom écrit en caractères de feu.

– Et sans faute.

A cette pensée, sa cicatrice s'enflamma.

– Ça je sais.

L'illusionnisme n'était pas de la rhétorique à deux sous.

– Bon marché, mais pas à deux sous.

Depuis ses premières leçons prises auprès de Max Gambon, il avait travaillé sans relâche. Ces derniers temps, quand Hannah ne regardait pas et que le temps s'harmonisait avec ses vêtements, il s'était même métamorphosé en artiste de rue et produit à l'entrée des théâtres de Broadway.

Ses compétences, encore approximatives, formaient un bric-à-brac de bouts de ficelle. Il ne savait ni jongler ni cracher du feu, il n'entendait rien à la télépathie, mais en bon batteur, il était doué pour les tours de passe-passe. Il travaillait en souplesse avec des cartes à jouer, des foulards en soie, des dés. Il était tout particulièrement habile à changer les pièces en billets puis à les faire disparaître.

– Comme les Voleurs de la Liberté, dit-il. Et, en prime, je fais tomber les pantalons.

– Pas ici, hein, dit Jimmy Glenn.

– Mais non, pas ici, fit Sasha indigné. Seulement sur Grande Voie Blanche.

C'était mercredi après-midi. Sa préférence allait aux spectacles en matinée. Il se dirigea vers les toilettes, y pénétra sans identité et en ressortit en Raspoutine le moine fou, affublé de l'attirail complet, barbe, robe noire et lentilles de contact noires qui lui faisaient les yeux meurtriers de Dark Vador.

– Ça pique comme dix mille chiennes, mais je m'en fous. C'est pour l'amour de l'art.

– Les chiennes, ça pique pas, dit Jimmy.

Il gardait les yeux fermés, les mains immobiles.

– Les chiennes, ça mord.

– Pas ces chiennes-là.

Soulevant sa robe, Sasha se glissa dehors, côté cour. La Quarante-Quatrième Rue Ouest était toujours balayée par le chinook, mais il affronta les rafales tête baissée, sa barbe de Raspoutine volant sur son épaule comme une écharpe d'écolier.

A Shubert Alley survint un jongleur en habit de Bugs Bunny. Devant *Les Misérables*, deux jeunes aveugles d'Alabama chantaient des hymnes a capella. Autrement Sasha occupait seul le terrain car les temps étaient durs pour les saltimbanques. Ceux-ci ne formaient pas une corporation, ce qui à New York, aujourd'hui, mettait leur existence en péril.

Dix ans auparavant, avant la campagne Times Square Propre, la municipalité suivait une ligne politique différente.

Loin d'interdire les magiciens, on encourageait au contraire toutes les formes de divertissement. Devant l'entrée des théâtres de Broadway, des spectacles se déroulaient pendant la durée de l'entracte et les artistes les plus prisés comme Hal Cross devenaient de véritables célébrités du trottoir : « Des étoiles de la rue et du métro. »

Cross était une sorte de Cyrano de Bergerac en cape de soie flottante, moustaches gominées et chapeau de mousquetaire à large bord qui travaillait pour le public des théâtres depuis le début des années soixante-dix. Son père, un ancien gros joueur de Broadway, l'avait laissé « profondément fauché, exceptionnellement spirituel et charmant mais sans moyens d'existence. Un peu comme un duc désargenté ». Il avait donc gagné sa vie en dirigeant un tripot avant d'adapter son habileté de dealer de cartes à la prestidigitation de rue. Et la magie avait fonctionné.

– Si vous m'aviez vu ! soupira-t-il. J'étais une galaxie.

Au plus fort de son succès, il empochait en moyenne cent dollars par soir. Mais les feux avaient depuis longtemps cessé de briller :

– C'était une époque romantique. Celle des bateleurs.

Maintenant, en considérant ce qu'il en restait : un lapin, deux aveugles et Sasha, il levait les yeux au ciel ou sur la publicité Minolta, selon ce qui venait en premier.

– Une galaxie.

En ces temps difficiles, les vieux magiciens venaient chercher refuge sur la Quarante-Septième Rue, dans l'hôtel Edison où ils se retrouvaient autour d'une table de la cafétéria.

Chaque jour de la semaine, à l'heure du déjeuner, celle-ci accueillait mages et sorciers, maîtres du passe-passe, prestidigitateurs, manipulateurs, illusionnistes, *escamoteurs* de toutes espèces. Leur âge avoisinait les soixante-dix ans. Dans les parages de l'Edison, on les appelait La Bande à Merlin.

D'un commun accord, ils avaient désigné comme leur grand maître Mike Bornstein, né Kolmar, le Mandarin magique. Cet homme alerte et pragmatique que rien, apparemment, ne destinait à mystifier quiconque, présentait ses tours depuis un demi-siècle.

– Ma boutique de farces et attrapes se trouvait juste au coin de Broadway et de la Cinquante et Unième. La porte à côté du Capitol et à un demi-bloc de chez Lindy.

Il touilla sa soupe du jour, les yeux fixés sur les rides qui se formaient à la surface.

– Évidemment, c'était avant la peste.

A Times Square, c'était l'universelle lamentation. On hésitait sur la dénomination exacte de cette peste. Selon la génération ou le champ d'activité du plaignant, il pouvait s'agir de la guerre, de la Prohibition, des gangsters, des Noirs, des promoteurs, des hôtels réquisitionnés par l'Aide sociale ou du sida. Mais à la base, l'histoire ne changeait pas. Il était une fois, sur Broadway, un monde magique à présent perdu, retourné à la poussière.

Tandis qu'il l'évoquait, le crâne chauve de Mike Bornstein se plissait, rougeoyait comme la braise.

– C'était un carnaval qui durait jour et nuit. A n'importe quelle heure, vingt-quatre heures sur vingt-quatre, on pouvait se promener et voir des merveilles. Je veux dire des *prodiges* ! Et des personnages ! Taisez-vous ! Tous les plus grands fantaisistes chez Lindy. Walter Winchell, Milton Berle. Et les truands, les gros malins, assassins pour certains ou simplement mauvais comédiens. Bien sûr, à cette époque, ils restaient entre eux, sans déranger ceux qui ne demandaient rien à personne. Ce que je veux dire, c'est qu'ils faisaient partie du spectacle. *Votre spectacle des spectacles*. Et les foules qu'ils attiraient, ce tohu-bohu, vous n'en avez pas idée. Jour et nuit. Des milliers et des millions. Trois, quatre heures du matin et ils étaient encore à défiler, à défiler. A peine sortis des théâtres, ils commençaient à marcher et ils ne rentraient jamais avant l'aube. A chaque coin de rue, ou presque, il y avait un magasin de farces et attrapes, une nouveauté quelconque. Des tours, des mystifications. Des bêtises. Innocentes. Des serpents en caoutchouc, par exemple, des faux nez, ces trucs-là. Ou des harmonicas. Plein d'harmonicas en ce temps-là. Les gens s'arrêtent devant la vitrine, ils voient un truc idiot. Et alors ? Ça excite leur curiosité. Et ils achètent. Et alors ? Ils dépensent leur argent, ils rigolent un peu. Et rien ne leur fait peur. Rien. Parce qu'ils sont sur Broadway, voyez, et que rien ne peut leur arriver.

Et comment s'appelle la peste ? « Les minorités. » Avant la guerre, comme tout Broadway, Times Square était strictement vanille. Les musiciens de jazz de Harlem, à condition qu'ils soient bons, étaient autorisés à jouer sur la Quarante-Deuxième Rue.

– Et les cireurs de chaussures, les porteurs, les femmes de chambre, dit Bornstein. Seulement dans les métiers du service, voyez. Pas de confusion, pas d'histoires.

C'était un euphémisme. D'un jour à l'autre, ceux qui avaient toujours su rester à leur place, *les nègres et tout ce qui s'ensuit*, se sont mis à inonder Broadway, un raz de marée. Et ça les a chamboulés. *Des gosses pour la plupart, mais durs. Toujours à chercher des crosses*. Ceux-là, avant, ils s'estimaient heureux de pouvoir se laisser vivre, d'espérer. Ils avaient un Broadway bien à eux, la Cent Vingt-Cinquième Rue, bourrée à craquer de théâtres, de night-clubs, de grands restaurants. Mais la municipalité avait abandonné Harlem, l'avait laissé mourir. Les théâtres, les endroits à la mode ont été murés et les foules, dépossédées, sont venues se déverser *downtown.* Et ils jouaient les indignés, *comme si on les avait insultés. Voyez ce que je veux dire, une attitude négative.* Comme si, ce qu'ils voulaient, il fallait qu'ils l'attrapent tout seuls.

– Et c'est ce qu'ils ont fait. A deux mains. En y mettant les quatre doigts et le pouce !

Le vent avait tourné après la guerre. Jusqu'à la fin des années quarante, son magasin fermait à trois heures du matin avec un simple cadenas. Vers 1950, il fermait à minuit avec des barres de fer. Ensuite, ce fut à dix heures avec un rideau de fer. Ensuite, il avait jeté l'éponge.

– Et je débarrasse le plancher dans ma vieille tire. Au revoir, *sayonara*, adieu !

Depuis lors, il avait présenté des tours de magie à travers toute l'Amérique, donné des leçons particulières, publié des livres comme *Money Magic* et *Mike Bornstein Triple Threat Reverse.* Mais le boulot avait connu des hauts et des bas. Ces déjeuners quotidiens à l'Edison, si proche de Broadway, étaient devenus un rite.

– Un centre. Un noyau.

Il émietta du pain dans sa soupe. Un nuage passa sur le front de cet homme solidement bâti, habile de ses mains.

– *Le point immobile au centre du cercle.* C'est Tony Slydini qui a dit ça.

Slydini, il en parlait souvent. Comme tous les prestidigitateurs. Le maestro des tours de table modernes, le Grand Maître du détournement d'attention, l'inventeur de passes comme l'*imp-pass* et la *revolve.* Un magicien pour magiciens.

– L'essence, dit Mike Bornstein.

Son respect n'allait pas à son habileté manuelle. Comme prestidigitateur, Slydini se classait plutôt dans la moyenne. Son génie résidait dans son sens de la psychologie.

– La magie de l'esprit, dit Bornstein. Voyez ce que je veux dire. Un seul regard et il lisait en vous comme dans un livre ouvert, vous deveniez un instrument entre ses mains.

Slydini était à présent un vieillard confiné dans une institution située dans le nord de l'État. Mais tout récemment encore il habitait dans les Quarantièmes Rues Ouest. C'est là que j'étais allé lui rendre visite.

Il vivait dans la pénombre. Derrière des doubles rideaux bleus, sa salle de démonstration baignait dans une lueur rose tamisée avec, en fond sonore, une musique très douce. Un imperceptible parfum de bois de cèdre flottait dans l'air. L'atmosphère ainsi créée se distinguait à peine de celle d'une chapelle ardente.

Slydini avait alors quatre-vingt-huit ans. Il était voûté et d'apparence fragile. Ses yeux, déjà, commençaient à se couvrir d'une taie. Son corps avait conservé la grâce de son élégance passée. Toujours finement ciselés, ses traits avaient perdu leurs contours et une coloration bleue marquait sa chair fine, translucide. Au repos, son visage éclairé évoquait un masque mortuaire. Ses longues mains, aux doigts tachés de nicotine, tremblaient sans discontinuer.

Il parlait un anglais hésitant, fortement teinté d'accent étranger. Né Quintino Marucci en Italie, élevé à Buenos Aires, il n'était venu aux États-Unis qu'après l'âge de trente ans. Au bout de dix ans, il était resté un fruit sec. En 1940, alors qu'il habitait à Boston avec sa sœur, il en fut réduit à accepter un engagement payé cinq dollars dans l'église du quartier.

– Rien que pour acheter des cadeaux, dit-il. Et croyez-moi, j'en suis malade. Toujours je rate, rien ne passe jamais. Mais l'église est belle, ça il faut dire. Elle est nue, mais blanche et claire et la loge est très propre.

Arrivé tôt, il s'entraîna tout seul. Un autre homme survint alors, chargé d'une lourde valise sur laquelle il s'assit, visiblement furieux.

– Comme si le monde entier lui tape sur le système, lui fait monter la moutarde au nez. Je lui demande à quelle heure commence le show, combien il y aura de spectateurs, ce genre de question idiote pour être aimable, vous comprenez, lui montrer que je suis pas méchant. Mais il me regarde, c'est tout, et il me parle d'une grosse voix, pas agréable.

En évoquant ces souvenirs, il ferma les yeux. Ses paupières étaient aussi fines que des ailes de papillon.

– Très grossier, je vous assure.

L'homme s'appelait Sayso. C'était le fantaisiste. Quand Slydini entra en scène, Sayso l'observa depuis les coulisses mais sans le moindre sourire ni aucun signe d'approbation.

– Après, dans la loge, tout ce qu'il a dit, c'est : « Venez me voir demain, à midi, au coin de Tremont et de Boilstone. »

Le lendemain, il y avait un blizzard. Après avoir peiné dans les rafales de neige, Slydini arriva avec une demi-heure de retard.

– Mais Sayso, il attendait toujours. Sans qu'il parle, pas un mot, il prend mon bras, il me présente à un imprésario. L'imprésario attend avec un contrat, quinze dollars par jour, le Queens Theatre à Quincey. Après je suis engagé au Joyland, un night-club, vingt-cinq dollars, et après, partout, dans toutes les villes. Je suis, si vous voulez, une tête d'affiche. Une star.

A l'évidence ce mot ne lui procurait aucun plaisir. Dédaigneux, il retroussait ses lèvres maigres et laissait retomber ses paupières comme s'il avait senti une odeur suspecte. Comme pour signifier qu'il n'était pas homme à se vanter ni à céder à la gloriole.

– Si la chance ne m'envoie pas un ange gardien, croyez-moi, je ne vais nulle part. Toujours je reste assis. Et j'attends Sayso.

Ce genre d'intervention mystique avait marqué toute sa carrière. Selon Mike Bornstein qui avait, un temps, habité avec lui, Slydini était un homme de caractère doux et calme, *un enfant dans un corps d'homme, perdu dans ses rêves*. Aussi toute une nuée d'anges, Sayso, Nat Bernstein, Blanca López et Murray Celwit, avaient orchestré son succès, lui laissant toute liberté de pénétrer les mystères. « Magie pure, avec une substance cérébrale énorme », « L'intelligence faite magie », écrivit Ascanio, le grand illusionniste catalan. « Une magie composée d'impacts destructeurs, répétés inlassablement, magie visuelle, spectaculaire, réservant d'infinies surprises dont les effets désorientent encore et encore, toujours crescendo, toujours plus étourdissants... »

Ces effets, *aussi directs et précis qu'un coup de pointe*, étaient réalisés au moyen d'outils très simples : une cigarette, quelques pièces de monnaie, quelques boules de papier. Le secret, disait Slydini lui-même, tenait entièrement dans le rythme.

– Prenez un meurtre. On entend un coup de revolver, un corps tombe à terre. Le public, celui qui regarde, qu'est-ce qu'il pense ? Le coup de revolver a tué le corps, non ?

– Ça paraît logique.

– Logique, oui. Mais pas forcément vrai.

Ses yeux châssieux s'étaient plissés, ses doigts spatulés tremblaient sur ses genoux.

– Supposez que la mort vienne avant. Mais sans être annoncée. Pas de geste, aucun bruit. Et alors ? Eh bien, elle n'existe pas.

– Jusqu'au coup de feu.

– Le détournement d'attention, oui.

Il sourit imperceptiblement, avec une expression de regret très élégante.

– Illusion, magie, comme vous voudrez. Le secret, c'est le moment. Pas comment, ou pourquoi, mais quand. *L'Anatomie du Temps*.

Sur une table blanche et nue, on avait étalé une nappe également blanche et nue. Derrière, Slydini s'assit légèrement de biais. Des spasmes secouaient ses doigts dont la teinte cireuse contrastait sur le blanc. Il prit une cigarette, la fit disparaître. En l'espace d'une fraction de seconde, ses gestes avaient acquis une régularité de métronome.

Avec une tranquillité et une aisance absolues, en un mouvement souple et fluide, ses mains commencèrent à bouger. Elles s'ouvraient, se fermaient, s'envolaient. La cigarette restait suspendue dans les airs, puis traversait la table. Elle se cassait en deux. Le tabac s'émiettait sur la nappe. Ensuite la cigarette se reconstituait. Elle était allumée. Elle était éteinte. Ses mains s'élevaient, retombaient, la cigarette devenait une pièce de monnaie. Celle-ci disparaissait dans la main fermée de Slydini, le *quarter* en ressortait multiplié par trois. Puis il en sortait une de la poche de poitrine de ma veste, une deuxième de derrière son oreille et sa bouche crachait la troisième. Les mains papillonnaient et à nouveau il n'y avait plus qu'une seule pièce. Elles papillonnaient encore et c'était une cigarette. Slydini sourit, inclina la tête. Il posa les mains à plat, paumes vers le ciel : elles étaient vides.

Ensuite, épuisé, le vieillard s'épongea le visage avec un mouchoir de soie, se passa la langue sur les lèvres. Quand ses mains retombèrent sur ses genoux, elles se remirent à trembler, plus fort que jamais.

– Vous écrivez un livre sur l'illusion ? demanda-t-il.

– Sur Broadway.

– Quelle différence ?

A présent, assis à l'écart, à la table de l'Edison, Mike Bornstein buvait un autre café en émiettant un nouveau petit pain.

– Voyez ce que je veux dire. Cet homme c'était un pro.

Puis changeant de sujet, il me parla des Mets de New York.

Autrefois, cette cafétéria s'appelait le Grand Ballroom car l'Edison avait un passé somptueux. Aujourd'hui encore, des plafonds aux dorures écaillées et des balcons de marbre surplombaient les plats du jour.

On parlait d'un vaste projet de restauration. Mais, pour l'instant, le grand hall, aussi sinistre qu'un parking, dégageait une odeur de vieux désinfectant et deux portiers à l'uniforme froissé palabraient :

– Alors, explique-moi un peu, dit l'un. Qui a tué Izzy Grove ?

Izzy Grove ! A l'évocation de ce nom le morne présent s'évanouit et le passé de Broadway ressuscita dans toute sa splendeur tapageuse. J'ignorais qu'il fût mort. Mais si elle se confirmait, il en allait de sa disparition comme de celle de l'Automat ou du Dempsey's, car toute sa vie, le nom d'Izzy avait été inséparable de celui de Times Square.

Ainsi que tant d'autres de ses anciennes figures, il avait commencé comme boxeur. Dans les années vingt, ce poids moyen que les affiches surnommaient le Vengeur du Ghetto avait réussi le premier K.-O. de l'histoire du deuxième Madison Garden et battu trois champions du monde. Après quoi, devenu imprésario, il s'était occupé de Duke Ellington et de Cab Calloway. Puis il avait organisé des soirées dansantes pour célibataires à l'Edison Theatre qui donnait à présent *Oh ! Calcutta* ! Mais, surtout, il avait été un des piliers du Lindy's.

C'était le nouveau Rector's, le berceau du Café Society de Broadway. Comme tel, le Lindy's symbolisait tout ce qui avait changé avec la Prohibition. Au lieu des divinités des planches et des nababs de Wall Street, on y servait des journalistes, des gangsters, des comédiens et des turfistes, les foules de Tin Pan Alley, du burlesque et de la boxe. Ceux-là ne se nourrissaient pas au champagne et au homard. Nul orchestre ne les accompagnait à leur table. Tapis dans leurs alcôves, ils vivaient d'esturgeon et de *knishes* *, de gâteau au fromage et de strudel.

Au Rector's, un Juif était un paria. Les efforts de toute une vie n'auraient pas suffi à échapper à cette malédiction. Chez Lindy's, au contraire, elle était un

* Raviolis à la juive. (*N.d.T.*)

laissez-passer. Le strudel était à vingt-cinq cents, *dix pour les youpins*, disait Izzy Grove.

Lindy's, c'était le demi-monde israélite dont Damon Runyon écrivit la chronique, le terrain de Harry le Cheval et de Regret, de Petit Isidore et de John l'Espagnol. Fin connaisseur de l'Amérique moyenne qui constituait son vivier de lecteurs, Runyon en gomma à la fois la judaïté et les aspérités. Mais Izzy Grove et ceux de son gabarit n'en subirent pas moins les retombées. Du jour au lendemain, ils se retrouvèrent affublés du sobriquet de Runyonesques. Comme toutes les étiquettes, celle-ci ne se rattachait à rien. « Je suis tout ce qu'on veut, déclara Izzy, mais Esque, certainement pas. »

Les originaux qui servirent de modèles aux héros de Runyon, Gyp le Pur-Sang, Frank le Métèque, Big Jack Zelig, Louie le Ballot, n'étaient pas exactement les aimables zèbres de ses nouvelles.

– Si votre tête ou votre façon de tenir un couteau ne leur revenaient pas, ils vous renvoyaient à votre femme en petits morceaux.

Arnold Rothstein, l'homme qui avait truqué les championnats de base-ball, fut attiré hors de chez Lindy et canardé. Hermann Rosenthal, un autre habitué, prit quatre-vingt-trois balles devant le Metropole.

– Mais ce monde-là ne connaissait pas l'esturgeon.

A Broadway, le temps des armes automatiques avait couvert deux décennies, exactement la période de l'entre-deux-guerres. Le Volstead Act avait ouvert les vannes en 1920 et Fiorello La Guardia tout arrêté en 1939. Entre-temps, à en croire Izzy, à Times Square, ça avait pété sec.

Le 16 janvier 1920 fut la dernière nuit où l'alcool était autorisé. Il portait encore des culottes courtes, mais il travaillait déjà sur Broadway comme messager au I. Miller Shoe Corp.

– On m'a laissé partir plus tôt. *Rentre vite chez toi, mon garçon, pour éviter les ennuis*. Évidemment, je suis resté au coin de la rue dans l'espoir d'assister au spectacle.

La nuit s'abattit comme un manteau de sorcière. « Un vent glacé s'engouffrait dans les rues, écrivit Stanley Walker dans *The Night Club Era*. Les clochards se blottissaient sous les porches, essayant de dormir sur un tas de vieux journaux. Les chevaux, réchauffés par des couvertures, courbaient le dos et faisaient claquer leurs sabots sur les pavés gelés. Après minuit la température descendit à quinze degrés au-dessous de zéro. »

Dans les souvenirs d'Izzy, il faisait beaucoup plus froid :

– Moins trente facile, peut-être moins trente-cinq. On voyait son haleine se transformer en glaçons chaque fois qu'on respirait.

Alors, retenant son souffle, il se laissa dériver avec la foule. Devant le Café de Paris, l'ancien Rector's, il y avait un homme monté sur des échasses, déguisé en caricature de la Prohibition telle que la dessinait Rollin Kirby : Abraham Lincoln en acolyte de croque-mort, un tuyau de poêle sur la tête, avec un nez rouge d'ivrogne et une bouteille dépassant de sa poche revolver. Il commença à remonter Broadway et Izzy Grove marcha sur ses talons.

Laissant Times Square derrière eux, ils passèrent devant Automobile Row, avec ses vitrines étincelantes de Studebaker, De Soto, Pierce Arrow, La Salle et devant l'American Horse Exchange, avant de s'arrêter chez Evelyn Nesbit.

Elle était en piteux état. Divorcée de Harry Thaw, elle dirigeait à présent un petit salon de thé dans les Cinquantièmes Rues Ouest, après plusieurs années dans le vaudeville où elle présentait les nouvelles danses comme le Castle Walk ou le Grizzly Bear. Mais c'était fini et cette femme fatiguée, aux nerfs à vif, que l'on décrivait comme « une jument de course sur les rotules » et qui s'adonnait maintenant à la morphine, aspirait au repos.

Le soir de la Prohibition, debout devant son salon de thé, elle buvait du gin au goulot d'une bouillotte en terre. La rue était encombrée de chevaux, pas une automobile en vue. C'est ce qui avait frappé Izzy, cette vapeur sèche et glacée qui s'élevait de la croupe des chevaux, l'odeur chaude du crottin. Et Evelyn Nesbit était ivre. Elle criait : *C'est fini ! Tout est fini !* Et M. Prohibition, sur ses échasses, commença à se moquer d'elle, à lui renvoyer ses phrases comme un écho. *C'est fini ! Terminé !* Et la foule les reprit à son tour. *Tout est fini. Tutta e finito.* Elle se pressa autour d'Evelyn Nesbit, lui lançant des injures au visage, et c'était encore une jolie femme avec ses grands yeux pareils à des phares dans la brume, sa longue chevelure châtain toute défaite, mais elle avait peur, elle ne comprenait pas. Comme si ce qui se passait lui échappait totalement.

– Déconnectée de la réalité, si vous voulez, dit Izzy.

Et voilà qu'elle criait et jurait, que le gin coulait sur sa robe, les brouillards glacés venaient par vagues, les lampadaires s'enveloppaient d'un halo de givre, l'odeur du crottin frais montait du sol.

– On aurait dit un décor de théâtre ou de cinéma. Et cette pauvre femme perdue, si belle, qui pleurait : *Fini, tout est fini.* Et moi, un gosse, j'éclate en sanglots aussi.

Arrive Bat Masterson, la Chauve-souris.

Le vieux porte-flingue de Dodge City travaillait à présent comme journaliste de boxe au *Morning Telegraph*. Agé, mais toujours droit, c'était une figure familière de Broadway.

– Longue redingote, bottes à talons hauts, chapeau haut de forme, dit Izzy. Comme s'il était déguisé pour le carnaval. Mais il était gentil avec les gosses ; nous autres, les galopins, il nous jetait toujours de la menue monnaie. Un jour, il a écrit un article sur moi. J'étais encore amateur. Le journal ne l'a jamais imprimé.

Et voilà qu'elle errait dans les brumes de la ville, la Chauve-souris. Et tombait sur une dame en détresse.

Il n'hésita pas. Agitant sa canne, il écarta la foule ivre, se fraya un chemin jusqu'à Evelyn Nesbit.

L'homme aux échasses, M. Prohibition, lui barra le chemin, quatre mètres, ombre vacillante et terrifiante dessinant son profil sur les murs des taudis. Mais la Chauve-souris donna un coup de canne et la silhouette tomba de tout son long.

– C'était rien qu'un nain. Vautré dans le ruisseau, il glapissait qu'on l'avait assassiné.

Comme par enchantement, un beau carrosse apparut. Evelyn dissimula sa bouillotte dans les plis de son châle et Bat Masterson lui offrit son bras.

– Vous êtes bon, monsieur.

– Madame, c'est trop d'honneur.

La Chauve-souris souleva son chapeau, la dame abaissa sa voilette, et ils partirent chacun de son côté. Dans le froid mordant, Izzy Grove sentit soudain quelque chose de chaud sur sa cuisse.

– Le putain de cheval me pissait sur la jambe !

Dans ce conte maintes fois répété, les détails variaient toujours. Seule l'image centrale demeurait inchangée : le porte-flingue et la femme marquée, tous deux sur la pente descendante, mais aux manières irréprochables, princiers.

– *Vous êtes bon, monsieur. Madame, c'est trop d'honneur*, répéta Izzy. Au bout de deux ans de prohibition, tout ce qu'on entendait, c'était : *Arrête tes salades !*

A cette époque, le centre s'était déplacé vers l'est. Les *speakeasies* les plus huppés s'étaient regroupés autour de Madison et de la Cinquième Avenue, et Broadway n'avait conservé que les bouges. Les Palais du Homard avaient cédé la place aux boîtes de nuit, aux clubs et aux bras clandestins qui demeuraient discrètement en retrait du Square, Diamond Jim Brady et Lillian Russel à Owney Madden.

Bientôt Johnny Walker fut élu maire et la corruption s'épanouit. Emboîtant le pas de Madden et de Larry Fay, des cohortes de gangsters se déversèrent de Hell's Kitchen dont les frontières commençaient deux blocs vers l'ouest. Diplômés des gangs de rues,

Gophers et Hudson Dusters portaient des P. 32 et des noms tels que Shuffles Goldberg, Skush Thomas, Big French DeMange, des durs de cour de récréation, selon les critères de Chicago, mais assez durs pour Broadway. Brusquement, on assista à la naissance de clubs tels que le Silver Slipper et le Cave of the Fallen Angels. Deux cadavres firent la une au Hotsy Totsy Club de Legs Diamond et deux autres chez Pork Murray.

Ceux qui avaient survécu à l'Époque Dorée regardaient le nouveau Broadway et prenaient la fuite. « L'abattoir au Pays de la Bêtise, comme l'appelait Stanley Walker. On y trouve des gargotes chinoises, des peep-shows pour hommes exclusivement, des spectacles de puces savantes, des conférences sur ce qui a entraîné la mort de Rudolph Valentino. Un vieux sergent, aidé de vendeurs pleins de bagout, donne des conférences sur le savon naturel, les graines de psyllium et les ceintures amaigrissantes, tout en rappelant la menace que constitue l'habitude de prendre des poisons toxiques. Un autre conférencier, armé de flacons remplis de produits chimiques multicolores, essaie de vous convaincre d'acquérir une propriété près de Muscle Shoals, en Alabama. Les merceries sacrifient leurs stocks, des soldes " après incendie " battent leur plein, une vente aux enchères de bimbeloterie attire une foule si dense qu'elle bloque le trottoir, un marchand ambulant propose *des bonbons 100 % pur whisky, trois pour cinq cents.* »

La Dépression ne fit que précipiter la chute. Les salles de cinéma avaient déjà repoussé les théâtres dans les rues latérales. A présent, les derniers restaurants de luxe faisaient faillite. Le Palace lui-même ne pouvait plus résister au déferlement du burlesque et des dancings à dix cents. Autodésigné capitale internationale du vaudeville, il mit un terme à ses représentations biquotidiennes en 1932.

– Transformé en strip-tease, dit Izzy Grove.

Des splendeurs de la Belle Époque, il ne restait plus que l'Astor Hotel.

Même quand La Guardia nettoya le quartier des gangsters, il ne réussit pas à en redorer le blason. Ceux-ci étaient pleinement satisfaits de leurs machines à sous, de leurs arcades de jeux, des bagarres, de la prostitution et de la drogue. Quand la Petite Fleur leur déclara la guerre, plutôt que de risquer l'extinction, ils choisirent de baisser les lumières. Ils quittèrent Broadway et se regroupèrent à Brooklyn et dans le New Jersey.

– Et ils ont fait place nette pour la délinquance, dit Izzy. Tant que la Mafia gardait le contrôle, il y avait des échanges de coups de feu, voyez ce que je veux dire, entre amis. Mais la délinquance, on en avait jamais entendu parler. Les sacs arrachés, les agressions, tout ça, ça ne se faisait pas. Un gars pouvait se promener sur Broadway à minuit avec mille dollars en poche et bien visibles, personne n'y aurait touché. Au cas où ce serait le cousin de Dutch Schultz...

Les gangsters partis, Lindy's se reconvertit en école de journalistes, agents de presse, fantaisistes et cette activité paisible s'y poursuivit jusqu'en 1969, année où Leo Lindeman céda son établissement.

– Un vrai gars de Broadway. Il savait comment se remplir les poches.

Aujourd'hui, des années après sa mort, une chaîne de braderies pour touristes salissait sa mémoire en fourguant, à son enseigne, des yeux de salamandres et des langues de crapauds au prix de neuf dollars quatre-vingt-quinze hors taxes.

Izzy Grove se trouvait lui aussi dans une mauvaise passe. A la fin des années soixante-dix, quand j'avais fait sa connaissance, il ne travaillait plus comme imprésario. A vrai dire, il ne faisait plus grand-chose depuis trente ans. La dernière fois qu'il avait eu un travail régulier, c'était comme colleur d'affiches de boxe au Garden. Dans les années cinquante et soixante, son caddie et son seau de colle constituaient l'attraction touristique de la Huitième Avenue. Et puis, le Garden ayant changé de direction, son téléphone avait cessé de sonner.

Pourtant, il avait conservé un bureau sur la Quarante-Sixième Rue Ouest, un placard à balais à soixante dollars par mois, dans un immeuble de show-biz situé dans le même pâté de maisons que l'Edison Hotel. Il n'en avait pas bougé depuis les années Eisenhower et il avait l'intention d'y rester, à l'abri de toutes les vicissitudes, *jusqu'à ce que la grosse femme chante*, comme il disait.

C'était un homme trapu aux lunettes à double foyer, aux mains abîmées et au visage détruit qu'encadraient deux oreilles en feuilles de chou. Et qui ne cessait pas de parler. Jamais.

– J'ai une fière tapette, voilà tout. Né comme ça. Je vois quelqu'un, je me mets à dégoiser, c'est automatique. Et après, je peux plus m'arrêter. Il y a tellement de choses là-dedans, voyez ce que je veux dire, faut bien que ça prenne l'air.

A soixante-dix ans, il en avait passé cinquante-huit sur Broadway. Deux fois par jour, il faisait son tour de piste rituel, son numéro de saltimbanque, de la Cinquante et Unième à la Cinquante-Deuxième, aller et retour. Sa tournée le conduisait d'un *deli* à un kiosque à journaux, d'un comptoir de cafétéria à un marchand de cigares, serrant des mains et saluant à chaque pas, soufflant des baisers, donnant des claques dans le dos, monologuant non stop. Comme un candidat en campagne électorale.

– Je cours après le portefeuille. Mais le portefeuille court toujours plus vite.

Il s'embrassa la main.

– Tous connaissent Izzy Grove, et moi, j'en connais certains.

C'étaient sa rue, son domaine. Runyon et Dan Parker du *Mirror* avaient parlé de lui. « Le jour où Izzy Grove disparaîtra, Broadway disparaîtra aussi. »

Il se tapota le nez.

– On dit qu'ils vont résilier mon bail, me jeter à la rue.

Il se frappa l'estomac :

– Ça n'arrivera jamais.

Et c'était arrivé.

Le jour où on lui avait notifié son expulsion, il était entré au Gaiety Deli. C'était un mardi à l'heure du déjeuner. Il y avait une vieille dame, qui venait manger là quotidiennement, elle s'appelait Sarah. Elle avait été partenaire d'un prestidigitateur. Tous les jours, elle arrivait à la même heure et commandait exactement le même menu, œufs en salade, toasts de pain complet et jus de céleri. Elle avait un chien, hargneux, encore plus âgé qu'elle. Elle l'appelait Bernhardt. Sarah et Bernhardt, c'était sa petite plaisanterie. Un ignoble cabot aux dents jaunes, nasillard et puant. Quoi qu'il en soit, Izzy Grove venait au Gaiety boire un café ou manger des *knishes* et tous les jours, sans exception, le vieux chien finissait par se glisser sous sa table. Izzy le renvoyait alors d'un bon coup de pied dans le derrière. C'était sa plaisanterie à lui. Mais ce jour-là, ce mardi, quand Izzy Grove était venu, il n'avait même pas pris la peine de lever le pied. Il n'avait même pas vu le chien qui attendait de recevoir son coup de pied. Il avait seulement commandé un café au lait. Et puis, comme il s'apprêtait à partir, Sarah lui demanda :

– Qu'est-ce qui se passe ? Vous avez la grosse tête ? Vous êtes trop fier pour battre mon chien maintenant ? C'est trop vous demander, peut-être ?

On voyait qu'elle était vexée, qu'elle en faisait une affaire personnelle :

– Ou peut-être, dit Sarah, peut-être que vous avez trouvé un autre chien ? Moins vieux, moins gros. Peut-être que vous avez trouvé une jeune et jolie petite chienne.

Izzy ne riposta même pas. Il regarda Sarah, il regarda Bernhardt. C'était comme s'il les voyait pour la première fois.

– Vous voulez que je vous dise ? Allez battre votre chien vous-même.

C'était terrible. Partout, dans Broadway, on expulsait à tour de bras. Depuis le Deuce jusqu'à Columbus Circle, dix-sept blocs, pas un seul immeuble n'était hors de danger. Les Japonais achetaient, les gros promoteurs et, pire que ceux-là, les AGONYS, Americans Gloating on New York Slime (Américains se frottant les mains devant la pollution de New York). D'un commun accord, ils avaient décidé que Times Square était une porcherie, « le cloaque national », comme l'appelait l'urbaniste William Whyte. « Une charogne jetée au nez des convenances », renchérit un fonctionnaire. Il fallait désinfecter. Toute cette insalubrité folle et chaotique, ces labyrinthes prodigieux devaient disparaître, remplacés par des bâtiments aseptisés et des voies piétonnes interdites à la circulation. « Une atmosphère à la Bloomingdale. »

Le premier pas vers la mise en œuvre de cette utopie de centre commercial consistait à débarrasser toute la zone de sa vermine humaine. « Il faut d'abord les déloger, déclara William J. Stern, P.-D.G. de la Société de développement urbain. Le premier coup de canon sèmera la panique, ensuite nous les chasserons. »

Officiellement, la pornographie était la première cible visée. Cependant, les marchands d'ordures se révélèrent trop retors : chassés d'un trou, ils réapparaissaient au coin de la rue et repartaient de zéro. Mais les Izzy Grove n'avaient pas d'argent, pas d'amis haut placés, pas de quoi graisser les bonnes pattes. Ils avaient dû plier bagage, hanches, panse et bajoue.

– Ils ont coupé le téléphone, défoncé la porte, expliqua Issy à Josh Alan Friedman, journaliste au magazine *Oui*. Je suis honnête, je sais me tenir. Alice, ma femme, qu'elle repose en paix, me disait toujours qu'au lieu d'être un dur, un Shylock, un racketteur, un parieur, un bookmaker, je devais faire des affaires honnêtes.

Et maintenant, il se retrouvait sans défense.

– Aucune protection. Rien !

Le premier choc passé, il commença à se décomposer.

– Je ne pleure pas. C'est juste ma figure qui est mouillée.

Il était le Vengeur du Ghetto, le rescapé d'une centaine de guerres, mais pas assez bête pour croire qu'il allait survivre à celle-là. Si on le sortait de Broadway, on le sortait du four, il était cuit.

– Ailleurs, je ne respire pas. Si on respire pas, on meurt.

Saisi de panique, il courait dans les rues en s'égosillant. Des réunions de prière se tenaient au Temple des Acteurs où Izzy accordait des interviews.

– Encore une de ces bizarreries qui frappent l'humanité, déclara-t-il à *Oui*. J'ai des amis, où sont-ils ? J'étais dans les journaux, où sont-ils ? Où ? Quand je gagnais de l'argent, voyez ce que je veux dire, *hé, ouais*, les billets gratuits, les combats et après un bon gueuleton. Mais je voudrais souligner quelque chose. Écrivez ça : les bravos d'hier ont un écho très bref...

Aujourd'hui, dix ans après, la rue d'Izzy Grove était presque entièrement rasée. L'un après l'autre, chaque bloc avait été nettoyé de ses ordures : imprésarios, agents, studios de danse, éditeurs de musique. A leur place, flambant neufs, s'élevaient un Novotel et un Holiday Inn, divers immeubles de bureaux et des chantiers. Encore dix ans, et rien ne distinguerait plus cette artère d'un autre centre-ville américain.

– Comme Duluth, dit Bert Sugar. Mais nettement moins distingué.

La dernière fois que j'ai vu Izzy Grove, il avait trouvé refuge au Chin-Ya, un bar japonais situé à l'arrière d'un foyer de réadaptation sur la Cinquante-Cinquième Rue. Il ne buvait pas, c'est à peine s'il touchait à l'alcool. Mais ce jour-là, ses mains tremblaient et il parlait sans pouvoir s'arrêter.

– C'est fini, c'est de l'histoire ancienne.

Il ne parlait pas seulement de lui. Plus maintenant. Car presque toute sa vie, de son propre aveu, il avait porté des œillères, il n'avait pas voulu savoir.

– Je n'ai pas regardé plus loin que le bout de mon nez. Moi, moi et moi. Mais, maintenant, je vois les choses autrement. Je vois comment tout s'organise. Je fais *partie d'un tout*, vous avez déjà entendu ça ? Ma femme, qu'elle repose en paix, c'était son mot préféré.

Il buvait du vin casher. Quelques gouttes s'accrochaient à son menton.

– Ça veut dire, *une part du gâteau*. Rien qu'un petit morceau, une *miette*, mais du gâteau tout entier.

Vu sous cet angle nouveau, Broadway n'était plus *sa* rue, *son* domaine. Il ne lui appartenait pas, c'est lui qui appartenait à Broadway. Aussi sa ruine n'était-elle qu'un épisode d'un crime plus vaste, la destruction systématique de tout ce qui était juste.

– Ils mettent le monde en pièces, dit-il.

– Bon pour les affaires, sourit le barman japonais.

– Pas pour les miennes.

A son avis, c'était une question de jours.

– Je vais vous dire un truc. La vérité. Les gens pensent que Broadway c'est les néons, une étoile, une autre étoile, voyez ce que je veux dire, les théâtres, les filles, les limousines, les gros bonnets, les nababs, ce genre de trucs.

Son visage piqué de taches se nouait et se contractait. On aurait dit un chêne à l'écorce éclatée.

– C'est pas du tout ça.

– C'est quoi alors ?

– Les braques.

Izzy repoussa son verre vide, en un geste d'abdication.

– Les politicards, les propriétaires disent les fous, les malades, les clochards. Mais c'est des braques, c'est tout. Juste des gens un peu différents, ils ont un défaut dans la machine, une idée fixe, voyez ce que je veux dire. Ça peut être qu'ils ont envie de chanter, de danser, de boxer, ou peut-être de vendre le meilleur esturgeon, de baiser le plus grand nombre de nanas, n'importe quoi. De porter une cravate rose avec des homards imprimés dessus. De faire le tour de la Grosse Pomme en sous-vêtements. Ça peut porter tous les noms.

Les yeux derrière les verres épais ne cessaient pas de couler.

– C'est quelque chose qui les pique ou qui les gratte, qui ne les laisse pas tranquilles. Alors ils ne rentrent pas dans le moule, ils n'ont pas de place, voyez ce que je veux dire. Pas de place en dehors de Broadway. Et maintenant ils n'ont même plus ça.

Il se tapota les joues mouillées à l'aide d'un mouchoir couleur de mastic sec.

– Où je vais aller ? Comment je vais vivre ?

Dans la rue, le vent soufflait plus fort.

Au Roseland, les lumières passaient du bleu au vert et du violet au rose, les couples dansaient joue contre joue. Le soir, ils cédaient la place à des groupes de rock ou à des orchestres de salsa, mais l'après-midi, l'immense arène redevenait un dancing. La piste se couvrait de danseurs qui se touchaient, qui s'enlaçaient. La plupart avaient plus de soixante ans, bon nombre bien davantage. Certains venaient là depuis 1932, depuis l'ouverture du Roseland. Ils dansaient encore la valse, le fox-trot, le quick-step et le tango. Les lumières changeantes les enveloppaient de douces vagues.

– Faites comme si, susurrait l'animateur. Fermez les yeux, laissez-vous aller. Faites comme si.

Quelques marches conduisaient à un long bar en fer à cheval. Pendant les morceaux rapides, mambos et paso doble, les vieilles dames venaient s'y reposer. Elles s'asseyaient, ôtaient leurs chaussures et massaient leurs pieds gonflés. Me voyant seul, sans cavalière, devant un grand verre et un bloc-notes, une silhouette se détacha des rangs et se posa sur le tabouret voisin.

– Je vais vous raconter une histoire.

La voix avait un timbre de petite fille, légèrement nasal, mais musical aussi. Voilée par la fumée, elle appartenait à une blonde à la taille fine, vêtue d'une robe fourreau verte coupée au-dessus du genou et fendue haut sur la cuisse gauche. La robe dégageait des jambes de danseuse, gainées de bas transparents aux pieds chaussés de sandales argentées à talons hauts.

– Je m'appelle Roz. J'ai soixante-neuf ans. J'apporte la joie, c'est ma spécialité.

Sautant du tabouret, elle s'écarta de quelques pas et se lança dans sa récitation.

– Bonjour, je suis Rosalind Kantor, de Rozlyn. En fait, j'habite Minneola, mais c'est tout près de Rozlyn, alors appelez-moi Roz de Rozlyn, plus si jeune en années, mais de cœur plus jeune que le printemps.

A la fin de chaque phrase, elle marquait une pause, suspendait ses gestes, figeait son sourire jusqu'à ce que j'aie fini de prendre mes notes. Elle avait une diction cristalline, un phrasé parfait. Si nécessaire, elle faisait même de la direction d'acteurs.

– Roz de Rozlyn. Plus si jeune en années, mais de cœur plus jeune que le printemps. Voici l'histoire de ma vie. Ce n'est qu'un sketch, mais j'espère qu'il saura vous distraire.

Elle salua puis esquissa une danse : trois pas à gauche, retour, trois pas à droite, retour.

– Merci. Vous êtes un public merveilleux.

Elle leva la main droite à son cou et referma les doigts autour d'un micro invisible.

– Ma petite vie en a beaucoup vu, je ne sais pas par où commencer. Alors je vais commencer là, au Roseland, car c'est là que tout a commencé. J'avais quinze ans à peine et tous les garçons me trouvaient mignonne. A vrai dire je les rendais fous, mais je ne voudrais pas avoir l'air de me flatter. C'est pourtant ce que je fais. (Rire.) Eh bien, à cette époque, ici, on organisait des concours de chant, le mardi après-midi je crois, et un jour mes amis se sont tous ligués contre moi et ils n'ont pas voulu me laisser tranquille jusqu'à ce que j'accepte de me présenter. Alors je me suis présentée. Je leur ai fait une petite chanson, un numéro de danse, quelques sketches, et une imitation de Jimmy Durante. *Inka Dinka Doo*, ça ne vous dit rien ? Eh bien, ça ne *vous* rajeunit pas. (Roulement de tambour. Déhanchement.) Mais voilà, j'ai quitté la scène au milieu des huées. Non, je vous assure, c'était horrible. J'ai pleuré des jours et des jours. Pourtant j'ai attrapé le virus du show-biz et je n'ai jamais guéri. Le reste appartient à l'histoire. (Rire. Huit mesures d'*Inka Dinka Doo*.)

« Et maintenant mon premier mari. Je l'ai rencontré sur mon lieu de travail. Non, pas celui auquel vous pensez. (Coup de hanches. Clin d'œil appuyé.) Je vendais des cigarettes dans un club de la Cinquante-Deuxième Rue. Je pourrais vous dire son nom, mais je n'ose pas, aujourd'hui c'est un endroit très connu, le propriétaire pourrait me faire un procès. C'était le 21. Oui, le Club 21 de Jack et Charlie. A cette époque, à New York et même dans tout le pays, dans le monde entier, la Cinquante-Deuxième Rue était *la* rue des night-clubs. On l'appelait *La Rue qui ne dort jamais*. Et tous les grands musiciens de jazz de ces temps lointains, Duke Ellington, Count Basie, Benny Goodman et Miss Billie Holiday, ils venaient tous jouer et s'amuser là. Du crépuscule à l'aube, la rue n'était qu'un feu d'artifice de lumières et cette musique, cette belle musique, filtrait de toutes les portes ouvertes, le Three Deuces, l'Onyx, le Jimmy Ryan's, le Leon & Eddie's. C'était comme si vous étiez mort et monté au ciel. Et moi, la petite, j'étais là, pas si petite que ça, j'étais plutôt bien remplie, merci, bien que je le dise moi-même. (Pose tenue. Rire.) Je vendais des cigarettes en collant de danseuse et en queue-de-pie, le revers piqué d'un gardénia, une *boutonnière*, on appelait ça, *très chic, ma chérie.* En français, ça veut dire petite amie. Et un soir, mon mari est entré. Bien sûr, il n'était pas encore mon mari, c'était un parfait inconnu. Mais il entre, il me voit, nos regards se rencontrent et, comment vous dire, c'est le coup de foudre, cette vieille magie noire, un tremblement de terre en Espagne ou peut-être en Sicile, j'oublie toujours (expression idiote mais adorable). Et il ne se contente pas d'acheter un paquet de cigarettes, il prend tout le panier, il remplit ses poches. Il est gonflé comme le Père Noël, les paquets débordent de partout et mon cœur aussi, je vous assure. *Sacré nom d'un chien!* Alors, quand j'ai fini mon travail, nous nous retrouvons en face, chez Mammy's Kitchen Koop. Ils faisaient le meilleur poulet grillé, comme dans le Sud, bien épicé et croustillant. Comme moi. (Rire.) Et mon mari s'appelle Jerry, il me dit qu'il vient de la Côte, Santa Clara, et qu'il est dans les assurances. Mais je ne comprends rien, je suis tellement *toute chose*. Alors on mange tout le poulet, à l'aube on part pour Atlantic City, on passe la visite médicale et le lendemain, on se marie. On était tellement chauds. Plus chauds qu'un piment. (Rire. Soupir. Étirement de chatte.) Nous avons passé notre lune de miel au bord des lacs Pompton, dans les montagnes, rien qu'une cabine en rondins, un grand feu et plein d'alcool, pas grand-chose à manger, mais nous n'avions pas faim, nous avions notre amour. Un amour si grand. C'était mon premier et on dit qu'on n'oublie jamais son premier. Eh bien, c'est vrai, ça ne s'oublie jamais. (Elle chante.) *When they beguin the beguine, it brings back the sound of music so tender, it brings back a night of tropical splendor.* (Elle ne chante plus.) Quatre jours et quatre nuits de félicité. *Ces moments divins, ces calmes extases.* Et le cinquième jour, arrive la police fédérale. Oui, oui, vous avez bien entendu, les Incorruptibles. Nous sommes réveillés par un homme qui crie dans un portevoix : « Sortez les mains en l'air. Vous êtes cernés. Vous n'avez aucune chance. Sortez. » Et la fusillade a commencé. Jerry est mort sous une grêle de balles. Mon mari de cinq jours. Un déluge de plomb.

Sa voix avait pris une intonation rauque, presque cassée. Après une petite révérence, elle se rapprocha du bar et but deux grands verres d'eau glacée.

– Ils l'ont descendu pourquoi ? demandai-je.

– Ils n'avaient pas de cœur, répondit Roz avant de reprendre son travail.

Trois pas à gauche, trois pas à droite, en avant, en arrière, en avant, en arrière encore et encore et encore.

– Un déluge de plomb. C'était mon premier et on n'oublie jamais son premier. Mais quand on gagne on n'abandonne jamais et quand on abandonne on ne gagne jamais. Personne ne gagne, d'ailleurs, mais ça, c'est une autre histoire. Alors je suis revenue sur ce bon vieux Times Square. (Elle chante.) *Come on along and listen to, the Lullaby of Broadway. The hip hooray and ballyhoo, the Lullaby of Broadway.* (Elle ne chante plus.) A ce moment-là, c'était tellement merveilleux, c'était... tout. Aujourd'hui, les magasins sont barricadés derrière des rideaux de fer, on dirait des prisons, mais à ce moment-là c'était tellement beau. Et moi aussi, j'étais belle. (Coup de hanches. Gloussement de fillette.) Je suis allée travailler chez le grand Roxy Rothafel, au fabuleux Roxy Theatre, sur la Septième Avenue, on l'appelait la Cathédrale du Cinéma, mais il n'y avait pas que le cinéma, il y avait aussi le Wurlitzer géant, les toilettes pour dames décorées par Louis Trucmuche. Chaque fois qu'on entrait, on recevait une savonnette gratuite, et des milliers d'étoiles de la scène et de l'écran et, bien sûr, les fabuleuses Rockettes. C'était moi. (Quatre jetés, un écart.)

« Et maintenant mon deuxième mari. Il était tout le contraire du Numéro Un, un homme très tranquille, clair et net à tous points de vue. Jamais il n'aurait porté une chemise sale. Sûrement pas une chemise trouée. (Rire.) Il était projectionniste au Loews New York. On peut dire qu'il était aussi dans le show-business, ce qui nous donnait tout de suite quelque chose en commun. Nous nous sommes rencontrés au Child's et il m'a conquise sur-le-champ. Un vrai don Juan. Malgré son crâne chauve et sa petite taille. Nous avons connu vingt-trois ans d'ivresse. Oh, les mots ne suffisent pas, pour moi, il représentait le monde, le soleil, les étoiles, la lune dans le ciel de nuit, mon père, ma mère, mon amant, mon frère. (Elle chante.) *Night and day, Deep in the heart of me.* (Elle ne chante plus.) Et puis il est mort. C'était notre anniversaire de mariage, numéro vingt-trois, et nous sommes allés dîner chez Sardi's, comme tous les ans. Mon mari, il s'appelait Hubert, a levé son verre de Martini sec, comme il le prenait toujours. Et puis l'olive lui est restée en travers de la gorge. Il a étouffé, il m'a regardée bizarrement et il s'est écroulé sur la table. Les verres, les fleurs, toutes ces choses délicieuses dans nos assiettes, il y en avait partout. Fini. Infarctus. Sous mes yeux. Fini.

Sur la piste, la lumière passait du bleu au vert, du violet au rose et les couples dansaient joue contre joue. Roz but deux autres verres d'eau glacée puis commanda un double gin tonic et le but aussi.

– Alors, qu'en pensez-vous jusque-là ?

– *Beguin the Beguine.* J'ai une passion pour cette chanson.

– Je vous l'avais dit, j'apporte la joie.

Trois pas à gauche, trois pas en arrière. Trois pas à droite, trois pas en arrière.

– C'était fini. Oh, j'étais détruite. Je pensais ma vie terminée, morte et enterrée, mais, comme dit le poète, « le temps est la racine de tout mal ». Alors je me suis relevée. Je me suis dit *Roz*, j'ai dit, *quand le ciel est gris, ça ne dure qu'un jour*, j'ai dit, *enveloppe tes ennuis dans tes rêves et que tes rêves effacent tes ennuis*. (Un temps.) Depuis, je rêve toujours.

« Et maintenant mon troisième mari...

Dehors la tempête de poussière n'avait rien perdu de sa violence et je dus lutter péniblement pour parcourir chaque bloc qui me séparait du Deuce. VENEZ

VOIR CES PIEDS QUI DANSENT, disait une banderole rouge longue de soixante-dix mètres sur Father Duffy Square. Juste dessous, je payai un dollar une brochure verte et sale, copyright 1985. Elle s'intitulait *Les Maux des anciens. Sida, sexe, péché, le pire est à venir.* L'auteur s'appelait Ray Crabtree.

Sur la quatrième de couverture, on le décrivait comme « un imprésario de longue date, un philanthrope qui depuis de nombreuses années aide les pauvres en leur vendant pas cher ou pour un prix dérisoire des vêtements de première qualité particulièrement adaptés à la recherche d'un emploi ».

Ses mots brûlaient comme des flammes.

La thèse des *Maux des anciens* était tortueuse, le raisonnement minimaliste : l'homme moderne était mauvais, la Femme pire. « Ces féministes n'ont fait que renforcer la pourriture tyrannique de l'homme, écrivait Crabtree. Examinons ce qu'elles désignent du nom de libération : orgies, échangisme, avortement, drogue, sexe à l'école, droits des homosexuels, à New York pratiquement tout le monde est homosexuel, quel que soit le point de vue d'où on se place, ils font tous la même chose : travail buccal. Il suffit de marcher dans les rues la nuit pour voir des têtes monter et descendre, elles sucent des esquimaux ou des champignons, peut-être... Faites bien attention à ça : elles volent et elles sapent le marché. »

Les brochures, disposées dans une caisse à oranges, étaient vendues par Ramón, un garçon de quatorze ans. Il déclara qu'il les avait trouvées, il ne savait plus où, mais qu'il connaissait l'adresse de l'auteur.

– Tout le monde la connaît. Il demeure dans la maison de l'esprit.

D'après *Les Maux des anciens*, il n'y habitait pas seul. « L'auteur de ce livre vit avec des chats, des chiens et des oiseaux afin que ceux-ci le préviennent de l'arrivée de la peste et le protègent. Plongés dans le noir, nous voyons maintes choses et nous pouvons penser. » Cependant, comme toutes les créatures inoffensives, ils vivaient sous une menace constante. Le mal et l'obscénité grouillaient autour d'eux, attendant le moment propice pour fondre sur leur proie. « Aujourd'hui, cette peste a forme humaine, mais quand elle prendra celle d'un monstre, elle deviendra très dangereuse. L'espèce humaine ne sera pas nécessairement détruite par les armes de guerre mais plutôt par les inutiles, les vampires, les loups-garous, les hommes armés de crocs. Oui, l'âge des monstres est arrivé. »

Dans la zone de Hell's Kitchen que les promoteurs baptisaient à présent Clinton, la maison de Ray Crabtree s'élevait devant le DeWitt Clinton Park qui devait au crack et au crime son infâme réputation. C'était une bâtisse blanche, derrière une palissade noire, à la façade ravagée par les flammes et aux fenêtres condamnées par des planches. Elle avait un petit air du Sud, un parfum de marais et de lentilles d'eau. Un caddie de supermarché était enchaîné à la grille. Des chiens hurlaient, nombreux, invisibles.

Crabtree ne montra nulle hâte à apparaître. Il fallut, une heure durant, frapper, appeler, glisser des messages sous la palissade. Enfin, il se risqua à sortir. C'était un Noir d'environ soixante ans, robuste, vêtu d'un pull rouge ravaudé. Son visage aux pommettes hautes offrait des traits finement ciselés. Il parla sans être interrogé.

– Je savais que vous alliez venir. On m'a prévenu.

– Averti ?

– Disons seulement *informé*.

Il ne pouvait laisser entrer aucun visiteur. Le ménage n'était pas fait, il y avait trop d'animaux. Trois ans auparavant, des incendiaires avaient mis le feu pour l'obliger à déguerpir. Le toit s'était effondré, les fenêtres avaient explosé, l'intérieur était dévasté. Mais là n'était pas le plus grave :

– Tous mes chiens sont morts brûlés.

C'était une personne courtoise, un homme conscient de sa dignité. Sa voix, méditative, avait des inflexions d'instrument à cordes, tout en descentes, remontées, pizzicati, sauts brusques.

– Le violon. La musique. Ma première femme.

Ils s'étaient rencontrés à l'école primaire à Okmulgee, dans l'Oklahoma. Il était le cinquième d'une famille de treize enfants, le fils d'un métayer. Tombé amoureux après avoir vu Ingrid Bergman dans *Intermezzo* au cinéma local, il avait acheté un violon d'occasion et avait fait partie d'un petit orchestre.

– J'ai même pris des leçons. C'était mon destin. Mais ça n'a pas marché.

Il était donc parti de chez lui pour gagner Tulsa, puis New York. Il avait marché dans les rues, compris où allait l'argent et l'avait suivi. Pendant des semaines et des mois, assis dans le hall du Waldorf Astoria, le Pierre, il avait engagé la conversation avec quiconque, homme ou femme, ne repoussait pas ses avances. Agé de dix-neuf ans, né sous le signe du Bélier, il était « audacieux et téméraire. Rien ni personne ne l'impressionnait ». Il se savait élu.

C'était en 1942. Dix années durant, il étudia la composition, lut et se plongea dans la philosophie. Comme modèles, il choisit Aristote, Spinoza, Voltaire, Wagner et Raspoutine, le plus grand homme du XXe siècle, le plus incompris. Il écrivit deux opéras, des mélodies, des trios, des quatuors. Il aurait pu entrer dans la troupe de Katherine Dunham, mais il ne savait pas danser.

– J'ai donc continué à lire. Il y avait quelque chose de magique : tout ce que je lisais se trouvait déjà en moi, je le connaissais, mais je ne savais pas ce que c'était ni comment ça s'appelait.

Quand il le sut, il fut bien armé. Et, à nouveau, il emboîta le pas de l'argent.

– Car Salomon dit que la fête est destinée au rire, le vin à l'ivresse mais que l'argent répond à tout.

Avec le concours de financiers, il organisa des concerts à la mairie et à Carnegie Hall. Dans les programmes, il écrivait qu'il « s'efforçait d'enrichir la pensée universelle ». Il fit jouer *Les Sens, Inspirations tirées des lectures de Nietzsche, La Volonté est tout* et *Le Concerto pour violon de Crabtree.*

– Il y avait plus. Toujours plus.

En dehors de ses propres œuvres, il produisit des concours de danse, de la musique de jazz, des musiciens tels que Noble Sissle, Eubie Blake, et Hazel Scott et eut sa propre émission de radio, le *Crabtree Youth Show*. Mais il continuait à vendre des vêtements usagés, qui lui procuraient plus d'argent. Il ne se maria jamais. Il n'avait pas d'intimes. Il vivait dans une pièce unique près de Madison Avenue. Vers 1960, il commença à collectionner les chiens perdus.

– D'un point de vue chronologique, ce fut le tour nant de ma vie. Quand ma chienne mit bas neuf chiots, je les ai mis dans la salle de bains. C'était une salle de bains de bonne taille avec douche et tout. Mais les voisins, ils se sont plaints et on m'a expulsé, chassé comme un paria, et tous mes chiens avec moi.

Depuis, il avait déménagé très souvent. Il avait parfois l'impression de n'avoir jamais cessé. Mais des gens l'aidaient, quelques amis fidèles : ils ne le laissaient pas mourir de faim. En 1974, il publia son premier livre, *Views of Life and Things* (Aspects de la vie et des choses). Imprimé à compte d'auteur, sous-titré *Le Message qui entraîna le Watergate*, cet assemblage de prophéties, de rêves et de méditations se vendit à trois cents exemplaires. Au dos du livre étaient gravées les armoiries de Crabtree : une main dressée armée d'une dague de pal naturel, d'argent à une croix rompue, de sable à un chef azur.

Sur la Onzième Avenue, il trouva refuge avec ses chiens dans le bureau d'une gare de marchandises désaffectée. Là, il vendit d'autres vêtements usagés et lut d'autres livres; il organisa des bals du samedi soir sur un quai de chargement rebaptisé le Dancing. Mais la municipalité fit démolir le dépôt pour y construire le Jacob Javits Convention Center, un complexe de vitres, de miroirs et d'acier de trois cent soixante-quinze mille dollars.

– Je voulais seulement que les rêves deviennent réalité, déclara Crabtree au *New York Times*. Je ne savais rien faire d'autre.

Il était donc venu au DeWitt Clinton Park. Les incendiaires s'y glissèrent pendant la nuit et tous ses chiens périrent brûlés.

– C'était dans l'ordre des choses. Depuis toujours, ils tuent tous mes frères : les voyants, les prophètes, les philosophes. Saint Jean-Baptiste et les autres.

Mais cette fatalité ne le décourageait pas.

– Ces gens oublient une chose : je suis un Bélier.

Il ne prospérait pas, il se débrouillait. Deux fois par semaine, il effectuait la tournée des restaurants du quartier : on lui donnait assez d'os pour ses chiens et, pour lui, de la viande de première qualité. Le reste du temps, il étudiait l'éternité.

– Une seule chose est certaine, déclara-t-il. Nous nous précipitons vers la chute.

Debout, devant sa maison blanche, il résistait au vent en se grattant le crâne. C'était un homme doux, mais égaré.

– Autrefois, je rêvais presque toutes les nuits. Devant mes yeux passaient des lumières étincelantes. Je marchais, je ne courais pas. En marchant je m'éloignais de mes ennemis. Je tombais du haut d'une falaise. Je rêvais la musique. Je flottais. Je rêvais l'espace.

Derrière les fenêtres condamnées, les chiens hurlaient toujours.

– Maintenant je ne rêve de rien.

– Jamais ?

– Rien. Plus rien.

En entendant cela, Richard H. Roffman fit la moue et secoua la tête.

– Évidemment, même les philanthropes traversent de mauvaises passes.

Roffman était l'agent de presse de Crabtree. Il s'était aussi désigné lui-même maire de Times Square et saint patron des Braques. *The Dick Roffman*

World, son show télévisé hebdomadaire, avait offert une tribune gratuite à plus de talents sans qualités que n'importe quel promoteur de Broadway depuis P.T. Barnum en personne. Outre Crabtree, son catalogue se composait de Monde, *Génie de l'accordéon et inventeur du gant pour poignées de main de personnalités célèbres dans le monde entier*, de Tino Valenti, *Troubadour de societé*, d'Adonaiasis, *le Psy chantant*, de Morris Katz, *Le peintre le plus rapide du monde*, du Dr Joseph Yellis, *Pédicure humoriste*, et de Dee Dee Darnell, *La grive musicienne qu'on ne présente pas.*

Ce n'était pas un gag. Gros homme rondouillard à la Humpty Dumpty, Roffman était un missionnaire-né. S'il ne croyait pas aux talents de tous ses clients, il militait en faveur de leur droit à toucher un public. Le Joueur de Flûte de Broadway, ainsi le surnommait Wambley Bald, *ami très cher, confident intime.* « Où l'on entend rarement une parole encourageante, sa voix est un rayon de soleil. »

Roffman lui-même avait la gloire plus modeste :

– Je ne suis qu'un agent, le Woolworth de la promotion, pas le Tiffany.

Le crâne chauve comme un œuf sous son béret d'artiste coquettement posé de travers, il respirait difficilement. Il avait plus de soixante-dix ans, il souffrait d'arthrose et de hernies, il marchait en s'appuyant lourdement sur une canne, mais il ne s'accordait jamais un moment de relâche. Au cours de l'année précédente, il avait travaillé trois cent soixante-cinq jours, assisté à mille deux cents galas, rédigé quelque sept mille communiqués de presse.

– Mon boulot, c'est d'entretenir l'espoir. Pour ça, il faut de l'énergie.

Certains de ses communiqués, tapés à deux doigts sur une Royal d'époque, constituaient de petits chefs-d'œuvre : « La Société des derviches tourneurs a présenté à Tino Valenti, troubadour, conteur, comédien de composition, peintre, créateur de mode, chanteur, guitariste, cycliste, conférencier, producteur et réalisateur, le prix de l'homme de qualité le plus infatigable. »

Ou encore : « Six dachshunds végétariens sont disponibles à l'adoption chez le célèbre psy chantant Adonaiasis. Lors d'une conférence de presse donnée au restaurant chinois les Mangeurs de Loto, Adonaiasis, un grand et bel homme musclé, a déclaré : " Je regrette vivement de devoir me séparer de ces merveilleux chiens, mais je suis tellement accaparé par mon cabinet et mes consultations privées que je ne peux accorder de véritable attention qu'à un nombre réduit d'amis canins... " »

En récompense de telles inspirations, Roffman recevait beaucoup de railleries et peu de reconnaissance. Depuis quarante ans, il travaillait dans le même bureau-salon Upper Broadway, peint en rose pastel, encombré de photos publicitaires, de coupures de journaux, de cassettes de démonstration dont les piles montaient jusqu'au plafond. Quelque part, au milieu, soutenu par sa sœur Malvina, Roffman parlait au téléphone à deux interlocuteurs à la fois, tout en tapant de nouveaux communiqués, sa grande face de lune cireuse contractée par la douleur, un fromage coulant. Mais le rythme ne ralentissait pas.

– Nat Lehrfeld, *Fourreur et sculpteur sur coquillages* ; Big Eddie Carmel, *Gentil Juif de deux mètres soixante-quinze, originaire du Bronx* ; Princess Saint Joan, *célèbre peintre à l'huile.*

– Tes comprimés, lui rappela sa sœur Malvina.

– Brother Ignatius, *Gourou holistique et guérisseur qui jure par les pouvoirs miraculeux de la noix de coco* ; Cow-boy Jack Willis, *Boxeur et poète* ; Harold Blum, *Vendeur de biscuits en gros.*

– Dick, oh ! Dick ! suppliait sa sœur. Qu'est-ce que t'a dit le docteur ?

– Ugly George Urban, répondit Dick. *Habillé d'un costume lamé argent.*

Il additionnait en moyenne vingt réclames et cent coups de fil par jour. Ensuite, la nocturne commençait.

– Après mon divorce, j'ai juré de ne plus passer une nuit à la maison de toute ma vie. Ça ne m'est jamais arrivé.

– Jamais, soupira Malvina.

– Et ça n'arrivera jamais.

Les aventures de Roffman à Broadway remontaient à sa plus tendre enfance. Son père, Maurice Roffman, dirigeait l'orchestre de l'Elysee Hotel et, entre deux prestations, il emmenait son héritier sur la Grande Voie Blanche. Dick lui-même était devenu un enfant-star du Vitagraph et avait joué dans quelques épisodes des *Petites Canailles,* avant de devenir garçon reporter au *New York Journal American.* Il avait interviewé Dutch Schultz et Meyer Lansky, refilé des tuyaux à Walter Winchell, été l'agent de presse du Stork Club de Shermann Billingsley et avait animé une émission de radio appelée *Histoires vraies.* Finalement, il avait découvert sa vocation : « Être le catalyseur. »

Mais cela n'enrichissait pas son homme. Il ne demandait pas d'honoraires fixes, se méfiait des avocats. Parfois, on le payait en dollars, le plus souvent en promesses. Un journaliste raconta qu'il avait accepté une paire de gants usagés en paiement d'une annonce télévisée. Ses clients ne le méprisaient pas pour autant. Au contraire, chaque année, le jour de son anniversaire, avait lieu la Célébration annuelle de Richard H. Roffman, à laquelle participaient les amis de Richard H. Roffman. Précédés par le Dr Murray C. Kaye, *leader municipal et industriel mondial du produit de beauté-propriétaire de l'Institut de Beauté Murray C. Kaye,* tous ses protégés se réunissaient dans la salle de banquet d'un restaurant de Broadway, ou dans le studio T.V. de Roffman au sous-sol d'un magasin de pièces détachées automobiles, sur la Cinquante-Neuvième Rue Ouest. L'un après l'autre, le génie de l'accordéon, le psy chantant, le pédicure humoriste, le sculpteur sur coquillages, le troubadour de société, la grive musicienne qu'on ne présente pas, le géant juif de deux mètres soixante-quinze, le gourou holistique et guérisseur et le grossiste en biscuits, dansaient, chantaient, racontaient des blagues, récitaient des poèmes, présentaient des imitations.

La représentation terminée, on prononçait des discours, lesquels brodaient toujours sur le même thème : « Richard H. Roffman a fait de moi ce que je suis aujourd'hui. Il a réalisé mes rêves. »

Ces souvenirs le faisaient encore rougir de plaisir. Ses yeux s'humectaient, sa peau blanche se marbrait de rose.

– Pour tous ces amis, je remercie Dieu, *le célèbre Être suprême.*

C'était pratiquement le dernier agent de presse. Quelques années encore et la profession serait éteinte. Car tant que Times Square avait existé, les agents avaient été ses crieurs de rue. C'est eux qui, au sens propre, l'avaient inventé. Eux qui, en cheville avec les chroniqueurs des journaux, l'avaient baptisé la Grand-Rue, *la Croisée des chemins du monde*, « sorcière de feu qui, à califourchon sur les ailes des promesses, souffle d'aveuglants siroccos dans les yeux de ceux qui lui accordent leur confiance ».

Le métier d'agent de presse avait toujours été un métier artisanal, sous-payé et dévoyé et, fût-il miteux, toujours auréolé d'un certain prestige. Dans les années cinquante, il avait même engendré Tub-Thumps Row, un complexe de bureaux, situé sur la Quarante-Huitième Rue Ouest, dont le centre, la chambre d'Eddie Jaffe au-dessus de Duffy's Tavern, représentait alors un monument. Marlon Brando y dormit à même le sol, le poing de Rocky Graziano fit voler en éclats sa porte blindée. Et là, Margie Ward, *la célèbre reine du burlesque,* annonça qu'elle entamait une carrière théâtrale dans le rôle de Clytemnestre. « Je suis la femme du roi Agamemnon, expliqua-t-elle. Il me doit deux cents sacs. »

En cette époque bénie, *Cosmopolitan* affirmait que sur Times Square seulement, on comptait plus de cinq cents agents. Aujourd'hui, seuls survivaient Richard H. Roffman et Dick Falk.

– C'est triste, dit Falk, mais pas très triste.

Il avait soixante-dix-huit ans. C'était un personnage impétueux avec un bouc blanc, une casquette de marine blanche et une moustache blanche en forme de poignée de porte. Son bureau-cabine donnait sur l'intersection de Broadway et de la Quarante-Deuxième Rue, au croisement exact des chemins du monde.

– Un siège aux premières loges, dit-il. De ma fenêtre, je peux assister à une agression tous les quarts d'heure, *deux pour le prix d'un,* comme on dit à la télé, sans remuer le petit doigt. Ça conserve.

Aux antipodes de Roffman, il marchait à grands pas, l'œil teinté de lubricité, braillant comme un sergent à l'exercice.

– L'histoire de Times Square ? glapit-il, aussi fort en gueule qu'un Barnum. Il a commencé dans le ruisseau et il ne s'est jamais relevé.

Il ne parlait pas de l'Époque Dorée, comme on l'appelait, ça, c'était avant lui. Mais dès les années vingt, la Grande-Rue était déjà ce qu'elle était aujourd'hui : une allée de foire, un Coney Island au milieu des terres.

– Les gens ont tous le même mot à la bouche : doré par-ci, doré par-là. Croyez-moi, ici, le seul or valable a toujours été sonnant et trébuchant.

D'une décennie à l'autre, l'intrigue pouvait évoluer, le dialogue et les effets sonores aussi, mais le schéma de base était gravé dans le marbre :

– Les gars y venaient pour la baise, les filles pour le pèze.

Une expression faussement inquiète figea son regard. Penaud, il tira l'extrémité recourbée de sa moustache blanche et baissa la voix au niveau d'un aboiement d'intensité moyenne :

– Vous trouvez ça sexiste ? interrogea-t-il. C'est vrai, alors ça doit être sexiste.

Passé cet instant d'égarement, il s'illumina à nouveau.

– Bien fait pour moi. La publicité et la vérité ne vont pas ensemble.

Il maniait le dénigrement de soi comme une image de marque. Sous sa casquette de marin, il avait le crâne lisse, aussi glabre que celui de Richard H. Roffman. C'était un sacrifice obligé.

– Tous les agents de presse sont chauves. Ils ne peuvent pas faire autrement.

Il exhala un profond soupir :

– Le mensonge leur brûle les cheveux.

Falk, qui venait de Newark, dans le New Jersey, avait hérité d'une fortune en actions des chemins de fer. A l'âge de vingt et un ans, il l'avait entièrement dilapidée. Sans succès, il avait essayé de devenir acteur à Hollywood ; sans succès, il avait essayé de se lancer dans les affaires ; sans succès, il avait essayé de manger.

– Et me voilà, à trente ans, au Washington Jefferson Hotel, sur la Huitième Avenue, neuf dollars par jour et je n'arrive même pas à payer ça, je me nourris de flocons d'avoine à l'Automat où avant neuf heures du matin on vous donne un petit pain gratuit. Alors je tombe malade, j'ai des crampes d'estomac et le plus souvent je n'ai pas même la force de descendre de mon lit. Alors je me dis : *Il reste quoi ? Qu'est-ce que peut faire un type qui ne connaît rien, qui n'a aucun talent, aucun avenir, aucun espoir, pas l'ombre d'une chance ?*

Il fronça ses sourcils minces, caressa sa barbe neigeuse :

– Vos réponses exclusivement sur carte postale, s'il vous plaît.

Après avoir travaillé quinze ans pour la Shubert Organization, il s'était lancé seul. Son éventail de clients était allé de Jane Mansfield à Norman Mailer en passant par Barbra Streisand et Salvador Dalí. Inspiré par Falk et par « l'amour pur, vertical, mystique et gothique de l'argent », celui-ci avait un jour daigné dessiner une série de cartes de vœux Hallmark.

– Elles ne se sont pas vendues, avoua Falk. Le grand Herman non plus.

Herman, « l'artiste le plus intelligent, aux facettes les plus multiples, et le plus parfait gentleman dont je me sois occupé », était venu à New York à la fin des années cinquante. Falk avait réservé pour lui une suite au Waldorf Astoria et convoqué la presse internationale. Prévenue de l'arrivée d'un acrobate suisse qui ne parlait pas un mot d'anglais, la direction lui fit monter gracieusement du champagne et des canapés, ainsi qu'un interprète allemand et italien. A douze heures précises, une Daimler de location s'arrêta devant l'hôtel. Les flashes crépitèrent dans tout le hall. Apparut alors le grand Herman, une puce.

– Mais une puce grosse comme ça. Et vraiment très sympathique.

Toute la philosophie du métier se résumait là : l'invendable à la poursuite de l'indisponible. Si on jugeait cette course puérile et de mauvais goût, si on considérait celle-ci comme une insulte à l'intelligence humaine, « on montrait beaucoup de bon sens, dit Falk, mais on n'avait rien à faire sur Broadway ».

Son Broadway s'était terni aux environs des années soixante-dix. La télévision rendait l'agent de presse obsolète. New York, qui dénombrait autrefois neuf grands journaux, n'en comptait plus que trois. Les clients aussi avaient changé.

– Du jour au lendemain, ils voulaient tous jouer Hamlet. Même le grand Herman.

Les loyers des bureaux grimpaient en flèche, les vieux collègues tombaient comme des mouches. Pendant ce temps, sur Times Square, s'ouvrait l'ère du porno.

En théorie, Falk n'y voyait aucune objection :

– Les affaires sont les affaires. Une fille danse les seins nus sur le bar, vous lui glissez un dollar dans la culotte et vous en profitez pour lui mettre la main au cul, quel mal y a-t-il à ça ? Norman Mailer n'a jamais été aussi honnête.

Seulement le strip-tease débarquait avec un excédent de bagages.

– Fourgueurs, macs et cinglés. Malades, voyous. Et agents morts.

A présent, il avait réduit son temps de travail et ne prenait plus le métro le matin. Mais sa banderole écarlate : Richard R. Falk & Associés, Relations Publiques 2210043, faisait toujours fièrement l'article à la fenêtre du deuxième étage et les activités ne manquaient pas. Récemment, un portrait le représentant de profil avec sa noble barbe blanche avait circulé dans les universités américaines, annonçant que Sigmund Freud, *le distingué penseur octogénaire,* effectuait des tournées de conférences. Mais sa grande passion, c'était l'avion.

Une boîte de Quaker Oats trônait sur son bureau, étiquetée CENDRES VOLANTES.

– J'offre un service spécial, le vol éternel. Il me plaît à penser que c'est un service unique au monde.

Pour un prix modique, il recueillait les cendres du disparu après son incinération, les enfermait dans la boîte de Quaker Oats et les dispersait au-dessus de la mer en déclamant les Rubayat d'Omar Khayyam.

– *Prends l'oseille et que volent les cartes de crédit,* récita-t-il en adoptant une pose de tragédien. Quelque chose dans ce goût-là.

Parfois, quand le vent soufflait du nord, il se surprenait à méditer sur ses propres Quaker Oats. Mais cette pensée ne le retenait pas longtemps.

– Un gars m'appelle la semaine dernière, il me dit qu'il a le cancer, que c'est une question de jours et qu'il veut que je m'occupe de ses cendres. Parfait. Vous faites votre boulot, moi je fais le mien, je lui réponds. Seulement voilà le gars a peur de l'avion.

Falk mima le trouble et la consternation.

– Qu'est-ce que je peux lui dire à ce pauvre clown ? *J'irai doucement !* rugit-il.

Son poing s'abattit sur la table, soulevant la poussière et les journaux de la veille, les photos des chorus-girls défuntes.

– Tu parles, si j'irai doucement !

Il était six heures. De l'autre côté de la rue, une enseigne disait : Toucher délicat, Cirage topless. C'était un vieux commerce local. Un long escalier sombre conduisait à un couloir où se succédaient des stands de cirage avec leurs boîtes et leurs peaux de chamois, mais sans cireuse topless. Un vieux Noir « mon nom est à moi », assis derrière un comptoir en bois, vous expliquait le contrat : cinq dollars pour une fille et une chambre pendant quinze minutes, Extras à négocier. Si vous le préfériez, la fille pouvait venir ici vous cirer les chaussures. C'était arrivé une seule fois, dit l'homme au comptoir. Il ne se rappelait plus en quelle année.

Aujourd'hui, le vieil homme avait disparu et les stands avec lui. A leur place une fille nommée Wesley frappait tranquillement à une porte fermée et verrouillée. Elle avait dix-sept ans, une peau très blanche contrastant avec une chevelure rouge flamme. Elle cherchait un certain Smiling George :

– Il a dit qu'il serait là à six heures. Il est six heures et il n'est pas là.

Ensemble, nous marchâmes vers le Deuce. Une équipe chassait l'autre, les vieux rentraient chez eux, les jeunes prenaient le relais pour la nuit. De nouveaux attroupements faisaient cercle autour des joueurs de bonneteau. Des flics patrouillaient sans se soucier d'eux. A quoi bon ? Un de parti, deux de revenus.

– Il paraît qu'ils trichent, dit Wesley.

Elle venait de Concordia, dans le Kansas, et elle était à New York depuis cinq jours.

– Mais je n'ai mangé que les trois premiers, expliqua-t-elle, le visage crayeux, les yeux rougis et larmoyants.

Au Nedick's, où je lui payais un snack, elle engloutit quatre hamburgers et quatre grandes portions de frites, quatre grands Coca, quatre crèmes glacées.

– Quatre est mon chiffre porte-bonheur. C'est Smiling George qui me l'a dit.

Elle portait une minijupe verte avec des collants couleur de bubble-gum et une chemise de garçon bleu marine. C'était pour ça qu'elle s'appelait Wesley, parce que son père voulait un garçon. Mais ses cheveux roux retombaient en cascades luisantes sur ses épaules et sentaient la noix de coco fraîche. Elle était comédienne, ou elle allait le devenir, et les comédiennes ne se laissent pas aller en public.

– Elles se lavent tout le temps, tous les jours, c'est obligé.

Ses yeux gris, soulignés de bleu violine, avaient la forme allongée de ceux d'un chat siamois.

– Dans ce métier, vos atouts physiques sont les seuls qui ne vous fassent jamais défaut. C'est Smiling George qui me l'a dit.

Leur rencontre ne datait que de la veille au soir. La manière dont ça s'était passé, c'était tellement étrange, comme un destin qui se réalise. Wesley était debout au coin de Broadway et de la Quarante-Quatrième Rue. Le soir tombait et elle mourait de faim. Elle n'avait pas dormi dans son lit depuis une semaine. Pour être franche, elle se sentait perdue. La seule chose qui l'avait amenée à New York, c'est qu'il y avait un garçon qu'elle connaissait. Il s'appelait Martin. Il était plus âgé. Elle l'avait rencontré à Pâques, dans le Dakota du Sud, dans le Parc national des Badlands. Elle était en vacances avec des amis, ils avaient fait halte dans une aire de pique-nique et Martin était venu emprunter du sel. Lui aussi voulait être comédien, comme elle, mais il avait pris de l'avance. Il avait déjà une chambre à Long Island City et un job comme serveur. Il prenait des leçons de respiration, il savait danser des claquettes et connaissait le cri primal. Il portait Obsession de Calvin Klein.

La première fois qu'ils avaient fait l'amour, c'était à l'intérieur de la Chevy Rambler de Martin et il n'avait pas cessé de déplacer leurs corps, de les relever, jusqu'à ce que son profil gauche s'encadre dans le rétroviseur.

– C'est la vocation, expliqua Wesley.

Au matin, elle lui avait parlé de son intention d'aller à New York, la Grosse Pomme. C'était un peu un mensonge, l'idée venait juste de lui passer par la tête. Mais Martin n'avait pas cillé. *Terrible. Mi casa es su casa.* Maintenant elle était là, mais Martin avait déménagé à Marblehead.

– Comment on dit déjà ? Un affreux dilemme.

Impossible de rentrer chez elle, l'oreille basse. Ce n'était pas son genre.

– On m'a élevée comme un marine.

Mais les marines aussi pouvaient souffrir de la faim, se sentir perdus. Elle avait passé les deux dernières nuits dans la gare de Penn, chassée d'un banc à l'autre. Elle avait encore un billet de dix dollars caché à l'intérieur de sa chaussure, mais cet argent représentait son assurance contre le suicide. Alors que faire ?

– Je me suis mise à pleurer. Enfin, pas à pleurer, à renifler, quoi.

Et Smiling George était apparu.

C'était magique. A l'instant où elle perdait tout espoir, cette voix d'homme s'était mise à crier : *Jennifer ! Jenny ! Jenny Feffer !* Une main blanche s'était abattue sur son bras nu et elle avait senti l'odeur d'Obsession de Calvin Klein. Elle s'était retournée : l'homme était âgé, dans les cinquante ans, et au bord des larmes.

– Vous n'êtes pas ma fille !

A l'entendre, c'était sa faute. Les gens cherchent toujours à vous culpabiliser. Peut-être devait-elle cela à son aura ou juste à ses cheveux roux. Elle avait une amie au lycée, Marianne Tibbs, un peu mystique, et Marianne lui avait raconté qu'autrefois les rousses étaient condamnées à brûler consumées par leur propre flamme. Feu élémentaire, elles représentaient les pouvoirs de la sorcellerie, de l'inconnu, de l'interdit.

– Le chant des sirènes, avait dit Marianne. Irrésistible, mais mortel.

Wesley ne se considérait pas comme une sorcière. Plutôt comme une erreur de calcul.

– Quelqu'un qui aurait dû être quelqu'un d'autre.

Un garçon, une jolie fille, une superbe blonde ou une brune mystérieuse et lointaine. Tout sauf cette chose blanche, coiffée de cette tignasse couleur carotte, tout en bras et en jambes, au derrière triste comme un bonnet de nuit, qui n'était pas et ne serait jamais la fille de ce monsieur.

A l'intersection de Broadway et de la Quarante-Quatrième Rue, il ne cessait de tourner en cercle autour d'elle, de l'examiner sous toutes les coutures, de vérifier et de vérifier encore.

– Je n'y comprends rien.

Il n'était pas parti longtemps. Il était juste allé à la Primadora acheter un gros cigare et à son retour, plus de Jennifer, volatilisée. Elle avait seize ans, c'était une enfant. Si elle tombait chez des brigands, elle n'avait pas l'ombre d'une chance.

– Je ne sais plus où j'en suis.

Wesley l'avait regardé : c'était le visage le plus triste du monde : les yeux, les oreilles, les joues, le long nez en bec d'aigle, tout pendait et lui rappelait un basset qu'elle avait trouvé un jour. Il s'appelait Trigger et il était abandonné.

– Je suis désolée, dit-elle.

– Ce n'est pas votre faute, dit l'homme.

C'était gentil de sa part. Mais Wesley ne le croyait pas. Son regard, infiniment blessé, exprimait une accusation muette et tout au fond elle se sentait tellement coupable, tellement ignoble.

– Je suis désolée, répétait-elle. Désolée, désolée, désolée.

Et lui, il restait là, à se liquéfier. Il ne voulait pas partir.

– Ma fille unique.

– Oui, dit Wesley.

Elle capitula :

– Oui. Je veux bien. Oui.

Son bureau, une petite pièce toute sombre, se trouvait derrière la Huitième Avenue, dans ce qu'on appelait autrefois Hell's Kitchen. Le portier portait une casquette verte soulignée d'un galon doré. Quand il les vit, il claqua des talons et cligna de l'œil :

– Comment va Smiling George ?

– Je ne sais plus où j'en suis.

C'était un producteur de cinéma. Ses amis l'appelaient simplement George, mais son nom professionnel était Federico Fellini.

– Il faut jouer le jeu. Dans ce métier, à moins d'être italien ou juif, vous êtes mort.

Il secoua la tête, se frappa les joues :

– C'est tordu, mais que voulez-vous ? Le monde est tordu.

Des affiches de ses vieux films tapissaient les murs de son bureau. Wesley ne se rappelait pas leurs titres exacts, ils étaient tous en langue étrangère, mais George lui avait dit que c'étaient des cartons, des succès fracassants.

– Ils ont vraiment cassé la baraque.

Mais il était insatisfait. Comme tous les vrais artistes. Il avait un nouveau projet sur les rails, à faire péter les fusibles des pigeons. Pas encore tout à fait ficelé. Il n'avait même pas de titre. Mais, dans sa tête, les détails étaient clairs, intrigue, dialogues, campagne publicitaire.

– J'ai déjà trouvé le slogan : *Vous avez vu ailleurs, maintenant voilà le meilleur.*

Restait la distribution.

– Le premier rôle féminin. Un film comme ça, ça peut donner *Autant en emporte le vent* ou *Blood Sucking Freaks*. Tout dépend de la vedette.

A l'en croire, le rôle exigeait un don particulier :

– Une actrice de Hollywood n'irait pas. Trop d'expérience, trop de métier.

Il recherchait la fraîcheur.

– Une incandescence.

Le mot ne lui disait rien. Wesley était trop timide pour l'avouer, mais George sembla le deviner.

– *Incandescence*, expliqua-t-il, une chaleur intérieure, un feu dormant prêt à s'allumer. Une flamme sensuelle à l'état brut. Une seule allumette et tous les mâles américains ont les yeux écorchés.

Ce genre de brasier, ça ne se trouve pas sous le pas d'un cheval. Smiling George le cherchait depuis des mois, depuis des années, sans réussir à dénicher le visage et la silhouette qu'il voulait. Parfois l'envie le prenait de jeter l'éponge. Peut-être que ce qu'il cherchait n'existait pas, peut-être n'était-ce qu'un mirage.

– Un rêve impossible.

Mais c'était plus fort que lui.

– C'est mon Saint Graal. L'éternelle quête de l'artiste à la poursuite du divin.

Tout en parlant, il marchait de long en large et fumait cigarette sur cigarette. Les fenêtres noircies par la fumée empêchaient le jour de filtrer, l'air devenait irrespirable.

– Frémissante. Ardente. Brûlante. Dévorante, dit George dont la ressemblance avec un chien s'accentuait à mesure qu'il égrenait les adjectifs. Sexationnelle, comme vous.

Wesley s'était enfoncée dans son fauteuil, si moelleux et si doux qu'elle croyait être assise sur des sables mouvants. Au-dessus de sa tête, il y avait une suspension coiffée d'un cône. Quand George appuya sur l'interrupteur, la lumière l'éblouit.

– Comme vous pourriez l'être, si vous l'osiez.

Elle n'était pas naïve. Elle regardait la télévision comme tout le monde, et elle connaissait les producteurs de cinéma. Il ne fallait pas se fier à eux. Ils volaient le cœur des jeunes filles et ensuite, ils le jetaient comme un jouet cassé. Mais elle était clouée sur place, aveuglée par la lampe.

– Sexationnelle, répétait George.

Sans le voir, elle le sentait remuer quelque part audessus d'elle.

– Une flamme sensuelle à l'état brut.

En racontant cette histoire, maintenant, elle se sentait idiote. Un peu de ketchup restait à la commissure de ses lèvres. Elle s'engloutit dans sa crème glacée.

– Je ne suis pas née de la dernière pluie. Il m'arrive de sortir le dimanche.

Deux flammes rouge vif brûlaient sur ses joues.

– Mais je n'avais pas le choix. Rien à dire.

Quand Smiling George avait éteint la lumière et qu'elle avait pu y voir à nouveau, elle avait d'abord distingué les vieilles affiches de cinéma qui couvraient le mur. Parmi elles, il y en avait une qui représentait une blonde avec une grosse poitrine, moulée dans une robe étroite, à quatre pattes comme un animal sauvage, une bête de proie. *La Dolce Vita*, annonçait l'affiche.

– L'un de mes plus grands, dit George.

Par une étrange coïncidence, il y avait une scène similaire dans son prochain film. Si Wesley le souhaitait, ils pouvaient l'étudier.

– Voir comment vous exécutez les indications scéniques.

Seulement maintenant, il avait l'air complètement indifférent. Comme si c'était *elle* qui le sollicitait.

– Voilà ce que je vous propose. Vous allez faire un bout d'essai et on verra. Qu'est-ce que j'ai à perdre ?

Il se mit à feuilleter le script et s'arrêta à la scène en question. Celle-ci exigeait que Wesley se déshabille, grimpe sur le bureau, se mette à quatre pattes et aboie. Mais pas comme n'importe quel chien.

– Un caniche de race, précisa George. Nain. Femelle. Français.

Wesley n'était pas bien préparée. Son dernier rôle parlant avait été celui du lièvre de Mars dans *Alice au pays des merveilles*. Elle était alors en classe de quatrième et ses talents de comédienne avaient rouillé.

En ôtant ses vêtements, elle s'était sentie empotée. Il y avait sur la table un vase de fleurs en plastique. En grimpant dessus, elle l'avait renversé, les fleurs étaient tombées. L'odeur du tabac froid et de la poussière l'étouffait, elle s'était mise à tousser.

– Mais je ne me suis pas dégonflée.

Sous la direction de Smiling George, elle avait pris la pose et attendu son signal. Puis, les paupières étroitement serrées, elle avait aboyé jusqu'à ce qu'elle n'ait plus de voix.

La prise lui parut durer une éternité. Derrière elle, dans le noir, elle sentait que George la regardait, la jugeait. Mais il ne l'avait pas touchée. Il n'avait pas fait un geste. A la fin de l'éternité, il avait claqué des mains, une seule fois.

– Coupez !

Wesley était redescendue et avait commencé à se rhabiller. Debout à la fenêtre, noir sur noir, Smiling George la regardait toujours. Mais il ne lui avait pas donné son avis. Il n'avait pas dit un mot.

– Rendez-vous compte, dit Wesley.

Elle était là, penchée, en train de remonter son collant rose tout neuf de chez L'Eggs et allez savoir comment le collant avait tourné en faisant un nœud serré. Alors elle s'était agenouillée pour le remettre droit. Elle avait baissé la tête. En la relevant, elle avait vu George planté devant elle.

De près, Obsession de Calvin Klein dégageait un parfum si puissant que ses yeux cuisants s'étaient emplis de larmes. La main de George s'était abattue sur son épaule, glacée, dure comme de la cire.

– Vous voulez devenir quelqu'un dans ce métier ? Une vraie professionnelle ?

Elle n'avait pas répondu, hochant simplement la tête. Son collant était déchiré à l'entrejambe. Elle avait réussi à le remonter jusqu'au genou, sans pouvoir aller plus loin.

– Vous voulez devenir une superstar ?

– Oui. Je veux bien. Oui.

– Dans ce cas, apprenez d'abord la règle numéro un.

En un geste d'affection paternelle, il lui avait pris le menton et l'avait aidée à se relever.

– Quand le metteur en scène vous demande un caniche français, ne lui faites pas un putain de pékinois.

La honte l'avait submergée. Elle s'était sentie absolument nulle. Mais George avait dû voir quelque chose en elle, « une flamme sensuelle à l'état brut ». Il lui avait promis une deuxième chance, un véritable essai filmé.

– Avec caméra et tout, précisa Wesley.

Forte de cet espoir, elle avait économisé trois dollars trente en sautant le dîner et s'était acheté du fond de teint et un sachet d'huile de noix de coco. LA JEUNESSE N'EST PAS UN ÂGE C'EST UN ÉTAT D'ESPRIT, pouvait-on lire sur le paquet.

– Il a promis, dit Wesley.

Un dernier coup de langue et la glace était consommée. Sur la table s'élevait une montagne de détritus.

– Un chien n'aurait pas mérité ça !

Quand elle entendit ce qu'elle venait de dire, son visage se tordit, elle sembla sur le point de brailler, mais le fou rire l'emporta.

– Frémissante. Ardente. Brûlante. Dévorante.

Au milieu des débris de nourriture gisaient quelques sachets en plastique de moutarde et de ketchup. Elle en saisit une poignée au hasard et les écrasa entre ses doigts. Il en gicla une mixture rouge et jaune qui se répandit sur ses mains.

– Sexationnelle, dit Wesley. Comme moi.

Du haut en bas de la Quarante-Deuxième Rue, les foules du soir envahissaient les trottoirs, débordaient sur l'asphalte. Le commerce nocturne prenait position devant les marquises des cinémas pour faire argent de la drogue et du sexe nouveaux, des morts nouvelles.

– J'ai du crack si bon qu'il change le mal en bien, dit un fantôme gris, près du Victory, appuyé contre l'affiche de *Hot Saddle Tramp*.

Il avait dix-sept ans, le même âge que Wesley, mais il avait perdu toutes ses dents, excepté une, une molaire supérieure gauche dans laquelle était incrusté un diamant. La pierre étincelait dans sa bouche comme une torche électrique dans un puits de mine à ciel ouvert.

– Si bon, si bon. Il prouve l'existence de l'âme.

Une deuxième ville grouillait, en sous-sol : entre Times Square et Port Authority, courait un dédale de tunnels, de quais, de couloirs, de dépôts, d'arcades. Des hommes vivaient là depuis des années. Des artistes travaillaient dans les couloirs de correspondances, des quartettes doo-wap chantaient *Heart and Soul*, des saxophonistes jouaient *Giant Steps*. Il y avait des mimes, des acrobates, des hommes-orchestres.

Sous la sortie de la Huitième Avenue, c'étaient des cireurs de chaussures, des sandwiches au fromage chimique, des flippers d'époque. Entre un Apollo de William et un Jack O'Diamonds de Gottlieb, nageant dans l'urine rance, se dressait un appareil à prédire l'avenir. PASSEZ LE TEST DU DESTIN, exhortait la machine. Un homme s'exécuta. C'était un représentant de commerce vêtu de polyester bleu ciel, venu de Philadelphie. Il avait bu et s'était fait voler son portefeuille. Il ne possédait plus qu'un quarter et quatre cents, mais rien ne l'arrêtait. Ayant glissé le quarter dans la fente, il attendit, les mains levées, les doigts croisés. Toutefois, quand la Carte du Destin émergea, les vapeurs de l'alcool lui en rendirent la lecture impossible.

– La Fortune va vous sourire, commença-t-il. A cœur vaillant, fortune vaillante.

Jusque-là, le message était clair, mais les petits caractères le découragèrent.

– Ça rime à rien.

Il déchira la carte en menus morceaux et les jeta contre le mur.

– A quoi bon passer le test, si le destin vous déteste ?

Trois blocs plus loin, Larry Marshall écoutait l'histoire en hochant la tête.

– Racontez-moi, dit-il avec un rire strident et sans joie. J'aurais pu être à sa place.

Seul au Barrymore's, un bar de théâtre sur la Quarante-Cinquième Rue Ouest, il sirotait chastement un Coca light. Des tests, il en passait depuis trente ans. S'il ne devait plus en passer un seul, ce n'était pas lui qui irait se plaindre.

Il y avait tout de même de quoi se poser des questions, car à Broadway personne n'ignorait ce qu'il savait faire : chanter, danser, jouer la comédie. Il avait tenu des rôles dans tellement de spectacles, *Hair, Jésus-Christ Superstar, L'Opéra de Quat'Sous*, une douzaine d'autres. Il avait chanté du doo-wap, la *Messe* de Bernstein, les Beatles et Palestrina. Dans *Porgy and Bess*, où il incarnait Sporting Life, il était passé au Met et avait fait le tour du monde. On lui avait même confié le rôle principal dans une comédie musicale de Broadway, *Rockabye Hamlet.* C'est vrai, le spectacle n'avait tenu que quatre soirs. Son nom, pourtant, avait brillé en haut de l'affiche, il avait éclairé la Grande Voie Blanche. Et ça, personne ne pouvait le lui enlever. Mais, à près de cinquante ans, il passait encore des auditions.

– Ça donne matière à réflexion.

C'était un lexique ambulant, un dictionnaire des spectacles à lui tout seul. Un homme, à Broadway, avait peut-être porté des chapeaux plus nombreux, servi plus longtemps : si tel était le cas, personne au Barrymore's ne pouvait dire son nom.

– J'ai parcouru tout le quai, dit Larry.

– Et alors ?

– Je suis tombé dans l'eau.

Un tiers noir, un tiers irlandais, un tiers cherokee, il avait la peau couleur caramel blond et le visage large piqué de taches de rousseur. Il riait beaucoup, très fort et racontait d'innombrables histoires drôles. Il souffrait d'une mélancolie apparemment sans fond.

Dans sa jeunesse, il avait été mince comme un fil, vif comme un fouet. Mais les kilomètres l'avaient usé.

– J'ai abîmé la peinture, démoli la suspension.

La machine était sur la route depuis trop longtemps. Trop de virées nocturnes à Jericho, et beaucoup trop d'alcool. Le whisky l'avait détruit, lui et son travail. Asservi, il avait engraissé, il avait sombré.

– Une épave.

Maintenant, il ne buvait plus. Il avait reperdu ses kilos. Au Barrymore's, son Coca light à la main, Larry ressemblait à un vieux lévrier, fatigué par la course, mais toujours racé, conçu pour la vitesse.

– Comment j'en suis arrivé là ? Excellente question.

Il avait commencé à Spartenburg, en Caroline du Sud, six kilos cinq à la naissance. Son grand-père s'était échappé d'une réserve Cherokee pour épouser une femme noire. Il possédait une ferme et une vieille maison spacieuse peinte en blanc, des poules et des chèvres dans la cour, un cheval, une vache. Mais il n'avait pas trouvé sa place dans la communauté noire. C'était un catholique converti, un homme instruit. Le curé venait dire la messe dans le salon. Lui-même s'appelait Larry à cause de saint Lawrence. Sa mère avait quinze ans. Pendant de nombreuses années, il n'avait pu s'endormir qu'en lui tenant les seins. Son père, sergent dans une caserne voisine, avait disparu outre-Atlantique. A Larry, on avait dit qu'il était mort. Et puis sa mère était partie à Atlanta apprendre la coiffure. La maison s'était peuplée de tantes, d'oncles, d'une horde de cousins. Tout le monde parlait en même temps. Il y avait du bruit nuit et jour. Dehors, dans la cour, seul, Larry tuait des poussins. Personne ne comprenait pourquoi. « Parce qu'ils marchent derrière leur mère », disait Larry.

Il grandit, il tourna en rond. Toujours sur des charbons ardents, il ne pouvait ni rester tranquille ni éviter les ennuis. Sa mère épousa un employé des pompes funèbres qui se rétractait quand Larry l'appelait papa. D'autres oncles et d'autres tantes firent leur apparition, ainsi qu'une nouvelle fournée de cousins. Le dimanche, pour son déjeuner, Larry faisait rôtir ses chatons dans le four. Il avait quatre ans, presque cinq. Le week-end de son anniversaire, il siffla une femme blanche devant le Palmeto Theatre. Sa famille décida qu'il serait mieux ailleurs.

Il avait une tante qui habitait à New York, la sœur aînée de sa mère. En se mariant, elle était entrée dans une famille de Cubains et de Barbadiens. Tous habitaient à Hamilton Heights et Larry fut envoyé en visite. La visite ne se termina jamais.

– La vie de ma tante ne se résume qu'à un long soupir, dit Larry.

Elle voulait qu'il reste éternellement un bébé. Elle le lava et l'habilla jusqu'à l'âge de dix ans. Mais tout le monde ne le choyait pas ainsi : quelque part dans le quartier, il y avait un homme dont il refusait de dire le nom, et qui vivait pour le punir. Toute la semaine, il travaillait et additionnait les péchés de Larry, faisant le compte des coups de fouet. Vendredi, il recevait sa paie, samedi, il fouettait. Et certains samedis, pour varier les plaisirs, il lui appliquait un oreiller sur la bouche et l'empêchait de respirer jusqu'à ce qu'il devienne bleu « Une éducation », comme disait Larry.

Hamilton Heights, aujourd'hui le paradis du crack, était à cette époque un quartier résidentiel, symbole du progrès noir. Duke Ellington habitait dans le même pâté de maisons, Mary Lou Williams au coin de la rue. L'oncle de Larry, employé à la poste, possédait une maison en brique rouge de quatre étages, aussi imposante qu'une citadelle, aux boiseries sombres, propres et cirées.

Enfermé dans sa chambre, Larry vécut devant la glace. Il était maigre, à présent, un sac d'os. Une photo de lui en enfant de chœur montre un rescapé des camps de concentration aux joues creusées, à la tête lourde, dont seuls les yeux conservent une lueur de vie. A l'école, il portait un uniforme de West Point et saluait chaque sœur au passage. Dans son miroir, il se transformait en Captain Fantastic; il jouait au Danseur imaginaire. Deux ambitions le dévoraient : devenir prêtre, jouer du saxo ténor, il ne pouvait pas choisir.

En un sens, il n'avait jamais choisi. Parvenu à l'adolescence, il était soliste dans le chœur du Corpus Christi, chantait des chants grégoriens et le *Requiem* de Fauré. Et il fumait des joints, buvait du Thunderbird et chantait en falsetto dans un groupe de doo-wap, a capella dans le cimetière voisin.

Le ténor était un homme distingué nommé David. Baptisés les Del-Chords, ils portaient des sweaters de collège imprimés du logo D.C. On parla d'eux dans le magazine *Jet*. Le succès semblait assuré.

– Nous avions un défaut, dit Larry. Nous chantions trop bien.

Trop bien élevés, trop propres, ils n'avaient pas le son noir sans pour autant passer pour des Blancs. C'était en 1960, la haute saison de la ruée vers l'or du rock and roll. Au Brill Building, 1652 Broadway, le moindre bureau, le moindre placard à balais découvrait l'Elvis de la semaine prochaine ou les Platters du mois prochain. Vous preniez l'ascenseur, les Crests se mettaient à chanter *Sixteen Candles*. Vous entriez dans le hall, Jackie Wilson entamait *Lonely Weekends*.

Au coin de Broadway et de la Quarante-Neuvième Rue, il y avait un snack, le Turf. Sa capacité légale était de quatre-vingt-trois mais un lundi à l'heure du déjeuner, Larry compta jusqu'à deux cent vingt-six, tous chantant par onomatopées et improvisant en chœur, les Skyliners et les Spaniels, les Jesters et les Chantels, les Ravens, les Falcons, les Flamingos et les Crows ; les Cadillacs et les Impalas, les Eldorados et les Edsels ; Ben E. King et les Drifters ; Leiber & Stoller et Goffin & King ; Doc Pomus et Mort Shumann ; Neil Sedaka et Frankie Valli ; Little Eva, Lavern Baker, Clyde McPhatter, Sam Cooke ; et un petit merdeux au cheveu rare et à la vilaine peau, qui ne payait jamais à boire. Phil Spector, il s'appelait.

Les Del-Chords furent écrasés dans la mêlée. Ils passèrent une centaine d'auditions, enregistrèrent une centaine de maquettes, mais il y avait toujours quelqu'un qui chantait plus fort ou s'habillait de façon plus voyante. Et puis, le véritable rêve de David, c'était d'être un gangster. Quand le groupe perça enfin et qu'il passa dans le téléthon de Martha Ray, il s'aperçut qu'il n'avait plus de cigarettes. Alors il attaqua un drugstore. Le lendemain matin, Larry se réveilla pour lire l'article dans le *Daily News* et trouva la photo de David en première page, menottes aux poignets et hurlant à l'arrière d'un fourgon de police.

– Martha ne nous a plus invités.

La carrière des Del-Chords étant brisée, il changea pour les Sierras. Ils enregistrèrent un disque, *I'll believe it when I see it*, classé quatre-vingt-dix-huitième au Top Cent. Et puis Cassandra, la chanteuse, tomba enceinte ou se maria, les Sierras se séparèrent et jamais plus Larry ne put écouter une émission rétro sans souffrir de crampes d'estomac.

– Les Dubs, les Silhouettes, Lee Andrews & The Hearts, soupira-t-il. J'aurais pu être à leur place.

Après les déboires du saxo, vint le tour du prêtre. Déjà, à l'époque où il hantait le Brill Building, il dirigeait des chœurs, étudiait le chant classique. Voilà qu'on lui accordait une bourse à Xavier, à La Nouvelle-Orléans, au Conservatoire de la Nouvelle-Angleterre.

A vingt et un ans, il avait passé tous les jours de sa vie sous la coupe de femmes maternantes. « Des femmes qui voulaient aussi faire de moi une femme. » Aussi loin que remontaient ses souvenirs, il avait rêvé de liberté, de solitude. Et enfin, cette chance s'offrait à lui. A La Nouvelle-Orléans il joua de la musique des Beatles, du hootenanny sur Bourbon Street, se beurra tous les matins et s'envoya en l'air tous les soirs. A Boston, il joua de la batterie avec John Coltrane.

– J'étais mon propre maître, j'étais seul, dit Larry exultant.

Dès son premier retour à New York, il épousa sa fiancée de classe.

– Pour ne pas être seul.

Le père de sa femme, Avon Long, s'était baptisé le grand Avon. C'était un des fondateurs du théâtre noir et le deuxième, après John Bubbles, à tenir le rôle de Sporting Life dans *Porgy and Bess*. Trente ans après, il le jouait encore. Quand il partit en tournée, Larry lui servit de doublure.

– Avec lui, j'ai fait l'apprentissage du monde.

Pendant quatre-vingt-dix jours, la troupe tourna à travers toute l'Amérique, parquée dans un autocar conduit par un chauffeur délabré nommé Wally Mauvaise Route. Ils parcoururent le Tennessee, la Géorgie, le Texas et l'Alabama, s'arrêtant dans des Holiday Inn, s'entassant à plusieurs dans des chambres à sept dollars, avalant le petit déjeuner dans des parkings tandis que des visages blancs les regardaient avec hostilité à travers les vitres de l'autocar; jouant aux cartes le jour, jouant aux dés la nuit; trichant, mentant, maniant le couteau, courant derrière les putes et les drogués dans les Bottoms; roulant, courant, sans jamais dormir.

– On buvait, on prenait de la drogue, on se tuait, dit Larry. J'aurais voulu que ça ne finisse jamais.

Pour la première fois de sa vie il était noir; et pour la première fois, il avait un père.

– Avon Long? Un chef-d'œuvre.

Vêtu d'un costume couleur lavande avec des accessoires verts et dorés, Avon donnait au personnage de Sporting Life le caractère d'un elfe noir insaisissable, rusé, retors et crachant le venin.

– Ariel qui serait une ordure.

Cependant, loin des feux de la rampe, dans l'autocar, Avon évoquait plutôt Prospero.

– Mauvais coucheur, capricieux, l'égocentrique absolu.

Mais grand magicien aussi.

– Tout le secret était là. C'était un tissu de contradictions. Hâbleur et fanfaron, il aimait le silence. Il passait son temps dans les bars, mais il avait faim de solitude. Ancien communiste aux côtés de Paul Robeson, éternel rebelle, il se délassait en jouant au solitaire et en regardant des rediffusions de *Perry Mason*. La magie était sa seule constante. « L'Alchimie du jeu. »

Ce qu'il avait donné de plus précieux à Larry, c'était le sentiment que les comédiens étaient des gens différents, une race à part, et que s'ils servaient leur art, Dieu, à sa manière, les servirait *eux*. Il en avait toujours eu l'intuition. Mais Avon l'avait érigée en principe.

– Une condamnation à vie, dit Larry. *Tu as reçu le don. Tu dois en faire usage.*

Il exhala un profond soupir, commanda un autre Coca light.

– On ne m'a pas laissé le choix.

C'était il y a vingt ans, presque vingt-cinq. Depuis, le théâtre avait radicalement changé. Quand Larry était arrivé à Broadway, il régnait un esprit de famille, un sentiment d'excitation partagée.

– On ne se contentait pas d'entrer en scène, de faire son numéro et de rentrer se coucher. On faisait partie d'un organisme vivant. Il existait des liens.

Les comédiens qui travaillaient ensemble buvaient ensemble. Ensemble, ils veillaient, ils parlaient, faisaient du tapage. Toujours à l'excès. Ils savaient faire la fête et les raisons de faire la fête ne manquaient pas :

– Vous étiez vivant, vous aviez du talent et du travail. Vous étiez à Broadway et Broadway était le monde.

C'était fini. Ces dernières années, le théâtre, recroquevillé sur lui-même, s'était desséché et racorni comme une vieille noix. Pourquoi ? Augmentation des frais généraux, faillites, places à cinquante dollars, invasion des Japonais, triomphe de la quantité sur la qualité et des effets spéciaux sur le talent, la liste était trop longue et trop affligeante. Les spectacles de Broadway, aujourd'hui aux mains de sociétés commanditaires, se résumaient à des frais professionnels et à des ronflements assourdis. Si vous vouliez vraiment aller au théâtre, toutes les conditions étaient réunies pour vous rendre la tâche impossible.

– Autrefois, c'était *le Business*. A présent, ce n'est plus qu'un business.

Lui-même avait survécu à grand-peine : il avait travaillé avec Joseph Papp au Public Theatre, avec Leonard Bernstein à Washington, avec Allen Toussaint à La Nouvelle-Orléans ; il avait travaillé dans des clubs, des cathédrales, des salles de casino, à la Scala et à Covent Garden ; joué Cab Calloway dans *Cotton Club* et Simon le Zélote dans *Jésus-Christ Superstar* et Sporting Life pendant quatorze ans. Mais toujours chancelant, même dans ses périodes fastes, en équilibre instable, perpétuellement au bord du précipice.

– Pétrifié. Paralysé par la peur d'être seul. Et plus encore par la peur de ne pas l'être.

Il semblait privé de points de repère ; trop clair pour être foncé, trop noir pour être blanc. A Broadway, à cette époque, les rôles ne manquaient pas pour les Noirs d'opérette. Avec un physique plus banal, il aurait pu jouer les macs ou les fourgueurs de dope dont raffolaient les producteurs. *J'aurais pu être à leur place.* Mais il n'avait pas le type, il ne passait pas.

– Je n'étais pas de la bonne nuance de noir.

Rien n'avait changé. A Spartanburg, quand la grande maison débordait de cousins, il allait tordre le cou des poulets dans la cour. A Broadway, il s'était caché au Barrymore's pour se tordre le cou à lui-même. Il s'était puni à grandes lampées de cognac, si longtemps et si durement que son cœur avait lâché. Un peu plus tard, il s'était retrouvé en cure de désintoxication, sanglé à un lit de fer.

– Je ne pouvais pas descendre plus bas.

Au bar, il fêtait ses trois années de sobriété. Le travail, qui s'était fait rare, reprenait. Il venait de terminer un show et s'apprêtait à réaliser la mise en scène du suivant. Le Met préparait un nouveau *Porgy and Bess*. Il devait répéter son dernier numéro de club. A l'automne prochain, il partirait pour l'Europe.

– *L'Histoire de Larry Marshall* prochainement sur vos écrans.

Sortis du Barrymore's, nous repartîmes vers l'est, en direction de Broadway. Les salles se vidaient, les foules se hâtaient de se mettre à l'abri. Des années auparavant, une promenade tranquille après le spectacle constituait le prolongement de toute soirée à Broadway.

– Times Square était le nom de code du plaisir.

Aujourd'hui, c'était celui de la peur. « Étrange », constata Larry. S'il y avait une chose que Broadway ne pouvait pas supporter, c'était Broadway et inversement. Partout ailleurs qu'à New York, le spectacle et la rue restaient indissociables. Sur place, ils distillaient un poison mutuel.

Les racines du mal plongeaient dans les années vingt. Quand le cinématographe avait conquis Times Square, les théâtres s'étaient trouvés relégués dans les rues latérales. Le Gaiety et le Globe cédèrent la place au Paramount et au Roxy. Vinrent ensuite les night-clubs et les dancings, le Billy Rose's Diamond Horse Shoe, la danse de l'éventail de Sally Rand au Paradise, l'International Casino, le Palais Royal. Times Square fut livré à la populace et on ne le lui pardonna jamais. « Ces pouilleux abrutis », ainsi John Barrymore désignait-il la canaille. « Un tas de cocos pédérastes », ainsi Izzy Grove désignait-il le Stage.

Ce soir, sur Times Square, les foules marchaient le dos courbé, en avançant comme des crabes pour résister au vent. La tempête avait fait rage toute la journée, mais la multitude grouillait toujours. A l'approche de minuit, les hurlements redoublaient. Ayant risqué un pas sur Broadway, nous fûmes aussitôt soulevés et refoulés avec force. Une jeune Noire emmitouflée de châles, diseuse de bonne aventure, me saisit le bras.

– Je vous sauve, dit-elle.

Elle s'appelait Irish Eyes.

– Vous avez un ennemi mortel.

– Qui est-ce ?
– Surveillez votre graisse.

Larry trouva refuge dans l'entrée d'un cinéma. On projetait *Qu'ils meurent lentement*, une banale histoire de cannibales dont les scènes clefs passaient sur un écran vidéo. A notre arrivée, on dépeçait soigneusement une victime toute vive. L'un des convives mordait dans un bras, un autre croquait un orteil. Dans un gros plan sanglant, le buffet froid roulait des yeux, puis l'un des deux disparaissait.

– Ne dites rien, supplia Larry.

Mais il ne put se retenir.

– J'aurais pu être à sa place.

A nouveau seul, je marchai jusqu'au Jimmy's Corner. Je trouvai Sasha assis près de la fenêtre, occupé à dessiner des moustaches sur une photo de Gorbatchev. Raspoutine s'était volatilisé.

– Pas tenu les promesses, dit-il.

Il se gratta à l'endroit qu'avait occupé la fausse barbe. Puis il me montra la recette du jour.

– Huit dollars, quarante-trois cents. Pour rendre fou n'importe quel moine.

Sur le Deuce, les derniers civils battaient en retraite. Les plus vieux, ceux du Queens ou de Staten Island, étaient venus voir des reprises de classiques hollywoodiens au Lyric, au Selwyn, à l'Empire, les salles qu'ils fréquentaient déjà au temps de leur adolescence.

Au Grand Luncheonette, un vieil homme de ferblanc nommé Arnold tenait la main à Mamie, son épousée de cinquante-huit ans.

– J'ai eu mon premier orgasme au Selwyn, confia-t-il.

– A l'Apollo, corrigea Mamie.

– Non, ma chérie, au Selwyn.

– Je me rappelle parfaitement : *La Belle de Saïgon*, avec Gable et Harlow et Mary Astor dans le rôle de la femme adultère. Le typhon tropical. La malaria. La chaleur. Le deuxième balcon.

– Non, dit Arnold. *La Dame aux Camélias.*

A minuit tapant, ils disparurent et l'artère fut abandonnée à ses démons. L'hôtel Carter qui, grâce à l'Aide sociale, avait hébergé Rashan et sa mère, accueillait à nouveau les touristes. Ce qui n'empêchait pas camelots et racoleurs de toutes espèces de se presser devant l'entrée. *Approchez ! Approchez !* criaient les dealers. *Chatte fraîche*, répondaient les macs.

Je songeai à ce passage de Proust où le narrateur, couché pendant quarante pages, écoute le chœur symphonique des crieurs de rue. *Crack, junk, mescaline*, psalmodiaient les dealers. *Pucelle, pucelle*, piaillaient les poulettes.

Belles chattes toutes jeunes. Par ici la chatte.
Approchez ! Approchez !
Positif, pas de positifs.
Lavements. Pluie d'or. Or noir.
Neige. Poussière d'ange.
Pucelle, pucelle.
Approchez !

Nous partîmes en quête d'un verre sur la Quarante-Troisième Rue Ouest, mais, dès l'entrée, le portier du Rose Saigon nous barra le chemin. Pas de Blancs. Nous remontâmes le pâté de maisons en direction de Sally's Hydeway.

Au bar, Denise Denise fêtait le départ de Lush Life.

– Tous mes vœux à cette salope. Je lève ma perruque à sa santé.

Elle joignit le geste à la parole : au-dessous apparut un fouillis de cheveux maigres, une terre brûlée.

– C'est moi qui ai fait ça. J'ai voulu me décrêper à l'ammoniaque et je me suis brûlé toutes les racines.

Ses yeux s'embuèrent.

– Un rêve de jeune fille.

– De future reine, précisa la personne au bar.

– Chauve comme Caliméro.

La salle grouillait de mauvaises filles, habillées comme celles que leurs mères leur interdisaient autrefois de fréquenter : microjupes noires, blousons de cuir, talons de quinze centimètres, robes fendues et soutiens-gorge à balconnets. Sur une scène de la taille d'un lit escamotable, une dame en rouge se passait du vernis sur les ongles. Electrifying Grace, c'est ainsi qu'elle disait s'appeler.

– Tu veux voir ma chatte ?

– Combien ? demanda Sasha.

– Je l'ai pas sur moi. C'est sur commande. Ça devrait arriver d'un jour à l'autre.

Sur le trottoir d'en face, se trouvaient les quais de chargement du *New York Times*. De chez Sally's, on pouvait revoir les premiers plans du *Grand Chantage*, toujours inchangés après quarante ans : l'éclat des lumières dans la rue sombre, les silhouettes en ombres chinoises dessinant leurs profils gigantesques, les grands camions tournant au ralenti devant les plates-formes, les paquets de journaux ficelés dégringolant le long des glissières et le rugissement soudain des moteurs.

– Biscuit plein d'arsenic. Garçon à face de lait caillé, dit Sasha. *Gotovy na Zastchitzu Zhop ?*

– *Vsegda gotovy*, répondis-je.

Times Square commençait à se vider. Les fast-foods fermaient, les derniers hommes d'affaires japonais regagnaient leur hôtel. Devant la Godfather's Pizza, un Noir faisait la manche dans un chapeau melon.

– Eh, l'ami, t'as pas cent balles ? Ou tout autre multiple ?

Il souriait, embarrassé, comme pour se moquer de lui-même.

– Eh oui ! C'est vieux comme le monde ! Mais moi aussi !

Et quiconque avait plus de vingt ans. Quand les Blancs et les touristes abandonnaient les lieux, il restait la jeunesse sonique. Noirs, Hispaniques, Coréens, Chinois, ils couraient en hordes, déferlant sur les trottoirs comme un torrent, jacassant dans les arcades. Au Playland, Pac Man guerroyait contre Operation Wolf,

Temple of Doom contre Stealth. Bazookas, missiles, roquettes, mines crachaient sans arrêt leur mitraille. Les magnétos géants hurlaient des dizaines de raps hostiles. Mais Public Ennemy avait le dessus : *Objet de jalousie, objet de haine, quel est celui que l'on dit grand ?* rugissait Chuck D. *Je suis celui-là.*

– Mensonge, mensonges, susurrait Barkley, un joueur de bonneteau. C'est moi.

C'était un petit bout d'homme à la peau noir bleuté, avec un embryon de barbe au menton, une chemise rouge imprimée de perruches vertes et de longs doigts semblables à des vrilles desséchées et rampantes. Les garçons se pressaient autour de sa caisse en carton comme des collégiens autour du marchand de glace, impatients de lui sacrifier leur argent.

– Doucement, doucement, dit Barkley. La hâte est le plus sûr assassin de la vie.

Slydini aurait apprécié son doigté. Ses mains déplaçaient les cartes avec une légèreté et une rapidité telles qu'on eût cru les cartes animées d'une vie propre. Pliées sur leur longueur, elles se changeaient en neuf de trèfle, en sept de pique, mais jamais en reine de carreau.

– Sans chiqué, sans toucher, la rouge, la rouge, chantait Barkley d'une voix de velours. Qui craint l'enfer ne va pas au paradis.

Ses doigts battaient comme des ailes, les cartes volaient. Fendant la foule, une main jaune flotta, indécise, au-dessus d'une carte, puis d'une autre.

Qui hésite a perdu.

La main jaune descendit. C'était le sept de pique.

– Qui ne risque rien n'a rien. N'écoutez que votre courage.

Et il recommença à déplacer les cartes.

Sasha s'arrêta sous une publicité géante pour Toshiba, afin de parfaire son bronzage au néon. Mais il y avait de quoi désespérer : on avait éteint une partie des réclames pour la durée de la nuit tandis que les autres ne brillaient qu'à moitié. Le firmament orange et rose passion avait cédé la place à un ciel gris verdâtre pareil à un marathonien au bord de l'asphyxie. Le vent sec soufflait toujours, brûlant.

– Tu veux que je te dise un truc triste ?

– Pourquoi pas ?

– Brooke Shields me manque.

Quand il était arrivé ici, à dix-sept ans, son image était omniprésente. Ses hanches moulées dans des jeans étroits, *Il n'y a rien entre moi et mon Calvin*, s'élevaient à quinze mètres de hauteur et ses lèvres boudeuses, sirotant un soda, se déployaient sur la largeur d'un demi-bloc.

– La perle dans l'huître, dit Sasha.

Maintenant, l'huître était japonaise et Sasha Zim avait vingt-cinq ans.

– Autre temps...

– Autrefois ?

– *Yob Tvoyu mat !*

Bras dessus, bras dessous, tels deux petits vieux, nous nous dirigeâmes vers Nathan's Famous, où on la jouait plus mûr. Des policiers en uniforme en barraient l'entrée, armes et talkies-walkies au poing. Trois jeunes étaient cloués contre la vitrine, les bras en croix.

– Le dites pas à ma mère, suppliait l'un d'eux.

– T'as tiré sur un homme, dit l'auteur de sa capture.

– Presque pas, répondit le garçon, un Hispanique.

Le sang coulait sur son menton et sur son T-shirt blanc.

– Pas la peine de le dire. Pourquoi vous voulez le dire ?

– Qui t'a donné le revolver ?

– Sais pas. Un mec.

En proie à la panique, le garçon poussait des cris stridents, comme un écolier.

– Vous connaissez pas ma mère. Elle va être en pétard.

Ses jambes se mirent à trembler sans contrôle.

– Pour quoi faire vous voulez la mettre en pétard ?

Le Deuce, à présent, était presque désert, les devantures cadenassées, les vitrines protégées par des rideaux de fer. Il ne restait plus que les cinémas de nuit : *Mad Monkey Kung Fu, Basket Case, Splatter University, Jail Bait.*

A côté du New Amsterdam, une enseigne indiquait CLUB D'ÉCHECS ET DE DAMES DE NEW YORK. Au sommet d'une étroite volée de marches s'ouvrait une vaste pièce claire et propre, l'image même du décorum. Sous un comptoir de verre, soigneusement enveloppés, s'alignaient pâtisseries et sandwiches, on servait le café dans des tasses blanches. Des photos de vallées ensoleillées, de prairies et de ciels bleus tapissaient les murs.

Disséminés dans la salle, des hommes de toutes races se faisaient face au-dessus de tables en formica, plongés dans les mystères du jacquet, du Scrabble, des échecs. La plupart d'entre eux portaient un costume-cravate et aucun n'était jeune. Ces sages, ces aînés, ne parlaient qu'en cas de nécessité et à voix basse. Nul ne riait, nul ne jurait. On était entre gens sérieux.

Non loin du comptoir de verre, un homme à moitié endormi était affalé dans un fauteuil. Nous prîmes place près de lui pour observer le jeu. Les cartes claquaient sur les tables, composant d'irréguliers motifs mélodiques, les dés s'agitaient comme des crotales, les joueurs murmuraient, bourdonnaient.

– Ne tirez pas, dit l'homme endormi.

Réveillé par sa propre voix, il se redressa et ouvrit l'œil gauche. Des mèches folles se dressaient furieusement sur son crâne et sa pomme d'Adam tressautait. On eût dit un dindon indigné, vieux, mais toujours fier.

– Ah, vous voilà, fit-il en nous voyant. Il était temps !

Il s'appelait Leopold Fishbein, Leo Fish, sur le Deuce depuis 1937. Pendant trente ans, il avait travaillé à l'hôtel Carter, alors baptisé le Dixie, *Au centre de tout*. Après quoi, il avait géré la Superfly Boutique, vendu des billets au Liberty et au Victory, tenu le comptoir chez Nedick's. Six ans auparavant, parvenu à l'âge de la retraite, il était parti vivre avec sa sœur mariée à Ithaca, dans l'État de New York. Mais l'arrangement n'avait pas eu le succès escompté :

– Adèle passe son temps à rigoler. Elle prend toujours les choses du bon côté. Ça m'a dégoûté, je présume.

Il était revenu depuis quatorze mois. Le plus souvent, il dormait chez un ami, dans le Village, Mort Raditz, ils avaient travaillé ensemble au Dixie. Mais cette solution aussi présentait quelques désagréments. A soixante-treize ans, après quarante ans de mariage et huit de veuvage, Mort s'était mis à inviter des garçons.

– Le week-end, d'accord. Le week-end, un homme peut bien foutre ce qu'il veut. Mais le mercredi !

Il secoua la tête, atterré.

– Le mercredi, c'est notre soirée de bowling !

Ici, dans cette salle, il avait trouvé un sanctuaire.

– Les gens qui viennent ont de la classe. On ne reçoit pas de claques à tout bout de champ. A mon âge, est-ce qu'on a envie de recevoir des claques à tout bout de champ ?

Il pouvait s'asseoir, sommeiller, taper quelqu'un de quelques cigarettes, remâcher de vieilles rancunes, méditer. Du haut des fenêtres, il pouvait regarder Broadway mourir.

– Tomber en poussière.

Chaque fois qu'il ouvrait le journal, il y avait un clou de plus dans le cercueil. La Commission de développement urbain soumettait toujours de nouveaux projets d'architectes, hôtels et immeubles de bureaux en Lego, galeries marchandes, parkings de trente-quatre étages. Systématiquement condamnées, toutes les salles du Deuce étaient rachetées par l'État et transformées en centres culturels ou en bars lobotomatiques tout en verre. Même le New Amsterdam, la folie de Ziegfeld, était menacé. Sa charpente d'acier était corrodée, la pluie passait à travers le toit.

– Ils le sauveraient à condition de pouvoir en faire un musée. Mais quelque chose de vivant ? Laissez-moi rire.

Les vivants, voilà le problème :

– Pour changer Times Square en Disneyland, faut d'abord désinfecter. Pour désinfecter, faut d'abord raser.

Mais son front s'éclaircit :

– Oh, moi, je suis déjà à moitié mort, je ne compte pas.

Il fit craquer les jointures de ses doigts. Indignés, les joueurs d'échecs tournèrent la tête, sans susciter chez Leo le moindre remords.

– J'ai fait mon temps. Sortez-moi du four, je suis cuit.

Il se leva, prit son manteau et son chapeau.

– Adieu, pigeons.

Il était très tard. Même Times Square baignait dans l'ombre. Épuisés, nous allâmes nous reposer au pied de la statue de George M. Cohan. « L'homme de Broadway, avait-il dit, se fait une idée plus juste de la vie et du monde en général que tout autre ici-bas. En un seul jour, il voit, il découvre et il absorbe plus de choses que quiconque en un mois. » Mais il ne restait plus personne. Les salles d'arcades étaient fermées, la jeunesse sonique éparpillée, les néons éteints. Seuls en compagnie des pigeons, nous regardions fixement la place balayée par le vent.

– Tu penses à quoi ? demanda Sasha.

– Carmen Venus Colón, commençais-je. Ousmane et Ismaïla, Stoney Bisonette, Rickey O et Refugio, Maynard Baines, Ellen Fogarty, le Père, Robert Moses, Dom Parisi, Liquor Jack Young, Lucius Havens, Tony Bruan, P.T. Barnum, Joe Wojcik et Velma, Matty Troy, Donald Manes, George Washington Plunkitt, S.M. Marie, Enid Gerlin, Shaquille Cleamons et Lionel Ward Justice, Mercedes Purissima

Vargas, Sam Wing, Oncle Sept et Eddie Chan, Bobby 2 Bad, Joice Heth, général Tom Pouce et Commodore Nutt, Tommy Blalock, Motion, Paul Kasmin, Donald Baechler, Lev Mikhailovich, J.J. Huneker et Sidney Falco, Cleveland Blakemore, Rashan Ray Perry, Benny et MoRitz, Dr Davitt, Flo d'Arcy et Aug. Allaire, Calvin Palmer, Archie Smith et Satan, Sadie, Denise Denise, Stanford White et Evelyn Nesbit, Tracy Love, Bert Randolph Sugar, Fred Silver, Terry Malloy et Charlie deVoe, Sœur Perle, Lenny Schneider, Katy Freeway, Bob Anthony, Sarah et Serena, les Emerald Doyles, Emile Griffith, Jimmy Glenn, Texas Guinan, Tony Slydini, Mike Bornstein, Ray Crabtree et Richard Roffman, Dick Falk, le grand Herman.

J'arrêtai là.

– Ce genre de trucs.

Il était cinq heures et demie quand je regagnai l'hôtel Moose. L'aube pointait, mais le vent cinglait avec la même violence. Il semblait que rien ne l'arrêterait jamais.

Les couloirs étaient déserts. Même Motion ne jardinait plus. Dans ma chambre, je trouvai Lush Life étendue sur le dos, les jambes allongées, les mains jointes sur la poitrine. Une unique bougie brûlait au pied du lit. Elle dessinait contre le mur l'ombre de ses grands pieds aux orteils dressés tels des chevaux cabrés.

Quand j'entrai, elle resta immobile. Ma première pensée fut que c'était vrai, elle était morte. Mais j'examinai ses yeux : les pupilles formaient un trou minuscule.

Un emballage vide gisait parmi les marguerites. Dessus, un tampon indiquait : BONBON DUR.

– T'aurais pas des Mars ? demanda Lush Life, d'une voix aussi éraillée qu'un vieux soixante-dix-huit tours. Ou des Fingers ?

– Dehors.

– Du lait et des biscuits feraient l'affaire.

– Dehors, dis-je, dehors.

– Ladybeard. Te fatigue pas.

Elle avait jeté son kimono brûlé sur le sol. Je m'en emparai et en couvris son corps nu. Le bord s'accrocha à son sexe comme une algue à un coquillage. Elle se gratta.

– Tu veux que je te dise ? Je suis contente.

Comme prévu, elle était allée retrouver Tommy Blalock au Tad's Steak, sur la Quarante-Deuxième. C'était leur endroit. Pour quatre dollars quatre-vingt-dix-neuf, vous aviez droit à un steak grillé au feu de bois accompagné de pain à l'ail, d'oignons, d'une pomme de terre au lard et il y avait une bougie sur chaque table. Même les voisins, penchés au-dessus de votre assiette, prêts à bondir sur tout ce que vous aviez l'imprudence de dire trop fort, ne parvenaient pas à vous gâcher le plaisir. Mais aujourd'hui, il y avait quelque chose qui clochait :

– Ça ne sentait plus l'huile rance. L'odeur d'ammoniaque ne vous prenait pas à la gorge.

Et Tommy Blalock ne mangeait pas sa pomme de terre.

– J'ai réfléchi.

C'était la première fois qu'il se désignait autrement que par son nom.

– Je me suis demandé.

– Mange ta pomme de terre, dit Lush Life.

– Je ne me sens pas bien.

Les cheveux en désordre, il baissait la tête et piquait du nez dans son assiette.

– J'ai mal au crâne. Ça me tourne le sang. On dirait qu'il coule à l'envers.

– Embrasse, dit Lush Life. Embrasse mes...

– Je peux pas.

– Embrasse mes douces lèvres.

– Je te dis que je peux pas.

Elle avait tendu la main, la gauche, pour lui effleurer le poignet. Tommy Blalock l'avait écartée. Mais sans se laisser démonter Lush Life l'avait touché à nouveau, à la joue cette fois. Alors il avait relevé la tête et en la regardant bien en face, il lui avait dit d'une voix ignoble, obscène :

– Putain de bordel, enlève ta main !

Avec elle, on n'a jamais eu besoin de répéter. Elle repoussa son assiette, refusa d'avaler une bouchée de plus.

– Pas la peine d'être poli. Il suffit de le dire.

Il le dit. Il avait bien réfléchi, examiné la chose sous tous les angles, de son point de vue et du sien, du point de vue de ses potes de New Iberia, de sa mère et de tous les parents de sa mère. Et il en avait conclu que ça n'allait pas.

– Pourquoi pas ? s'enquit Lush Life.

– Ma mère. Elle a ses idées. Elle est vieux jeu, si tu veux. Raciste.

– Et alors ?

– Elle ne connaît pas de Portoricains.

C'était la pire des choses qu'il pouvait lui dire. La pire des choses à dire à un Dominicain. Sans un mot, sans un signe, Lush Life avait quitté la table. Il avait voulu lui donner cinquante dollars, mais elle les lui avait jetés à la figure. Elle n'en avait pas besoin de son sale argent, il lui restait encore les deux billets de vingt dollars qu'elle avait pris dans son pantalon. Et elle était allée directement à la Neuvième Avenue.

– Trois doses à dix. Trois doses entières. Plus dix pour le pipiroom.

Tranquillement, sans s'énerver, elle se gratta les cuisses, les bras, l'aine.

– Une gaie divorcée. Si seulement j'avais eu mon couteau, je serais une veuve joyeuse.

Je remontai la fenêtre et regardai dehors : le petit carré de ciel avait pris une teinte brunâtre et ressemblait à une serviette en papier imbibée de thé. Prisonnier de la colonne d'aération, le vent vrombissait et rugissait comme une feuille de métal.

– Emporte-moi, dit Lush Life.

Elle se releva à tâtons. Ses ongles crissèrent contre le papier peint, les bouquets bleus et roses.

– Emporte-moi chez moi.

Rien n'avait bougé. Lush Life était partie, mais n'avait pas libéré la chambre.

– Économie de temps et d'argent. Et ça évite les malentendus sur le loyer.

La note ronéotée punaisée à l'intérieur de la porte, CHAMBRES INTIMES POUR LES CONNAISSEURS, avait toujours vue sur un bunker. Sur le sol, la couche de Lush Life, composée de rideaux, d'écharpes et de pelotes de tissus, s'était juste enfoncée un peu plus au cours des mois. Le drapeau des États-Unis avait cédé la place à celui des États confédérés. Une affiche de l'office de tourisme de Louisiane, représentant le bayou Lafourche au crépuscule, remplaçait celle de *Madame Butterfly*.

Sur le store laqué qui masquait la fenêtre, un agrandissement d'une photo de Huey Long, tout sourire, marqué GRAND CHEF, pendait de travers.

– Un vieux joueur de football. L'ancien entraîneur de Tommy. Ou son père, je ne sais plus.

Elle l'arracha sans haine, en fit une fusée en papier et la lança dans l'aube. Aussitôt le vent l'emporta. Elle tourbillonna dans la rue et retomba, agitée de soubresauts, dans Times Square.

– Retour à l'envoyeur. Adieu et bon débarras, dit Lush Life. Lourdé !

Perdant l'équilibre, elle s'écroula sur ses coussins japonesques.

– Ces sales truqueurs et leurs feintes !

Une benne à ordures s'arrêta. La fureur exterminatrice de ses compacteurs la fit se rouler et se tordre. Elle plia les genoux et les ramena contre son torse plat.

– Il me reste une dose. Dans ma chaussure, dit-elle en se grattant tant et plus. On peut partager.

– Pas moi.

– Non, pas pour les cadavres.

Elle baissa la tête et contempla son corps replié, entortillé dans son enveloppe de tissu.

– Rien que pour les embryons.

Mais la colère exigeait trop d'effort. Comme le chagrin, la douleur, tout sauf l'héroïne.

– Tu sais quoi ? Je suis contente, répéta-t-elle.

Sa perruque de Debbie Reynolds avait glissé et des mèches blondes ne cessaient de se loger dans sa bouche.

– Je me félicite.

Pendant une minute ou deux, la drogue la ranima. Elle parvint à se mettre debout, retourna à la fenêtre et, écartant le rideau, laissa le jour se poser sur son visage.

L'air à présent était grisâtre, chargé de cendres, mais elle ne semblait pas en sentir la morsure. Sa voix s'écorcha puis mourut comme un moteur qui se noie.

– De l'air !

La peau sur ses joues était tendue à craquer, j'avais l'impression d'y lire le flux et le reflux de sa vie, le moindre tressaillement de ses terminaisons nerveuses.

– Tu sens ? demanda-t-elle. Tu sens ?

Mais elle avait recommencé à se gratter. Elle était partie avant que j'aie pu ouvrir la bouche.

A cent mètres de là, Times Square revenait à la vie. En me penchant, le cou tendu, je parvins à en saisir la première pulsation, les premiers battements.

– Je tombe, dit Lush Life.

Le pâté de maisons se trouvait maintenant au centre d'un tourbillon de scories et de poussières volantes.

– Je suis tombée.

Quelque chose de noir et d'âcre nous frappa au visage. En criant, Lush Life détourna la tête et s'enfouit dans mon cou. Quand je l'écartai, doucement, pour la soustraire à la lumière, ses yeux se voilèrent puis se fermèrent. Des cernes violacés ombraient ses paupières. Un pouls faible, saccadé, palpitait dans sa gorge.

– Pitié pour les pauvres marins, en mer par une nuit pareille.

Coda

Je quittai l'hôtel Moose un matin tiède, moite et pluvieux, enveloppé d'un crachin pareil à un brouillard écossais. En traversant Times Square, j'eus la sensation de pénétrer dans un bain de vapeur. Il était midi. Sauf des touristes, des policiers et quelques gosses, il n'y avait personne. Je m'assis au pied de la statue du Père Duffy. Un gosse s'approcha de moi et me demanda l'heure tandis que son partenaire essayait de me voler ma machine à écrire.

– Il est tôt, répondis-je.

– On dirait qu'il est tard, dit le gosse.

J'allai attendre Sasha au Jimmy's Corner. Pour passer le temps, je relus la vie de Chang et Eng, les siamois de chez Barnum, racontée par Irving Wallace. A mes yeux, c'était l'histoire des histoires, celle de Broadway tout entier.

« Chang et Eng étaient nés dans le royaume de Siam, à Meklong, petit village près de Bangkok. Leur père était un pauve pêcheur chinois. A la naissance, un épais morceau de chair de la grosseur d'un bras et long de dix centimètres les reliait par la partie inférieure du tronc. Au début, ce morceau de chair les maintenait face à face, mais à mesure qu'ils grandirent, il s'étira sur quatorze centimètres, leur permettant ainsi de se tenir côte à côte et de se tourner. Bien que sensible, l'attache était solide. Quand on la touchait au milieu, les deux garçons ressentaient le contact. Et si par accident l'un des deux trébuchait et perdait l'équilibre, le ligament le retenait et l'empêchait de tomber.

« Au prix d'efforts considérables, Chang et Eng apprirent à marcher au pas et à nager avec une grande agilité dans une rivière proche. Ils avaient dix-neuf ans et n'étonnaient plus personne autour d'eux lorsqu'un marin américain, le capitaine Coffin, les vit nager depuis son bateau, le *Sachem.* Frappé par ce spectacle, le capitaine consulta Robert Hunter, un négociant écossais et, ensemble, ils résolurent d'acheter les garçons pour les montrer dans des foires. Ils se renseignèrent : le père des siamois était mort de fraîche date et leur mère accepta de traiter avec eux. Sans attendre, on signa le contrat, l'argent changea de main et Coffin et Hunter emmenèrent les frères siamois en Angleterre.

« Chang et Eng parcoururent l'Europe pendant de nombreuses années, après quoi ils partirent pour Boston et New York. Baptisés Les Doubles du Siam, ils suscitèrent aussitôt l'intérêt et la controverse. La rumeur disait qu'ils n'étaient pas vraiment réunis. La polémique attira l'attention de Barnum qui voulut les rencontrer. Une fois assuré qu'il s'agissait d'authentiques phénomènes, il racheta leur contrat. Ensuite, à intervalles réguliers, on put les voir dans son Musée américain.

« Les frères siamois étaient dotés de la personnalité la plus difficile de toute la famille des monstres de Barnum. La nature leur avait joué plus d'un tour cruel. En effet, bien que condamnés à vivre ensemble, Chang et Eng étaient, à tous points de vue, diamétralement opposés et ils se détestaient. Chang, qui formait la partie gauche du couple, était légèrement plus petit et aimait les femmes et le vin. Eng, plus studieux et érudit, préférait passer ses soirées à jouer aux échecs. En 1874, le *Philadelphia Medical Journal* décrit ainsi leurs différences : “ Lorsque Chang aimait un plat, Eng l'avait en horreur. Eng était toujours de bonne humeur, Chang sourcilleux et irritable. Les maladies qui affectaient l'un n'entraînaient aucune réaction chez l'autre de telle sorte que lorsque l'un des frères avait de la fièvre, le pouls de l'autre continuait à battre à son rythme normal. Chang buvait beaucoup et s'enivrait parfois ; Eng, lui, ne ressentait jamais les effets des débauches de son frère. Ils se querellaient fréquemment et, naturellement, les circonstances aggravaient leurs conflits. Ils en venaient parfois aux mains et ils durent un jour comparaître devant un tribunal. ”

« Quand ils étaient seuls, ils se réfugiaient dans le silence. Parfois, ils décidaient d'accéder aux désirs de l'un et ensuite à ceux de l'autre. La pêche, la chasse et la gravure sur bois constituaient leurs seuls intérêts communs. Si leur monstruosité les avait rendus riches, ils ne vivaient que dans l'espoir d'être libérés l'un de l'autre. On consulta d'innombrables médecins, mais nul ne leur promit qu'ils pourraient continuer à vivre, ne fût-ce que vingt-quatre heures, si on les séparait.

« Pourtant, à la suite d'une querelle particulièrement violente, ils résolurent de passer outre l'avis des médecins. Eng affirma que Chang était si méchant qu'il ne pouvait plus vivre un jour de plus avec lui ; et Chang déclara qu'il acceptait qu'on les sépare, à condition qu'on lui accorde une chance égale à celle de son frère et que le ligament soit coupé exactement en son milieu. Heureusement, la sagesse l'emporta.

« Comblés par la liberté américaine et le dollar américain, les siamois décidèrent de demander leur naturalisation. L'administration leur fit savoir qu'ils devaient produire un nom de famille. Ils n'en possédaient pas d'autre que Chang et Eng. Un candidat qui attendait derrière eux, ayant surpris la conversation, leur offrit son dernier nom. C'était Bunker. Aussi les frères siamois devinrent-ils Chang Bunker et Eng Bunker.

« Enfin, las de s'exhiber dans le Musée, ils remirent leur démission à Barnum et se retirèrent dans une plantation près de Mount Airy, en Caroline du Nord. Ils coulèrent des jours tranquilles tandis que leurs esclaves travaillaient pour eux. Et puis, presque en même temps, à l'âge de quarante-deux ans, ils tombèrent amoureux des filles d'un pauvre fermier irlandais du voisinage. On célébra un double mariage. Eng épousa Sally Yates et Chang épousa Addie Yates. Le moment était venu de faire preuve de diplomatie et de trouver un compromis. Les siamois firent bâtir une deuxième demeure à un kilomètre de la première. On installa deux ménages. Chang et Eng et Sally passaient trois jours dans la maison de Eng, et ensuite Chang et Eng et Addie passaient trois jours dans la maison de Chang. Il semble que ces dispositions n'engendrèrent aucune inhibition : les siamois eurent vingt et un enfants.

« La guerre de Sécession les priva de leur fortune et de leurs esclaves. Ils furent obligés de revenir dans le show-business. A leur demande, Barnum accepta de s'occuper d'eux. Mais leur retour à New York n'ayant pas eu le succès escompté, il décida de les envoyer à l'étranger. “ Je les envoyai en Angleterre où dans les plus grandes villes et pendant toute une année, leur passage attira des foules considérables. Selon toute probabilité, cette entreprise doit une grande part de son succès aux annonces faites par avance et largement portées à la connaissance du public, que le but véritable de la visite de Chang et Eng en Europe était de consulter les autorités médicales et chirurgicales les plus en vue dans l'intention de s'entourer de toutes les précautions nécessaires à la séparation des siamois. ”

« Ils refirent fortune. Et, à nouveau, ils quittèrent Barnum pour se retirer avec leurs épouses dans la plantation de Mount Airy. Ils avaient soixante-trois ans, et malgré les ennuis de santé de Chang, l'avenir paraissait radieux. Tout s'acheva pourtant brutalement, ainsi que l'*Annual Register* le rapporta en 1874 au public anglais.

« “ Ils se trouvaient dans la résidence de Chang et ce soir-là devait s’effectuer le déménagement chez Eng. Il faisait froid et depuis plusieurs mois, Chang se plaignait d’être très malade. Le vendredi soir, ils se retirèrent seuls dans une petite chambre pour se coucher. Mais Chang ne parvenait pas à dormir. Entre minuit et le lever du jour, ils s’installèrent près du feu. Une fois de plus, Eng protesta, disant qu’il voulait se coucher car il avait sommeil. Chang refusa obstinément, arguant de douleurs à la poitrine dès qu’il s’allongeait. Au bout d’un moment, ils regagnèrent leur lit et Eng s’endormit profondément. Après quatre heures, l’un des fils pénétra dans la chambre, s’approcha du lit et trouva son oncle mort. Réveillé par le bruit, Eng se retourna et vit, épouvanté, la forme sans vie qui gisait à ses côtés. Il fut alors secoué de violents spasmes nerveux.

« Il n’y avait pas de médecin sur place et Mount Airy se trouvait à cinq kilomètres. Un certain temps s’écoula donc avant qu’on pût en appeler un. Un messager courut jusqu’au village chez le Dr Hollingsworth. Celui-ci envoya aussitôt son frère, médecin également, à la plantation. Mais avant son arrivée, la vie avait quitté les frères siamois et la mort les avait saisis ”. »

Ayant achevé ma lecture, je racontai l’histoire à la serveuse. Celle-ci essuyait les verres et ne leva même pas les yeux :

– Ne me parlez pas de famille. Vous ne connaissez pas mon frère Bruno.

Mais elle n’en dit pas plus, car Sasha venait d’arriver.

Il pénétra dans le bar en sang, mais heureux. Hannah Sophia, sa masseuse originaire de Hanovre, lui avait allongé un direct du droit et l’avait laissé sur le tapis avant de le jeter sur le trottoir, plus mort que vif. C’était le signe qu’il attendait.

– Mon coup de clairon.

Les O’Fays devaient effectuer une tournée de soixante jours à travers le Texas et l’Oklahoma.

Jusqu'à ce matin, il hésitait à se joindre à eux. Maintenant sa décision était prise et le Greyhound partait à seize heures.

Il allait me manquer. Mais il m'avait déjà dit que, pour lui, Broadway s'arrêtait là. Au-delà de Colombus Circle le jeu changeait de nature : la rue qui traversait Manhattan pendant encore quinze kilomètres avant de s'achever dans le Bronx huit kilomètres plus loin n'était plus la rue des rêves. Cette région abritait des citoyens, des contribuables nantis d'un travail, d'une famille, de responsabilités ; son moteur n'était pas le désir d'aventure, mais la consolidation des acquis. C'était une histoire de communautés et de races : les Irlandais, les Juifs, les Afro-Américains, les Hispaniques et maintenant les Coréens, les Cambodgiens, les Vietnamiens. D'abord et surtout, c'était une histoire de survie.

– Des gens réels. La vie réelle. Content de t'avoir connu.

Ensemble, dans la moiteur tiède et mouillée, nous regagnâmes Times Square à pied. La batterie de Sasha déjeunait *downtown* en compagnie des autres O'Fays. Ma valise se trouvait déjà sur la Cent Vingt-Cinquième Rue. A travers le brouillard, une dernière fois, nous regardâmes défiler le ruban lumineux : LE RÉVÉREND ORAL ROBERTS ANNONCE UNE PLUIE DE CRAPAUDS.

Je mis cap sur le nord.

Shelter Island, 9 décembre 1990.
A la mémoire de Geraldo Cruz.

Remerciements

Outre les personnages qui apparaissent dans ce livre, beaucoup d'autres m'ont très largement aidé. Pour leur générosité et leur infinie patience, je voudrais tout spécialement exprimer ma reconnaissance à Neil Byrne, propriétaire de taxis ; Dee Dee Darnell, chanteuse ; Eddie Blunt, ancien boxeur ; Patrick Bedford, comédien ; Michael Amato, imprésario ; Larry Brown, philosophe ; Vicky La Motta, mannequin ; Jane Dentinger, écrivain ; Charles Cook, danseur ; Marina Voikhanskaya, acrobate cycliste ; Seymour Foreman et Irving Edelman, avocats ; Jim Fleetwood, basse ; Jerry et Bea Gassman, de l'Academy Clothing ; Billy Gallagher, conteur de Broadway ; Don George, auteur de chansons ; Leroy Goldfarb, opérateur à Wall Street ; Velma, médium ; Rocky Graziano, champion des poids moyens ; Jonah Jones, trompettiste ; Frank Scully, directeur de saloon ; Joe Kaliff, dessinateur ; Jennifer Lewis, diva ; Big Nick Nicholas, saxophoniste ténor ; Fred « Taxi » Mitchell, chauffeur de taxi et musicien ; Earl McGrath, *boulevardier* ; Eddie Murphy, militant gay ; Mme Julia Drobner et Andy Anselmo, professeurs de chant ; Maria Nelson, entrepreneur : Maurice Heins, danseur ; Al Flosso, propriétaire de magasin de farces et attrapes ; Milo O'Shea, comédien ; Joel Reed, producteur ; Max Rosey, publicitaire ; Marvin Safir, restaurateur ; Peggy Doyle, restauratrice ; Whitney Reis, comédienne ; Sandy Saddler, champion des poids plumes ; Larry et Dorothy Speir, de Memory Lane Music ; Ken Smith, détective privé ; Seymour Stein, de Sire Records ; Bob Appel, de la Knitting Factory ; Bambi, Vénus de poche ; Henny Youngman, fantaisiste ; Sœur

Rosa, guérisseuse; Sonny Sharrock, guitariste; Gustav Schoeffer, taxidermiste; Gene Saks, directeur de théâtre; Toma Holley, styliste.

Robert Hughes, Michael Thomas et Ken Auletta m'ont fourni une documentation précieuse. Sean Doyle, le premier, a été mon guide et mon mentor. Geraldine Fitzgerald, une femme merveilleuse, m'a donné l'inspiration. Fred et Mary Parvin m'ont donné un abri. Fred Flores m'a donné du courage.

Et ma femme, Michaela? Je ne vous raconte pas.

Bibliographie

Mes lectures sur Broadway ont été aussi désordonnées que mon parcours. Je ne tenterai donc pas de dresser une liste bibliographique proprement dite. Cependant, j'ai puisé directement à la source de certains livres. Parmi eux, et sans aucun ordre particulier, je suis redevable à *City for Sale* de Jack Newfield et Wayne Barrett ; *Plunkitt of Tammany Hall* de William J. Riordon ; *The Streets Were Paved with Gold* et *Greed and Glory on Wall Street* de Ken Auletta ; *Wall Street, Men and Money* de Martin Meyer ; *The Epic of New York City* d'Edward Robb Ellis ; *The Night Club Era* de Stanley Walker ; *New York Nights* de Stephen Graham ; *The Empire City, A Treasury of New York*, Alexander Klein éditeur ; *The New Metropolis*, E. Idell Zeisloft éditeur ; *Lost New York* de Nathan Silver ; *Incredible New York* de Lloyd Morris ; *The Great Metropolis* de Junius Henry Browne ; *The Great White Way* d'Allen Churchill ; *The Palace* de Marian Spitzer ; *Broadway* de Justin Brooks Atkinson ; *The Gangs of New York* de Herbert Asbury ; *Hell's Kitchen* de Richard O'Connor ; *Manhattan '45* de Jan Morris ; *Show Biz from Vaude to Video* d'Abel Green et Joe Laurie ; *Metropolis* de Jerome Charyn ; *Crossroads of the World : The Story of Times Square* de William Lass ; *Times Square : A Pictorial History* de Jill Stone ; *The Big Drag* de Mel Heimer ; *The Greatest Street in the World* de Stephen Jenkins ; *Broadway* de J. B. Kerfoot ; *Djuna Barne's New York, Meyer Berger's New York; New York* de Paul Morand ; *Nothing if not Critical* de Robert Hughes ; et *McSorley's Wonderful Saloon* de Joseph Mitchell.

Parmi les livres et les récits que j'ai cités directement, je voudrais mentionner à nouveau *Evelyn Nesbit and Stanford White : Love and Death in the Gilded Age* de Michael Macdonald Mooney; *The Fabulous Showman : The Life and Times of P.T. Barnum* d'Irving Wallace; et *View of Life and Things* de Ray Crabtree. Ces trois ouvrages m'ont été très précieux.

Le portrait de Matty Troy publié par Richard Reeves dans *New York* a été repris dans son anthologie : *The Big Apple.* Reeves, et non pas moi, a, le premier, perçu le parallèle avec George Washington Plunkitt et j'espère qu'il me pardonnera mon larcin.

Tales of Times Square de Josh Alan Friedman regorge d'anecdotes sur le Hubert's Museum, le New Amsterdam et sur d'autres splendeurs de la Quarante-Deuxième Rue. Cet ouvrage brosse le tableau le plus complet du Deuce et de son agonie. Il contient en particulier un chapitre sur Izzy Grove.

The Power Broker : Robert Moses and the Fall of New York de Robert A. Caro m'en a appris beaucoup plus sur la ville et sur son développement que tout autre récit.

Lights and Shadows of New York Life, de James D. McCabe, est une véritable bible disponible en réimpression; quant aux deux passionnants journaux new-yorkais du XIXe siècle, ceux de Philip Hone et de George Templeton Strong, les éditions Louis Auchincloss en ont réuni des extraits dans *Hone and Strong Diaries of Old Manhattan.*

Deux ouvrages récents traitent spécialement de pérégrinations sur Broadway : *Broadway* de Carin Dreschler-Marx et Richard Shepard, qui a été le Baedecker de Sasha Zim, et *On Broadway : A Journey Uptown Over Time*, de David W. Dunlap, encyclopédique et indispensable.

Et enfin, il y a A. J. Liebling dont je demeurerai l'éternel débiteur. Nombreux sont ses livres qui m'ont aidé à modeler certains passages : *The Telephone Booth Indian, The Honest Rainmaker* et *Back Where I Came From* en particulier. Mais sans *The Sweet Science*, que j'ai lu à l'âge de quinze ans, il est fort probable que ce livre n'aurait jamais vu le jour.

Cet ouvrage a été réalisé par la
SOCIÉTÉ NOUVELLE FIRMIN-DIDOT
Mesnil-sur-l'Estrée
pour le compte des Éditions 10/18
en août 2000

Imprimé en France
Dépôt légal : octobre 2000
N° d'édition : 3181 – N° d'impression : 51981